GENERAL EDUCATION 通识
大学生教育

Talk about Laws

初级法学论谈

■ 陈小英 主编

ZHEJIANG UNIVERSITY PRESS
浙江大学出版社

写在前面的话

写这本《法学初级论谈》的起因，是要解决全校通设课程即"法学基础"课程的教材问题。"法学基础"课程面向非法律专业的本科生、硕士生开设，它是以提高学生的法律基础知识、法律素质为目的，以现代法治意识、主体意识、权利意识为指向的一门素质类、修养类课程，它不要求刻意背诵死板的法律条文，也不刻意追求完整的法学理论体系，它不是法律专业课的浓缩或者简化，更不是法律专业课程的简单拼盘，反而，它是希望能引导学生在"思考、参与、行动"中感悟法律理念，提高法律素养，追求法律真理。所以，现存的《法律概论》、《法律基础》等教材，已经不能拿来就用，这迫使我们引用新的资料编写一本贴近学生需要、内容朴实、读来有味、方便实用的教材。

在本书编写的过程中，我们想到，或许广大的社会青年同样对貌似神秘的法律、法学有着极大的兴趣，或许我们也该为他们提供一本可读、可用的法律读物，让他们从中找到解决生活中、工作中遇到的法律问题的基本技巧，所以，我们编写时不再把我们的学生作为本书的唯一读者。

法律知识体系庞大，现实法律问题万万千，作为编者的我们，确实也头痛该从何处着手起头论谈，最后我们还是决定按"法律主体、法律权利、法律关系、法律责任、法律纠纷解决"这样一条基本主线，由大量引起广泛关注的真实案例引出话题或印证话题，展开通俗易懂的论谈，从而介绍法学的基本理念、基本原理、基础知识，教授读者一些基本的法律技能，从而提高读者深入学习法学知识的兴趣、开启法学的神秘之门。或许这比较为广大读者所接受。

但愿本书真能对读者有用，那么，我们就有动力再编写《法学中级论谈》和《法学高级论谈》。

谢谢！

本书各讲的编写人：

陈小英:第一讲、第四讲、第五讲、第六讲、第七讲第 2 节、第八讲;梁清华:第二讲;蔡晓卫:第三讲、第七讲第 1 节;周黎明:第九讲;刘文琦:第十讲。陈小英对全书进行最终统稿。

《法学初级论谈》编写组

2008 年 4 月 20 日

目　　录

第一讲 法律主体

法律是人的社会规范之一,它是社会关系的调节器。社会关系是人与人(包括自然人、法人、国家)之间的关系,被法律调整的社会关系,在理论上被称为法律关系。法律关系有三要素构成:主体、客体和内容。本讲我们主要讲述法律关系的主体。法律关系中的人,就是法律关系的主体(或直接称为法律主体),在法律关系中享受权利、承担义务。法律主体的种类很多,主要有公民、法人与国家。

第一节 公 民

【案例】《逃亡者》

早年有一部墨西哥电影,片名叫《逃亡者》,讲的是墨西哥非法移民进入美国后被美国移民局和警察追捕时逃亡的故事。影片最后的情节是墨西哥非法移民中的一位孕妇,被警察抓住后遭遣返,当警察把她递解到机场让她上墨西哥政府派来接的飞机前,这位孕妇赖倒在地上,一边哭一边双手死死抓住出口的大门不肯登机,美国警察对待她的态度粗暴蛮横;突然,该孕妇出现临盆症状,一声初生婴儿的啼哭,孕妇松开双手,露出欣慰的笑容;美国警察态度180度转弯,立即招来救护车将产妇送入医院。

为什么会出现这样戏剧性的一幕?原因是一位美国小公民诞生了,这位产妇的身份从一个非法移民一下子成了一个美国小公民的母亲,成了美国小公民的监护人,她自己知道她马上可以获得一个合法的身份而不会受遣返了,所以她露出了欣慰的笑容;而美国警察则面对的不再是一个非法入境者,而是一个美国小公民的母亲,就算不尊重这位妇女,也得尊重这位美国小公民了,所以态度有了180度的转弯。

一、国籍与公民身份

一个与你我他(她)一样的生物意义上的自然人,在法律上 相对于一个国家来说,要么是这个国家的公民,要么是外国人(包括外国公民和无国籍人)。

公民是指具有一个国家的国籍,根据该国的法律规范享有权利和承担义务的自然人。

从其产生来看,公民作为一个法律概念,是和民主政治紧密相连的。在历史上,最早的具有制度性的民主政治,出现在古希腊的雅典和古罗马的城邦时期。在这个奴隶制时期,在民主政治的雏形的基础上,出现了"公民"的称呼,也叫"市民"。古罗马曾经颁布过"市民法",也就是公民法,用以调整罗马市民之间的关系。欧洲封建制时期,奴隶制的民主共和形式消失了,公民的概念也就不再使用。西方资产阶级革命胜利以后,公民的概念被重新提出,各国宪法普遍地使用了公民的概念。从其性质上来看,公民具有自然属性和法律属性两个方面。公民的自然属性反映出公民首先是基于自然生理规律出生和存在的生命体。公民的法律属性是指公民作为一个法律概念,以一个国家的成员的身份,参与社会活动、享受权利和承担义务,应由国家法律加以规定。

一个自然人能否取得一国的国籍、成为一个国家的公民,由该国的国籍法加以规定。墨西哥电影《逃亡者》的故事情节反映的就是美国国籍法中的有关规定,美国国籍法采用"出生地主义"原则来确定自然人的公民身份,只要出生在美国国土上的人,不管其父母是哪国公民,都可以取得美国国籍而取得美国公民的身份;相反,即使父母都是美国公民,孩子没有出生在美国的国土上,即不具有美国公民身份,要想成为美国公民得申请入籍。瑞士采用"血统主义"原则确定国籍,即凡是父母双方或一方为瑞士公民,子女无论出生在哪里都具有瑞士国籍。所以,就出现了一个有趣的现象:当一对有美国国籍的夫妻,在瑞士出生一个孩子时,该孩子无国籍;当一对有瑞士国籍的夫妻在美国出生一个孩子时,该孩子就具有双重国籍。无国籍时,可以向某个国家申请入籍,但是否同意入籍是由被申请国来决定的;具有双重国籍时,就复杂了,有的国家承认双重国籍,有的国家不承认双重国籍。

我国的公民身份,首先由宪法规定,我国《宪法》第 33 条规定:"凡具有中华人民共和国国籍的人都是中华人民共和国公民。""任何公民享有宪法和法律规定的权利,同时必须履行宪法和法律规定的义务。"中华人民共和国国籍的取得、丧失和恢复,具体由《中华人民共和国国籍法》(以下简称《国籍法》)加以规定。《国籍法》于 1980 年 9 月 10 日起实施,确立的是出生地主义为主、血统主义为辅的原则。出生在中国的,具有中国国籍;父母双方或一方为中国公民,本人出生在外国,具有中国国籍。我国不承认中国公民具有双重国籍。出生时即具有外国国籍的,不再具有中国国籍;定居外国的中国公民,自愿加入或取得外国国籍的,即自动丧失中国国籍。

二、公民的平等法律地位

【案例】　年龄歧视

2004年8月,37岁的刘家海在报考公务员过程中,人事部门以其年龄超过人事部考试录用国家公务员暂行规定和广西考试录用国家公务员实施办法所规定的35岁以下的报考条件为由,拒绝其参加考试。2004年10月,法律专业出身的他向广西壮族自治区政府申请行政复议,请求确认自治区人事厅以超龄为理由不同意报考的行政行为违法。刘家海说,首先,人事厅没有设定和执行35岁以下强制性限制报考资格条件的法定职权。人事部考试录用国家公务员《暂行规定》和广西考试录用国家公务员《实施办法》虽有规定35岁以下的报考条件限制,但这两个文件只是一般党政机关系统内部的行文,只对受文对象有约束力,没有对社会公众的法律约束力。因此,两文件对年龄等的规定实际上是指导性的,不是强制性的。其次,人事厅不让他报考公务员涉嫌侵犯公民平等权。公务员职务属于国家机关职务,公民担任国家机关职务的权利属于政治权利,宪法规定,法律面前人人平等,因此平等地参加公务员录用考试是宪法之下公民的政治权利的要求。因此,人事厅不能在法律之外设置条件限制公民的报考权利,而应通过公平竞争机制保障公平竞争的合理性。自治区政府最终在行政复议中维持人事厅不同意刘家海超龄报考的具体行政行为。之后,刘家海以"年龄歧视"为由向法院提起诉讼,将自治区人事厅告上法庭。

在现代法治国家,公民在法律地位上一律平等。这是由各国的根本大法《宪法》加以规定的。我国《宪法》第33条第2款规定:"中华人民共和国公民在法律面前一律平等。"这就是公民平等权的规定。宪法上的平等权是公民的一项基本权利,它可以分解为政治平等权、经济平等权和社会平等权。现实生活中,报考公务员、求职、家庭生活等方面的各种歧视,如性别歧视、年龄歧视、身高歧视、相貌歧视、伤残歧视、疾病歧视等,确实都是侵犯了公民的平等权。所以,培养公民意识,很重要的一个方面是要培养公民的平等意识。(公民的平等权,在后面第二讲第一节中的"公民的基本权利"中还将论及。)

三、公民的民事主体资格

在现实生活中,公民可以在许多不同性质的法律关系中作为主体,而我们能更直接、更广泛、更具体地感受的是,公民在民事法律关系中作为主体,即作为民事主体,作出民事行为,享受民事权利与承担民事义务。

在我国,公民的民事主体资格,在《宪法》中有原则性的规定,然后由《中华人民共和国民法通则》(以下简称《民法通则》)作出具体的规定。《民法通则》的具体规定有以下几个方面：

(一)公民的民事权利能力

1.公民的民事权利能力的特点

民事权利能力,是民事法律赋予民事主体从事民事活动,从而享受民事权利和承担民事义务的资格。民事权利能力与民事权利是既有联系又有区别的两个不同的概念。比较两者,可以清楚地认识与理解民事权利能力的基本法律特征：

(1)民事权利能力是法律赋予民事主体享有的民事权利和承担民事义务的一种可能性,还没给民事主体带来实际利益。而民事权利则是民事主体参加到具体的民事法律关系后,才能实际享有的。

(2)民事权利能力包括民事主体取得民事权利和承担民事义务的资格。而民事权利则仅指民事主体在具体的民事法律关系中实际取得利益的可能性。

(3)民事权利能力的内容和范围由法律加以规定,与民事主体的个人意志没有直接关系。而民事权利则是民事主体在法律允许的范围内按其意愿实际参加民事活动时取得的,它直接反映着民事主体的个人意志。

(4)民事权利能力与民事主体人身的存在是不可分离的,民事主体不能转让或放弃,他人也无权限制或剥夺这种民事权利能力。而民事权利则不同,除法律另有规定外,民事主体既可以依法转让或放弃某项民事权利,也可以依法被限制行使或被剥夺其原享有的某项民事权利。

2.我国公民的民事权利能力的特点

(1)主体的平等性。我国公民民事权利能力的平等性主要表现为：所有中华人民共和国的公民,无论民族、种族、性别、年龄、职业,政治态度、宗教信仰、教育程度、职务高低、财产状况和居住年限等方面有何差异,但他们在民事权利能力方面都是平等和无区别的;所有中华人民共和国公民,都有资格平等地参加民事法律关系,取得民事权利,承担民事义务,不受有无行为能力的限制;所有中华人民共和国公民,当其合法民事权利受到侵害时,都有权依法向人民法院提起诉讼,请求人民法院通过法律手段制裁违法行为人,给公民合法民事权益的实现提供法律保障。

(2)内容的统一性。公民民事权利能力的内容,是指法律赋予公民可以享有的各种民事权利和应当承担的各种民事义务的范围。公司所享有的民事权利和承担的民事义务是统一的,没有无义务的权利,也没有无权利的义务。

(3)实现的现实可能性。我国公民享有的民事权利能力具有实现的现实可能性,它体现为：①我国公民享有的民事权利能力具有实现的物质基础,国家的社会经济政策、公共设施及公民实际掌握的物质财富,可以保障他们行使各种民事权利。②我国现行的法律制度为公民实现其民事权利能力提供了有效的法律保障。

3.公民民事权利能力的开始与终止

对公民的民事权利能力从何时开始,世界各国的民事立法有不同的规定,但归纳起来主要有两类:第一类是从公民出生时开始;第二类是规定从受孕时开始。我国民法关于公民民事权利能力开始时间,规定在《民法通则》第9条中:"公民从出生时起到死亡时止,具有民事权利能力,依法享有民事权利,承担民事义务。"根据该条规定,我国公民的民事权利能力始于出生,终于死亡。公民享有民事权利能力的时间与其生命的存续时间是完全一致的。

对公民出生时间的确认依据,最高人民法院在1988年1月26日通过的最高人民法院《关于贯彻执行〈中华人民共和国民法通则〉若干问题的意见(试行)》第1条提出:"公民的民事权利能力自出生时开始。出生的时间以户籍证明为准;没有户籍证明的,以医院出具的出生证明为准;没有医院证明的,参照其他有关证明认定。"

根据公民的民事权利能力始于出生的法律准则,尚未出生的胎儿不具备民事权利能力,不能享受民事权利、承担民事义务。但是,按照生理规律,胎儿将来必定要出生。为了保护胎儿的利益,《中华人民共和国继承法》规定:继承遗产时,胎儿可作为法定继承人分得遗产,但出生时是死体的除外。法律上之所以规定保护胎儿的利益,实质上是为未来的民事主体的利益采取的预先保护措施,而这种预先保护措施必须以胎儿活体出生为必要条件。

公民的民事权利能力始于出生,不受公民年龄大小的限制,此为一般的民事权利能力。此外,还有公民的特殊权利能力。所谓公民的特殊民事权利能力,是指受公民年龄限制的民事权利能力。我国《婚姻法》第5条规定:"结婚年龄,男不得早于22周岁,女不得早于20周岁。"这条规定是对公民结婚的民事权利能力的限制。另外,我国《劳动法》规定,公民参加劳动的民事权利能力,一般应在16周岁以上。法律规定公民的特殊民事权利能力,立法目的在于保证公民的健康成长。

公民的民事权利能力终于死亡,公民死亡是公民民事权利能力终止的法定事由。公民死亡后,就不再有从事民事活动、参加民事法律关系的可能性和必要性,不再保留其民事权利能力。公民死亡有自然死亡和宣告死亡两种。无论何种方式,只要公民死亡的事实发生,其民事权利能力便终止。

为了解决相互有继承关系的几个公民在同一事件中死亡而无法确定其死亡先后时间的问题,法律上有必要设立公民死亡时间的推定制度。《中华人民共和国继承法》公布施行后,最高人民法院曾对此作出司法解释:相互有继承关系的几个人在同一事件中死亡,如不能确定死亡先后时间的,推定没有继承人的人先死亡。死亡人各自都有继承人的,如几个死亡人辈分不同,推定长辈先死亡;几个死亡人辈分相同,推定同时死亡,彼此不发生继承,由他们各自的继承人分别继承。

(二)公民的民事行为能力

1.公民的民事行为能力的特征

公司的民事行为能力,是指法律确认的公民通过自己的行为从事民事活动,参加民事法律关系,取得民事权利和承担民事义务的能力。公民的民事行为能力具有如下法律特征:

(1)民事行为能力由国家法律加以确认,是国家法律为维护公民的合法权益和保障社会的正常秩序而确认的。

(2)民事行溪能力与公民的年龄和智力发育状态直接相联系。只有达到一定年龄、智力发育状态正常的公民,才能正确地理解其行为的法律意义,独立完成某一民事行为,取得民事权利,承担民事义务。因此,法律对不同年龄和智力发育状态的公民规定不同的民事行为能力。

(3)民事行为能力非依法定条件和程序受限制或取消。由于民事行为能力是国家法律赋予公民亲自从事民事活动的权利,因此,除非法律规定的应当限制或取消公民民事行为能力的情形出现－否则,任何个人和组织不得限制或取消公民的民事行为能力。

(4)民事行为能力,也是民事责任能力。具有民事行为能力,意味着一个公民可以亲自实施民事行为,同时也意味着该公民要对自己的行为负责。

2.公民民事行为能力的分类

我国《民法通则》根据公民的年龄、智力发育状态等因素,把公民的民事行为能力分为完全民事行为能力、限制民事行为能力和无民事行为能力三类:

(1)完全民事行为能力,是指法律赋予达到一定年龄和智力发育正常的公民通过自己的独立行为进行民事活动的能力。《民法通则》第 11 条规定:"18 周岁以上的公民是成年人,具有完全民事行为能力,可以独立进行民事活动,是完全民事行为能力人。16 周岁以上不满 18 周岁的公民,以自己的劳动收入为主要生活来源的,视为完全民事行为能力人。"至于何种状况才属于"以自己的劳动收入为主要生活来源",最高人民法院《关于贯彻执行〈中华人民共和国民法通则〉若干问题的意见(试行)》第 2 条规定:"16 周岁不满 18 周岁的人民,能够以自己的劳动取得收入,并能维护当地群众一般生活水平的,可以认定为以自己的劳动收入为主要生活来源的完全民事行为能力人。"

(2)限制民事行为能力,又称为不完全民事行为能力或部分民事行为能力,是指法律赋予那些已经达到一定年龄、但尚未成年和虽已成年但智力发育不健全,不能完全辨认自己行为后果或控制自己行为的公民所享有的可以从事与自己的年龄、智力和精神健康状况相适应的民事活动的能力。对享有限制民事行为能力的公民,可称为限制民事行为能力人,有两种:一种是10周岁以上的未成年人,可以进行与他的年龄、智力相适应的民事活动,其他民事活动由其法定代理人代理,或者征得他的法定代理人的同意才可行为;另一种是不能完全辨认自己行为的智障者或精神病人,他们可以进行与他的智力发育、精神健康状况相适应的民事活动,其他民事活动由他的法定代理人代理,或者征得他的法定代理人的同意才可行为。

(3)无民事行为能力,是指完全不具有以自己的行为从事民事活动以取得民事权利和承担民事义务的资格。对无民事行为能力的公民,可称为无民事行为能力人,也有两种:一是不满10周岁的未成年人是无民事行为能力人;二是不能辨认自己行为的智障者或精神病人。这两种人,不能亲自实施民事行为,而应由他们的法定代理人代理民事活动。

在实际生活中,公民因年龄而无或限制民事行为能力,这比较好确定,确定了年龄,也就可以确定是否属于无或者限制民事行为能力人;但如果年龄已满18周岁,因其智力和精神健康状态等因素而无或限制民事行为能力的,则比较难确定,是否属于无或者限制民事行为能力人,既不能由其本人说了算,也不能由与其有利害关系的人说了算,而应当由法院作出判决来判定。所以《民法通则》第19条规定:"精神病人的利害关系人,可以向人民法院申请宣告精神病人为无民事行为能力或者限制民事行为能力人。被人民法院宣告为无民事行为能力人或者限制民事行为能力人的,根据他健康恢复的状况,经本人或者利害关系人申请,人民法院可以宣告他为限制民事行为能力人或者完全民事行为能力人。"

(三)监护制度

现实生活中既然存在部分公民因无或者限制民事行为能力而不能亲自实施民事行为、亲自享受权利承担义务的情况,那么,为了保护这部分人的合法权益和维护社会正常秩序,法律就设计出了监护制度。监督和保护人简称监护人,受到监督和保护的无民事行为能力人和限制民事行为能力人称为被监护人。监护制度具有如下作用:

(1)监护制度使无民事行为能力和限制民事行为能力的公民的民事权利能力得到真正的实现。监护制度赋予监护人代理被监护人进行民事活动的权利,解决了无民事行为能力人和限制民事行为能力人在民事行为能力方面的困难,从而使公民的民事权利能力得以顺利实现。

(2)监护制度使无民事行为能力和限制民事行为能力的公民的民事行为能

力得到弥补,使其合法的民事权益得到有效的保护。

（3）监护制度有利于稳定社会的正常秩序。监护制度要求监护人对无民事行为能力人和限制民事行为能力人加以监督和管束,以防止他们实施危害行为,从而有利于社会秩序的稳定。

《民法通则》规定,只有未成年人的近亲属和相关组织,才有资格作为未成年人的监护人。未成年人的父母是未成年人的监护人。未成年人的父母已经死亡或者没有监护能力的,由下列人员中有监护能力的人担任监护人：①祖父母、外祖父母；②兄、姐；③关系密切的其他亲属、朋友愿意承担监护责任,经未成年人的父、母的所在单位或者未成年人住所地的居民委员会、村民委员会同意的。对担任监护人有争议的,由未成年人的父、母的所在单位或者未成年人住所地的居民委员会、村民委员会在近亲属中指定。对指定不服提起诉讼的,由人民法院裁决。没有近亲属作为监护人的,由未成年人的父、母的所在单位或者未成年人住所地的居民委员会、村民委员会或者民政部门担任监护人。

有资格担任精神病人的监护人的,仅限于精神病人的近亲属,其顺序依次为：有监护能力的配偶、父母、子女、兄弟姐妹、祖父母、外祖父母、孙子女、外孙子女。关系密切的其他亲属、朋友愿意承担监护责任,需经精神病人的所在单位或者住所地的居民委员会、村民委员会同意。对担任监护人有争议的,由精神病人的所在单位或者住所地的居民委员会、村民委员会在近亲属中指定。对指定不服提起诉讼的,由人民法院裁决。没有近亲属担任监护人的,由精神病人的所在单位或者住所地的居民委员会、村民委员会或者民政部门担任监护人。

监护人的职责：

（1）保护被监护人的身体健康。

（2）照顾被监护人的生活。

（3）管理和保护被监护人的财产。

（4）代理被监护人进行民事活动。

（5）对被监护人进行管束和教育。

（6）代理被监护人进行诉讼。

（7）承担因不履行监护职责致使被监护人实施侵权行为而给他人造成损害的赔偿责任。

监护人依法行使监护的权利,受法律保护。对监护人依法行使监护权利的,任何组织或个人均无权利干涉。如果监护人的合法监护权利遭到不法侵害,监护人有权向人民法院提起诉讼,请求给予必要的法律保护,排除侵害。

第二节　法　人

【案例】　法人的有限责任

上海 A 有限公司与杭州 B 有限公司于 2003 年签订了一份加工铝制易拉罐的合同,由杭州 B 有限公司为上海 A 有限公司每年加工铝制易拉罐 1000 万只,每只 1.5 元,分批交货后一个月内结算货款。2003 年、2004 年连续两年,杭州 B 有限公司交货后,上海 A 有限公司按期结算了货款。2005 年 3 月、5 月,杭州 B 有限公司两批交货易拉罐 400 万只,货款 600 万元,上海 A 有限公司未按期结算货款。杭州 B 有限公司遂向法院起诉。法院查明上海 A 有限公司因管理不善,亏损严重,已被工商部门吊销营业执照,目前正在清算资产。经查上海 A 有限公司还欠职工工资 6 万元,而其现有全部资产只有 6 万元,支付职工工资后,根本无钱清偿债务。杭州 B 有限公司了解到上海 A 有限公司第一大股东张大发前几年从上海 A 有限公司分到不少红利,他拿这些分到的红利去炒股票,现在非常有钱,要求法院判令张大发为上海 A 有限公司承担债务。但最后法院没有支持杭州 B 有限公司的请求,上海 A 有限公司清算完毕,无钱清偿杭州 B 有限公司 600 万货款,就不再承担清偿责任了。

这个案例,体现的是法人制度中规定的有限责任。

一、法律拟制的人

法人是一个相对于自然人的法律概念。法人是法律拟制出来的一种独立主体,它实际是人的集合体,是一种社会组织。法人主要是作为民事主体而存在的,是具有民事权利能力和民事行为能力,依法独立享有民事权利和承担民事义务的组织。

一个社会组织,要取得法律上独立的主体资格并与其成员的主体资格相分离而成为法人,需要符合一定的条件:①依法成立,这是法人能够合法存在和合法活动的基本前提;②有必要的财产或者经费,这是法人独立承担民事责任的财产基础;③有自己的名称、组织机构和场所,这是法人以自己的名义独立进行民事行为的物质基础;④能够独立承担民事责任。法人的独立责任是指法人在违反义务时,应当以其所拥有或经营管理的财产为限而对外承担的法律责任。法人的独立责任是一种有限责任,以其所拥有或经营管理的财产为限,其所拥有或经营管理的财产用尽,则不再承担责任,如果是企业法人,则该企业法人破产而失去民事主体资格。法人的成员和其他人不必为法人承担责任。前案例中,上海 A 有限公司清算完毕无钱清偿杭州 B 有限公司 600 万货款,就不再承担清偿责任了,体现的就是法人的有限责任。张大发只是上海 A 有限公司的股东,无需为上海 A 有限公司承担责任。

法人制度也是民法规定的内容之一。我国《民法通则》规定了基本的法人制度。

二、我国法人的分类

我国《民法通则》根据法人设立的宗旨和所从事的活动的性质将法人分为两类:一是企业法人;二是非企业法人,即机关事业单位和社会团体法人。

1.企业法人

企业法人是以营利为目的、独立从事商品生产和经营活动的经济组织。依照《民法通则》第 41 条和其他法律的规定,我国的企业法人分为全民所有制企业法人、集体所有制企业法人、私营企业法人以及中外合资经营企业法人、中外合作经营企业法人和外资企业法人等。这主要是按照所有制和出资者的国籍的不同所进行的分类。随着现代企业制度的逐步建立,企业法人又主要被分为公司法人和非公司法人。

2.机关、事业单位和社会团体法人

(1)机关法人。机关法人是指依法享有国家赋予的行政权力,以国家预算作为独立的活动经费,具有法人地位的中央和地方各级国家机关。机关因行使职权的需要而从事民事活动时以法人的名义出现,是一种民事主体,享有相应的民事权利能力和民事行为能力。

(2)事业单位法人。事业单位法人是指依法成立的从事非营利性的、社会公益事业的各类法人,如从事文化、教育、卫生、体育、新闻、出版等公益事业的单位。

(3)社会团体法人。社会团体法人是指由自然人或法人自愿组成并依法登记,从事社会公益、文学艺术、学术研究、宗教等活动的各类法人。社会团体包括的范围十分广泛,如人民群众团体、社会公益团体、学术研究团体、文学艺术团体、宗教团体等。

三、法人的民事权利能力与行为能力

1.法人民事权利能力

和自然人一样,法人也具有民事权利能力,能够享有民事权利和承担民事义务。法人的民事权利能力是法人作为民事主体参加民事活动的前提,没有这种民事权利能力,它就不能参加民事活动。和自然人的民事权利能力一样,法人的

民事权利能力不是自然能力,而是法律所赋予的一种资格。但法人毕竟不同于自然人,这表现在其民事权利能力也有所不同。法人和自然人的民事权利能力主要有以下区别:①民事权利能力开始与消灭的情形不同。法人的民事权利能力,从法人成立时产生,到法人终止时消灭;而自然人的民事权利能力是从自然人的出生开始,到自然人死亡时消灭。②民事权利能力的范围不同,专属自然人的某些民事权利能力的内容,如继承权利、接受扶养的权利等,法人不可能享有;而专属某些法人的民事权利能力的内容,如银行法人开展信贷业务的权利,自然人则不能享有。③民事权利能力之间的差异程度不同。自然人的民事权利能力是普遍、一致和平等的,相互之间一般没有多大差别;而不同法人的民事权利能力都有局限性,并且相互差异很大。这是由于法人各自经营业务范围的不同,分别受到法律和自己章程的限制,其民事权利能力的具体内容当然各有区别。如机关法人和企业法人的权利能力就不相同,而各企业法人的权利能力也不相同,它们只能在其核准登记的经营范围内从事经营。

2.法人的民事行为能力

法人民事行为能力,是指法人以自己的意思独立进行民事活动,取得民事权利并承担民事义务的能力或资格。法人作为民事主体之一,除了具有民事权利能力之外,还必须有民事行为能力。法律赋予法人以民事行为能力,就是为了保证法人实现其民事权利能力。和自然人的民事行为能力相比,法人的民事行为能力主要具有以下特点:①法人的行为能力和权利能力在发生和消灭的时间上具有一致性。是否具有行为能力,直接取决于主体是否具有意思能力。法人的意识由法人的机关作出,它不受年龄和智力因素的影响,因此,法人在成立时,即法人享有民事权利能力时即具有民事行为能力。②法人民事行为能力的范围不一致。民事主体只能在其民事权利能力范围内活动,即民事行为能力范围受民事权利能力范围的限制。由于不同法人的民事权利能力范围各不相同,因此,各法人的民事行为能力范围也不一致。③法人民事行为能力由它的机关或工作人员来实现。法人作为组织体,其自身并不能直接从事民事活动,法人只能通过法人的机关或工作人员,如法定代表人来从事民事活动,同时,法人机关和工作人员代表法人所从事的活动就应认为是法人的行为,其法律后果由法人承担,而不由工作人员承担。

四、法人的法定代表人

曾听到过有人说"我是某某公司的法人",先疑惑不解,后豁然明白,原来说话人是把法定代表人简称为"法人"了。实际上,法人是一种组织,而法人的法定代表人是依照法律或者法人章程规定,代表法人行使职权的负责人,如公司的董事长、企业的经理、工厂的厂长、学校的校长,等等。所以,两者是完全不同的概念,有不同的含义,不能混用。

法人的法定代表人在法律上具有十分重要的法律地位。一般说来,法律要求法人必须在主管机关批准登记或有关条例规定的活动范围内开展活动。法定代表人代表法人在此范围内签订的合同或者其他民事行为,其后果由法人负责。即使是法定代表人在法人的权利范围或者范围内作出了错误的行为,也应由法人负责。如果法定代表人的行为超出法人的权利范围或业务范围,无论其行为对错,法人都可以概不负责。但是还需看到,法定代表人在实际活动中的一些错误行为,包括侵权行为,甚至是违法犯罪行为,是代表法人履行职务时发生的,有的甚至是经法人组织同意或默许的。在此情况下,法人和法定代表人都要承担必要的责任。对于法定代表人是否承担责任问题,《民法通则》第49条规定:"企业法人有下列情形之一的,除法人承担责任外,对法定代表人还可以给予行政处分、罚款,构成犯罪的,依法追究刑事责任:①超过登记机关核准登记的经营范围从事非法经营的;②向登记机关、税务机关隐瞒真实情况、弄虚作假的;③抽逃资金、隐匿财产逃避责任的;④解散、被撤销、被宣告破产后,擅自处理财产的;⑤变更、终止时不及时申请办理登记和公告,使利害关系人遭受重大损失的;⑥从事法律禁止的其他活动,损害国家利益或者社会公共利益的。"

五、现代企业法人——公司

(一)企业

法人可以是企业,但企业不一定是法人。按照企业财产组织形式的不同,企业分为三种最基本的形式。

1.个人业主制企业

个人业主制企业,又称独资企业、个人企业,是指由个人出资兴办,并且归个人所有和控制的企业。个人业主制企业不具有法人资格。在个人业主制企业中,自然人的财产与企业财产是合一的,所有者的利益与经营者的利益完全是重合的,业主有充分的积极性去对生产经营过程进行监督;利润独享,风险自担,因而精打细算;建立与歇业的程序简单易行,经营方式灵活,决策迅速;信息渠道单一,经营的保密性强。然而,业主以其个人财产对企业债务负有完全责任;业主只有一人,因而财力有限,加之受偿债能力的限制,取得贷款的能力也较差,因而规模有限,难于经营需要大量投资的事业;企业的存在完全取决于企业主,一旦业主终止经营,如市场竞争失败或自然死亡,企业生命也会由此终止。

2.合伙制企业

合伙制企业,也称合伙企业,是由两个或两个以上业主共同出资,合伙经营,共同对企业债务负无限连带清偿责任的企业。合伙制企业也不具有法人资格。合伙企业是若干自然人的协作,他们通过协议或合同来规范各自的权责利,企业经营风险由合伙人全体共同承担。因此,合伙企业具有诸多优点:扩大了资金来源和信用能力;提高了经营水平与决策能力;组建较为简单和容易。缺点是:合伙人承担无限连带责任,面对如此的风险,愿意加入合伙者队伍的人必然是有限的;企业很容易夭折;重大决策须所有合伙人参加,如果意见分歧,很容易造成决策上的失误。由于上述缺陷,合伙企业的数量不如个人业主制企业和公司制企业多。合伙企业一般局限于农业、零售商业这类小型私人企业,至多存在于类似自由职业者的企业,如律师事务所、广告事务所、会计师事务所和私人诊所,等等。

3.公司制企业

公司制企业是典型的法人企业,企业拥有法人资格和法人财产权,实行所有权与经营权的分离。公司制企业具有许多突出的优点:公司以其现有的资产为限对债务和亏损负有限责任;有限责任使公司能广泛地筹措社会上分散的闲置资金,提高企业的规模效益;公司实现了所有权与经营权的分离,公司聘请受过专门训练的各方面专家来管理企业,能够实现有效的管理;公司有一套规范、严密而灵活的产权转让机制。缺点是:公司的组建程序复杂,创办周期较长,费用也较高;政府对公司的限制较多,如公司的开办、股票的上市、股权的转让、合并与分立、破产与终止、公司的财务管理制度等,政府都制定有一整套相应的法律法规,并有权进行检查和监督;公司经营必须有透明度,公司在财务及股权方面的变动情况几乎无密可保。

(二)现代企业制度的特征

1.产权清晰

产权清晰是指产权在两个方面的清晰:一是法律上的清晰;二是经济上的清晰。产权在法律上的清晰是指有具体主体对企业资产行使占有、使用、处置和收益等权利,企业资产的边界"清晰"。产权在经济上的清晰是指产权在现实经济运行过程中是清晰的,它包括产权的最终所有者对产权具有极强的约束力,以及企业在运行过程中要真正实现经营者的责权利的内在统一。

2.权责明确

权责明确是指合理区分和确定企业所有者、经营者和劳动者各自的权利和责任。所有者按其出资额,享受资产受益、重大决策和选择管理者的权利,对企业债务承担相应的有限责任;企业在其存续期间,对由各个投资者投资形成的企业财产拥有占有、使用、处置和收益的权利,并以全部法人财产对其债务承担责任;经营者受所有者的委托,享有在一定时期和范围内经营企业资产及其他生产要素并获取相应收益的权利;劳动者按照与企业的合约拥有就业和获取相应收益的权利。

3.管理科学

管理科学是一个含义宽泛的概念。从较宽的意义上说,它包括了企业组织合理化的含义,如"横向一体化"、"纵向一体化"、公司结构的各种形态等。一般而论,规模较大、技术和知识含量较高的企业,其组织形态趋于复杂。从较窄的意义上说,管理科学要求企业管理的各个方面,如质量管理、生产管理、供应管理、销售管理、研究开发管理、人事管理等方面的科学化。

公司制企业是典型的法人企业,符合上述现代企业制度的特征,所以,被广泛采用,成为现代企业的主要形式。公司是依照法定的条件与程序设立的、以营利为目的的商事组织。我国《公司法》规定了两种公司形式:有限责任公司与股份有限公司。

(三)有限责任公司

有限责任公司,是指股东以其出资额为限对公司承担责任,公司以其全部资产对公司债务承担责任的企业法人。特征:①股东人数有最高数额限制,有限责任公司由50个以下股东共同出资设立,所以有限责任公司股东人数不多,出资人往往就是经营管理人。②股东以出资额为限对公司承担责任,即股东以出资额为限对公司承担有限责任。③注册资金要求不高,两个以上的股东设立的有限责任公司,资金最低限额3万元人民币即可;一人股东设立的有限责任公司,资金最低限额10万元人民币即可;只有少数特别行业的有限公司才要求较高的的注册资金额。所以,有限责任公司的规模可大可小。

1.出资的灵活多样性。有限责任公司的注册资本为在工商机关登记的全体股东认缴的出资额。公司全体股东的首次出资额不得低于注册资本的20%,也不得低于法定的注册资本最低限额3万元,其余部分由股东自公司成立之日起两年内缴足;其中,投资公司可以在五年内缴足。股东可以用货币出资,也可以用实物、知识产权、土地使用权等可以用货币估价并可以依法转让的非货币财产作价出资;但是,法律、行政法规规定不得作为出资的财产除外。全体股东的货币出资金额不得低于有限责任公司注册资本的30%。股东应当按期足额缴纳公司章程中规定的各自所认缴的出资额,否则除应当向公司足额缴纳外,还应当向已按期足额缴纳出资的股东承担违约责任。股东缴纳出资后,必须经依法设立的验资机构验资并出具证明。有限责任公司成立后,发现作为设立公司出资的非货币财产的实际价额显著低于公司章程所定价额的,应当由交付该出资的股东补足其差额;公司设立时的其他股东承担连带责任。

2.设立手续简单,一般不需要经过政府相关部门的事先批准,由全体设立人制定公司章程,缴足法律规定和公司章程中规定的各自所认缴的出资额,即可在工商机关登记设立。

3.有限责任公司的组织机构也较为简单,不一定要设置股东会、董事会和监事会,股东人数较少和规模较小的有限责任公司可以不设董事会或监事会,只设执行董事和执行监事即可。

4.股东对外转让出资受到严格限制,由于有限责任公司是人合兼资合性质的公司,股东之间的相互信任关系非常重要,因此法律对股东转让出资往往作出较严格的限制。有限责任公司股东向股东以外的人转让出资时,必须经全体股东过半数同意;不同意转让的股东应当购买该股东转让的出资,如果不购买该转让的出资,则视为同意转让;经股东同意转让的出资,在同等条件下,其他股东对该出资有优先购买权。

5.有限责任公司具有封闭性,只对股东透明,不需要向社会公开公司的经营状况、财务状况。

正是因为有限责任公司有这些特点,所以,一些刚从大学毕业的年轻人甚至在校的大学生,选择自己创业的,都喜欢选择这一种公司形式,既可以用比较少的资金进行投资,又可以利用企业法人的有限责任,合理规避投资中的风险。

有些人,喜欢与同学、朋友一起创业,可以选择几人合资开办有限责任公司。有些人可能更喜欢一人设立有限责任公司。法律允许一人设立有限责任公司,但法律对一人有限责任公司有一些特别的限制:一人有限责任公司的注册资本最低限额为人民币10万元,股东应当一次足额缴纳公司章程规定的出资额;一个自然人只能投资设立一个一人有限责任公司,该一人有限责任公司不能投资设立新的一人有限责任公司;一人有限责任公司应当在公司登记中注明自然人独资或者法人独资,并在公司营业执照中载明;一人有限责任公司应当在每一会计年度终了时编制财务会计报告,并经会计师事务所审计,一人有限责任公司的股东不能证明公司财产独立于股东自己的财产的,应当对公司债务承担连带责任。

(四)股份有限公司

1.股份有限公司的特点

股份有限公司,简称股份公司,是指其全部资产分为等额股份(股份的权利凭证即股票),股东以其所持股份为限对公司承担责任,公司以其全部资产对公司的债务承担责任的企业法人。

股份公司就是通过发行股票及其他证券,把分散的资本集中起来经营的一种企业组织形式。股份公司产生于18世纪的欧洲,19世纪后半期广泛流行于世界资本主义各国,到目前,股份公司在资本主义国家的经济中占据统治地位。

　　股份公司属于一种合资公司,它具有以下特征:①股份公司的资本不是由一人独自出资形式的,而是划分为若干个股份,由许多人共同出资认股组成的;②股份公司的所有权不属于一个人,而是属于所有出资认购公司股份的人。

　　股份公司的这两个特征,使它具备了其他形式的企业组织所没有的优势:第一,股份公司可以迅速地实现资本集中。股份公司的资本划分为若干股份,由出资人认股,出资人可以根据自己的资金能力认购一股或若干股。这样,较大的投资额化整为零,使更多的人有能力投资,大大加快了投资速度。第二,股份公司能够满足现代化社会大生产对企业组织形式的要求。社会化大生产对企业组织形式有较高的要求,而股份公司则能够满足这些要求。这是因为,股份公司通过招股集资的方法能够集中巨额资本,满足大生产对资本的需求;同时股份公司的所有权属于所有的股东,设置了股东大会、董事会、监事会等各种管理机构,实行所有权和经营权的分离,公司经营状况和财务状况要向广大投资者报告或公开,公司透明度很高,因此股份公司成为现代经济中最主要的企业组织形式之一。

　　2.股份有限公司的两种设立方式

　　(1)发起设立,又称为同时设立或单纯设立,是指由发起人认足公司首次应发行的全部股份筹足资本,不必向社会公众募股而成立公司的方式。

　　(2)募集设立,是指由发起人认购公司发行的一部分股份(不低于35%),其余部分向社会募集而成立公司的方式。

　　3.股份有限公司的设立条件

　　(1)发起人符合法定人数。设立股份有限公司,应当有2人以上200人以下为发起人,其中须有半数以上的发起人在中国境内有住所。发起人承担公司筹办事务,发起人应当签订发起人协议,明确各自在公司设立过程中的权利和义务。

　　(2)发起人认购和募集的股本达到法定资本最低限额。股份有限公司注册资本的最低限额为人民币500万元。法律、行政法规对股份有限公司注册资本的最低限额有较高规定的,从其规定。股份有限公司采取发起设立方式设立的,注册资本为在公司登记机关登记的全体发起人认购的股本总额。公司全体发起人的首次出资额不得低于注册资本的20%,其余部分由发起人自公司成立之日起2年内缴足;其中,投资公司可以在5年内缴足。在缴足前,不得向他人募集股份。股份有限公司采取募集方式设立的,注册资本为在公司登记机关登记的实收股本总额。

　　(3)股份发行、筹办事项符合法律规定。发起人向社会公开募集股份,必须公告招股说明书,并制作认股书。认股书应当载明发起人认购的股份数、每股的票面金额和发行价格、无记名股票的发行总数、募集资金的用途、认股人的权利和义务、本次募股的起止期限及逾期未募足时认股人可以撤回所认股份的说明。由认股人填写认购股数、金额、住所,并签名、盖章。认股人按照所认购股数缴纳股款。发起人向社会公开募集股份,应当由依法设立的证券公司承销,签订承销协议,应当同银行签订代收股款协议。发行股份的股款缴足后,必须经依法设立的验资机构验资并出具证明。

(4)发起人制订公司章程,采用募集方式设立的经创立大会通过。发起人制订公司章程,其他认股人不参与公司章程的订立,只要认股就是对发起人制定的章程的初步认可。在认股人股款缴足后的 30 日内发起人应当主持召开公司创立大会,发起人、认股人都可以参加。公司创立大会通过发起人制定的公司章程后,该章程才正式有效。

(5)有公司名称,建立符合股份有限公司要求的组织机构。公司名称是公司用以经营并区别于其他企业的标志,是公司进行经营活动,并以其名义承担民事责任的重要条件,股份有限公司的名称除了必要的地域名和字号外还必须明确包含“股份有限公司”的字样,如“浙江东方股份有限公司”是一个股份公司的名称,其中“浙江”是地域名,“东方”是字号,“股份有限公司”是股份公司的标志。公司组织机构是形成公司法人意志,对内进行管理,对外代表公司的各种机构的总称。股份有限公司的组织机构有股东大会、董事会和监督董事会。股东大会是公司的最高权力机关,由全体股东组成,但对内不从事管理,对外不代表公司经营;董事会是公司的最高执行机关、管理机关,对内从事管理,对外代表公司经营,董事会成员即董事由股东大会选举产生,董事会聘任的经理是公司的高级管理人员;监事会是公司的监督机关,监督董事会成员和公司高级管理人员和财务负责人的行为是否符合公司的利益和股东、职工的利益,监事由股东大会选举一部分、由职工选出一部分组成。该三会形成股份公司的内部制约孔制,称为股份公司的内部治理。因为股份公司的出资人与经营者明显分离,为防止经营者以公司谋私损害公司利益、股东利益和职工利益,所以西方国家公司初创时,按民主政治中三权分立互相制约的模式设计了公司的内部治理机制。

(6)有固定的生产经营场所和必要的生产经营条件。生产经营场所是企业法人重要业务活动和经营活动的场所,生产经营条件是企业法人按其经营范围、经营方式及经营规模的要求应具备的物质条件。固定的生产经营场所和必要的生产经营条件是企业法人赖于生存并进行活动的必要物质条件,因而也是股份有限公司设立的必备法律条件。

4.股份有限公司发起人的法律责任

股份有限公司发起人,一方面要认购股份而成为股东,另一方面要承担公司筹办事务而成为具体经办人。这两方面都可能使发起人承担相应的法律责任。

作为股东,在股份有限公司设立过程中有应当缴纳出资的责任;股份有限公司成立后,发起人未按照公司章程的规定缴足出资的,应当补缴;其他发起人承担连带责任。

作为股份有限公司筹办事务的具体经办人,发起人的行为应当由设立后的公司承担,但如果出现下列情况,发起人应当承担法律责任:①公司不能成立时,对设立行为所产生的债务和费用负连带责任;②公司不能成立时,对认股人已缴纳的股款,负返还股款并加算银行同期存款利息的连带责任;③公司成立的,由于发起人的过失致使公司利益受到损害的,应当对公司承担赔偿责任。

5.上市公司

上市公司是股份有限公司的一种,指所发行的股票经过国务院或者国务院授权的证券管理部门批准在证券交易所上市交易的股份有限公司。上市公司的特点:①上市公司是股份有限公司。股份有限公司不一定要上市,但上市公司必须是股份有限公司;②上市公司要经过政府主管部门的批准。按照《公司法》的规定,股份有限公司要上市必须经过国务院或者国务院授权的证券管理部门批准,未经批准,不得上市。③上市公司发行的股票在证券交易所交易。发行的股票不在证券交易所交易的不是上市公司。

公司上市最大的好处在于可利用证券市场进行筹资,广泛地吸收社会上的闲散资金,从而迅速扩大企业规模,增强产品的竞争力和市场占有率。因此,股份有限公司发展到一定规模后,往往将公司股票在交易所公开上市作为企业发展的重要战略步骤。从国际经验来看,世界知名的大企业几乎全是上市公司。

在我国,股份有限公司公司的上市,要依据《公司法》与《证券法》的规定来进行。并非所有的股份有限公司都可以申请上市,公司上市需要满足一定的条件,《证券法》对此有明确规定:①股票经国务院证券监督管理机构核准已公开发行;②公司股本总额不少于人民币 3000 万元;③公开发行的股份达到公司股份总数的 25% 以上;公司股本总额超过人民币 4 亿元的,公开发行股份的比例为 10% 以上;④公司最近 3 年无重大违法行为,财务会计报告无虚假记载。证券交易所还可以规定更高的上市条件。股票上市交易申请经证券交易所审核同意后,根据上市协议,证券交易所会在确定的时间将上市公司的股票挂牌供人们买卖交易,这即所谓的"炒股",属于证券交易的一种。

第三节　国　家

一、国家的三要素

国家是一种拥有治理一个社会的权力的社会组织,在一定的领土内拥有外部和内部的主权。依据马克斯·韦伯的定义,国家拥有合法使用暴力的垄断权。因此国家包括了一些机构,如武装部队、公务人员、警察和法院、监狱等。

国家有三要素:领土、人民、政治权力,即当在一个固定的领土范围内居住着一个人民(经常是同一民族或有共同认同感的人),而在这个人民中又行使着一个合法的政治权力时,便存在着国家。

领土包括领土、领海、领空,它不只是供人居住的一片地域,它同样构成了这个国家、这个民族的历史、文化、宗教记忆的一部分,是这个国家的象征,是联系人民、使他们自我认同及互相认同的纽带。所谓人民,是指所有服从于一个主权权力的人,它可以是一个民族,也可以包括若干民族。人民并不仅仅是国家的臣民,在现代国家中,它首先是政治生活中的一个重要角色,是一个国家政治权力合法性的唯一来源,是一国的真正主权者。合法的政治权力(政府),是国家政治生活中的一个重要角色,在国内事务中,它合法地管理着人民;在国际关系中,它处理与其他国家的关系。

二、国家的法律主体地位

国家也是主要的法律主体,可以参加法律关系。

在国际法上,国家是国际法律关系最重要的主体。在国际事务中,一个国家与其他国家、国际组织形成各种各样的权利义务关系,这种国际关系由国际法加以调整。而国际法的主要内容是国家之间订立的国际条约,包括双边条约和多边条约。在国际关系中,任何独立的主权国家都是平等的,被世界上绝大多数国家接受的、处理国际关系的最基本的国际法原则是"互相尊重主权和领土完整、互不侵犯、互不干涉内政、平等互利和和平共处"五项原则。

在国内法的具体法律关系中,国家是公法法律关系的主体,但一般是通过相应的国家机关并以这些国家机关的名义来实现的。

国家中主要有两类性质的法律关系:一是公法关系,另一是私法关系。法律从古罗马时就被分为公法与私法两大类。古罗马法学家乌尔比安说:"有关罗马国家的法为公法,有关私人的法为私法。"这种划分一直沿用到今天。一般来说,公法包括行政法、组织法、财政法、刑法等,公法规定或调整的权利义务关系就是公法关系,表现为国家与公民之间、政府与社会之间的各种关系,如政治关系、立法关系、行政管理关系及诉讼关系,等等;私法包括民法、商法、家庭法等,私法规定或调整的权利义务关系就是私法关系,表现为平等的公民、法人及相互之间的财产关系和人身关系,如家庭关系、所有权关系、债权债务关系,等等。在国家与公民、政府与社会之间的关系中,国家和政府是公共权力的代表,对各种社会公共事务实施管理并向人民提供服务,但这些管理和服务并非管理者随心所欲,而是应当纳入法治的范围,因此,国家要通过相应的国家机关并以这些国家机关的名义参加公法关系,成为公法关系的主体。一般情况下国家不直接参加私法关系,但在非常特殊的情况下,国家也直接成为民事法律关系的特殊主体,例如,国家向社会公众发行国库券,向社会公众举债,购买国库券的公民或法人就是国家的债权人,到期有获得还本付息的民事权利。

三、国家机关的设置

1.我国最高国家机构见图1.1。

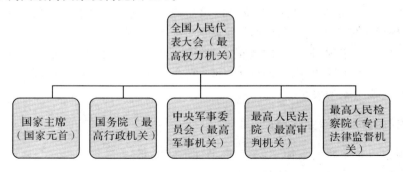

图1.1　我国最高国家机构示意图

（1）全国人民代表大会

我国全国人民代表大会是最高国家权力机关,它的常设机关是全国人民代表大会常务委员会。全国人民代表大会由省、自治区、直辖市、特别行政区和军队选出的代表组成,各少数民族都应当有适当名额的代表。全国人民代表大会代表的选举由全国人民代表大会常务委员会主持,全国人民代表大会的代表每届任期五年。全国人民代表大会会议每年举行一次,由全国人民代表大会常务委员会召集;如果全国人民代表大会常务委员会认为必要,或者有1/5以上的全国人民代表大会代表提议,可以临时召集全国人民代表大会会议。

全国人民代表大会常务委员会由委员长、副委员长若干人、秘书长、委员若干人组成,每届任期同全国人民代表大会每届任期相同,委员长、副委员长连续任职不得超过两届。每届全国人民代表大会常务委员会行使职权到下届全国人民代表大会选出新的常务委员会为止。

全国人民代表大会和全国人民代表大会常务委员会行使国家立法权及其他一系列宪法规定的职权。

（2）国家主席

国家主席、副主席由全国人民代表大会选举产生。有选举权和被选举权的年满45周岁的中华人民共和国公民可以被选为国家主席、副主席。国家主席、副主席每届任期同全国人民代表大会每届任期相同,连续任职不得超过两届。国家主席是国家元首,是国家的代表。对内,根据全国人民代表大会的决定和全国人民代表大会常务委员会的决定,公布法律,任免国务院总理、副总理、国务委员、各部部长、各委员会主任、审计长、秘书长,授予国家的勋章和荣誉称号,发布特赦令,宣布进入紧急状态,宣布战争状态,发布动员令。对外,代表中华人民共和国,进行国事活动,接受外国使节;根据全国人民代表大会常务委员会的决定,派遣和召回驻外全权代表,批准和废除同外国缔结的条约和重要协定。

（3）国务院

国务院,即中央人民政府,是最高国家权力机关的执行机关,是最高国家行政机关。

（4）中央军事委员会

中央军事委员会领导全国武装力量,由中央军事委员会主席、副主席若干人、委员若干人组成,每届任期同全国人民代表大会每届任期相同。中央军事委员会实行主席负责制,对全国人民代表大会和全国人民代表大会常务委员会负责。

（5）最高人民法院

最高人民法院是最高审判机关。最高人民法院监督地方各级人民法院和专门人民法院的审判工作。最高人民法院对全国人民代表大会和全国人民代表大会常务委员会负责。地方各级人民法院对产生它的国家权力机关负责。最高人民法院院长每届任期同全国人民代表大会每届任期相同,连续任职不得超过两届。

（6）最高人民检察院

最高人民检察院是最高检察机关。最高人民检察院领导地方各级人民检察院和专门人民检察院的工作。最高人民检察院对全国人民代表大会和全国人民代表大会常务委员会负责。地方各级人民检察院对产生它的国家权力机关和上级人民检察院负责。最高人民检察院检察长每届任期同全国人民代表大会每届任期相同,连续任职不得超过两届。

2.行政机关体系

各级行政机关即各级人民政府,是国家行政管理的主体,从行政体制和机构编制管理来说,国家行政机关也是各类机关中职能最复杂、机构设置最多、工作人员最多、规模最大的机关体系。国家行政机关从上到下分为国务院、省、市、县、乡镇五级政府,各级政府还设置了各种职能部门。这里重点介绍中央人民政府。我国国务院机构见图1.2。

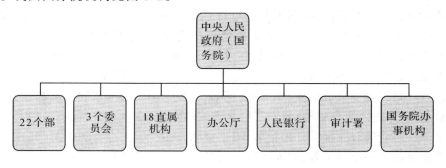

图 1.2   我国国务院机构示意图

中央人民政府,即国务院,是最高国家权力机关的执行机关,是最高国家行政机关,统一领导全国各级行政机关的工作。国务院由总理、副总理、国务委员、各部部长、各委员主任、审计长、秘书长组成。国务院实行总理负责制。国务院的决策机制是国务院会议,分为全体会议、常务会议、总理办公会议。国务院工作中的重大问题,必须经全体会议或常务会议讨论决定。国务院的主要职权共18项,由《中华人民共和国宪法》(以下简称《宪法》)规定。

国务院根据法律规定和工作需要设置行政机构。国务院的行政机构按职能分为:

(1)国务院办公厅。国务院办公厅是协助国务院领导同志处理国务院日常工作的机构。办公厅设国务院秘书长1人、副秘书长若干人。

(2)国务院组成部门,即各部、委员会、人民银行、审计署。组成部门依法履行国务院基本的行政管理职能,可在本部门的权限内发布命令、指示和规章。国务院组成部门的内部,按业务分工设立职能机构,通常设置厅、司(局)。厅是"办公厅",是协助部门领导工作并综合协调部内事务的机构。分管各项业务的机构称"司",也有极少数内设机构因业务具有相对独立的对外职能或历史原因而称为"局"。组成部门的内设司(局)的数量多少根据需要确定,司局以下设立处(室)。

国务院组成部门(27个):

外交部 、国防部、国家发展和改革委员会、教育部、技术部 、工业和信息化部、国家民族事务委员会、公安部、国家安全部、监察部、民政部、司法部、财政部、人力资源和社会保障部、国土资源部、环境保护部、住房和城乡建设部、交通运输部、铁道部、水利部、农业部、商务部、文化部、卫生部、国家人口和计划生育委员会、中国人民银行、审计署。

（监察部与中共中央纪律检查委员会机关合署办公，机构列入国务院序列，编制列入中共中央直属机构。）

（3）国务院直属机构，主管国务院的某项专门事务，具有独立的行政管理职能，在其业务范围内，可对外发布指示、规章。大多数国务院直属机构都冠以"国家"字样（中华人民共和国海关总署、中国民用航空总局、国务院参事室、国务院机关事务管理局4个机构除外）。国务院直属机构的设置与撤销由国务院决定，其负责人由国务院任免。其中，称为"总局"的，一般为正部级机构，其他为副部级机构。有些机构实行中央垂直管理，如国家税务、海关、国家商检等。

国务院直属机构（16个）：

海关总署、税务总局、工商总局、质检总局、广电总局、新闻出版署、体育总局、统计局、林业局、食品药品监督管理局、安全生产监督管理局、知识产权局、旅游局、宗教局、参事室和机关事务管理局。

（4）国务院特设直属机构。目前只有一个，这就是2003年国务院机构改革中新设立的"国务院国有资产监督管理委员会"，鉴于国资委既不同于对全社会各类企业进行公共管理的政府行政机构，也不同于一般的企事业单位，具有特殊性质，定为国务院直属的正部级特设机构。国资委的内设机构与组成部门一样，设置司、处两层。

（5）国务院办事机构。国务院办事机构协助总理办理专门事项，不具有独立的行政管理职能，一般不对外直接发布指示、规章。国务院办事机构都冠以"国务院"字样，称"办公室（研究室）"。国务院办事机构的设置与撤销由国务院决定，其负责人由国务院任免。目前国务院办事机构共有6个。办事机构一般为正部级。国务院办事机构的内设机构，一般都称为司，其中负责综合协调性事务的机构一般称秘书行政司。司下设处。

国务院办事机构（6个）：

侨办、港澳办、法制办、国研室、台办、新闻办。

（6）组成部门管理的国家行政机构。或称"部委管理的国家局"，负责主管特定业务，行使行政管理职能，对外发布行政命令和规章时，以组成部门名义或由组成部门授权国家局对外发布。部委管理的国家局的设置与撤销由国务院决定，其负责人由国务院任免。目前，部委管理的国家局共设12个，均为副部级。部委管理的国家局的内设机构，一般称司（室），数量一般在5个左右。司以下根据工作需要可设处,或不设处。

国务院部委管理的国家局(12 个):

信访局、粮食局、烟草局、外专局、海洋局、测绘局、邮政局、文物局、中医药局、外汇局、档案局、保密局。

(国家保密局与中央保密委员会办公室,一个机构两块牌子,列入中共中央直属机关的下属机构。)

(7)国务院议事协调机构和临时机构,主要承担跨部门的重要业务工作的组织协调任务以及临时突发性事务。议事协调机构议定的事项经国务院同意,由有关的部门按照各自的职责负责办理,特殊情况下经国务院同意后规定临时性的行政管理措施。议事协调机构和临时机构的设置及撤销由国务院决定。这类机构的变动比较频繁,目前国务院议事协调机构和临时机构共 30 个左右。议事协调机构和临时机构,一般不单设办事机构,具体工作由有关部门承担。单设办事机构的,通常把办事机构设在有关部门内部,称"××领导小组办公室",与部门内的其他业务司局同等规格。

(8)国务院直属事业单位。目前、国务院直属事业单位共有 14 个。从其承担的事务性质而言可分三种情况,一是依法承担执法监管职能的机构,如中国证券监督管理委员会、中国保险监督管理委员会;二是承担的事务具有特殊重要性,如新华社、中国科学院、中国社会科学院、中国工程院、全国社会保障基金理事会;三是承担的事务专业性特别强,如中国地震局、中国气象局。一般而言,事业单位不具有行政管理职能,不是行政机构,不列入政府序列。但是,这些事业单位因其承担的事务特别重要,具有特殊性,因此作为国务院直属事业单位,列入国务院机构序列。国务院直属事业单位中,多数为正部级,但有一些为副部级。

国务院直属事业单位(14 个):

新华社、中科院、社科院、工程院、发展研究中心、国家行政学院、地震局、气象局、银监会、证监会、保监会、电监会、社保基金理事会、自然科学基金委。

(国务院台湾事务办公室与中共中央台湾工作办公室、国务院新闻办公室与中共中央对外宣传办公室、国务院防范和处理邪教问题办公室与中央处理"法轮功"问题领导小组办公室,一个机构两块牌子,列入中共中央直属机构序列。国家档案局与中央档案馆,一个机构两块牌子,列入中共中央直属机关的下属机构。)

地方人民政府:

地方人民政府分四级:省(自治区、直辖市)人民政府,设区的市、自治州人民政府,县、自治县、不设区的市、市辖区人民政府,乡(民族乡)、镇人民政府。其机构设置与中央人民政府类似,这里不再一一介绍。

3.各级审判机关

各级审判机关即各级法院,它由最高人民法院、地方各级人民法院、军事法院等专门人民法院构成。最高人民法院是最高审判机关,依法行使国家最高审判权,同时监督地方各级法院和专门法院的工作。地方各级人民法院分为:基层人民法院、中级人民法院、高级人民法院。我国法院设置见图1.3。

图 1.3 我国法院设置

人民法院的任务是审判刑事案件和民事案件,并且通过审判活动,惩办一切犯罪分子,解决民事纠纷,以保卫无产阶级专政制度,维护社会主义法制和社会秩序,保护社会主义的全民所有的财产、劳动群众集体所有的财产,保护公民私人所有的合法财产,保护公民的人身权利、民主权利和其他权利,保障国家的社会主义革命和社会主义建设事业的顺利进行。人民法院用它的全部活动教育公民忠于社会主义祖国,自觉地遵守宪法和法律。

4.各级检察机关

中华人民共和国人民检察院是国家的法律监督机关。中华人民共和国设立最高人民检察院、地方各级人民检察院和军事检察院等专门人民检察院。地方各级人民检察院分为:省、自治区、直辖市人民检察院;省、自治区、直辖市人民检察院分院,自治州和省辖市人民检察院;县、市、自治县和市辖区人民检察院。我国检察院设置见图1.4。

人民检察院通过行使检察权,镇压一切叛国的、分裂国家的和其他反革命活动,打击反革命分子和其他犯罪分子,维护国家的统一,维护无产阶级专政制度,维护社会主义法制,维护社会秩序、生产秩序、工作秩序、教学科研秩序和人民群众生活秩序,保护社会主义的全民所有的财产和劳动群众集体所有的财产,保护公民私人所有的合法财产,保护公民的人身权利、民主权利和其他权利,保卫社会主义现代化建设的顺利进行。人民检察院通过检察活动,教育公民忠于社会主义祖国,自觉地遵守宪法和法律,积极同违法行为作斗争。

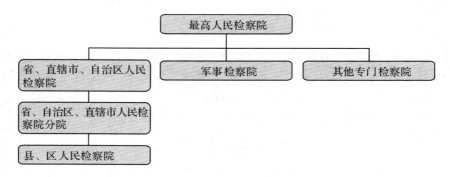

图 1.4　我国检察院设置

第二讲 法律权利(一)

【案例】 全国首例侵犯受教育权案——齐玉苓诉陈晓琪等以侵犯姓名权的手段侵犯受宪法保护的公民受教育的基本权利纠纷案

齐玉苓是山东鲁南铁合金总厂的一名青工。一天,有人到她的老家滕州市鲍沟镇圈里村找"齐玉苓",但是在见了齐玉苓本人后却说找错人了。来人说,他要找的"齐玉苓"在中国银行滕州支行工作。怀着好奇,齐玉苓找到中国银行滕州支行,发现职员卡上写着"齐玉苓"名字的人竟是自己的同学陈晓琪。齐玉苓百思不得其解,追问后竟查出了一个掩盖了10年之久的冒名顶替上学案。

1990年,齐玉苓作为滕州市第八中学的应届初中毕业生参加了中专统考,取得了441分的成绩,超过了当年的委培生分数线,由此她填报考了山东省济宁市商业学校财会专业。但是却没有等来录取通知书,齐玉苓以为自己已落榜,即花钱复读。1993年6月份,齐玉苓在交纳6000元城市增容费后将户口农转非后考上邹城市劳动技校,1996年8月毕业后被分配到鲁南铁合金总厂工作。由于企业效益不好,曾有一年多时间下岗待业。

1990年,齐玉苓的同学陈晓琪也参加了中专预考,因成绩不及格而无中专统考资格,但却"奇迹般地"被济宁市商业学校录取为财会专业90级新生。原来,在陈晓琪之父陈克政的策划下,通过滕州八中、滕州市教委的协助,济宁商校发给齐玉苓的录取通知书,被陈晓琪领走。陈晓琪向济宁商校交纳了5500元委培费后,持齐玉苓的录取通知书到校报到,但未携准考证,而济宁商校仍接收了陈晓琪。陈晓琪在济宁商校就读期间,其学生档案均系齐玉苓的资料。1993年,陈晓琪毕业后到委培单位中国银行滕州支行工作,并仍以"齐玉苓"为姓名。

真相大白后,因协商未果,2001年齐玉苓向枣庄市中级人民法院提起诉讼,将陈晓琪、陈克政、济宁商校、滕州市第八中学和滕州市教委共同推上被告席。原告齐玉苓诉称:由于各被告共同弄虚作假,促成被告陈晓琪冒用原告的姓名进入济宁商校学习,致使原告的姓名权、受教育权以及其他相关权益被侵犯。请求判令各被告停止侵害、赔礼道歉,并给原告赔偿经济损失16万元,赔偿精神损失40万元。在法庭上被告陈晓琪辩称:使用原告齐玉苓的姓名上学属实,但齐玉苓表示过不想上委培,也没有联系过委培单位和交纳委培费用,不具备上委培的条件,故顶替齐玉苓上学不侵犯其受教育权。而且受教育权不是《中华人民共和国民法通则》规定的民事权利,齐玉苓据此主张赔偿,没有法律依据,等等。

枣庄市中级人民法院审理后认为:《民法通则》第99条规定:"公民享有姓名权,有权决定、使用和依照规定改变自己的姓名,禁止他人干涉、盗用、假冒。"被告陈晓琪冒用原告齐玉苓姓名上学的行为,目的在于利用齐玉苓的考试成绩,为自己升学和今后就业创造条件,其结果构成了对齐玉苓姓名的盗用和假冒,是侵害姓名权的一种特殊表现形式。原告齐玉苓主张的受教育权,属于公民一般人格权范畴,它是公民丰富和发展自身人格的自由权利。本案证据表明,齐玉苓已实际放弃了这一权利,即放弃了上委培的机会。其主张侵犯受教育权的证据不足,不能成立。齐玉苓基于这一主张请求赔偿的各项物质损失,除律师代理费外,均与被告陈晓琪的侵权行为无因果关系,故不予支持。《民法通则》第120条规定:"公民的姓名权、肖像权、名誉权、荣誉权受到侵害的,有权要求停止侵害,恢复名誉,消除影响,赔礼道歉,并可以要求赔偿损失。"原告齐玉苓的姓名权被侵犯,除被告陈晓琪、陈克政应承担主要责任外,被告济宁商校明知陈晓琪冒用齐玉苓的姓名上学仍予接受,故意维护侵权行为的存续,应承担重要责任;被告滕州八中与被告滕州教委为陈晓琪、陈克政掩饰冒名行为提供便利条件,有重大过失,均应承担一定责任。原告齐玉苓的考试成绩及姓名被盗用,为其带来一定程度的精神痛苦,故有关责任人除应承担停止侵害、赔礼道歉的责任外,各被告均应对齐玉苓的精神损害承担给予相应物质赔偿的民事责任。

综上所述,枣庄市中级人民法院判决:一、被告陈晓琪停止对原告齐玉苓姓名权的侵害;二、被告陈晓琪、陈克政、济宁商校、滕州八中、滕州教委向原告齐玉苓赔礼道歉;三、原告齐玉苓支付的律师代理费825元,由被告陈晓琪负担,于判决生效后10日内给付,被告陈克政、济宁商校、滕州八中、滕州教委对此负连带责任;四、原告齐玉苓的精神损失费35000元,由被告陈晓琪、陈克政各负担5000元,被告济宁商校负担15000元,被告滕州八中负担6000元,被告滕州教委负担4000元,于判决生效后10日内给付;五、鉴定费400元,由被告滕州八中、滕州教委各负担200元;六、驳回齐玉苓的其他诉讼请求。

一审宣判后,齐玉苓不服一审判决,向山东省高级人民法院提起上诉。理由是:一、陈晓琪实施的侵犯姓名权行为给本人造成的精神损害是严重的,应按高标准赔偿;二、本人在参加统考前填报的志愿中,已经填报了委培志愿。正是由于滕州八中不向本人通知统考成绩,而将录取通知书交给陈晓琪,才使本人无法知道事实真相,以为成绩不合格落榜了,才不去联系委培单位。各被上诉人的共同侵权,剥夺了本人受中专以上教育的权利,并丧失了由此产生的一系列相关利益。原审判决否认本人的受教育权被侵犯,是错误的。请求二审法院判令:①陈晓琪赔偿本人精神损失 5 万元;②各被上诉人共同赔偿经济损失 16 万元和精神损失 35 万元。

山东省高级人民法院认为,上诉人齐玉苓所诉被上诉人陈晓琪、陈克政、济宁商校、滕州八中、滕州教委侵犯姓名权、受教育权一案,存在着适用法律方面的疑难问题,因此报请最高人民法院进行司法解释。最高人民法院对案件研究后认为:当事人齐玉苓主张的受教育权,来源于我国《宪法》第 46 条第 1 款的规定。根据本案事实,陈晓琪等以侵犯姓名权的手段,侵犯了齐玉苓依据《宪法》规定所享有的受教育的基本权利,并造成了具体的损害后果,应承担相应的民事责任。据此,最高人民法院以法释〔2001〕25 号《关于以侵犯姓名权的手段侵害宪法保护的公民受教育的基本权利是否应当承担民事责任的批复》批复了山东省高级人民法院的请示。

山东省高级人民法院据此认为:上诉人齐玉苓通过中专预选后,填报了委培志愿,表明其有接受委培教育的愿望。陈晓琪等称齐玉苓表示放弃接受委培教育的权利,理由不能成立。该侵权是由陈晓琪、陈克政、滕州八中、滕州教委的故意和济宁商校的过失造成的,从形式上表现为侵犯齐玉苓的姓名权,其实质是侵犯齐玉苓依照宪法所享有的公民受教育的基本权利。各被上诉人对该侵权行为所造成的后果,应当承担民事责任。

由于各被上诉人侵犯了上诉人齐玉苓的姓名权和受教育的权利,才使得齐玉苓为接受高等教育另外再进行复读而付费,为将农转非交纳城市增容费,为诉讼支出律师费。这些费用都是其受教育的权利被侵犯而遭受的直接经济损失,应由被上诉人陈晓琪、陈克政赔偿,其他各被上诉人承担连带赔偿责任。齐玉苓后来就读于邹城市劳动技校所支付的学费,是其接受该校教育的正常支出,不是侵权造成的经济损失,不应由侵权人承担赔偿责任。各被上诉人侵犯齐玉苓的姓名权和受教育的权利,使其精神遭受严重的伤害,应按最高标准赔偿精神损害费,等等。综上,原审判决认定被上诉人陈晓琪等侵犯了上诉人齐玉苓的姓名权,判决其承担相应的民事责任,是正确的。但原审判决认定齐玉苓放弃接受委培教育,缺乏事实根据。齐玉苓要求各被上诉人承担侵犯其受教育权的责任,理由正当,应予支持。据此,山东省高级人民法院依照宪法第 46 条、最高人民法院(2001)法院 25 号批复以及《中华人民共和国民事诉讼法》第 153 条的规定,于2001 年 8 月 23 日作出终审判决:一、维持一审民事判决第一项、第二项、第三项;二、撤销一审民事判决第四项、第五项、第六项;三、被上诉人陈晓琪、陈克政于收到本判决书之日起 10 日内,赔偿上诉人齐玉苓因受教育的权利被侵犯造成的直接经济损失 7000 元,被上诉人济宁商校、滕州八中、滕州教委承担连带赔偿责任;四、被上诉人陈晓琪、陈克政于收到本判决书之日起10日内,赔偿上诉人齐玉苓因受教育的权利被侵犯造成的间接经济损失共计41045元,被上诉人济宁商校、滕州八中、滕州教委承担连带赔偿责任;五、被上诉人陈晓琪、陈克政、济宁商校、滕州八中、滕州教委于收到本判决书之日起10日内,赔偿上诉人齐玉苓精神损害费5万元;六、驳回上诉人齐玉苓的其他诉讼请求。

本案是全国首例引用宪法规定的基本权利来认定侵犯公民基本权利的行为成立并据此作出赔偿判决的案件。公民的基本权利由宪法确认,但宪法的规定比较抽象。比较抽象的基本权利,还需要通过具体的法律、法规进一步加以规定,才能成为公民现实生活中能自如行使的权利。所以就出现了这样的一个问题:宪法中确认的基本权利,而在具体的法律、法规中找不到相应的具体化规定,一旦这些基本权利被侵犯,能否依据宪法的规定提起诉讼?本案给出了肯定的答案。

第一节　公民基本权利与义务

一、法律权利与法律义务

(一)法律权利

法学是权利之学,权利是法学的核心范畴。

权利的最初形式是"习惯权利"。习惯权利主要是指人们在长期的社会生活过程中形成的或从先前的社会承袭下来的,表现为群体性、重复性自由行为的一种权利。"习惯权利"是抽象的"应有权利"的原始形态,"应有权利"涵盖"习惯权利"。马克思称之为"习惯权利"的,其本质形态是"应有权利",并认为法定权利即来源于这些"习惯权利"或"已有的权利",立法者不是在创造权利,而只是在表达权利。对于权利主体的应有权利来说,只有经过国家意志的中介,才能上升为法律权利,才能成为主体的实有权利,即成为现实的有法律根据的权利。法律权利的价值所在:它体现了一个国家对人之所以成为人的基本利益需求的尊重和基本人格独立的高度重视,体现了对人性之深层次的理解和关怀。在一个为民众谋福利的国度里,它是个人与集体、国家和社会之间的一个平衡点,它带来了自由、秩序与正义。

以内容为视角,法律权利主要有三项内容:第一,权利主体可以自主决定作出一定行为的权利(积极行为的权利)。第二,权利主体要求他人履行一定法律义务的权利(请求权)。第三,权利主体在自己的权利受到侵害时,请求国家机关予以保护的权利(要求保护的权利)。这三方面内容是紧密联系不可分割的。其中权利主体可以自主决定作出一定行为的权利是核心,无论是要求他人履行一定法律义务的权利,还是请国家机关保护的权利,都是为了实现这一点。这就是说,权利自主性也只有在义务人不侵犯权利主体的利益(消极的不作为)或按照权利主体的要求履行实施一定的行为的法律义务(积极的作为)的情况下,权利主体的自主性权利才能够得到保证。同时,当义务人不承担义务因而权利人的利益受到了侵害时,权利主体求助国家,被侵犯权利才能得到救济。因此,虽然权利主体可以自主决定作出一定行为的权利是法律权利的核心,如没有请求权和潜在要求保护权,积极行为的权利就是一句空话,就会失去其特殊的法律性。所以,有一句法律的名言:"没有救济,就没有权利。"

从权利的形式角度分析,法律权利分为一般性权利、具体性权利和补救性权利三个层次。首先,是一般权利,是宪法规定的公民的基本权利,如平等权、选举权与被选举权、物质经济权、文化教育权等。其次,是具体性权利,是指由具体法律赋予的权利,如刑法上的权利、民事权利、劳动法上的权利、婚姻家庭权利等,如人身权、人格权、债权、特权、继承权、知识产权、婚姻自主权,等等。最后,是补救性权利,是指当一般性权利和具体性权利受到侵害时,所享有的获得救助和补偿的权利。包括司法保护权、诉权等程序法意义上的权利。

在法律日益渗透到人们生活的方方面面的今天,法律不仅仅提供给人们行为的尺度和准则,更多是体现出对主体的权利的确定,在现代法律制度中,权利是法律机体的最基本的细胞,是法律大厦的基石,是法律所追求的根本目标。这被称为法律的权利本位。

(二)法律义务

义务表现着在一定历史条件下人们共同生产、生活所必须服从的社会必然性要求。人们自发地将在一定历史条件下人们共同生产、生活所必须遵循的必然性要求确定为社会共同的义务规则。这些义务准则被国家法律所固化、受国家强力所支持,以致对人们的行为起着约束、规范的作用。法律义务由"正当 +必须 + 国家强力"或者由"禁止 + 国家强力"所构成。对于仅仅由"国家强力"支撑的"义务",人们仅仅是被迫服从,而不是应当遵循。

任何义务的设定,都是对主体行为自由的减损。个人自由作为社会成员的基本需要之一,也具有必须被满足性。当一种包含着个体需要、表现为社会共同要求的需要,与个体自由发生冲突时,减损个体自由、使个体承担做某事或不做某事的义务以保证共同需要得到先行满足是必要的。但是,这种对个体自由的减损,必须以社会共同需要得到充分满足为限。这种对个体自由的减损,就表现为义务。通过国家法律来确认的义务就是法律义务,与权利相对而言,是权利的边界。法律上的义务就是由法律所规定的义务人应按权利人的要求作出一定行为或不得作出一定行为进而使权利人的利益得以实现的法律手段，其明显特征就是义务必须履行，如果义务人不履行义务，就要受到国家法律的制裁，要承担法律责任。而权利人有行为选择的自由，他可以行使权利，也可以不行使乃至放弃权利。

(三)权利义务的一致性

权利与义务不是对立的、绝对的，而是相对的、统一的，两者互相依存、互为前提、不可分离，具有一致性。这种一致性主要表现在：第一，权利的实现依赖于义务的履行。享有权利的人要实现自己的权利，必须有义务人履行相应的义务。比如在买卖关系中，买受人要实现自己取得货物所有权权利的前提条件，是出卖人履行自己按约交付货物的义务。反之亦然。而且，买受人取得货物是自己的权利，但相对出卖人而言就是义务。可见，货物的交付或所有权的转移这同一行为，对于货物买卖双方而言就具有不同的意义，一方是权利的享有者，而另一方恰恰是义务的履行者。依此可以明显看出，权利与义务存在于同一法律关系的同一行为中，权利与义务具有统一性、相对性，是不可分离的。第二，享有权利的同时必须承担义务，承担义务的同时也意味着享受权利。权利与义务共存于同一法律关系主体之中。义务主体同时是权利主体，权利主体同时也是义务主体。比如在人身关系中，肖像权人在享有自己的肖像不被他人非法侵犯的同时，也必须履行不非法使用自己的肖像的义务；监护人在履行自己不非法侵犯被监护人的合法权益并且保护其权益不受侵犯的义务的同时，还享有教育、监管被监护人的权利。法律有名言："有权利，必然有义务；没有无义务的权利，也没有无权利的义务。"

二、《宪法》规定的我国公民的基本权利

我国公民基本权利由《中华人民共和国宪法》(以下简称《宪法》)规定。

宪法是国家的根本大法，是公民权利和自由的保障书。不是宪法赋予了公民权利，而是为保障公民权利才产生了宪法。公民权利一旦为宪法所承认，任何国家机关都无权蔑视它，而必须服从它，因为这种对公民权利的服从实质上已变成了对宪法的服从。现行《宪法》确认的公民的基本权利有：

(一)政治权利和自由

政治权利和自由是指宪法和法律规定公民有参加国家管理、参政议政的民主权利以及在政治上享有表达个人见解和意愿的自由。它包括公民的选举权和被选举权，公民的言论、出版、集会、结社、示威和游行的自由。

1.选举权和被选举权

(1)选举权和被选举权是指公民享有选举与被选举为国家权力机关的代表或者某些国家机关领导人的权利。它包含三方面的内容:①公民有权按照自己的意愿选举人民代表大会代表;②公民有被选举为人民代表大会代表的权利;③公民对被选举的代表享有监督和罢免的权利。

(2)我国宪法规定,除被依法剥夺政治权利的人外,所有的年满18周岁的中华人民共和国公民都有选举权和被选举权,不受民族、种族、性别、职业、家庭出身、宗教信仰、教育程度、财产状况和居住期限的限制。

2.言论自由

(1)言论自由是指公民享有宪法赋予的通过口头、书面、著作及电影、戏剧、音乐、广播电视等手段发表自己意见和观点自由权利。它有广义和狭义之分:狭义的言论自由是公民在公共场所发表意见或者讨论问题的权利;广义的言论自由则既包括在公共场所发表意见和讨论问题的权利,还包括出版自由、学术自由和新闻自由等权利。

(2)言论自由作为近现代宪法上一项重要的公民权利是资产阶级革命的产物。1776年美国弗吉尼亚州宪法最早规定了保障人民的言论自由,1789年法国的《人权宣言》宣布"自由传达思想和意见是人类最宝贵的权利之一,因此,每个公民都有言论、著述和出版的自由"。社会主义国家的宪法也同样重视言论自由,新中国成立以来的历部宪法都将言论自由作为公民的一项权利写入宪法之中。

(3)言论自由作为公民的法律权利,其核心是指国家的任何立法与行政活动都不得剥夺公民的言论自由。但是,任何自由都不是绝对的,都要受到一定的限制。对言论自由的限制主要有以下几种:①保护个人不受诽谤或者对权利的其他分割;②维护社会道德水准的需要;③当国内发生暴力或者骚乱行为时维护社会治安的需要;④当外敌入侵时为捍卫国家安全的需要。我国《宪法》第51条明确规定:"中华人民共和国公民在行使权利和自由的时候,不得损害国家的、社会的、集体的利益和其他公民的合法的自由和权利。"具体表现为在行使权利和自由时:①不得用言论进行反革命宣传、反革命煽动;②不得用言论进行诬告、陷害其他公民的活动;③不得用言论侮辱、诽谤、诋毁其他公民的人格尊严。

(4)对于言论自由的限制范围、限制方式,许多国家都制定有专门的法律加以调整,如新闻法、出版法、诽谤法、广播法等。各国不同的法律限制方式可以分为预防制和追惩制两种:①预防制是事前限制,即所有的演说、出版等行使言论自由权利的行为在表达以前要受一定的国家机关的干预和审查,前者只有通过后者的审查才能实现其表达言论的意愿。②追惩制是事后限制,即所有的言论与出版不受事前的审查,都事先被假定为可以行使,只有在表达言论后构成违法的才依法定程序予以制裁的制度。英国、美国等世界上的大多数国家都实行这种制度。

3.出版自由

(1)出版自由是言论自由的扩展,是广义的言论自由。它指的是公民有权在宪法和法律规定的范围内,通过出版物表达自己的意见和思想的权利。

(2)在英、美等国家,出版自由的观念根深蒂固。英国在 1695 年的时候就取消了出版领取许可执照的制度;美国的宪法第一修正案规定:"国会不得制定法律来剥夺出版自由。"我国的历部宪法都专门规定了公民出版自由的权利。

(3)但是,出版自由并非毫无限制,对于出版自由的限制方式主要有追惩制、登记制和审批制。英、美等国实行追惩制,我国则实行登记制和审批制:①前者不受任何的事先审查,只在出版后构成违法才予以追究法律责任;②后者在出版前要接受新闻审查,经批准并登记后才能出版的制度;③从禁止出版的范围看,有伤风化的出版物为各国所普遍禁止。

4.集会、游行、示威自由

(1)集会、游行、示威是公民的政治权利,各国宪法大多赋予公民以集会、游行、示威的自由,1966 年联合国大会通过的《经济、社会、文化权利公约》规定:"和平集会的权利应被承认。对此项权利的行使不得加以限制,除去按照法律以及在民主社会中为维护国家安全或者公共安全、公共秩序,保护公共卫生或者道德或者他人的权利和自由的需要而加以限制。"

(2)我国的历部宪法都明确规定了公民的集会、游行、示威自由。1989 年 10 月颁布《中华人民共和国集会、游行、示威法》,对我国公民的集会、游行、示威自由作了全面规定:①集会是指聚集于露天公共场所发表意见、表达意愿的活动;②游行是指在公共道路、露天公共场所列队行进、表达共同意愿的活动;③示威是指在露天公共场所或者公共道路上以集会、游行、静坐等方式表达要求、抗议或者支持、声援等共同意思的活动。

集会、游行、示威具有如下特点:①它是由公民自发举行的,而非由国家机关组织进行;②它是在露天公共场所公开举行的,而非在室内秘密进行;③它的目的是表达某种意愿,而非为了娱乐。

(3)由于集会、游行、示威是一种较为激烈地表达意志的方式,在客观上往往会给社会造成一定的消极影响,因而,世界各国法律对集会、游行、示威自由权利的行使都给予一定的限制,其方式有三种:①申报制,即须在集会、游行、示威前向有关机关报告,无须经过相关机关批准的制度;②批准制,即集会、游行、示威须取得有关机关许可方能举行的制度;③追惩制,即在集会、游行、示威前不受任何机关的干涉,也无须向任何机关报告,只有在集会、游行、示威中有违法行为时才依法予以惩罚的制度。

上述各种限制方式中,批准制限制最为严格;追惩制限制最为宽松;申报制处于两者之间——它既不会不当限制公民集会、游行、示威权利的行使,同时又使相应的维护公共秩序的国家机关可以有所防范,能平衡秩序和自由的矛盾,所以是一种较合理的限制方式。

(4)《中华人民共和国集会、游行、示威法》规定,公民在行使这些自由权利的时候必须遵守宪法和法律:①不得反对宪法所确定的基本原则;②不得损害国家的、社会的、集体的和其他公民的合法的自由和权利;③集会、游行、示威的时间、地点、路线等都要按事先批准的内容进行。从以上可以看出我国采取的限制方式是批准制。

5.结社自由

(1)结社自由是指公民为了一定的宗旨而依照法律规定的手续组织某种社会团体的自由。

(2)结社可分为以营利为目的的结社和不以营利为目的的结社,不以营利为目的的结社又可分为政治性结社和非政治性结社。以营利为目的的结社,如组建公司,政治性结社如组织政党,非政治性结社,如组建慈善机构。

(3)在国外,结社自由包括组建政党自由,在我国一般不包括此项内容,因为我国由共产党领导,其他八个民主党派是接受中国共产党领导的参政党,故不允许组建其他政党。

(4)1989年10月,国务院发布了社会团体登记管理条例,规定国家社会团体依照其登记的章程进行活动,其他任何个人和组织不得非法干涉。对社团的成立登记、监督管理等基本问题做出了具体规定,为公民行使结社自由提供了具体的法律依据。

(二)宗教信仰自由

1.宗教信仰自由是欧洲在反对宗教压迫的斗争中确立的,是言论自由的先驱。我国仍要保护宗教信仰自由的原因:

(1)宗教是人类社会一定历史阶段的必然现象,有它产生、发展和消亡的过程,宗教存在的认识根源还远未消除,宗教的存在有其客观基础;

(2)宗教具有民族性、群众性,实行宗教信仰自由有助于民族团结;

(3)宗教信仰属于思想领域问题,无法用强制的方法解决;

(4)宗教具有国际性,实行宗教信仰自由可以促进国际交往;

(5)现阶段,信教与不信教的公民在政治上、经济上的利益是一致的,实行宗教信仰自由有助于团结一切可以团结的力量。

2.宗教信仰自由是指每个公民既有信仰宗教的自由,也有不信仰宗教的自由;有信仰这种宗教的自由,也有信仰那种宗教的自由;在同一宗教里,有信仰这个教派的自由,也有信仰那个教派的自由;有过去信教而现在不信教的自由,也有过去不信教而现在信教的自由。

3.国家保护正常的宗教活动。正常的宗教活动应当:①公开的、有组织的;②在宗教活动场所进行,不得妨碍社会秩序、生产秩序和工作秩序;③与行政、司法和教育相分离;④不搞封建迷信活动;⑤坚持独立自主办教,不受外国宗教势力的干涉和控制。但是,中国共产党党员不得信教。

(三)公民的人身权利

1.人身权利的保护范围

(1)公民的人身自由不受侵犯。宪法规定:任何公民,非经人民检察院批准或者人民法院决定,并由公安机关执行,不受逮捕;禁止非法拘禁和以其他方法剥夺或者限制公民的人身自由;禁止非法搜查公民的身体。

(2)公民的人格尊严不受侵犯。我国《宪法》第38条规定:公民的人格尊严不受侵犯,禁止采用任何方法对公民进行侮辱、诽谤和诬告陷害。人格是指作为权利和义务主体必须具备的法律上的资格。公民人格权的范围:①姓名权、肖像权和名誉权、荣誉权;②人身自由权和健康权;③个人隐私权与个人意见权。

(3)公民的住宅不受侵犯。

(4)公民的通信秘密与通信自由权利不受侵犯。通信自由是指公民有根据自己的意愿自由进行通信不受他人干涉的自由;通信秘密是指公民通信的内容受国家法律保护,任何人不得非法拆封、毁弃、偷阅他人的信件。扣押和拆封信件要依法进行:①决定权在公安机关或者检察机关;②因国家安全需要或者刑事侦查需要;③按法定程序进行,如出示搜查证件或者情况紧急的也要制作搜查笔录。

2.对公民的人身权利进行限制必须具备的条件

(1)合法的国家机关可以限制,包括人民法院、人民检察院和公安机关及行使公安机关权力的机关。

(2)有法定的原因,包括现行犯罪、搜集犯罪证据、国家安全需要和刑事侦查需要。

(3)按合法的程序进行,包括着装、出示证件、人数和笔录等。

(四)批评建议权,申诉、控告、检举权,取得国家赔偿权

1.批评建议权

批评权是公民对于国家机关及其工作人员的缺点和错误、态度与作风有权提出要求克服改正的意见。建议权是指公民对国家机关的工作有提出改进的主

张和方案的权利。

2.申诉、控告和检举权

(1)申诉权是指公民对国家机关做出的决定不服,可向有关国家机关提出请求,要求重新处理的权利,它有诉讼上的申诉和非诉讼的申诉之分。诉讼上的申诉是指当事人或者其他公民对人民法院已经发生法律效力的刑事、民事、行政诉讼裁判不服,认为确有错误,依法向人民法院或者人民检察院提出申请要求重新审查处理的行为。它一般在申诉主体、申诉对象、申诉期限、申诉理由和申诉效力等方面都有一定的限制。非诉讼的申诉是指公民对行政机关做出的决定不服,向其上级机关提出申请,要求重新处理的行为。它在申诉主体、申诉对象、申诉期限、申诉理由和申诉效力等方面一般没有特别的限制。

(2)控告权是指公民对违法失职的国家机关及其工作人员的侵权行为有提出指控与请求有关机关对违法失职者予以制裁的权利。

(3)检举权是指公民对国家机关工作人员违法失职行为向有关机关进行揭发和举报的权利。

对于公民的申诉、控告和检举,有关机关应当查清事实并处理,任何人不得压制和打击报复;同时,行使该权利的公民亦不得捏造或者歪曲事实进行诬告陷害。

3.取得赔偿权

取得赔偿权指国家机关和国家机关工作人员违法行使职权侵犯公民的合法权益造成损害时,受害人有权取得国家赔偿的权利。1995年5月通过的《中华人民共和国国家赔偿法》详细规定了公民取得赔偿的范围、程序、方式和计算标准等内容。从种类上看,国家赔偿分为行政赔偿和刑事赔偿两种。

(五)公民的社会经济权利

1.劳动的权利和义务

劳动权是指有劳动能力的公民,有获得工作和取得劳动报酬的权利。公民有平等的就业权、选择职业权、劳动报酬权,国家要努力增加就业岗位、扩大就业机会,任何单位和个人不得强迫他人劳动。国家提倡劳动竞赛,提倡义务劳动,奖励劳动模范。

2.休息权

休息权是指为了保护劳动者的身体健康和提高劳动效率,规定劳动者享受的休假或者休养的权利。国家规定了休假制度,如八小时工作制、双休日制度、节假日制度和探亲假制度等;同时,国家发展各种休息场所与设施。

3.财产所有权

公民可合法拥有的私人财产,受法律保护,保护途径有刑事附带民事诉讼、民事诉讼和行政诉讼中的国家赔偿等多种。

4.退休人员的生活保障权

企业事业组织的职工和国家机关工作人员达到一定年龄、条件的有权退休,安度晚年。上述人员退休后享有一定的工资待遇和其他生活待遇。

5.物质帮助权

公民因年老、疾病或者丧失劳动能力,可以获得国家的物质帮助。国家保障公民物质帮助权实现的具体措施有:①国家兴建和发展社会保险、社会救济和医疗卫生事业;②国家实行退休保障制度;③国家和社会保障残废军人的生活,抚恤烈士军属,优待军人家属;④国家和社会帮助安排盲、聋、哑和其他有残废的公民的劳动、生活和教育。

(六)公民的文化教育权利

(1)受教育的权利和义务受教育权是指公民接受文化、科学、品德等方面教育训练的权利。受教育同时也是公民的一项义务,主要包括九年制义务、岗前培训义务。

(2)科研自由、文艺创作自由和其他文化活动的自由。科学研究自由是指公民有权通过各种方式从事各种科学研究工作,同时也意味着公民有权在科学工作中自由地探讨问题,发表意见,对各种科学问题和各种学派持有自己的见解。文化艺术活动自由是指公民有权按照自己的意愿和兴趣从事各项文艺活动,有权按照自己的特点发展自己的文化艺术风格。

(七)特殊人群的权益

(1)妇女的权益。妇女在政治、社会经济、家庭生活等方面,享有与男子平等的权利。法律保障妇女与男子享有平等的选举权和被选举权,促进妇女的参政;保障妇女与男子享有同等的同工同酬权、与男子享有平等的就业权、与男子享有同等的受教育权、妇女享有特殊劳动保护权;保障妇女的生育权。

(2)国家保护婚姻、家庭、母亲、儿童和老人。

(3)国家保护华侨、侨眷的合法权益。

三、《宪法》规定的我国公民的基本义务

(一)维护国家统一和民族团结

(1)《宪法》第52条规定,公民有维护国家统一和全国各民族团结的义务;

(2)《宪法》总纲规定,禁止破坏民族团结和制造民族分裂的行为。

(二)遵守宪法和法律

(1)公民必须遵守宪法和法律;

(2)公民必须保守国家秘密;

（3）公民必须爱护公共财产；

（4）公民必须遵守劳动纪律；

（5）公民必须遵守公共秩序；

（6）公民必须尊重社会公德。

（三）维护祖国安全、荣誉和利益

（1）祖国安全是指国家领土、主权不受侵犯和国家各项机密得以保守，社会秩序不被破坏。

（2）祖国的荣誉是指国家的尊严不受侵犯，国家的信誉不受破坏，国家的荣誉不受玷污，国家的名誉不受侮辱。

（3）祖国的利益对外是指中华民族的政治、经济、文化、荣誉等方面的权利和利益，对内是指相对于个人利益、集体利益的国家利益。

（四）依法服兵役和参加民兵组织

（1）《宪法》规定：保卫祖国、抵抗侵略是中华人民共和国每一个公民的神圣职责，依照法律服兵役和参加民兵组织是中华人民共和国公民的光荣义务。

（2）1984 年的《中华人民共和国兵役法》规定我国实行义务兵役制为主体的义务兵与志愿兵相结合、民兵与预备役相结合的兵役制度。

（3）具体规定：依法被剥夺政治权利的人不得服兵役；对被羁押的人不征集服兵役；因身体条件不适合的免服兵役；对全日制学生和是家庭唯一劳动力的人实行缓征。

（4）我国公民服兵役义务的形式：①服现役，即参加人民解放军和武装警察部队；②服预备役，即参加民兵组织和经过预备役登记；③参加军训，即高等院校和高级中学的学生的军事训练；④承担优抚费，即人民群众对义务兵家属、民兵和其他预备役人员承担一定的优抚费或者误工补贴。

（五）依法纳税

（六）其他义务

（1）劳动的权利和义务；

（2）受教育的权利和义务；

（3）夫妻双方实行计划生育的义务；

（4）父母抚养教育未成年子女的义务；

（5）成年子女赡养扶助父母的义务。

第二节　政治权利

【案例】　公民应有质疑的权利

2008年2月17日,在广州政协小组讨论中,一位委员在提到今年南方雪灾时期广州火车站的情况时,坐在一旁的广州政协副主席郭锡龄突然忍不住开口,炮轰铁道部:"这一次有两个部门要批评,一个是气象部门,之前完全没有预计到天气的严重性。不过更严重的是铁道部!"郭锡龄紧接着列举了铁道部一系列问题,郭锡龄说到最后声音里都冒出火药味来:"铁道部的人要撤职!"

该政协委员道出了民众的心声。几乎每个出门在外的人都有一种切身之痛:坐火车难,买票难。可是黄牛党、票贩子却手中有很多的票。为什么他们可以拿到票?

2月19日,铁道部新闻发言人在媒体谈"春运"期间广州地区疏运工作时,针对广州市政协副主席郭锡龄"炮轰"铁道部,表示"感到惊讶,难以理解",并说"这些话既违背事实又违背常识"。

不管郭锡龄的发言是否带有火气,也不管铁道部新闻发言人如何辩解,对行政机关的工作提出质疑,不仅是政协委员的权利,也是每个公民拥有的基本权利。

一、政治权利的概念

所谓政治权利,简而言之,就是根据宪法与法律的有关规定,公民参与国家政治生活的权利。这种权利是公民权利的重要组成部分,同时又是公民其他权利的基础。而宪法是一个国家中公民所能拥有的政治权利的最主要来源,宪法是公民政治权利最大的、最高的合法性的来源。在现代社会,公民的政治权利是由宪法、法律确认的,并受到宪法、法律的保护;同时它又受到国家的经济、政治、文化、教育科学技术等因素的制约和影响。《中华人民共和国宪法》中的政治权利包括法律面前平等、言论与出版自由、选举权与被选举权、宗教信仰自由、监督与申诉、控告权、结社、游行与示威、政治庇护权、少数民族自治权等。公民能够享受到的政治权利广度及其实现程度,即量与质的状况,是衡量一个国家民主化程度的主要标志之一。

二、新中国宪法中政治权利的演进

中华人民共和国成立以后,从1954年以来共颁布过了四部宪法和多个宪法修正案。这四部宪法中的政治权利所规定的主要方面是相同的,但是也有所差别,有些原先有的后被取消了又再重新写入的,有些是原先没有而后来写进的,有些原先有的而后来取消了的。宪法中所规定的公民所享受的权利为公民的基本权利,而政治权利是公民基本权利中的主要内容,有些政治权利在具体的法律如《刑法》《民法》有了进一步的规定。先看表 2.1 列出的四部宪法中政治权利的变化情况。

表 2.1

选举权	授予	授予(协商)	授予(协商)	授予
被选举权	授予	授予	授予	授予
集会、结社	授予	授予	授予	授予
游行、示威	授予	授予	授予	授予
罢工	未授予	授予	授予	未授予
对国家机关的监督	授予	授予	授予	授予
申诉、诉讼	授予	授予	授予	授予
少数民族自治权	授予	授予	授予	授予
政治庇护权	授予	授予	授予	授予

自十七八世纪以后,西方资产阶级提出了"天赋人权"与"主权在民"的主张,并且以宪法与法律的方式将它们固定下来。在中华人民共和国成立以后所制定的四部宪法的"总纲"中,都十分明显地体现了主权在民的思想。1954 年的《宪法》第 1 条规定,"中华人民共和国是工人阶级领导的、以工农联盟为基础的人民民主国家",明确地指出"中华人民共和国的一切权力属于人民"。1975 年、1978 年和 1982 年宪法均重申了这一点。

早在 1789 年的法国《人权宣言》中就指出了"在权利方面,人们生来是而且始终是自由平等的",这一精神一直渗透到以后的宪法制定。1954 年《宪法》第 85 条规定了"中华人民共和国公民在法律上一律平等"。但是,在 1975 年与 1978 年的《宪法》中却没有这样直接的条文规定,1982 年的《宪法》又恢复了这一条。

言论自由是公民主要的政治权利之一,四部宪法中都有规定,不过有些变化。这其中有两个方面引人注意:一是 1954 年《宪法》中除了规定言论自由以外,还指出"国家供给必需的物质上的便利,以保证公民享受这些自由"(指言论、出版等自由);二是在 1975 年与 1978 年宪法中除了规定言论自由以外,还增加了"四大"的权利:"大鸣、大放、大辩论、大字报,是人民群众创造的社会主义革命的新形式"（1975 年宪法第 13 条），公民有"大鸣、大放、大辩论、大字报"的权利（1978 年《宪法》第 45 条），而 1982 年的《宪法》将这一条给予废除。

这四部宪法对于出版、集会、结社、游行、示威都有规定，但是 1954 年《宪法》没有授予罢工自由的权利，而 1975 年与 1978 年《宪法》增加了罢工自由这一条，不过 1982 年宪法又将这一条去掉了。

四部《宪法》都规定了宗教信仰自由，但是具体的表述不尽相同。1954 年《宪法》中只是规定"中华人民共和国公民有宗教信仰的自由"（第 88 条），但是 1975 年与 1978 年《宪法》有进一步的规定"（公民）有信仰宗教的自由和不信仰宗教、宣传无神论的自由"（1975 年《宪法》第 28 条、1978 年《宪法》46 条），而 1982 年宪法进一步规定了："中华人民共和国公民有宗教信仰自由。任何国家机关、社会团体和个人不得强制公民信仰或者不信仰宗教，不得歧视信仰宗教的公民和不信仰宗教的公民。国家保护正常的宗教活动。任何人不得利用宗教进行破坏社会秩序、损害公民身体健康、妨碍国家教育制度的活动。"（第 36 条）

选举与被选举权当然是公民政治权利中最主要的权利之一，四部宪法都有规定，不过需要指出的是有两点不同：一是规定时所作的限制性条件不同。1954 年《宪法》的规定有一些限制，除规定"中华人民共和国年满 18 周岁的公民，不分民族、种族、性别、职业、社会出身、宗教信仰、教育程度、财产状况、居住期限，都有选举权与被选举权"外，对两种情况的人作了限制："有精神病的人和依照法律被剥夺选举权和被选举权的人除外。"1975 年和 1978 年《宪法》则简单规定"年满 18 周岁的公民，都有选举权与被选举权"，但是将"有精神病的人"去掉了，留下"依照法律被剥夺选举权和被选举权的人除外"这一限制条款。1982 年《宪法》重申了 1954 年《宪法》的"中华人民共和国年满 18 周岁的公民，不分民族、种族、性别、职业、社会出身、宗教信仰、教育程度、财产状况、居住期限，都有选举权与被选举权"，但是同样将"有精神病的人"去掉了。二是在选举权方面，更具体地说在投票权方面所作的规定略有差异。1954 年《宪法》第 56 条规定，"省、直辖市、县、设区的市的人民代表大会代表由下一级的人民代表大会选举；不设区的市、市辖区、乡、民族乡、镇的人民代表由选民直接选举"。第二部宪法（1975 年《宪法》）在公民的投票权方面作了改变，将由选民投票选举改为民主协商："各级人民代表大会代表，由民主协商选举产生。原选举单位和选民，有权监督和依照法律的规定随时撤换自己选出的代表。"（第 3 条）1978 年《宪法》同样有"民主协商"之说，但是增加了"无记名投票"之规定："省、直辖市、县、设区的市的人民代表大会代表，由下一级人民代表大会经过民主协商，无记名投票选举；不设区的市、市辖区、人民公社、镇的人民代表由选民经过民主协商，无记名投票直接选举"（第 35 条）。1982 年《宪法》不再规定经过民主协商这一程序，恢复了 1954

年宪法之规定。

　　公民的监督权是指公民有权监督一切国家机关与工作人员的权利。只有选举权而无监督权,那么就不能有效地保证国家工作人员忠实地履行其职责,代表民意。1954 年《宪法》授予公民监督国家机关的权利:"一切国家机关必须依靠人民群众,经常保持同群众的密切关系,倾听群众的意见,接受群众的监督。"(第16 条)不过,1975 年《宪法》是以十分政治化的方式表述了这一权利:"国家机关和工作人员,必须认真学习马克思主义、列宁主义、毛泽东思想,坚持无产阶级政治挂帅,反对官僚主义,密切联系群众,全心全意为人民服务。"(第 11 条)1978年《宪法》有了新的提法:"国家坚持社会主义民主原则,保障人民参加管理国家,管理各项经济事业和文化事业,监督国家机关和工作人员。"(第 17 条)1982 年《宪法》所作出的公民对国家机关的监督权规定之用语显然更具有法律性(或规范性):"全国人民代表大会和地方各级人民代表大会都由民主选举产生,对人民负责,受人民监督。国家行政机关、审判机关、检察机关都由人民代表大会产生,对它负责,受它监督。"(第 3 条)四部宪法不仅规定了公民享有监督国家机关的权利,而且还有申诉与控告或讼诉之权利。1954 年《宪法》中就有这一条款:"中华人民共和国公民对于任何违法失职的国家机关工作人员,有向各级国家机关提出书面控告或者口头控告的权利。由国家机关工作人员侵犯公民权利而受到损失的人,有取得赔偿的权利。"(第 97 条)1975 年《宪法》重申了这一条规定,但是在说法上略有差异:"公民对于任何违法失职的国家机关工作人员有向各级国家机关提出书面控告或者口头控告的权利,任何人不得刁难、阻碍和打击报复。"(第 27 条)1978 年《宪法》中申诉与控告的对象增加了企业、事业单位的工作人员:"公民对于任何违法失职的国家机关和企业、事业单位的工作人员,有权向各级国家机关提出控告。公民在权利受到侵害的时候,有权向各级国家机关提出申诉。对这种控告和申诉,任何人不得压制和打击报复。"(第 55 条)1982 年《宪法》对此的规定则更为周全了,不仅重申了公民的申诉与控告、诉讼之权利,而且提出防范诬告以及增加批评和建议之权利:"中华人民共和国公民对于任何国家机关和国家工作人员,有提出批评和建议的权利;对于任何国家机关和国家工作人员违法的失职行为,有向有关国家机关提出申诉、控告或者检举的权利,但是不得捏造或者歪曲事实进行诬告陷害。对于公民的申诉、控告或者检举,有关国家机关必须查清事实,负责处理,任何人不得压制和打击报复。由国家机关工作人员侵犯公民权利而受到损失的人,有依照法律规定取得赔偿的权利。"(第41 条)

　　少数民族的自治也应归为政治权利。中华人民共和国《宪法》规定,不仅各民族一律平等,而且少数民族享有民族自治的权利。1954 年的《宪法》规定,"各少数民族聚居的地方实行区域自治"(第 3 条)。1975 年、1978 年《宪法》除了重申少数民族区域实行民族自治外,还增加了这样的一条规定,"反对大民族主义和地方民族主义"(1975 年、1978 年《宪法》第 4 条)。1982 年《宪法》除规定"各少数民族聚居的地方实行区域自治,设立自治机关,行使自治权"外,还增加规定"国家根据各少数民族的特点和需要,帮助各少数民族地区加速经济与文化的发展","有保持或者改革自己的风俗习惯的自由"(第 4 条)。中国西部广大地区不少属于少数民族聚居的区域。现在中央提出开发大西部,着手制定开发西部的有关法律与法规,国家支持与开发西部有国家根本的大法——1982 年《宪法》,作为依照。

至于政治庇护权问题,1954 年《宪法》中就已作出了规定:"中华人民共和国对于任何由于拥护正义事业、参加和平运动、进行科学工作而受到迫害的外国人给以居留的权利。"(第 99 条)不过 1975 年与 1978 年《宪法》之规定有着浓厚的革命化意义:"中华人民共和国对于任何由于拥护正义事业、参加革命运动、进行科学工作而受到迫害的外国人给以居留的权利。"(第 29 条)1982 年的《宪法》明确规定给因政治原因而要求避难的外国人以政治庇护权:"中华人民共和国对于因为政治原因要求避难的外国人,可以给予受庇护的权利。"(第 32 条)

通过对以上有关条文的说明,至少可以得出四个结论:第一,这四部宪法对公民最基本的政治权利,如言论、出版、集会、结社、选举权与被选举权都作出了相应的规定,但有所区别,其主要区别集中于这三条,即"四大"、"罢工"和"法律上人人平等";在 1954 年与 1982 年《宪法》中没有"四大"与"罢工"的条款,而 1975 年与 1978 年《宪法》中没有"法律上人人平等"这一条文之规定。

第二,公民基本的政治权利在语言文字上的表述以及如限制性的条件等不尽相同(如公民监督国家机关的权利,对于公民的选举权与被选举权),在同一权利中有些增加了一些内容(如宗教信仰自由)。

第三,宪法所规定的有关政治权利总的说逐渐具体起来,并在其他法律中一步一步地有了具体的落实与保证。例如,宪法中规定"对于公民的申诉、控告或者检举,有关国家机关必须查清事实,负责处理,任何人不得压制和打击报复。由国家机关工作人员侵犯公民权利而受到损失的人,有依照法律规定取得赔偿的权利"。那么当出现打击报复时,现在可以用 1997 年《中华人民共和国刑法》第 254 条加以处理:"国家机关工作人员滥用职权、假公济私,对控告人、申诉人、批评人、举报人实行报复陷害的,处 2 年以下有期徒刑或者拘役;情节严重的,处 2 年以上 7 年以下有期徒刑"。针对"赔偿的权利"问题,经过多年的努力,终于于 1994 年 5 月 12 日颁布了《中华人民共和国国家赔偿法》,公民的合法与正当权益受到国家侵害后,公民要求获得国家赔偿有了具体的法律可以依据。又比如,选举权与被选举权是公民政治权利中最为重要的权利之一。宪法规定公民享有这种权利,但是如何保证这种权利,对于妨害公民行使其权利怎样处置呢? 1997 年 3 月 14 日第八届全国人大第一次会议修订通过的《中华人民共和国刑法》第 256 条作了如下的规定:“在选举各级人民代表大会代表和国家机关领导人员时,以暴力、威胁、欺骗、贿赂、伪造选举文件、虚报选举票数等手段破坏选举或者妨害选民和代表自由行使选举权和被选举权,情节严重的,处三年以下有期徒刑、拘役或者剥夺政治权利”。

第四,1954 年《宪法》与 1982 年《宪法》有更多的相似性,似乎 1982 年《宪法》向 1954 年《宪法》回归。比如,1954 年《宪法》关于公民申诉、控告的条文中规定,“由国家机关工作人员侵犯公民权利而受到损失的人,有取得赔偿的权利”,但是,1975 年与 1978 年《宪法》均废除了这一条,而 1982 年《宪法》又将其恢复。我们从其对于公民政治权利之规定可以体会出这两部宪法在立法宗旨与立法精神上有更多的相通性。从某种意义上可以说,1982 年《宪法》是对 1954 年《宪法》的一种回归。当然,回归并不是简单的重复,更不是复旧。彭真在 1982 年 11 月 26 日第五届全国人民代表大会第五次会议上所作的《关于中华人民共和国宪法修改草案的报告》中实际上也指出了这一点:“草案关于公民的各项基本权利的规定,不仅恢复了 1954 年《宪法》的内容,而且规定得更加切实和明确,还增加了新的内容……比过去规定得更加具体。为了保证公民权利的实现和逐步扩大,草案还规定了国家相应的基本政策和措施。”

总之,权利是一个变量,在不同的社会与不同的历史发展阶段,公民所能享有权利之数量与权利的形态是各不相同的。它与经济、政治、社会和文化等状况密切相关。1954 年的《宪法》规定了中国公民在政治生活领域中的基本政治权利,但可惜的是随后并没有得以落实,也没有发展的机会与条件。而 1975 年与 1978 年的《宪法》,因受“文革”之影响,政治权利中充满着政治色彩,可以说具有“泛政治化”倾向,削减了其作为宪法中政治权利的意义,也就是说缺乏法律的规范性,可以说是中国公民政治权利的一种倒退,比如将 1954 年《宪法》中所规定的“中华人民共和国公民在法律上一律平等”这一条取消了。前三部宪法同 1982 年《宪法》相比较,内容过于简单,并且公民的权利部分被安置在宪法结构中的后面,由此可以看出其地位之次要性。1982 年《宪法》恢复了政治权利的真正的宪法性意义,并将“公民的基本权利与义务”置于宪法的第二部分。一方面,在内容上更为丰富与具体,另一方面实现政治权利更加制度化,其执行的条件也越来越好了。总体而言,现行宪法对于公民的政治权利的规定已经比较全面且有相应的制度保障。

三、我国政治权利之特点

下面通过与美国宪法中的政治权利的比较,来分析中国宪法中政治权利的特点。美国的宪法是世界上第一部成文的宪法,诞生于 1787 年。这一年的 5 月,美国各州的代表在费城召开制宪会议,于 9 月 17 日通过了《美利坚合众国宪法》草案并提交各州批准。后来通过了多个的宪法修正案即权利法案。美国宪法第一至第十修正案中的政治权利主要有保护公民宗教信仰、言论、出版、集会、结社自由与向政府请愿的权利等。比如,美国宪法第一条修正案中规定,国会不得以法律来确立国教或禁止信教自由。再比如,第一条修正案中规定,国家不得剥夺公民言论和出版自由,政府不得剥夺人民和平集会和向政府请愿的权利。这是宪法第一条修正案中所确立的重要条款。与西方相比较,我们可以发现中国宪法对于公民政治权利所作出的有关规定在大多数方面与西方有相同之处,但是中国也有其自己的特点。

首先,权利来源的认识不同。公民的政治权利是哪里来的? 是公民自身就拥有的? 还是国家给予的? 17 世纪时,随着西方资本主义生产的发展,逐步地形成了资产阶级的人权学说,认为权利是天赋的。洛克与卢梭的"天赋人权说"对于近代的立宪主义产生了深刻的影响。在 1776 年美国《独立宣言》中已公开宣布,人人生而平等,每一个人都具有一些不可转让的天赋权利,即生而俱有的,存在于个人的尊严和本性之中,而这些权利(或称自然权利)是政府合法性的来源。就是说,人民为了保障其天赋权利,才成立政府,赋予政府保障它们的权力。而在中国的宪法中,没有天赋人权的文字,在中国近代的思想家们,比如在梁启超等甚至于认为公民的权利来自于国家,是一种给予。梁启超认为:"个人的公民地位及他们的权利都来自国家,而不是国家的权力来自个人。"这种国家给予的观念,有着深厚的文化历史传统,尤其与社会和个人关系观念有密切的关联。在个人与社会、国家的关系上,传统中国的主流思想是社会本位主义。所以,梁启超说:"会追求自己利益的人首先会看到集团的利益,个人的利益才会得到提升。"而事实上,凡是中华人民共和国公民(除被剥夺政治权利外)也天然具有宪法与法律所规定的权利。这就是说,虽然在宪法文本上没有"天赋人权"的文字,但事实上中国公民所享有的公民权利仍属于天赋人权。

第二,主权在民的原则。卢梭的主权在民思想有很大的影响力。他十分强调立法权应该永远属于人民,"凡是不曾为人民所亲自批准的法律,都是无效的;那根本不是法律"。美国《独立宣言》、法国《人权宣言》等直接奉行主权在民之原则,中国的宪法也确立了这一原则。比如,政治权利中的选举权与被选举权的确立就是人民主权或主权在民原则的具体体现,而宪法中"中华人民共和国的一切权力属于人民"就直接表达了主权在民的思想。

第三,中国宪法中的政治权利的道德主义色彩要比美国的浓厚,这与中国的文化传统有关联。中国宪法中的权利的解释是根据长期对个人与集体权益之间的关系、政治责任与道德的英雄主义等观点,以及西方的个人主义、马克思的思想,互相交流而来。这种道德主义主要表现为个人利益与社会利益、国家利益的不可分和后者高于前者的道德观念上。从整个宪法来看,这一点是明显的:"国家通过普及理想教育、道德教育、文化教育、纪律和法制教育,通过在城乡不同范围的群众中制定和执行各种守则、公约,加强社会主义精神文明的建设。国家提倡爱祖国、爱人民、爱劳动、爱科学、爱社会主义的公德,在人民中进行爱国主义、集体主义和国际主义的教育,进行辩证唯物主义和历史唯物主义的教育,反对资本主义的、封建主义的和其他的腐朽思想。"(1982 年《宪法》第 24 条)彭真在1982 年 11 月 26 日第五届全国人民代表大会第五次会议上所作的《关于中华人民共和国宪法修改草案的报告》中表明了上述规定的目的:"就是在努力使越来越多的公民成为有理想、有道德、有文化、守纪律的公民,从而树立起新的社会道德风尚,形成我们民族的革命的朝气蓬勃的精神面貌。"他进而指出:"我们的宪法规定了公民享有的权利,同时要求公民提高自己作为国家和社会主人翁的自觉性,正确地维护和行使自己的各项权利。"

四、政治权利的意义

从中国宪法中的政治权利之演变,我们不难看出公民政治权利的变化与发展,是伴随着中国经济、政治、法律、社会与文化等的变革而展开的。

中国公民的政治权利的演进,表明了社会结构的变化,在某种意义上说,政治权利的变化是社会结构变化的结果。社会结构的变化主要体现在所有制结构、社会组织结构与社会阶层结构的变化。1954 年《宪法》第一条规定,"中华人民共和国是工人阶级领导的、以工农联盟为基础的人民民主国家",这是对我们国体的一种界定。在这种国体之下,允许多种经济成分的存在,并提出"国家依照法律保护资本家的生产资料所有权和其他资本所有权",各阶级与阶层享有平等的权利。因此,也就有了"中华人民共和国公民在法律上一律平等"(第 85条),以及"中华人民共和国年满 18 周岁的公民,不分民族、种族、性别、职业、社会出身、宗教信仰、教育程度、财产状况、居住期限,都有选举权与被选举权"之规定(第 86 条)。但是 1956 年以后,执政党不恰当地逐渐走到"阶级斗争"的道路上,认为社会主要矛盾是先进的社会主义制度同落后的生产力之间的矛盾这种说法是不正确的,无产阶级与资产阶级、社会主义与资本主义之间的矛盾,仍然为当前社会的主要矛盾。在农村搞"一大二公",在城市里则强调国有与集体经济,而其他所有制形式几乎没有生存的空间与机会,直至"文化大革命"的发生。作为阶级斗争产物的 1975 年与 1978 年《宪法》将"中华人民共和国是工人阶级领导的、以工农联盟为基础的人民民主国家"改成为"中华人民共和国是工人阶级领导的、以工农联盟为基础的无产阶级专政的社会主义国家",将社会主义全民所有制与集体所有制形式确定为所有制的主要形式,基本上不允许存在其他形式的所有制,并且认为在社会主义相当长的历史阶段里,"始终存在着阶级、阶级矛盾和阶级斗争,存在着社会主义同资本主义两条道路的斗争,存在着资本主义复辟的危险性"。这样,在阶级、阶层与社会组织结构中就有了敌我之分、人民内部矛盾之说,人们在法律上不能有平等的权利,"中华人民共和国公民在法律上一律平等"之规定也自然地被取消。1978 年底召开十一届三中全会以后,中国进入改革开放的发展阶段,社会结构发生了深刻的变化。因此,1982 年的《宪法》肯定了中国多种经济并存的意义,将个体定为"社会主义公有制经济的补充",1988 年《宪法修正案》进而将私营经济界定为"社会主义公有制经济的补充",1999 年的《宪法修正案》进一步提出"在法律规定范围内的个体经济、私营经济等非公有制经济,是社会主义市场经济的重要组成部分",这样各种所有制形式在宪法上处于平等的地位。所有制的变化也改变了社会的组织形态与阶级、阶层结构。所有制、阶级与阶层、社会组织结构的变化必然会反映在公民的政治权利方面。1982 年《宪法》将国体界定为"中华人民共和国是工人阶级领导的、以工农联盟为基础的人民民主专政的社会主义国家",这样又恢复了 1954 年《宪法》所规定的"中华人民共和国公民在法律上一律平等"。在选举权与被选举权方面也恢复了 1954 年《宪法》的条文,只是将其中的"社会出身"改为"家庭出身"。随着中国日益走向一个更为民主、公正、开放的社会,公民的政治权利也会更加丰富与得到保障。

政治权利是公民与国家相互联结的一种关系,其关键在于作为权利的确立者和保障者的国家与社会个体(公民)的关系如何构成的问题。1954 年《中华人民共和国宪法》的颁布在中国公民政治权利发展历史上具有重要的意义。新宪法确定与保障了公民政治权利,而且初步确立了新的政治权利制度。这种新的政治权利制度基本上表明其时国家与社会处于均衡状态,这就是说国家以最高的立法形式——宪法,规定了公民所享有的政治权利,以及提供有关制度以保障它们的实现,而公民在享受权利之同时必须履行其相应的义务。但是,从 1957 年反右运动开始,中国社会受极"左"思潮的影响,社会主义法律逐步地受到破坏,公民的政治权利受到侵犯。到了"文化大革命"时,不要说公民的政治权利受到严重的侵犯,就连人身自由与最起码的生存权利都受到极大的践踏。"文化大革命"将全民纳入到国家的政治生活之中。在这个全民政治动员与参与的政治化年代,个人的政治权利完全以服从国家的政治目标为准则,个人的权利完全消融于国家的政治运动之中,实无法得以保证。"四大"的规定表面上为所谓的人民群众自发性的公共舆论提供法律的依据,但是,实际上言论自由不仅得不到保障,而且受到严重的破坏。总的说来,新中国成立以来,通过单位制、户口制度等控制环节,国家实行了对社会的一步一步地严密控制,直至国家与社会完全一体化,而国家控制着几乎所有的社会尤其是生存资源与活动,因而个体在国家面前显得脆弱而无助。这样彻底地打破了原有的社会与国家的均衡关系,将其变成为"强国家弱社会"或者说"国强民弱"的模式。在这种模式中,宪法所规定的公民的政治权利不免成为一纸空文。十一届三中全会宣布全党工作重心转移到社会主义现代化建设事业上来,开展了从农村到城市的经济改革,从经济体制改革到政治体制改革,从物质文明到精神文明建设,经济、政治与社会文化领域发生了巨大的变化。在这些变化中,有两个方面变化是十分明显的,即社会经济利益的多元化和社会自主性的增强。这就要求调整和重建社会与国家两者之间的关系,而调整与重建的一个主要方面就是公民的政治权利的确认与保障。其内在的压力在于:一是经济改革与发展必须要还给社会与民间一定的自由。没有社会自由,不给公民一定的自由发展的空间与权利,那么国家就无法调动广大人民的积极性,让他们投身于现代化建设之中。二是社会自主意识的增强。社会自主意识提升后的社会各阶层总是设法要表达他们的意愿和要求,总是想方设法寻找与保障其利益和权利。如果国家对这种自主意识的提高不作出相应的调整,那么就难免不发生冲突。因此,通过扩大基层自主权,调动广大人民的积极性,发挥人民群众的民主监督与舆论监督作用,实现人民当家做主与保障公民的各种权利,以调整国家与社会的关系,这些也就是政治体制改革的内容。这种调整与重建表现在政治权利上,就是一方面1982年所制定的宪法扩大了公民政治权利的内容,增加了规定政治权利的条文,如批评权与建议权,另一方面从1982年宪法颁布以来,国家制定了相应的法律、法规、条例,以保障公民权利的实现。现行的《中华人民共和国宪法》对于公民的政治权利的规定已经比较全面,问题在于如何依法正确行使这些权利。

【案例】 人大代表的提案权

2008年3月,十一届全国人大会议期间,代表周红玲提交了专门议案,建议对"包二奶"现象进行更明确的定义,建议修改《刑法》,严惩"包二奶"行为。

随着社会的发展,"包二奶"现象可谓屡见不鲜,"重婚纳妾"甚至成为某些"成功男人"到处炫耀的谈资。周红玲认为,《刑法》第258条规定重婚罪是指有配偶者在婚姻登记机关再次与他人登记结婚的行为。最高人民法院1994年12月司法解释"有配偶的人与他人以夫妻名义同居生活的,或者明知他人有配偶而与之以夫妻名义同居生活的,仍应按重婚罪定罪处罚"。但周红玲认为,客观现实是,重婚者几乎没有再次办理登记手续的;同居时,对外也不会以夫妻名义相称。这种有稳定同居关系的行为没能纳入法律界定的重婚范畴,实际生活中重婚者被依法追究刑事责任的很少。

　　她建议将原《刑法》第258条修改为:"有配偶者在婚姻关系存续期间与他人在固定住所有稳定同居关系,或明知他人有配偶而与之在固定住所长期共同生活,除以下情形外,处二年以下有期徒刑或者拘役:1.被拐骗的妇女;2.因自然灾害生活难以维持,被迫外流,为谋生而与他人重婚的;3.因配偶长期外出,生死下落不明,家庭生活发生严重困难而重婚的。"

　　分析:宪法规定,中华人民共和国的一切权力属于人民,人民行使国家权力的机关是全国人民代表大会和地方各级人民代表大会。人大代表是由人民选出、代表人民行使权利的代表,人大代表有提出议案的权利。

第三节　社会权利与义务

【案例】　因社会保险未投缴而引发的辞职争议

　　张平(化名)于2007年3月到市劳动争议仲裁委员会提出申诉,要求某高新科技有限公司为他:(1)补投在职期间的社会保险;(2)发放因辞职解除劳动合同的补偿金。某高新科技有限公司接到申诉书副本后,马上提出反诉,称张平(化名)于3月25日突然提出辞职,给公司造成了600多万元的经济损失,要求张平(化名):(1)支付一个月工资作代替通知金;(2)赔偿公司经济损失。

　　开庭调查查明:张平(化名)于2005年进入某高新科技有限公司,与公司签订了劳动合同。因张平(化名)是农村户口,故某高新科技有限公司未按规定为其投缴养老、医疗、工伤、失业等项社会保险。2007年3月16日,张平(化名)去公司人事部询问是否为他上社会保险,人事部负责人未作出答复,于是张平(化名)要求辞职。

　　市劳动争议仲裁委员会最后裁决支持张平(化名)的请求,驳回了某高新科技有限公司反诉请求。

　　评析:用人单位理应为与其建立劳动关系的劳动者缴纳社会保险,农民工也不例外,某高新科技有限公司未为张平(化名)人缴纳社会保险的做法是违法的。所以在公司用人单位违法损害劳动者利益的前提下,劳动者有权随时解除劳动合同。所以张平(化名)的请求有法律依据应当支持,而某高新科技有限公司反诉请求无法律依据,故应驳回。

一、公民的社会、经济权利

公民的社会经济权利具体包括财产权、劳动权、休息权、退休人员的生活保障和社会保障权,以及年老、疾病或者丧失劳动能力的公民应享有的物质帮助权等。《宪法》第13条规定,国家保护公民合法的收入、储蓄、房屋和其他合法财产的所有权。国家依照法律规定保护公民私有财产的继承权。宪法确认公民个人财产所有权,为公民行使其他社会经济权利确立了基础。《宪法》第42条规定,中华人民共和国公民有劳动的权利和义务,确认了公民的劳动权。公民的劳动权是指有劳动能力的公民有获得劳动并获得报酬的权利。劳动权是人们赖以生存的基本权利,也是其他权利的基础。《宪法》第43条规定,中华人民共和国劳动者有休息的权利,确认了公民作为劳动者有休息权利。休息权是指劳动者在享受劳动权的过程中,有为保护身体健康,提高劳动效率,根据国家法律和制度的有关规定而享有的休息和休养权利。休息权是劳动权的必要补充。《宪法》第44条、第45条分别规定了企事业组织的职工、国家机关工作人员的退休获得物质保障权和年老、疾病或者丧失劳动能力的中华人民共和国公民有从国家和社会获得物质帮助的权利。物质帮助权,是公民因丧失劳动能力或者暂时失去劳动能力而不能获得必要的物质生活资料时,有从国家和社会获得生活保障,享有集体福利的一种权利。这些经济、社会权利和自由,是公民参与政治、经济和社会生活的条件保证,公民享有的这些权利和自由越充分,获得享有其他权利和自由的前提条件和可能性就越大。

二、国家是公民社会、经济权利的义务主体

宪法是国家的根本大法,它确认的公民社会经济权利,是公民基本社会经济权利。与具体的社会、经济权利的义务主体是平等主体不同,公民基本社会经济权利的义务主体是国家。公民依据宪法规定,只能向国家主张权利,而不能向作为平等主体的其他公民和单位主张。《宪法》第13条规定的公民个人财产权,严格说来应当是公民个人财产获得国家保护权,法条文字也很明确,对公民的合法的收入、储蓄、房屋其他合法财产的所有权,对公民的私有财产的继承权,是"国家保护"和"国家依照法律保护"。关于公民的劳动权,同样也应是公民劳动获得国家保障权,义务主体同样是国家。按宪法规定,国家的义务是"通过各种途径,创造劳动就业条件,加强劳动保护,改善劳动条件,并在发展生产的基础上,提高劳动报酬和福利待遇。以及对就业前的公民进行必要的劳动就业训练"。某国家计划内大学生毕业找不到工作,作为公民他有权要求国家为他解决就业问题。在一个具体案件中,应当区别劳动权利义务的不同性质。某公民就职于某工厂,

收入低于国家规定的最低收入标准,他向工厂提出要求增加工资并赔偿损失,此时他行使的是民事请求权,义务主体是作为平等主体的工厂;如果他向劳动行政机关检举工厂的违反国家最低收入保障规定的行为,要求劳动行政机关处理,这就是要求国家履行保障其劳动权的义务,义务主体是国家,劳动行政机关是代表国家履行义务。劳动者享有的休息权,同样是休息获得国家保障权,要求国家发展休息和休养设施,规定工作时间和休假制度。《劳动法》第36条规定:"国家实行劳动者每日工作时间不超过8小时,平均每周工作时间不超过44小时的工作制度。"第38条规定:用人单位应当保证劳动者每周至少1日。以及第40条规定:用人单位应当保障劳动者在法定节假日休息。这些都是国家应当履行的保障劳动者休息权利的义务。退休人员、年老、疾病或者丧失劳动能力的公民获得国家和社会物质帮助权,国家有义务使公民的获得物质帮助权实现,发展保险事业和医疗卫生事业,并保障残疾人生活,帮助安排盲、聋、哑和其他有残疾的公民劳动、生活和教育。国家履行宪法确定的保障公民社会、经济权利的义务的一个重要形式是制定相关的具体法律,使宪法义务具体化,明确化。《劳动法》便是使国家保障公民劳动权义务的具体化。

三、公民社会经济、权利受国家经济、社会现实条件制约

宪法确认的公民基本社会经济权利的内容与我国现实政治、经济条件密切相关。因为国家作为义务主体,宪法确认公民社会经济权利,相应的就是赋予国家的义务,是公示国家对公民的承诺。承诺就要兑现,所以不得不在权利义务设置上考虑到履行的可行性,必须根据我国的政治、经济、社会现实和发展情况。关于劳动权中的就业权利,不是规定国家保障劳动者充分就业,而是规定国家通过各种途径,创造劳动就业条件。因为我国现实是人口众多,相对而言,就业岗位不足,不可能达到完全就业。又因为现在经济发展水平不高,所以也不能许诺高额劳动报酬,只能是在发展生产的基础上,提高劳动报酬和福利待遇,而目前只能规定在目前经济条件下的最低收入保障。公民年老、疾病或者丧失劳动能力时,发达国家能提供数额不菲的救济金,但我国只能是"发展"保险和救济。因为现实条件的制约,对公民社会经济权利的保障还很不平衡,不平等。企事业组织的职工和国家机关工作人员退休后的生活受国家和社会的保障,而农民,特别是经济落后地区的农民,他们年老后,实际更需要国家和社会的物质保障,但国家和社会却不能为他们提供必要保障。经济落后地区的农民患病,国家提供的救济根本不能解决问题。大城市的公民有较充裕的休息、娱乐、学习的设施和条件,而农村、偏远地区的公民却难以享受到这些。全国所有的名山大川、国家级公园,应是每个公民都能享受到的资源,但现实只有极少数人能有效占有和利

用,国家未能采取有效措施为绝大多数公民利用这些资源创造条件保障。很明显,宪法确认公民社会、经济权利范围还很狭窄,即国家保障和保护的责任范围很狭窄,随着我国社会、经济的发展,宪法确认的公民社会、经济权利范围应当不断扩大。

四、国家和公民对待公民社会、经济权利的态度

国家不是统治公民,而是为公民服务。宪法确认公民社会、经济权利,就是要求国家为公民实现社会经济权利提供服务,创造条件,提供保障。国家工务员包括政务类和业务类的工作人员都要明确自己的社会角色地位,自己的责任,服务工作做不到位,就会使公民对社会经济权利的行使打折扣。作为国家雇员应当认识到自己的失职,违反了国家通过宪法对全国公民的承诺,应当承担法律责任。对于立法机关,应当履行职责,对宪法进行修正,将公民应有的社会经济权利比较全面地确认在宪法中。

作为社会经济权利的权利主体,公民特别是经济、文化力量较弱的公民应当意识到自己的权利。这权利不是针对和自己一样的主体,更不是针对力量更弱的公民,而是针对庞大的国家。公民应当理直气壮地向国家机关、国家领导人及其他工作人员主张权利,要求国家提供条件和保障。当然,公民也应当认识到,基本的社会经济权利不是绝对的,而是有限制的,除最终受制于社会经济结构及由经济结构决定的文化发展外,还要不得妨碍他人的权利和自由,因为每个公民都有经济社会权利,但权利所需资源是有限的,任何一个公民无限制的行使权利和自由,都会使其他公民的权利自由受到妨碍。某个体经营户在"非典"隔离期内,要求有关部门放他出隔离区从事经营活动。作为公民,他的权利意识很强,但他在这特殊情况下,主张自己的这项社会经济权利,便不能得到支持,因为他出来将使不特定的他人的生命健康权有受到伤害的危险。《宪法》第51条规定,中华人民共和国公民在行使自由和权利的时候,不得损害国家的、社会的、集体的利益和其他公民的合法的自由和权利。公民行使权利和自由,还要不违反宪法确认权利的目的;否则即是滥用权利。公民有劳动权,但其甘当他人奴隶,便与国家承认公民权利和自由的目的根本违背,因为这些行为从根本上妨害个人知识、道德或个性的发展。

第三讲　法律权利(二)

【案例】　老人遗产赠保姆

据《潇湘晨报》消息,一位 70 多岁的老人临终前留下遗嘱,将全部遗产归保姆所有,包括长沙市一套建筑面积 108.77 平方米的房子和家电、家具,以及存款,甚至连骨灰都得由保姆处理。老人的两个女儿起诉,但最后以败诉结案。为什么女儿告上法庭却遭败诉?

公民有财产权,对自己拥有的财产有依法自由处分的权利。老人已经在身前通过遗嘱的形式将自己的财产处分,遗赠给保姆。只要该遗嘱是老人的真实意愿,该遗嘱就合法有效。所以,即使女儿不能接受事实而起诉到法院,法院也不会支持女儿的诉讼请求,故女儿当然会败诉。

【案例】　肖像权保护

25 岁的小聂 8 年前在摩托罗拉公司北京分公司担任保安。2007 年初,他发现在摩托罗拉公司网站、产品宣传材料和广告中,都有自己身穿保安服、手持摩托罗拉专业对讲机的照片。小聂后回想起 1999 年夏天的一天,保安班长曾通知自己,要求其手持摩托罗拉对讲机,配合公司拍摄静态照片。拍摄后,拍摄人员没有解释拍摄目的,小聂当时也没在意。

小聂认为,摩托罗拉公司未经许可亦未付报酬,擅自使用他人照片进行营利活动,且使用时间长、范围广,其行为构成了对自己肖像权的侵犯,故起诉到法院向摩托罗拉公司索赔 20 万元。法院审理后认为,摩托罗拉公司要求单位保安配合拍摄照片,但未说明拍摄用途的行为,构成肖像权侵权。北京市朝阳区法院一审判决摩托罗拉公司赔偿小聂经济补偿金、经济损失费和精神抚慰金共计 2.6 万余元。

【案例】　网友路见不平声讨、围攻"负心汉"

一对平凡的夫妻携手一起打拼自己的事业和生活,后男人移情别恋,两人和平协议分手,房子归女方,车子存款归男方。男人与第三者结婚。现任妻子因不满财产分割,短信骚扰前妻(网名"糖果儿")的同时,在自己的博客上用许多不堪的言语辱骂前妻,于是,名为"亚马逊人鱼"的网友在天涯论坛发表题为《天啦这个转正了的小三超级狂啊!》(注:小三为第三者的简称)的帖子,引起广大网民的极大关注。一桩普通的离婚案最终激起网友公愤,导致对男人和现任妻子的讨伐声一片,愤怒的网友启动"人肉搜索引擎",曝光了男人和现任妻子一切真实资料,声称要让男人失业。后这场网络口水战更是全面升级到现实生活版——网友们自发打电话给男人所在的公司,男人名誉扫地,对公司业务也造成一定影响。

分析:现任妻子短信骚扰前妻、在博客上辱骂前妻,已经构成侵权,前妻有权追究其法律责任。网友们打电话给男人所在的公司,使男人名誉扫地,如使用了"辱骂"的方式,则也会构成侵权。所以,行使权利必须合法,否则就是权利的滥用。

民事权利是公民基本权利中最基础的权利,是其他权利的物质保障。民事权利可以分为人身权、财产权、知识产权等,上面的三则案例分别涉及的是财产权的处分、人身权的保护及权利的合法行使。

第一节 人身权

一、人身权的概念

人身权是民事主体享有的最基本的民事权利,自然人可能因为某种法定原因丧失某种财产权利或者政治权利,但不可能丧失基本的人身权利。例如,某人可能因为犯罪被剥夺政治权利,或者因故意杀害被继承人而丧失继承权,但其作为自然人依法享有的人身权仍依法受到保护。人身权,指民事主体依法享有的与其人身不可分离亦不可转让的无直接财产内容的民事权利。其特征是不可转让性和非财产性。

(一)不可转让性

人身权与民事主体不可分离决定了人身权的不可转让性,除法律另有规定外,人身权不得以任何形式买卖、赠与和继承。例如,名誉权不得转让也不可能转让。但是,人身权的不可转让性也存在例外,即某些人身权脱离民事主体本身仍具有法律意义或者经济价值。例如,法人名称权的转让和继受、人体器官的赠与等。人身权的不可转让性决定其行使方式的局限性,即某些人身权通常由民事主体自己使用或者排斥他人使用,而不能像所有权那样实现权能分离,或者如同知识产权许可他人使用。例如,生命权、健康权。人身权的不可分离性决定其不可剥夺性,即民事主体违反民事义务,仅能依法追究民事责任,而不能剥夺其人身权利。例如,自然人甲侵害乙的健康权,不能剥夺甲的健康权或者其他人身权。

(二)非财产性

人身权区别于其他权利的本质特征在于:它与人身不可分离。它不像债权、所有权那样,可以转让、赠与、继承,可与主体的人身份离开来。它是民事主体固有的权利,并与其相伴始终,它随着民事主体的存在而存在、消亡而消灭。但是,人身权与财产权又存在一定的联系,具体表现为:其一,人身权是某些财产权取得的前提。如亲权是遗产继承权取得的前提。其二,人身权可以转化为财产权。如附有良好信誉的法人名称可以有偿转让,并获得财产利益。其三,人身权受到损害时的财产性补偿。如自然人名誉权受到损害时的精神损害赔偿。

随着社会主义市场经济的发展和法治建设的进行,公民的个人权利意识不断增强,作为公民基本权利的人身权,也受到越来越多的重视。

人身权作为人的基本权利,历来受到法律的多方面的保护。在古代中国,即有"杀人者死,伤人及盗抵罪"的"约法三章"。在古罗马,《十二铜表法》第 8 章第 2 条规定:"毁伤他人肢体而不能和解的,他人亦得依同态复仇而毁伤其肢体。"查士丁尼之《国法大全》规定了侵权行为之债,建立了真正意义上的人身权的法律保护制度。其后随着社会的进步,法制的发展,对人身权的法律保护也逐步完善起来。

我国历来重视人身权立法,我国《宪法》第 38 条规定:"中华人民共和国公民的人格尊严不受侵犯。"我国 1979 年和 1997 年的《刑法》,都把保护公民人身权作为刑法基本任务之一。《民法通则》第 101 条规定:"公民、法人享有名誉权,公民的人格尊严受法律保护,禁止用侮辱,诽谤等方式损害公民、法人的名誉。"民法通过设定公民、法人的一般人格权、具体人格权和身份权,确认人身权,宣示人作为社会上的人的资格和地位,对人身权进行一般保护,并在第六章"民事责任"中规定了侵犯人身权的民事责任(第 119、120 条),同时在"知识产权"一节中规定了署名权、发表权、修改权、保护作品完整权等人身权利。此外,在《著作权法》、《专利法》、《商标法》、《消费者权益保护法》、《产品质量法》、《妇女权益保护法》、《老年人权益保护法》、《未成年人权益保护法》等中都对人身权的保护作出宣示性规定。这些法律制度立足于我国的实际,适应了发展社会主义商品经济和建设社会主义民主政治的要求,并符合当代人身权制度的发展趋势。

二、人身权的分类

依据不同的标准可以对人身权进行不同的分类:以权利主体是否为自然人为标准,可以将人身权分为自然人人身权和非自然人人身权。此种分类的意义在于有些人身权专属于自然人,非自然人的法人、非法人单位、社会团体、个体工商户、合伙组织不能享有,如生命权、健康权和身份权。以人身权的客体是人格利益还是身份关系为标准,人身权分为人格权和身份权,这是人身权最基本也是最具意义的分类。

(一)人格权

我们平常说某人"人格高尚",某人有"伟大的人格",其中所谓"人格"是指人的"精神品格",与法律上的"人格"不同。法律上所谓"人格",是指作为法律所承认的"人"的"资格",或者作为民事权利主体的"资格"。这一意义上的"人格",与"权利主体"、"法律主体"、"民事主体"等民法概念含义相同,经常相互替代。

作为民事主体的自然人,对自己的生命、身体、健康、自由、姓名、肖像、名誉、隐私等"人格利益"享有权利,这种民事主体所固有的、以维护主体的独立人格所必备的生命健康、人格尊严、人身自由以及姓名、肖像、名誉、隐私等各种权利,称为人格权。人格权,是与民事主体不可分离的权利,因人的出生而当然享有,因人的死亡而当然消灭,是"生则带来,死则带走"的权利。

民法上有特别人格权与一般人格权之分。特别人格权,指法律对某种特定人格利益所规定的权利,往往在民法条文中能找到具体的名称,例如民法通则所规定的生命健康权、姓名权、肖像权、名誉权、婚姻自由权等。一般人格权,指对于人的生命、身体、健康、名誉、自由、姓名、肖像、隐私等全部人格利益的总括性权利,既包括特别人格权,也包括在民法条文中找不到具体名称的人格权,如受教育权、家庭生活安宁权等。随着社会的发展进步,一般人格权的范围有不断扩大的趋势。

凡是法律上有特别人格权规定的,即应适用该特别人格权的规定;在法律上无特别人格权规定时,应适用关于一般人格权保护的规定。例如侵犯他人的生命、身体,或者侵犯他人的肖像、名誉,因法律有特别人格权规定,应当直接适用法律关于特别人格权的规定。例如被告误将原告的私人电话号码作为商务电话公布,导致原告不断受到电话的骚扰,日夜不得安宁。家庭生活的安宁,并没有被规定为一种特别人格权,而属于一般人格权的范围,因此应当适用关于一般人格权的规定。

人格权是人生而享有并终身享有的权利,同类主体的人格权平等。其含义有三:

(1)人格权是民事主体依法固有的。从自然人出生、非自然人成立之日起,他(它)们就享有人格权。它既不需要权利主体为一定行为,也不论其在年龄、智力、社会地位等方面的区别,更不论个人是否意识到该权利的存在,只要权利主体产生就当然享有人格权。同时,人格权不能转让、抛弃或继承,也不受非法限制。

（2）人格权是民事主体维护人格独立所必需的。人格独立是人区别于普通动物而成其为"人"的根本标志,人格权是自然人人格独立的重要保障。如果自然人不享有人格权,将不时地遭受人身攻击、恐吓与威胁,生命恐无安全之时,生活恐无安宁之日。非自然人的法人、个体工商户等也莫不如此。无人格权之保障,就无独立自主经营可言。

（3）人格权以人格利益为客体。人格利益,是民事主体就其人身自由和人格尊严、生命、健康、姓名或者名称、名誉、隐私、肖像等所享有的利益的总和。通常分为一般人格利益和具体人格利益,前者是指民事主体享有但法律未作特别规定的人格利益即人身自由和人格尊严,它具有概括性和包容性;后者是指民事主体享有并由法律明确作出具体规定的人格利益,其类型具有法定性,如生命、名誉、隐私等。

（二）身份权

身份权,是指民事主体基于特定的身份而享有的维护一定社会地位和社会关系的权利。身份权以一定的身份关系存在为前提,只有自然人才享有身份权。民事主体的身份权包括亲权、亲属权、配偶权。

1. 亲权

亲权,是指父母对其未成年子女所行使的权利,该权利的基础在于父母与未成年子女这一特定的身份关系。其主要内容包括:对未成年子女进行管教、保护的权利;作为未成年子女的法定代理人,代理未成年子女的民事法律行为;管理未成年子女的财产等。亲权的权利主体为父母双方,且由父母双方共同行使。父母双方不能行使亲权时,则由监护人行使监护权。

2. 亲属权

亲属权,是指民事主体因血缘、收养等关系产生的特定身份而享有的民事权利。具体可划分为:第一,父母与成年子女之间的权利,如父母享有请求成年子女赡养的权利。第二,祖父母、外祖父母与孙子女、外孙子女之间的权利,如父母已经死亡的未成年的孙子女、外孙子女享有请求有负担能力的祖父母、外祖父母抚养的权利。第三,兄弟姐妹之间的权利,如父母无力抚养的未成年弟妹享有请求有负担能力的兄、姐抚养的权利。

3. 配偶权

配偶权,是指在合法有效的婚姻关系存续期间,夫妻双方基于夫妻身份所互享的民事权利。其内容主要包括:同居权,即夫妻双方享有请求对方与自己同居的权利,负有与对方同居的义务;忠诚权,即夫妻双方互享请求对方保持对自己忠诚的权利,如恪守贞操;互助权,即夫妻双方互享请求对方在生活中给予自己帮助、照顾和配合的权利,负有帮助、照顾和配合对方的义务。

三、具体人格权

【案例】　网上侵犯名誉权案件

　　男青年 A 以"江湖侠客"的网名在某社区网上发表多篇文章,该社区网的版主是网名为"梨花"的 B 女。两人在网友聚会上互通网名、姓名,逐渐熟悉起来。后来,B 女登录网络发现,"江湖侠客"在网络一公开版块发表帖子,不仅称"梨花"是网上交际花,而且夹杂着许多不堪入目的侮辱性语言。"梨花"当即回帖要求"江湖侠客"不得侮辱他人。后来网络管理员将"江湖侠客"的有关帖子删除。可是,"江湖侠客"不但没有改正,反而变本加厉地将被删除的帖子复制多份,放到多个公开版块上。在此后的几个月间,"江湖侠客"用恶劣的侮辱性语言在网上继续发帖侮辱"梨花",还以另一网名发帖,对"梨花"进行更加恶劣的侮辱和攻击。这还不算,他还假冒"梨花"的名义,在网上捏造了认可自己所言的多条留言,对"梨花"的人格和名誉大肆诽谤和污辱。

　　一些心态不正的网迷对上述侮辱性的帖子大量跟帖附和,一时真假难辨,造成恶劣的影响,不仅使 B 女在熟识的网友面前很难做人,而且受到亲友的误解,造成严重恶果。B 女忍无可忍,愤而将 A 男告上法庭。法庭经调查取证,认定 A 男在网上实施了侵犯他人人格尊严的行为,损害了 B 女的名誉。依法责令 A 男在网上公开向 B 女赔礼道歉,并赔偿精神损失费 1000 元。

　　具体人格权为以具体人格利益为标的的人格权,其既包括为立法所明文规定的人格权(如姓名权、名誉权等,称为"特别人格权"),也包括理论上已经予以定型和命名的人格权(如隐私权)。对于特别人格权的保护,应直接适用立法之规定;对于其他人格权以及理论上尚未阐述或者尚未定型的其他人格利益(如应受保护的名誉感等),则应适用一般人格权保护之规定。

　　(一)身体权

　　1.身体权的概念

　　身体权,是指自然人保持其身体组织完整并支配其肢体、器官和其他身体组织的权利。身体是生命的物质载体,是生命得以产生和延续的最基本条件,由此决定了身体权对自然人至关重要。身体权与生命权、健康权密切相关,侵害自然人的身体往往导致对自然人健康的损害,甚至剥夺自然人的生命。但是生命权以保护自然人生命的延续为内容,健康权保护身体各组织及整体功能正常,身体权所保护的是身体组织的完整及对身体组织的支配。

　　2.身体权的特征和内容:

　　身体权区别于其他人格权的特征在于,它以身体及其利益为客体,在内容上表现为:第一,保持身体组织的完整性,禁止他人的不法侵害。第二,支配其身体组织,包括肢体、器官、血液等。身体器官的移植、血液的有偿或者无偿奉献,都是自然人行使身体权的方式。第三,损害赔偿请求权。任何权利在受到损害时都能依法寻求赔偿,身体权也不例外。我国《民法通则》第119条明确规定:"侵害公民身体造成伤害的,应当赔偿医疗费、因误工减少的收入、残废者生活补助费等费用。"

3. 侵害身体权的行为

在实践中,侵害身体权的行为常见下列几种情形:

(1)非法搜查公民身体的行为。没有依照法定程序对公民进行搜查即为侵害身体权的行为。对于超市因怀疑顾客有偷窃行为而擅自搜身的行为,不仅侵害了顾客的人格尊严,也侵害了顾客的身体权。

(2)不影响身体健康的情况下对公民身体进行破坏。一般来讲,对公民的身体进行破坏,造成严重痛楚的是对健康权的侵害;未造成严重痛楚的,是对身体权的侵害。对于人体没有痛觉神经的身体组织实施的行为就是侵害身体权,比如对头发、指甲、眉毛的破坏。虽然这些行为没有对该公民的生命健康造成影响,但却会影响公民的外在形象,使其不能保持身体组织的完整性,心理上遭到伤害,因而属于侵害身体权的行为。

(3)不破坏身体组织的殴打。殴打既可能侵害公民的身体,也可能侵害公民的健康和生命。根据殴打造成的后果不同,行为人将面临不同的法律后果。如果经司法鉴定,殴打后果构成轻伤或更重的伤害,将追究行为人的刑事责任。不构成轻伤的将只承担民事责任。其中,造成轻微伤害的,要承担侵害健康权的民事责任;不构成轻微伤的,按照侵害身体权追究责任。

(4)对尸体的损害。公民的身体权如同名誉权、肖像权一样,不仅在其生前存在,在其死后也存在。由于尸体和死亡公民的人格利益和其近亲属的人格利益以及社会道德因素密切相关,法律有必要在公民死后继续对其身体给予保护,因此法律明确禁止非法损害尸体,非法利用尸体以及其他侵害尸体的行为。对于侵害尸体的行为,该公民的继承人或近亲属可以依法向法院提起诉讼,并可以要求精神损害赔偿。

(二)生命权

1. 生命权的概念和特征

生命权,是指自然人维持生命和维护生命安全利益的权利。生命权是自然人得以成其为"人"的最基本的人格权,故《民法则》第98条明文规定,"公民享有生命健康权",即生命权和健康权。生命权的重要特征在于:第一,生命权的客体是生命及其安全利益,这与身体权和健康权明显不同。第二,生命权只有在生命安全受到威胁,或者处于危险状态时,才能够行使,否则没有主张权利的必要。

而且,对于生命权的主体来说,该项权利的主要内容在于排除生命安全所受到的危险和威胁。例如,请求他人消除危险、排除妨害;对所受不法侵害进行正当防卫;对威胁生命安全的危险,有权采取紧急避险措施。第三,生命权一旦受到实际侵害,任何法律救济对于权利主体都是毫无意义的,法律救济的唯一功能在于使权利主体的近亲属得到财产上的补偿和精神上的抚慰。

2. 生命权的内容

(1)生命安全维护权

生命安全维护权是生命权的主要内容,是指自然人通过一定的方式维护其生命延续、并排除外来侵害的权利。生命是自然人的最高人格利益,维护其生命延续是自然人的法定权利。但这里所称的维护生命延续不是指通过提高健康水平来延长其生命,而是指保护人的生命不受外来之非法侵害。为维护其生命延续,在出现危及生命安全的情形时,生命权人有权采取必要的手段以保护其生命不受侵害。如针对正在进行的不法侵害人,生命权人可采取正当防卫措施;当出现可能危及生命的紧急情况时,生命权人有权采取紧急避险措施。总之,在遇到可能危及其生命安全的情形时,生命权人可通过一切合法手段以确保其生命不受侵害。

(2)生命利益的有限支配权

生命利益的有限支配权,是指生命权人在一定范围内享有的支配其生命利益的权利。比如说生命权人可以为了国家利益、社会公共利益或他人利益而慷慨赴死、舍己救人。这种符合民族文化精神、利益的生命支配权是社会文明进步的必由,是自然人支配最高境界的自由体现。

自杀,是不文明的行为,为法律所不提倡,其行为不是对生命权的保护性支配,而是忽视或滥用生命权的野蛮行为。

3. 侵害生命权的损害事实

侵害生命权的直接受害人是作为权利主体的自然人,但是与权利主体有血缘、婚姻、人事、劳动等关系的其他人或者社会组织往往会受到间接的损害,这是由自然人的社会属性决定的。一般而言,侵害生命权的损害事实可以分为如下几个层次:第一,权利主体生命的丧失,即造成自然人死亡的客观结果。第二,死者的近亲属或者相关社会组织因权利主体生命丧失而受有财产损失。如死者(权利主体)的近亲属或者所在工作单位支出的医疗费、丧葬费。第三,死者生前扶养的人丧失扶养。如,死者的未成年子女接受扶养来源的丧失。第四,死者近亲属的精神损害。对上述损害体现较为充分的法律规定显现于《消费者权益保护法》第42条规定:"经营者提供商品或者服务,造成消费者或者其他受害人死亡的,应当支付丧葬费、死亡赔偿金以及由死者生前扶养的人所必需的生活费等费用。"

（三）健康权

1.健康权的概念

健康权,是指自然人以其身体组织的完整和生理机能的正常运作及完善发挥,从而维持人体生命活动为内容的人格权。当身体构成的完整性、完全性受到损害,并对人体机能的正常性及其整体功能的完善性造成损害时,即为对健康权的损害;如折断自然人的肢体。

（1）健康维护权

健康维护权,是指自然人保持自己健康,并排除他人不法侵害其健康的权利。健康维护权的内容有二:一是保持健康的权利。保持健康不仅是自然人维护自身生命、提高自己生活质量的需要,同时也是维护社会利益、提高人类生存质量的需要。二是排除不法侵害的权利。当自然人的健康权受到不法侵害时,可依法予以排除,如正当防卫、紧急避险、请求公安机关或人民法院予以保护等。

（2）劳动能力保持权

劳动能力,是自然人创造物质财富和精神财富的能力。拥有劳动能力是自然人参加社会劳动的前提,而自然人是否拥有劳动能力,拥有什么样的劳动能力,与其健康状况密切相关法。只有在健康状况良好的情况下,自然人才具备相对较好的劳动能力法。自然人的劳动能力保持权的内容包括:①有权保持劳动能力;②有权用劳动能力以满足自己及社会的需要;③有权发展和提高自己的劳动能力;④当劳动能力受到损害时有权请求侵害人赔偿法。

（四）自由权

1.自由权的概念

自由权,是指民事主体享有的维护其行动和思想自主,并不受他人或者其他组织非法剥夺、限制的权利。人身自由是自然人自主参加社会各项活动、参与各种社会关系、行使其他人身权和财产权的基本保障。一个人丧失了自由权,其他民事权利也就形同虚设。

2.自由权的内容

（1）人身自由权

人身自由权是指公民依法享有的其人身和行动完全由自己支配而不受任何组织或个人非法限制或侵害的权利。它是公民最起码、最基本的权利,也是公民参加政治、文化、社会、诉讼等活动和享受其他权利的先决条件。

公民的人身自由权,主要内容表现为公民不受非法拘禁、逮捕和搜查。人身自由依法受保护。我国《宪法》第37条规定:"中华人民共和国公民的人身自由不受侵犯。任何公民,非经人民检察院批准或者决定或者人民法院决定,并由公安机关执行,不受逮捕。禁止非法拘禁和以其他方法非法剥夺或者限制公民的人身自由,禁止非法搜查公民的身体。"

(2)言论、出版、集会、结社、游行、示威自由权

我国《宪法》第35条规定:"中华人民共和国公民有言论、出版、集会、结社、游行、示威的自由。"这些规定是公民关心国家大事,表达自己的见解和愿望以及参加国家政治生活不可缺少的民主自由权。言论自由权是指宪法规定公民通过口头或书面以及著作表达自己意见的一种权利。

(3)通信自由权

公民的通信,包括信件、电报、电话等。通信自由权是指公民依法按照自己的意愿,采用信件、电报、电话等形式向他人表达自己意思的权利。除国家有关部门依法对公民信件、电报实施扣押和检查外,任何组织和个人不得非法干涉,不得非法扣押、隐匿或毁弃他人的信件。

(4)住宅自由权

住宅是公民居住和生活的处所。住宅自由权是公民依法享有选择住宅并不受侵害的权利。住宅是公民日常生活、休息的场所,依法是保护公民的住宅不受侵犯,有利于公民安定生活、复习、休息和生产,也有利于社会秩序的稳定。

(5)婚姻自由权

婚姻自由权又称婚姻自主权,是涉及公民婚姻关系的一项重要的人格权,是指公民依法享有的按照自己的意志,自主自愿地结婚或离婚,不受他人非法干涉的权利。婚姻自由是我国《宪法》规定的一项原则,也是公民基本权利的一项重要内容。对此,我国《婚姻法》第2条规定:"实行婚姻自由、一夫一妻、男女平等的婚姻制度。"《民法通则》第103条也规定:"公民享有婚姻自主权,禁止买卖、包办婚姻和其他干涉婚姻自由的行为。"可见,婚姻自由在我国不仅是公民的一项重要权利,也是一种重要的法律制度。婚姻自主权包括结婚自由和离婚自由两方面的权利内容。

(五)隐私权

1.隐私权的概念

隐私权,是指自然人享有的私人生活安宁与私人生活信息依法受到保护,不受他人侵扰、知悉、使用、披露和公开的权利。它包括如下几层含义:第一,隐私权的主体只能是自然人。隐私权是基于自然人的精神活动而产生,法人作为组织并没有精神活动,故无隐私可言。法人对其经营活动的信息享有的权利可依商业秘密不受侵犯而得到保护。第二,隐私的内容包括私人生活安宁和私人生活信息。只要未经公开,自然人不愿意公开、披露的信息都构成隐私的内容,自然人就此享有隐私权。因此,隐私在外延上涵盖了阴私,后者仅指与男女两性关系有关的生活秘密。第三,侵害隐私权的方式通常包括侵扰自然人的生活安宁,

探听自然人的私生活秘密,或在知悉他人隐私后,向他人披露、公开,或者未经许可进行使用。我国现行有关立法对隐私权的独立地位未予确认,实践中通常将侵害隐私的行为作为侵害名誉权处理,实为权宜之计,但不能因此否定隐私权独立于名誉权等其他具体人格权的地位。

2. 隐私权的内容

(1)个人生活安宁权

个人生活安宁权,也称个人生活自由权,即权利主体有权按照自己的意志从事或者不从事与社会公共利益无关的活动,不受他人的干涉、破坏或者支配。

(2)个人生活信息保密权

个人生活信息的内容相当广泛,从家庭成员、亲属关系、交际关系、财产状况,到个人的身高、体重、病史、婚恋史、身体缺陷、健康状况、爱好等。权利主体有权禁止他人非法知悉、使用、披露或者公开个人生活信息。例如,未经权利人的许可,任何人不得以任何方式向第三人披露权利人的身体上隐秘的缺陷;不得占有、阅知权利人私生活信息的物质载体,如翻阅他人的日记本、存折等。

(3)个人通信秘密权

权利主体对个人信件、电报内容有权加以保密,有对自己的电话、传真、电子信箱的号码及其内容加以保密的权利,有权禁止他人未经许可窃听或者查阅。

(4)个人隐私使用权

权利主体有权依法自己使用或者许可他人使用隐私,并有权决定使用隐私的方式,任何人或者组织不得非法干涉。例如,自然人许可他人使用自己的隐私写作个人传记,在传记中披露鲜为人知的个人生活信息,以提高传记的发行量。任何权利不得滥用,隐私权也不例外。自然人对自己隐私的使用,不得违反法律的强制性规定,不得违背社会公序良俗,不得损害第三人的利益。例如,权利主体不得在公众场合展示自己的身体上隐秘部位的缺陷;不得任意使用与第三人隐私或者名誉有关的隐私。

3. 隐私权的法律保护

一般而言,自然人的隐私平等地受到法律保护。但是,法律对公众人物的隐私权应当设有限制。所谓公众人物,是指广为人知的社会成员,包括政府公务人员和各界、各行业的知名人士。对于政府公务人员隐私权的限制的主要理由在于,他们的某些个人生活已经称为政治生活的一部分。正如恩格斯所指出的,个人隐私一般应受到保护,但当个人私事甚至阴私与最重要的公共利益——政治生活发生联系时候,个人的私事就已经不是一般意义的事,而属于政治的一部分,它不受隐私权的保护,而应成为历史记载和新闻报道不可回避的内容。对于知名人士隐私权的限制主要理由在于新闻价值和公众的合理兴趣。同时,还应当考虑到他们在某种意义上已经成为一个社会特定时期良好道德的化身、人们学习的榜样,如英雄、劳模等,对其隐私权进行限制,有利于社会公共利益。应当注意的是,对于公众人物拥有的与政治生活或者和公共利益无关的隐私,仍受到法律的保护。

(六)姓名权和名称权

1. 姓名权

姓名权,是指自然人享有的决定、变更和使用其姓名的权利。姓名包括登记于户口簿上的正式姓名和艺名、笔名等非正式姓名。我国《民法通则》第 99 条第 1 款规定:"公民享有姓名权,有权决定、使用和依照规定改变自己的姓名,禁止他人干涉、盗用、假冒。"姓名权的主要内容包括:

(1)姓名决定权

姓名决定权,又称命名权,是指自然人决定采用何种姓、名及其组合的权利。姓名由姓和名组合而成,姓名决定权的内容不仅包括自然人决定其名字,而且包括决定其姓氏的权利。自然人可以随父或者母姓,或者决定采用其他姓氏甚至不用任何姓氏。自然人的命名权在出生后由户主、亲属、抚养人或者邻居行使。根据我国《户口登记条例》第 7 条规定:婴儿出生后 1 个月内,由户主、亲属、抚养人或者邻居向婴儿常住地户口登记机关申报出生登记,并将其姓名记入户籍登记簿。但并不妨碍自然人在具备命名能力后,依法变更自己的姓名,这是由姓名权的内容包括姓名变更权决定的。

(2)姓名变更权

姓名变更权,又称姓名改动权,是指自然人享有的依法改变自己姓或名的权利。此项权利是姓名决定权的当然内容之一,之所以加以凸现,是因为自然人的首次命名的权利通常由他人行使。自然人变更其姓名,只要不违反法律的强制性规定和公序良俗,都应当允许。但是,为了保证自然人的社会关系和各种法律关系的稳定性和延续性,自然人变更姓名必须按照一定的程序办理,并在户籍登记机关办理姓名变更手续。根据我国《户口登记条例》第 18 条的规定,未满 18 周岁的人需要变更姓名时,由其本人或父母、收养人向户口登记机关申请变更登记;18 周岁以上的人需要变更姓名时,由本人向户口登记机关申请变更登记。但是,自然人变更其艺名、笔名等非正式姓名,不受此限。

(3)姓名使用权

姓名使用权,是指自然人依法使用自己姓名的权利。它包括积极行使和消极行使两个方面。前者如在自己的物品、作品上标示自己的姓名,作为权利主体的标志;在特定的场合使用姓名,以区别于其他社会成员。后者如在作品上不署名;为特定行为后,拒绝透露自己的姓名。姓名使用权的限制在于,在特定条件下,自然人不许使用非正式姓名。如在户口登记簿、居民身份证、护照上必须使用正式姓名。

（4）姓名权的保护

侵害姓名权的行为主要有以下四种：

①盗用他人姓名

这是指未经本人同意,擅自以该人的名义进行民事活动或者从事不利于姓名权人、社会公共利益的行为。

②冒用他人姓名

这是指冒名顶替,亦即行为人完全以姓名人的身份从事活动。冒用他人姓名由于完全以姓名权人的身份进行活动,故其危害往往甚于盗用他人姓名。

③干涉他人姓名

这是指对他人行使姓名权进行无理干预,阻碍他人姓名权的行使。干涉他人姓名的行为又可分为干涉姓名决定权的行为,干涉姓名使用权的行为和干涉姓名变更权的行为。

④不使用他人姓名

姓名乃区分自然人之文字符号,应当使用他人之姓名而不予使用时,亦构成侵害姓名权。如使用他人作品而不署其名,是对作者姓名权之侵害。

2.名称权

名称权,是指自然人以外的特定团体享有的决定、变更、使用和转让其名称的权利。我国《民法通则》第99条第2款规定："法人、个体工商户、个人合伙享有名称权。企业法人、个体工商户、个人合伙有权使用、依法转让自己的名称。"由此决定了名称权的内容主要包括：名称决定权、名称变更权、名称使用权和名称转让权。前三项权能与自然人的姓名权相近。名称转让权,是指名称权主体将其名称连同其营业或者营业的一部分有偿或者无偿转让给他人的权利。与自然人的姓名权相比,企业名称权的取得以登记为条件,且受到更多的限制。如企业只准使用一个名称;企业名称应当由字号或商号、行业或者经营特点、组织形式依次组成;企业名称不得含有可能对公众造成欺骗或者误解的内容或者文字等。

（七）肖像权

1.肖像权的概念和内容

肖像权,是指自然人对自己的肖像享有再现、使用并排斥他人侵害的权利。《民法通则》第100条明确规定,公民（自然人）享有肖像权。其主要内容包括：

(1)再现权

再现权,是指自然人享有的借助一定的物质载体将自己的形象加以再现的权利。再现的表现形式包括照片、录像、画像、雕塑等一切肉眼可以感知的物质载体。自然人自主决定自己或者许可他人采用何种形式再现其形象,也有权禁止他人未经许可再现自己的形象。自然人生而具有肖像,享有肖像权,肖像权的取得不以肖像的再现或者物化为条件。广义而言,肖像的再现属于肖像的使用方式之一。不能因为自然人从不再现自己的肖像,否认其享有肖像权。

(2)使用权

自然人享有使用自己肖像并获得精神上的满足和财产上的利益的权利。使用的方式通常表现为公开展示,因此对肖像的使用通常需以肖像的物质载体为媒介,这是区分再现权和使用权的基点。换言之,肖像权人行使再现权产生肖像的物质载体,肖像权的物质载体是使用权的前提。肖像权人可以自己使用,也可以许可他人使用并获得报酬,任何人不得非法干涉。

2.侵害肖像权的行为

(1)未经许可再现他人肖像

未经许可再现他人肖像侵害的是肖像再现权。如果仅有再现行为,没有使用,难谓有损害后果,亦难构成侵害肖像权的侵权行为。宣告此种行为属于侵害肖像权的行为,仍有体现对人格尊严和人格利益的充分尊重之意义。如果肖像权人有证据证明某人再现其肖像,并已经扰乱其生活安宁,则可按侵害隐私权追究侵权人的民事责任。

(2)未经许可使用他人肖像

未经许可使用他人肖像侵害的是肖像使用权。此处的使用不仅包括商业上的使用,还包括一切对肖像权人肖像的公开展示、复制和销售等行为。而且,使用无须以"营利"为目的,否则会不适当地限制对自然人肖像权的保护。虽然我国《民法通则》第100条规定"未经本人同意,不得以营利为目的使用公民的肖像",但多数学者认为不应将"以营利为目的"作为侵害肖像权行为的构成要件。

(3)歪曲、丑化他人肖像

肖像体现了肖像权人的人格尊严和精神利益,在再现和使用他人肖像时,应当保持对肖像权人形象的忠诚。任何歪曲和丑化他人肖像的行为都构成对肖像权的侵害。

3.合理使用肖像权的行为

基于维护国家利益、社会公共利益或肖像权人本人利益的需要? 对肖像的使用有以下几种情形可以不经肖像权人的同意:

(1)使用具有新闻价值的人物的肖像。法、商、政治家、作家、艺术、运动员、演艺界名人等社会知名人士,为社会广为关注,为了报道这些人物的活动而使用其肖像。

(2)司法机关为案件的需要而强制使用公民的肖像。如为通缉逃犯在通缉令上印制其肖像。

(3)使用在特定场合出席特定活动的人物的肖像。如某高校建校100周年,为举行庆典活动而拍照、摄像并予以公开展示。

(4)为维护肖像权人的利益而使用其肖像。如为寻找失踪的公民在寻人启事或其他媒体上使用其肖像;

(5)基于科学研究和文化教育的目的而在一定范围内使用他人的肖像。如在学术著作中善意使用现代史上著名人物的肖像。

(八)名誉权

【案例】　副教授状告女网友侵犯名誉权及隐私权

曾引起轰动的浙江某高校副教授状告其女网友侵犯名誉权及隐私权一案胜诉。杭州某高校中年副教授王力(化名)与小他10岁的女网友阿丽通过QQ聊天认识。交往一段时间后,他发现阿丽难以相处,便有意识地减少联系。但对方并不甘心。2007年7月,阿丽开始在全国多家网站发布王教授是"衣冠禽兽"的帖子,该帖还贴到了王所在大学工会网站上。帖子里不仅披露了王的真实职业、身份、住址、QQ号以及私人电话,并称"王力不是人,畜生都不如,衣冠禽兽"。阿丽如此做的原因是,她与王力交往中两人多次发生不正当关系,后感觉身体不适,怀疑是被王感染了艾滋病毒所致,便多次要求其检测予以核实,因王力有意躲避,她遂向警方报案,且出于愤怒,发帖谴责王力。2007年底,王力一纸诉状将阿丽及出现该帖子的杭州某网站一同告上法庭,要求两被告道歉并赔偿损失20万元。

法院经审理认为,阿丽在网上发布题为"王力衣冠禽兽"的帖子,公开了王力的真实身份以及一些个人隐私,影射王力患有艾滋病,多处使用诸如"畜生都不如"、"衣冠禽兽"等污辱性语言贬低王力的人格,其行为主观上具有对王力名誉进行毁损的恶意,客观上实施了侵害他人名誉权的行为,导致王力的名誉受到损害。因此,判令阿丽立即停止对王力的名誉侵害,并在判决生效后10日内在相关网站刊登道歉声明,以恢复名誉,消除影响。此外,判阿丽支付王力精神损害抚慰金人民币3000元。

1.名誉权的概念

名誉权,是指民事主体就自己获得的社会评价受有利益并排除他人侵害的权利。它包括如下三层含义:

(1)名誉权的客体是名誉。所谓名誉,是指对民事主体的人格价值的一种客观的社会评价。它体现了民事主体的精神利益和人格利益。名誉权的客体不包括名誉感,因为侵害名誉权的行为后果通常为社会评价的降低,而名誉感是民事主体自身内心的一种情感,对名誉感的侵害往往并不会导致社会评价的降低。法律对名誉感的保护可以通过对人格尊严的保护加以实现。

(2)名誉权的内容就是名誉受有利益和排除他人的侵害。受有利益主要表现在:其一,民事主体就自己的客观公正之社会评价获得精神上的满足。其二,民事主体利用自己良好的名誉取得财产上的利益。特别是对以营利为目的的民事主体而言,此种权能尤为重要。排除他人的侵害表现在:第一,维护名誉,使自己的社会评价免于不正当的降低和贬损。第二,在名誉受到侵害时,有权获得法律救济,特别是使名誉恢复到受侵害之前的状态。

(3)名誉权的主体包括自然人和非自然人。与隐私权、肖像权等由自然人专有的人格权不同,名誉权的主体也可以是非自然人的法人、个体工商户、合伙或者非法人的社会团体等。与自然人名誉相比较,非自然人的名誉的最显著的特点在于,与财产利益的联系更为密切。侵害法人名誉权,可能会构成不正当竞争行为,并依反不正当竞争法的有关规定承担责任。

2.侵害名誉权的行为

我国《民法通则》第101条明确规定,禁止用侮辱、诽谤等方式损害公民、法人的名誉。据此,侵害名誉权的行为主要包括如下两种情形:

(1)侮辱行为

所谓侮辱,是指故意以语言、文字、暴力等手段贬损他人人格,从而损害他人名誉的行为。具体分为三种情形:第一,暴力侮辱,即对受害人施以暴力直接损害受害人的人格尊严;或者以暴力相威胁,迫使受害人违背自己的意志作出有损自己人格尊严的举动。第二,以口头语言或者形体语言侮辱,如对受害人进行口头谩骂、辱骂、讽刺,或者作出下流动作等。第三,文字侮辱,即以书面形式辱骂、嘲笑他人,贬损他人人格。如在网上发布辱骂他人的文章。侮辱区别于诽谤等其他侵害名誉权行为的特点在于,行为人的主观状态为故意或者恶意。

(2)诽谤行为

所谓诽谤,是指故意或者过失散布某种虚假的事实贬损他人人格,从而损害他人名誉的行为。具体分为两种情形:第一,口头诽谤,即以口头语言传播虚假事实,使他人人格受到贬损。第二,文字诽谤,即以书面形式如书信、海报、网络等散布虚假事实,贬损他人人格。根据最高人民法院《关于审理侵害名誉权案件若干问题的解答》第7条第4款的规定,因新闻报道严重失实,致他人名誉受到损害的,应按照侵害他人名誉权处理。

3.侵害名誉权的损害后果

(1)名誉受到损害

名誉受到损害,即对民事主体的社会评价降低。对于损害事实的认定通常采用推定规则,即只要行为人对名誉权人实施的侮辱、诽谤等侵害名誉权的行为为第三人知晓,就推定名誉权人的社会评价降低。此种推定不因行为人有相反的证据而否定。至于对名誉权人的社会评价在客观上是否降低,是名誉受损的程度问题,不影响名誉权受损事实的认定,否则会不适当地限制名誉权制度的功能。

(2)精神和财产利益损害精神损害,是指受害人精神上所受的痛苦、压抑、忧郁等。财产损失,是指受害人因为名誉受到贬损引起的财产利益的损失,如法人因名誉受损导致营业利润下降。财产损失还包括因为精神痛苦住院支出的治疗费、误工费等费用。精神损害和财产损害只是侵害名誉权可能引起的后果,是受害人请求精神损害和财产损害赔偿的依据,不能作为侵害名誉权行为的构成要件。

4.侵害名誉权行为的排除

所谓排除,是指虽有损害名誉的表象,但因有合法的抗辩事由而不构成侵害名誉权的行为。主要包括如下情形:

(1)散布内容真实的事实

所谓真实,是指行为人言词的主要内容基本符合客观事实。散布内容真实的事实,有利于保证对民事主体的社会评价具有公正性和客观性,故此种行为通常可以作为抗辩事由。但是散布的真实的事实系他人隐私,仍构成侵害隐私权。

(2)受害人同意

名誉权属于民事权利,权利人有权加以处分。受害人同意行为人散布有损名誉的事实,视为对自己名誉的放弃。此种同意通常应当事先作出,并不得违反法律的强制性规定和社会公序良俗。如果受害人事后作出同意的意思表示,视为处分名誉权的行为。在此种情形下,行为人的行为构成侵害名誉权的行为,虽不承担民事责任,仍具有可谴责性。

(3)正当行使权利

名誉权的保护不应以牺牲他人的正当权利为代价,故正当行使权利成其为抗辩事由。正当行使权利包括有关机构正当行使管理权、舆论监督权;自然人行使申诉、检举、控告权等。

(九)荣誉权

1.荣誉权的概念

所谓荣誉权,是指民事主体对自己的荣誉受有利益并排除他人非法侵害的权利。我国《民法通则》第102条规定,公民、法人享有荣誉权,禁止非法剥夺公民、法人的荣誉称号。

2.荣誉权的内容

(1)荣誉保持权

荣誉保持权是指民事主体对获得的荣誉保持归己享有的权利。荣誉包括各种荣誉称号,如劳动模范、通报表扬等。对于这些荣誉及其体现的利益,权利人有权保持。保持权的包括两项:一是对获得的荣誉保持归己享有,体现的是荣誉的独占权,表明荣誉一经获得,为民事主体终生享有,未经法定程序不得撤销或非法剥夺,也不得转让、继承。任何非法撤销、剥夺以及转让、继承荣誉的行为,都是无效的行为,都是对荣誉独占权的否定。二是要求荣誉权人以外的任何其他人负有不得侵害的义务。荣誉的不可侵性,是荣誉保持权的基本内容之一。它不仅要求荣誉权人之外的任何其他人都负有不可侵犯的法定义务,而且规定任何违反这一法定义务而实施侵权行为的人,发生违反法定义务的后果,即应承担法律责任。

(2)精神利益支配权

精神利益支配权是荣誉权人对其获得的荣誉中精神利益的自主支配权。荣誉权的精神利益,是指荣誉权人因获得荣誉而享有的受到尊敬、敬仰、崇拜以及荣耀、满足等精神待遇和精神感受。对精神利益的自主支配,是荣誉权的具体权利内容,权利人无需经他人同意或允许,包括对该种利益的占有、控制、利用,但不得将荣誉的精神利益予以处分,如转让他人享有或转让他人利用。

(3)物质利益获得权

物质利益获得权,就是权利人对于荣誉附随的物质利益所享有的法定取得的权利。荣誉权的物质利益,是指奖金、奖品、奖杯、奖章等含有价值和使用价值的财物,以及其他具有财产价值的荣誉待遇所体现的财产利益。

(4)物质利益支配权

荣誉权人对于已经获得的物质利益,享有支配权。这种支配权包括两种形式,一是完整支配权,二是有限支配权。荣誉的一般物质利益的支配权,是完整支配权,权利人对其所有的物质利益完全自主支配,享有完全的占有、使用、收益、处分的全部权能,不受任何拘束,只需符合法律关于所有权行使的一般规定。物质利益的有限支配权不具有所有权的属性,只是享有受时间限制的占有权。各种比赛的流动奖杯,获得者享有有限支配权,包括占有权,适当利月权,同时负有妥善保管义务和按时交回的义务。

3.侵害荣誉权的行为

侵害荣誉权的行为的形式仅有"非法剥夺荣誉称号"。一般而言,荣誉称号的授予,需民事主体具备一定的条件;剥夺荣誉称号亦然。否则,荣誉称号的授予和剥夺陷入无序状态,难以发挥其应有的功能。凡荣誉权人未发生规定的应剥夺荣誉权事由的,有关机构不得剥夺,否则构成侵害荣誉权。侵害荣誉权行为的主体通常是授予荣誉称号的机构,或者与荣誉权人存在行政隶属关系、管理关系的机构。个人宣布剥夺他人的荣誉称号、毁坏奖章奖状等,侵害的是荣誉权人的名誉权、物权,而非侵害荣誉权。

四、人身权的法律保护

人身权的法律保护,是指以国家的法律保障公民、法人在法律规定的范围内充分行使自己的人身权利,并依法追究侵害他人人身权利的侵权行为人的法律责任。完整的人身权法律保护体系,包括宪法保护、刑法保护、行政法保护、民法保护。在它们之间,既要有各自的明确分工,又要有相互配合。其中对人身权的首要保护就是人身权的民法保护,也就是说在当事人的人身权受到侵害时,首先寻求的保护是民法保护。所谓人身权的民法保护,就是指用民法上以确认侵害人身权的违法行为为侵权行为的方式,以使侵权人承担以损害赔偿为主要内容的民事责任的形式,对人身权遭受侵害的受害人予以救济的法律保护方法。

民法一方面通过一般性规定保护人身权,另一方面在民法侵权行为法中规定侵害人身权应负的民事责任,发挥其保护作用。我国《民法通则》在"民事责任"一节中规定侵害公民、法人人身权应负民事责任,同时通过一系列的单行法规、司法解释建立了人身侵权行为法的体系。

(一)损害赔偿是民法保护人身权的基本方法

民法保护方法的财产性和补偿性,决定了侵害人身权的侵权行为发生侵权赔偿之债。而对于侵害人身权的受害人的民法保护,以损害赔偿为其基本方法,《民法通则》第120条规定:"公民的姓名权、肖像权、名誉权、荣誉权受到侵害的,有权要求停止侵害,恢复名誉,消除影响,赔礼道歉,并可以要求赔偿损失。"当公民、法人的人身权遭受不法侵害并造成损失时,受害人有权自行要求通过司法机关判令加害人给以财产补偿。对受害人人身所造成的损失,既包括受害财产上的损害,也包括受害人精神上的损害。

(1)对人身伤害的财产赔偿制度,一般又称为人身损害赔偿,实际上是对公民身体权、健康权、生命权所造成的损害,进行财产赔偿。侵害人身权的侵权行为,侵害的客体是人身权,即人格权和身份权,因而它具有如下特点:①侵权行为造成的后果不是财产损失或者不是直接的财产损失,而是表现为人体伤害和人格利益损害。②侵权行为的后果难以用金钱计算损失,一般通过其他标准计算金钱损失。③侵权行为在权利主体消失后,亦能有条件的构成。如公民死亡后,其某些人格利益仍受保护。

(2)对侵害精神性人身权的人格利益损害赔偿,一般又称之为精神损害赔偿,《最高人民法院确定民事侵权精神损害赔偿责任若干问题的解释》,并于2001年3月10日起施行。依据这一解释,精神损害赔偿适用以下范围:

①侵害他人生命权、健康权、身体权;②侵害他人姓名权、肖像权、名誉权、荣誉权;③侵害他人人格尊严权、人身自由权;④违反社会公共利益、社会公德、侵害亲子关系或者近亲属间的关系遭受严重损害,监护人请求赔偿精神损害;⑤非法使被监护人脱离监护,导致亲子关系或者亲属间的关系遭受严重损害,监护人请求赔偿精神损害;⑥自然人死亡后,侵权者因对死者实施侵权行为而致其近亲属遭受精神痛苦的,其近亲属请求赔偿精神损害;⑦具有人格象征意义的特定纪念物品,因侵权行为而意外性灭失或者毁损,物品所有人以侵权为由请求赔偿精神损害。

(二)人身权的民法其他保护方法

根据《民法通则》第6章"民事责任"的规定,承担民事责任的方式主要有10种。其中人身权的民事责任主要有停止侵害、恢复名誉、消除影响、赔礼道歉、赔偿损失等5种责任方式。前4种属于非财产责任方式,最后一种属于财产责任方式。具体适用时,几种责任方式既可单独用,也可合并适用。通常情况下,要以非财产性的责任承担方式为主,以财产责任承担方式为辅。

(1)停止侵害。即在侵害人身权的行为持续进行尚未结束的情况下,受害人要求侵权人停止发行、传播败坏自己名誉的书刊、隐私等。停止侵害作为一种民事责任,对防止不良影响的扩大,妥善处理纠纷具有重要作用。

(2)消除影响、恢复名誉。即当他人人格权受到不法侵害,造成了不良的社会影响时,受害人有权要求加害人以适当的方式,在其人身利益遭受损害的同等范围内,消除所造成的不良影响,以恢复受害人的名誉和人格尊严。

(3)赔礼道歉。即侵权人对其侵害他人人身权的不法行为主动向受害人承认错误,致以歉意,请求受害人予以宽恕。它是侵害人身权责任中最轻的一种,但可起到在道义上补偿受害人心理所受到的无形损害的特殊作用。

第二节　财产权利

【案例】 "预交罚款",行政机关侵犯公民财产权

据某市电视台的暗访,某市某交管所规定:凡在交管所的管辖范围内,没违章的货车也要预交罚款每月1000元,违章后先从预交款中扣除,不够的再补缴;

如果不交预交款,交管所就撬车牌。强迫司机"预交罚款"属于乱收费行为,甚至可以说是巧立名目的行政违法行为,是行政机关利用公权力侵犯公民合法财产权的行为。

分析:公民财产只有两种情况下才能被合法"侵占":一是国家的依法征税,二是政府部门和行政性事业单位的依法收费。除此之外,合法财产神圣不可侵犯,法律通过产权保护和权利保障为每个公民确定了一个神圣不可侵犯的私域,无论私权利还是公权力,超越法律框架的强占就可视为对公民财产的侵夺。普通人的侵占被视为"抢",会受到很重的刑罚惩罚,利用公权力对公民合法财产进行的侵占,更应受到严惩。

公民的生命权、自由权和财产权,是公民基本权利中最为核心的权利,其中,财产权是公民自我人格的外在体现。从一定意义上说,财产权是生命权的衍生,是公民享有其他基本权利的条件和保障,是人权最为重要的内容之一。《中华人民共和国宪法》明确规定:"公民的合法的私有财产不受侵犯。"国家依照法律规定保护公民的私有财产权和继承权。《物权法》第 66 条规定:"私人的合法财产受法律保护,禁止任何单位和个人侵占、哄抢、破坏。"

我们每一个人都拥有自己一定的财产,小到地上的一分硬币、一块手表,大到一栋楼房、一片林地。我们对自己享有或占有的财产有何种权利以及如何保护这种权利,他人对我们的"财产"负有何种义务以及违背义务又将承担何种责任,这在物权法中都得到了体现。这里的财产也就是物权法中的"物","物"在民法上包括动产和不动产,"动产"是可移动的物,比如汽车、电视机等,"不动产"是不可移动的物,比如土地以及房屋、林木等土地附着物。物权法就是要对我们的这些财产及权利进行保护,并且"任何单位和个人不得侵犯"。举个例子,你买了一套房子,房子就是你的物,你可以居住、出租、转卖,但别人不能非法入侵你的房子,不能破坏你的房子。如果有人砸坏了你的房子,他就要赔偿,也就是说,合法财产神圣不可侵犯。财产权必然引出债权,债权也是财产权的内容,我们放在第六讲的债权债务关系中讲解。

一、合法财产的范围

物权是指自然人、法人直接支配特定的物的权利,包括所有权、用益物权和担保物权。在物权中,所有权是物权的基础,用益物权和担保物权都是由它派生出来的。在我国,所有权的形式主要有国家所有权、集体所有权和私人所有权。《宪法》第 12 条:"社会主义的公共财产神圣不可侵犯。"《物权法》规定:"国家、集体、私人的物权和其他权利人的物权受法律保护,任何单位和个人不得侵犯。"

（一）国家所有的财产

根据我国《宪法》和《物权法》等相关法律的规定,国家所有的财产包括:

(1)矿藏、水流、海域、城市的土地、无线电频谱资源、国防资产;

(2)森林、山岭、草原、荒地、滩涂等自然资源,属于国家所有,但法律规定属于集体所有的除外;

(3)依照《土地管理法》、《森林法》和《矿产资源法》等法律的规定,属于国家所有的财产:①法律规定属于国家所有的农村和城市郊区的土地,属于国家所有。②野生动植物资源、文物、铁路、公路、电力设施、电信设施和油气管道等基础设施,依照法律规定为国家所有的,属于国家所有。

（二）集体所有的财产

根据我国《宪法》和《物权法》等相关法律的规定,集体所有的不动产和动产包括:

(1)法律规定属于集体所有的土地和森林、山岭、草原、荒地、滩涂;

(2)集体所有的建筑物、生产设施、农田水利设施;

(3)集体所有的教育、科学、文化、卫生、体育等设施;

(4)集体所有的其他不动产和动产。

（三）公民私人所有的财产

《物权法》规定:"私人对其合法的收入、房屋、生活用品、生产工具、原材料等不动产和动产享有所有权。""私人合法的储蓄、投资及其收益受法律保护。国家依照法律规定保护私人的继承权及其他合法权益。"

根据相关法律,公民私人所有的合法财产,包括以下四种情况:

(1)公民的合法收入、储蓄、房屋和其他生活资料。"合法收入"是指公民个人的工资收入、劳动所得以及其他各种依法取得的收入,如接受继承、馈赠而获得的财产等。"储蓄"是指公民将其合法的收入存入银行、信用社及银行信用社所支付的利息。"房屋"是指公民私人所有的住宅。"其他生活资料"主要是指公民的各种生活用品,如家具、交通工具等。上述生活资料的获得必须符合法律的规定,非法占有的生活资料不受法律保护,如贪污受贿得到的钱财,法律不但不予保护,反而应当没收。

(2)依法归个人、家庭所有的生产资料,包括各种劳动工具和劳动对象,如拖拉机、插秧机等机器设备,耕种的庄稼,用于耕种的牲畜,饲养的家禽、家畜,自己种植的树木以及其他用于生产的原料等。

(3)个体户和私营企业的合法财产。个体户包括个体工商户和农村承包经营户。个体户是以个人或家庭为生产单位的,其合法财产属于该个人或者家庭所有。《私营企业条例》规定:"私营企业是指企业资产属于私人所有、雇工8人以上的营利性的经济组织。"包括四类:①独资企业,是指独家投资经营的企业;②合伙企业,指二人以上按照协议投资、共同经营、共负盈亏的企业;③有限责任公司,是指若干个人投资者以其出资额对公司负责,公司以其全部资产对公司债务承担责任的公司;③股份有限公司,是指依法由若干个人出资认股,公司以其全部资产对公司债务承担责任的企业。私营企业的合法财产应当属于出资者或控股者个人所有。

(4)依法归个人所有的股份、股票、债券和其他财产。"个人所有的股份",是指在非私营企业性质的股份有限公司中,以个人出资认股的股份。公民个人出资认购的股份,属于个人所有的财产。公民个人合法购买或通过继承、馈赠等合法获取的股票、债券,也属于公民私人所有的财产。

二、财产所有权的权能

财产所有人对财产享有所有权,所有权人对自己的不动产或者动产依法享有占有、使用、收益和处分的权利。

(一)占有和占有权

占有是主体对于物基于占有的意思进行控制的事实状态。占有是对物的一种事实上的控制。对物的控制也称为对物的管领,它需要借助身体与物发生一种外部的接触。但是,占有人必须具有占有的意图,占有人事实上控制或管领了某物。占有尽管是主体对物事实上的控制状态,但并非在法律上没有意义;相反,占有常常形成一种法律关系。占有人因占有可能取得占有权甚至所有权,即使不能形成权利的占有,在法律上也可获得保护,故占有具有重要的法律意义。

根据占有人是否有权占有某物,可分为有权占有和无权占有。有权占有,是指基于法律或合同的规定而享有对某物进行占有的权利。此种对物可以进行占有的权利,主要包括依合同取得的合同债权(如因保管、租赁合同等而取得对物的占有)、物权(如所有权、用益物权)等。所谓无权占有,是指没有法律根据也无合同约定而占有他人的物。如窃贼对赃物的占有,承租人在租赁期届满以后对租赁物的占有。

无权占有通常可以分为两类:善意占有与恶意占有。所谓善意占有,是指不法占有人在占有他人财产时,不知道或者不应当知道其占有是非法的。例如,不知道他人在市场上出售的财产是其无权处分的财产而以合理的价格购买了该财产并对该财产进行占有,占有人占有该财产主观上是善意的。如果占有人明知其无占有的权利或对其有无占有的权利有怀疑,则应为恶意占有。

区别善意占有与恶意占有的意义在于:①占有人因使用占有的不动产或者动产,致使该不动产或者动产受到损害的,善意占有人不承担损害赔偿责任;恶意占有人则须承担损害赔偿责任。②无权占有人在返还占有物时,应返还原物及其孳息。但善意占有人有权要求扣除其因维护该不动产或动产支出的必要费用,恶意占有人则没有此项权利。③如果无权占有人占有的不动产或者动产毁损、灭失的,无权占有人应当将因毁损、灭失取得的保险金、赔偿金或者补偿金等返还给权利人,仍不能弥补权利人损失的,善意占有人无须承担赔偿责任;恶意占有人有过错的,仍须承担赔偿责任。

(二)使用权

使用,是指民事主体按照财产的性能对其加以利用,以满足生产或生活的某种需要。在任何社会经济形态中,人们占有生产资料和劳动产品都不是目的,占有的目的是为了获取物的使用价值或增值价值。所以,不论是所有人还是非所有人,他们占有财产,最终是为了对财产有效地利用或从中获得经济上的利益。这种利用财产的权利,就是使用权。法律上有所有权的人有当然的使用权,但享有使用权的人,并不一定有所有权。

(三)收益权

收益,是指民事主体通过合法途径获取基于财产而产生的物质利益。收益权是指从财产上获取一定的经济利益的权利。在民法上收益主要是指孳息。

所谓孳息是指财产上产生的收益。孳息分为两种:①天然孳息,是指原物因自然规律而产生的,或者按物的用法而收获的物,如母鸡生蛋、树上结果。天然孳息可以是自然的,也可以是人工的(例如从羊身上剪下的羊毛等)。但是人工产生的物必须不是对出产物进行改造加工,例如将牛乳制成乳酪,就不是天然孳息。②法定孳息,是指根据法律的规定,由法律关系所产生的收益,如出租房屋的租金、借贷的利息。法定孳息是由他人使用原物而产生的。自己利用财产得到的收益以及劳务报酬等,不是法定孳息。天然孳息在没有与原物分离之前,只能由原物所有人所有。在孳息(天然的、法定的)产生以后,如果法律或合同没有特别规定,则就由原物所有人所有。如果原物已移转占有,依照法律或合同的规定也可以由产生孳息时的合法占有人所有。但是,占有人必须依据法律和合同的规定收取孳息。原物所有权移转以后,对孳息的取得权也随之移转,物的原所有人无权请求新所有人返还物的孳息。

(四)处分权

所谓处分权,就是所有人对财产(生产资料和劳动产品)进行消费和转让的权利。对财产的消费(包括生产和生活的消费)属于事实上的处分,对财产的转让属于法律上的处分,两者都会导致所有权的绝对或相对消灭。所以,处分权决定了财产的归属,它是所有权区别于他物权的一个重要特征。

处分权是由物具有交换价值决定的,法律上的处分意味着物的转让。处分权是财产所有人最基本的权利,也是财产所有权的核心内容。因此,在通常情况下,处分权是由财产所有人来亲自行使的。但是处分权作为所有权的一项权能,也是可以基于法律规定和所有人的意志而与所有权分离的。处分权的分离并不一定导致所有权的丧失。

占有、使用、收益和处分,构成了完整的财产所有权的四项权能。财产所有人可以将这四项权能集于一身统一行使,也有权将这四项权能中的若干权能交由他人行使,即财产所有权的四项权能与财产所有人相分离。在社会生活中,财产所有人正是通过这四项权能与自己的不断分离和回复的方式,来实现其生活和生产的特定目的。

三、合法财产的取得方式

财产所有权的取得,是指民事主体获得财产所有权的合法方式和根据。《民法通则》第72条中明确规定:"财产所有权的取得,不得违反法律规定。"显然,财产所有权的取得必须是合法取得,否则,不受法律承认与保护。财产所有权的合法取得方式可分为原始取得与继受取得两种。

(一)原始取得

原始取得,指根据法律规定,凡所有人取得物的所有权是最初的,不是从原所有人那里转移来的,或者说不是以原所有人的所有权为根据的,就称原始取得。原始取得的根据主要包括:

(1)劳动生产。指民事主体指通过自己的劳动对自然界的占有、利用和改造,创造出新的物质财富。

(2)收益。指由生息物产生出来的孳息。孳息分为自然孳息,比如,野生果树所生果实、野马所生幼崽;人工孳息,比如,耕种土地收获粮食;法定孳息,比如,利息、租金。

(3)添附。民事主体把不同所有人的财产或劳动成果合并在一起,从而形成另一种新形态的财产,如果要恢复原状在事实上不可能或者在经济上不合理,在此情况下,则要确认该新财产的归属问题。

添附主要有混合、附合和加工三种方式。混合是指不同所有人的财产互相渗合,难以分开并形成新财产。附合,是指不同所有人的财产密切结合在一起而形成新财产,虽未达到混合程度,但非经拆毁不能达到原来的状态。加工,是指一方使用他人财产加工改造为具有更高价值的新的财产。在上述情况下,关于新的财产所有权的归属,应由当事人协商处理,或归一方所有,或归当事人共有。如果不能达成协议,应归给新财产添附价值量的一方所有,但他要向原所有人给付适当的经济补偿。如果取得新财产所有权的一方的添附行为出于恶意,即明知是他人的财产而进行加工,或有其他故意或过失行为,则原所有人除有权向他请求经济补偿外,还有权要求他赔偿因添附所造成的损失。

(4)没收。国家根据法律、法规采取强制手段,剥夺违法犯罪分子的财产归国家所有。

(5)遗失物。遗失物是指他人不慎丢失的动产。所以,遗失物并不是无主物,也不是所有人抛弃的或因为他人的侵害而丢失的物,而是因所有人和合法占有人不慎丢失的动产。根据《民法通则》第 79 条,拾得遗失物应当归还失主。同样,拾得漂流物或失散的饲养动物,也应归还失主。另外,《物权法》第 113 条规定,遗失物自发布招领公告之日起 6 个月内无人认领的,归国家所有。

(6)所有人不明的埋藏物和隐藏物。所有人不明的埋藏物和隐藏物,是指埋藏和隐藏于他物之中,其所有权归属不明的动产,此类物应归属于国家所有。

(二)继受取得

继受取得,又称传来取得,是指通过某种法律行为从原所有人那里取得对某项财产的所有权。这种方式是以原所有人对该项财产的所有权作为取得的前提条件的。继受取得主要包括:

(1)买卖合同。民事主体双方达成协议,出卖人一方将出卖财产交给买受人一方所有,买受人接受此项财产并支付价款。通过买卖,由买受人取得了原属出卖人的财产所有权。

(2)赠与、互易。赠与人自愿将其财产无偿转移给受赠人,一方以金钱之外的某种财产与他方的财产相互交换,也可导致所有权的移转。

(3)继承遗产。继承人按照法律的直接规定或者合法有效遗嘱的指定,取得被继承人死亡时遗留的个人合法财产。

(4)接受遗赠。自然人、集体组织或者国家作为受遗赠人,按照被继承人生前所立的合法有效遗赠的指定,取得遗赠的财产。

(5)其他合法原因。因其他合法原因,也可以取得或形成财产所有权,如参加合作经济组织的成员通过合股集资的方式组成合法经济组织,形成新的所有权形式。

四、善意取得制度

(一)善意取得概述

善意取得是适应商品交换的需要而产生的一项法律制度。在广泛的商品交换中,从事交换的当事人往往并不知道对方是否有权处分财产,也很难对市场出售的商品逐一调查。如果受让人善意取得财产以后,根据转让人的无权处分行为而使交易无效,并让受让人返还财产,则不仅要推翻已经形成的财产关系,而且使当事人在从事交易活动时,随时担心买到的商品有可能要退还,这样就会造成当事人在交易时的不安全感,也不利于商品交换秩序的稳定。可见,善意取得制度虽然限制了所有权之上的追及权的效力,从而在一定程度上牺牲了所有人的利益,但是它对于维护商品交换的安全和良好秩序具有重要的作用。因此,我国民法确认了善意取得制度。

《物权法》第 106 条规定:"无处分权人将不动产或者动产转让给受让人的,所有权人有权追回;除法律另有规定外,符合下列情形的,受让人取得该不动产或者动产的所有权:①受让人受让该不动产或者动产时是善意的;②以合理的价格转让;③转让的不动产或者动产依照法律规定应当登记的已经登记,不需要登记的已经交付给受让人。受让人依照前款规定取得不动产或者动产的所有权的,原所有权人有权向无处分权人请求赔偿损失。当事人善意取得其他物权的,参照前两款规定。"这是我国法律首次对善意取得制度作出明确规定,该条规定正式确立了我国物权法上的善意取得制度。

善意取得,又称为即时取得,是指无权处分他人财产的占有人,将其占有的动产或不动产转让给受让人,如果受让人在取得该财产时出于善意,则受让人将依法取得该财产的所有权或者其他物权,原所有权人不得要求受让人返还财产,而只能请求转让人(无处分权人)赔偿相应的损失。

善意取得制度具有如下特点:

第一,统一适用于动产和不动产。在传统的善意取得的理论中,善意取得的财产仅限于动产,而以登记作为公示的不动产的取得,则不适用此制度。由于我国正处在向市场经济过渡的转轨时期,许多不动产登记制度尚未完善,如在房屋预售的过程中,存在"一房二卖",甚至"一房多卖"的情况,导致许多购房人的权利得不到保障。因此,将善意取得制度适用于不动产交易的领域,可最大限度地保护善意第三人的利益,从而促进社会主义市场经济有序的发展。这是我国物权法制度的一个特色。

第二,统一规定了动产和不动产善意取得的要件。我国《物权法》第 106 条将动产的善意取得和不动产的善意取得合并在一起作出规定,从而简化了善意取得的构成要件。善意取得不仅适用动产和不动产的所有权,还适用于其他物权。

第三,《物权法》从反面规定了不适用善意取得的情况。按照《物权法》第107 条的规定,"所有权人或者其他权利人有权追回遗失物",这也就是说,遗失物丢失之后,第三人不能基于善意取得制度取得所有权。根据《物权法》第 114 条的规定:"拾得漂流物、发现埋藏物或者隐藏物的,参照拾得遗失物的有关规定。文物保护法等法律另有规定的,依照其规定。"关于赃物是否适用善意取得制度,我国《物权法》对此没有作出明确规定。

第四,对善意取得制度的适用条件作出了比较严格的规定。例如,要求受让人必须以合理的价格转让而不是仅仅要求交易具有有偿性。但总体上来说,我国《物权法》规定的善意取得制度的适用对象是比较宽泛的,但是适用条件又是比较严格的。

(二)善意取得的构成要件

根据《物权法》第 106 条的规定,适用善意取得制度应具备如下条件:

(1)无处分权人处分了他人财产。即转让人无处分权而从事了法律上的处分行为。实践中,无权处分行为主要包括四种情况:

一是无所有权而处分财产的情形,如承租人、保管人对承租或保管的财产并不享有所有权,而将该财产出让给他人;二是所有权受到限制而处分财产的情形,如某一共有人未经其他共有人的同意而处分共有财产;三是虽有所有权但无处分权,却处分了财产的情形,例如在附条件买卖中,当事人约定在价金未完全清偿前,出卖人仍然保留所有权,买受人只享有期待权,在合同有效期内,出卖人不能就同一标的的所有权向他人转让,而买受人则可以处分其所享有的期待权;四是代理人擅自处分被代理人的财产。上述四种情况都发生无权处分的后果。

(2)受让人受让该财产时是善意的。财产的善意取得以受让人的善意为条件,如果受让人具有恶意,则不得适用善意取得。所谓"善意",是指行为人的内在心理活动状况。因此,确定受让人是否具有善意,应考虑当事人从事交易时的客观情况。如果根据受让财产的性质、有偿或无偿、价格的高低、让与人的状况以及受让人的经验等可以知道转让人无权转让,则不能认为受让人具有善意。

(3)受让人以合理的价格有偿取得。无偿取得财产时,不适用善意取得。受让人取得财产必须是通过买卖、互易、债务清偿、出资等具有交换性质的行为实现的。同时,需要强调价格的合理性。在市场经济条件下,财产转让一般是以对价为条件的,这反映了财产转让的一般规律,违反了这一规律的财产转让,就可以引起人们对该项交易是否是善意的合理怀疑。如果转让人与受让人之间从事的买卖等行为是无效的或可撤销的民事行为,则不能产生善意取得的效果;如果受让人是通过非法律行为而取得财产的所有权或者其他物权的,如继承、遗赠,也不能产生善意取得的效果。

(4)转让的财产依照法律规定应当登记的已经登记,不需要登记的已经交付给受让人。对于不动产的转让和汽车、船舶等动产的转让,以登记为要件;对于一般动产而言,需要受让人已经实际占有。物权法第 106 条规定的"不需要登记的已经交付给受让人",应当理解为现实交付。

（三）善意取得的法律后果

适用善意取得制度的后果是所有权的移转。让与人向受让人交付了财产，从受让人实际占有该财产时起，受让人就成为财产的合法所有人，而原所有人的权利归于消灭。

《物权法》第106条第2款规定："受让人依照前款规定取得不动产或者动产的所有权的，原所有权人有权向无处分权人请求赔偿损失。"由于让与人处分他人的财产是非法的，因而其转让财产获得的非法所得，应作为不当得利返还给原所有人。如果返还不当得利仍不足以补偿原所有人的损失，则原所有人有权基于侵权行为，请求让与人赔偿损失以弥补不足部分。如果不法让与人以高于市场的价格让与财产，其超出财产价值部分之所得，也应返还给原所有人。

【案例】 善意取得人的权益受法律保护

李文于2004年4月在杭州某区一住宅小区购买了一处120余平方米的住宅房，并在区房管局交易中心领取了房屋产权证。同年7月6日，一位陈女士自称是该处住宅房的新主人，持有该房的产权证，向李文要求办理房屋交接手续。李文向警方报案，同时拿着自己的房屋产权证、交款凭证、契税证等相关手续，到区房管局交易中心查询，房管局告知其持有的产权证是伪造的，其房屋确已过户给陈女士。原来，李文曾发布广告出租房屋，一男子表示想租赁此房，并让李文提供了房产证和身份证的复印件，后来又让李文提供房产证原件让他看一下。公安机关在做多方调查后，认定的事实是：骗子利用李文的疏忽对证件进行了调包，利用真的房产证和假"李文"的身份证将该房产"出售"给了陈女士，并在区房管局成功过户，携巨款潜逃。

那么，该住宅房的所有权归谁呢？按法律规定应归陈女士所有，因为陈女士是善意取得该房产的，并支付了房款。法律保护善意第三人的权益。

五、财产所有权的行使

财产所有权的行使，是指民事主体依照法律规定实现所有权各项权能的行为。财产所有权的行使方式可以分为所有人直接行使和授权他人行使两种。

（一）所有人直接行使

所有人直接行使，是指财产所有权人在法律允许的范围内直接对其财产行使占有、使用、收益和处分的权利。所有人在行使其财产所有权时，一般并不需要义务人的积极帮助行为，便可实现自己对财产的自主支配，从而满足其生产或生活的需要。

（二）所有人授权他人行使

所有人授权他人行使，是指财产所有人根据法律规定或合同约定，授权他人依法占有、使用、收益或处分自己的财产,从而使所有权权能与所有权分离。这种方式,有利于最大限度地发挥财产的经济效益和社会效益,同时从根本上实现了财产所有权人的意志和利益。

尽管所有人在法定范围内有权依自己的意志行使所有权,但所有人在行使所有权的过程中,必须遵守法律、法规和社会公德。同时,必须以善意的方式行使所有权,不得滥用所有权,致他人损害。

六、所有权的移转和消灭

(一)所有权移转概述

所有权的移转,是指所有权从原所有人手中转移到新的所有人手中。所有权移转的完成,通常意味着一个商品交换过程的结束。所有权从何时移转,即从何时开始一方当事人(原所有人)丧失其对财产的所有权,同时另一方当事人成为财产的新的所有人,这是直接关系到交换当事人的合法权益和商品交换秩序的重要问题。

所有权移转的问题,通常是由当事人在合同中约定的。但是,当事人约定的有关所有权移转问题的内容(如履行方式、履行期限等),并不能代替具体确定所有权的移转时间的标准。所以,我国法律为了保护当事人的合法权益和稳定社会经济秩序,根据动产和不动产的不同特点,规定了确定所有权移转时间的不同规则。

(二)动产所有权因交付而移转

我国《物权法》第23条规定:"动产物权的设立和转让,自交付时发生效力,但法律另有规定的除外。"我国《民法通则》第72条规定:"按照合同或者其他合法方式取得财产的,财产所有权从财产交付时起转移,法律另有规定或者当事人另有约定的除外。"动产所有权的移转以交付为标准,就是说,当事人虽然就动产所有权移转的问题达成了协议,但在尚未实际交付标的物以前,所有权并不移转。在法律上,交付是指将物或所有权凭证移转给他人占有的行为。交付通常指现实交付,即直接占有的移转。但除了直接交付以外,还有以下几种方式的交付,也发生于现实交付同样的法律效果:

(1)简易交付。《物权法》第25条规定:"动产物权设立和转让前,权利人已经依法占有该动产的,物权自法律行为生效时发生效力。"在受让人已经占有动产的情况下,如受让人已经通过寄托、租赁、借用等方式实际占有了动产,则当双方当事人关于所有权转移的合意成立时,即视为交付,受让人取得间接占有。

(2)占有改定。《物权法》第27条规定:"动产物权转让时,双方又约定由出让人继续占有该动产的,物权自该约定生效时发生效力。"即转移动产所有权时,出让人基于生产、生活需要仍需继续占有动产而与受让人订立特定契约,由出让人继续保持占有,这样在双方达成物权让与合意时,视为已经交付。例如:甲将其所有的书卖给乙,按照一般原则,必须当甲将其所有的书现实交付与乙,才能发生所有权的移转。但甲希望将该书阅读完毕,因此与乙协商要求借用。这样乙仅仅取得一个间接占有。

(3)拟制交付。出让人将标的物的权利凭证交付给受让人,以代替物的现实交付。这种交付方式称为拟制交付。

此外,《物权法》第26条规定:"动产物权设立和转让前,第三人依法占有该动产的,负有交付义务的人可以通过转让请求第三人返还原物的权利代替交付。"即财产由第三人占有时,由所有人将其对于第三人的要求返还原物的请求权让与买受人,以代替交付。

(三)不动产所有权的移转必须符合法定的形式要件

《物权法》第9条规定,不动产物权的取得、消灭和变更,非经登记,不能产生法律效力。因此,不动产物权的移转必须符合法定的形式要件。当然根据《物权法》第15条规定,当事人之间订立有关设立、变更、转让和消灭不动产物权的合同,除法律另有规定或者合同另有约定外,自合同成立时生效;未办理物权登记的,不影响合同效力。

根据《城市私有房屋管理条例》第6条的规定:"房屋所有权移转或房屋现状变更时,须到房屋所在地房管机关办理所有权移转或房屋现状变更登记手续。"在达成私有房屋买卖协议后,卖方须持房屋所有权证明和身份证明,买方须持购买房屋的合同和身份证明,到房屋所在地的房管机关办理所有权移转登记手续,才发生所有权的移转。因赠与和其他方式移转房屋所有权时,也适用这一规定。所以,房屋所有权应从登记过户手续办理完毕时起移转。另外一些特殊的动产,如车辆、船舶等所有权的移转,也应当到有关部门办理登记过户手续。因赠与和其他方式移转房屋所有权时,也适用这一规定。所以,房屋所有权应从登记过户手续办理完毕时起移转。当事人办理完登记过户手续以后,如果房屋继续由原所有人和第三人占有,则占有人仍负有交付房屋的义务。占有人超过规定期限不履行该义务的,视为非法侵犯他人的房屋所有权,所有人依法可对其提起诉讼或提出请求。

(四)财产所有权的消灭

1.财产所有权消灭的原因

财产所有权的消灭,是指因某种法律事实的出现,而使财产所有人丧失了所有权。导致财产所有权消灭的原因,大致有如下几种:

(1)所有权客体灭失。这是指作为所有权客体的财产因各种原因而不复存在。例如,因自然灾害、生活消费、生产消耗等事实或行为引起的财产所有权客体的灭失。

(2)所有权主体消灭。这是指因财产所有权人主体资格的丧失,导致其享有的财产所有权的消灭。

(3)所有权被依法转让。这是指财产所有权人通过法律行为处分其财产,自愿将其享有的财产所有权转让给他人。

(4)所有权被抛弃。这是指财产所有权人在法律规定的范围为自愿放弃自己对某项财产的所有权。例如,公民丢弃某项财物,放弃继承的财产等等,从而导致其不再享有对被弃财产的所有权。

(5)所有权被依法强制消灭。这是指国家依照法律规定,为了社会公共利益的需要,采用依法征收或国有化等措施,有偿或无偿地迫使所有权人转移其享有的财产所有权。

2.财产所有权消灭的后果

财产所有权的消灭,会导致所有权的绝对消灭和相对消灭的后果。在财产所有权绝对消灭的情况下,该财产已不复存在,任何民事主体便都不能拥有对该财产的所有权。在财产所有权主体消灭、财产所有权被依法转让、被依法征收等情况下,只是发生相对消灭的后果,一方丧失了财产所有权,但同时另一方则取得了对该项财产的所有权。

七、保护财产所有权的方法

财产所有权的法律保护,是指国家通过法定的程序和方法保障所有权人依法对其财产行使占有、使用、收益和处分的制度。《物权法》第32条规定,物权受到侵害的,权利人可以通过和解、调解、仲裁、诉讼等途径解决。凡妨害所有权人对其所有财产合法占有、使用、收益和处分时,都是对财产所有权的侵犯,财产所有人有权向法院提起诉讼,请求保护。保护财产所有权,可以有多种法律手段。比如,刑法通过刑罚的方法,制裁犯罪分子,保护国家、集体和公民的财产不受侵犯,民法依据宪法关于保护所有权的原则,对各个民事主体依法享有的所有权实行平等的保护。

所有人在其所有权受到侵害以后,可以依据民法的规定,请求侵害人为一定的行为或不为一定的行为。换言之,在此情况下,所有人依法享有因其所有权受到侵害而产生的请求权,可以通过行使请求权而实现其所有权。所有权人也可以依法向人民法院提起民事诉讼,请求人民法院责令侵害人承担责任,或者请求人民法院确认所有人的权利。所有人的财产因他人的犯罪行为而遭受侵害时,所有人则有权在刑事诉讼中附带提起民事诉讼,以维护自己的财产所有权。根

据所有人在其所有权受到侵害以后提起的诉讼或请求的不同内容,可以将保护所有权的民法方法分为如下几种:

(一)确认财产所有权

《物权法》第33条规定,因物权的归属、内容发生争议的,利害关系人可以请求确认权利。当一个财产案件需要同时采取其他方法加以保护时,只有在先明确了所有权的前提下,才能采取其他方法。比如,甲的一部分财产托乙保管,乙死后,他的继承人对这部分财产当作遗产继承。后来甲向乙的继承人请求返还原来托乙保管的财产,乙的继承人认为该项财产是属于乙的,乙死后他已因继承而取得所有权,甲的请求是无理由的。对这种案件首先要确认所有权属谁,然后再采取其他保护财产所有权的方法。

(二)返还财产

《物权法》第34条规定,无权占有不动产或者动产的,权利人可以请求返还原物。所有人的财产被他人非法占有时,所有人有权请求法院强制非法占有人返还原物。在运用这种保护方法时需注意以下几点:

第一,原物必须存在。这是指返还财产的标的物为特定物。如果原物已经灭失,事实上已不可能返还原物,只能采用赔偿损失的方法来代替。如是种类物,则原物不一定存在,而用同种类的物予以返还。

第二,所有人只能向非法占有人请求返还财产(原物),而不能向有法律根据的合法占有人要求返还。比如,在房屋租赁合同有效期间,出租人在合同终止前不能请求返还房屋。

第三,应该遵守诉讼时效的规定。当财产所有权受到侵害,财产被他人非法占有时,必须在法定的时间内提出请求,才能得到法律保护。如果超过诉讼时效期限,法院不再强制实现这种请求。

第四,当财产已由原来的占有人转移到第三人手里,所有人是否可以向第三人请求返还。这种情况比较复杂,需根据不同的具体情形,区别处理:

(1)原物由于所有人的意思,而由别人占有,占有人非法转让,第三人在取得原物时没有过错,则不论第三人是有偿取得或无偿取得,所有人都无权向第三人请求返还原物。比如,甲的一辆汽车托乙保管,乙私自将它出卖给丙。丙在买受时认为汽车是乙的财产并支付了适当的代价。在这种情况下,甲只能向乙请求赔偿损失,不能请求丙返还原物。这是因为财产所有人甲,自己有过错不该委托乙。但如果丙明知乙无权出卖汽车而购买(恶意占有),则甲可向丙请求返还原物。

(2)原物被别人非法占有,比如,被偷盗或丢失,非法占有人又将此物转让给善意第三人,即第三人没有过错,不知非法占有人是非法占有,并支付过适当代价时,所有人无权请求善意第三人返还原物,只能向非法占有人请求赔偿。除非是独一无二的特定物,所有人才可请求第三人返还。第三人无偿地从非法占有人手里取得原物,则不论他取得时有无过错,所有人都可请求其返还。

第五,不法占有人在返还财产时,还应同时返还已得或应得的财产收益。

(三)恢复原状

《物权法》第36条规定,造成不动产或者动产毁损的,权利人可以请求修理、重作、更换或者恢复原状。财产被非法损坏时,如果能够修复,财产所有人有权要求加害人给予修复,恢复财产原状。如果双方各有一定责任,应根据情况,由双方按比例共同负担修复的费用。如无法修复的,则赔偿损失。比如,承租人未经出租人同意在房屋内增添附加物,出租人有权要求拆除,以恢复房屋的原状。

(四)排除妨碍

《物权法》第35条规定,妨害物权或者可能妨害物权的,权利人可以请求排除妨害或者消除危险。比如,有人在所有人的走道上堆放物品,妨碍通行,或在所有人的建筑物的墙根下挖坑排水,影响建筑物的寿命等,所有人都有权要求排除妨碍,停止侵害。请求排除妨碍,不仅在妨碍已经存在的情况下可以请求,即使在确有妨碍所有人行使权利的危险存在时,也可请求消除危险。因环境污染而造成的妨碍,也可以要求排除。比如,工矿企业排除废水或有毒物污染水井、农田、水塘等,所有权人都有权要求排除妨碍。

(五)赔偿损失

《物权法》第37条规定,侵害物权,造成权利人损害的,权利人可以请求损害赔偿,也可以请求承担其他民事责任。当原物灭失或者损坏不能恢复原状时,或者虽已恢复原状还原物,但仍造成损失,财产所有人有权要求加害人赔偿损失。

(六)返还不当得利

不当得利,是指取得利益没有法律上的根据,而使财产所有人遭受损失。所有人可以请求受益人返还不应当受领的利益。

不当得利成立的要件是:①有财产上的受益;②致他人遭受损失;③无法律上的原因:不当得利的受益没有法律上的原因,有以下两种情况:第一,自始无法律上的原因。受益出于第三人的行为,比如,甲用乙的饲料喂养丙的马,则丙的受益是由于甲(第三人)的行为,而不是由于受损人乙的意思;受益自于受损人的误解,非出于其本意,比如,A误以B的牛为自己的牛而予以喂养;其汽车驾驶员为他人运送货物后,发现装货人因疏忽多装了一箱,该驾驶员把这箱货物拉回家后出售给他人;受益由于行为以外的事实,比如,甲湖内的鱼自动游入乙湖内。第二,取得利益时虽有法律上的根据,但这种根据事后消灭。比如,履行买卖合同时已先付价款,但后来该合同无效或被撤销,则原先的给付就无法律上的原因,应予返还,如不返还即属于不当得利。不当得利必须因自己受利益,而致他人受损失。如自己虽受利益,但他人未受损失,则不发生不当得利的问题。比如,甲乙两农场土地毗连,甲农场造林防风,乙农场虽也受利益,但甲农场并未受损害,不能说乙农场不当得利。

不当得利不等于盗窃。盗窃行为是指以非法占有为目的,采取秘密窃取的手段,占有公私财物的行为。而不当得利则不是由于受益人针对受害人而为的违法行为,它是由于受害人或第三人的疏忽、过错造成的。

以上六种保护财产所有权的方法,在处理具体问题时,可以根据具体情况,同时运用几种保护方法,保护财产所有人的权利。比如,甲非法占有乙的房屋,对其中一部分又不法出租,取得租金,并对自己占有的房屋使用不当以致损坏,则乙可以运用确认所有权、返还财产、赔偿损失等方法保护房屋所有权。

【案例】　赠与无效

1997 年,方某与刘某相识后,逐渐发展成为不正当的男女关系。后双方商议各自离婚再结婚。1997 年刘某与前夫离婚,同月方某出资 10 万元为刘某购买住宅一套,房产所有权人登记为刘某,并由刘一直居住。1998 年 3—4 月,方某又向刘某提供现金 5 万元和价值 3 万元的空调。同年 4 月 21 日,刘某向方某出具欠条一张,上书:"假如我嫁给别人,我将把购房款 10 万元、现金 5 万元、空调款 3 万元计人民币 18 万元归还给方某。"事后,双方产生矛盾,方某遂诉至某区法院请求归还上述款项。

方某在诉状中称:他与刘某就这 18 万元之间的关系是借贷关系,该借贷附了终止条件,是一种附条件的民事法律行为。现在刘某要嫁给他人,应当视为所附的终止条件到来,刘某理应归还所欠的款项。在诉讼过程中,方某之妻杨某以此 18 万元是夫妻共同财产,而方某未经其同意擅自处理侵犯了其财产共有权为由要求法院判决认定该 18 万元是夫妻共同财产并要求参加诉讼,法院准许杨某参加诉讼。

某区法院一审与某市中级法院二审判决认为:刘某出具给方某的欠条违反了《中华人民共和国民法通则》第 7 条关于民事活动应当尊重社会公德的规定,违背了公序良俗,根据《最高人民法院关于贯彻执行若干问题意见》第 75 条"附条件的民事法律行为,如果所附的条件是违背法律规定或者是不可能发生的,就当认定该民事法律行为无效"之规定,该欠条不能证明方某与刘某之间存在真实的借贷关系,方某提供给刘某的 18 万元实质上是赠与行为,但方某的赠与行为,侵犯了杨某的夫妻财产共有权。故法院判决赠与行为无效,认定该财产属于夫妻共同财产,支持了杨某的诉讼请求。

第四讲　法律权利(三)

第一节　知识产权

【案例】　娃哈哈与达能之争

1996 年,杭州娃哈哈公司与达能公司、香港百富勤公司共同出资建立 5 家中外合资公司,生产以"娃哈哈"为商标的产品。5 家中外合资公司中,娃哈哈公司持股 49%,亚洲金融风暴之后,百富勤将股权全部卖给达能,达能跃于到 51%的控股地位。

当时,达能提出将"娃哈哈"商标权转让给合资公司,未果,娃哈哈公司与 5 家合资公司签订一份《商标许可使用合同》。"娃哈哈"商标使合资公司产品在市场竞争中取得优势地位,为合资公司带来极大的经济效益。正是这一条款,引发了后来的强行收购风波。

但《商标许可使用合同》中的一个条款却这样规定:"中方将来可以使用(娃哈哈)商标在其他产品的生产和销售上,而这些产品项目已提交给娃哈哈与其合营企业的董事会进行考虑……"即娃哈哈公司要使用自己的商标生产和销售产品,需经达能同意或者与其合资。因此这 10 年来,娃哈哈相继又与达能合资建立了 39 家合资公司,致使达能公司以此为由,欲强行用 40 亿元人民币的低价并购总资产达 56 亿元、2006 年利润达 10.4 亿元的娃哈哈公司其他非合资公司51%的股权,从而爆发了 2007 年的娃哈哈与达能之争。后娃哈哈公司按约定向杭州市仲裁委员会申请仲裁,要求确认"娃哈哈"商标归属杭州娃哈哈公司,得到了杭州市仲裁委员会仲裁裁决的支持。

这个案例,涉及的就是知识产权的使用、许可、投资等问题。

一、什么是知识产权

世界上的财产可分为有形财产和无形财产两大类,有形财产又可分为动产和不动产。知识产权是一种无形的财产权,也称智力成果权,它指的是通过智力创造性劳动所获得的成果,并且是由智力劳动者对成果依法享有的专有权利。这种权利包括人身权利和财产权利,也称之为精神权利和经济权利。所谓人身权利是指权利同取得智力成果的人的人身不可分割,是人身关系在法律上的反映。例如,作者在其作品上署名权利、或对其作品的发表权、修改权等。所谓财产权是智力劳动成果被法律承认以后,权利人可利用智力劳动成果取得报酬或者得到奖励的权利,这种权利也称之为经济权利,知识产权保护的客体是人的心智、人的智力的创造,是人的智力成果权,它是在科学、技术、文化、艺术领域从事一切智力活动而创造的智力成果依法享有的权利。

知识产权一词是从英文 intellectual property 或者 intellectual property right 翻译过来的。intellectual property 有两种含义:一种是智慧成果,即知识产品,它属于生产的要素或是有价值的物品,可以转让。另一种是人们对于智慧成果的权利。世界知识产权组织公约第二条将知识产权定义为:"关于保护文艺、美术和科学作品,演员的表演、唱片和广播,人类一切活动范围内的发明、科学发现、外观设计、商标、服务标记、厂商名称及其他一切商业标志,制止不正当竞争的权利,以及产业、学术、文艺和美术界知识活动所产生的一切其他权利。"

知识产权并非起源于任何一种民事权利,也并非起源于任何一种财产权,而是起源于封建社会的"特权"。这种特权或由君主个人授予,或由封建国家授予,或由代表君主的地方官授予。这种实为君主对思想的控制、对经济利益的控制或国家以某种形式从事的垄断经营而授予的特权就是知识产权制度的前身。在自然经济状态下,由于生产方式落后,商品经济不发达,科学技术往往作为技艺被物化在物质产品上,难以独立地体现其价值。文学艺术作品也因复制和传播手段的局限,难以广泛使用。人们虽有对技术的保护和对文学艺术作品传播的控制要求,但终因未能形成普遍的社会关系,不具有法律调整的条件。随着科学技术的进步和产业革命的出现,生产力获得了空前规模的发展,机器生产要求科学技术打破原来的师徒相传和封闭的作坊生产方式,生产规模的扩大和经营者竞争的压力,商品生产者迫切需要获得最新的技术成果,以此来提高商品的竞争力。但是,技术的转移又会使发明创造者失去优势。为了保住新技术发明者的优势,同时又满足其他生产者的需要,避免技术垄断和重复投资,知识产权制度中的专利制度首先应运而生。随后又产生了著作权法和商标法等其他知识产权制度。从英国 1623 年制定的第一部具有现代意义的专利法《垄断法规》,1709 年制定的第一部著作权法《安娜法令》,法国 1857 年颁布的商标保护法《商标权法》,到 1883 年签订的《保护工业产权巴黎公约》,1886 年签订的《伯尔尼保护文学艺术作品公约》以及 1952 年《世界版权公约》,直至 1994 年缔结的《建立世界

贸易组织协定》中包含的《与贸易有关的知识产权协议》(简称 TRIPS),伴随着
人类文明进步的脚印和科学技术前进的步伐,知识产权制度也相应地经历了一
个逐步加强和完善的过程。时至今日,知识产权制度已为世界各国普遍接受,并
形成了一系列世界各国共同遵循的准则。

二、知识产权的保护范畴

传统的知识产权常分为两大部分,即工业产权和版权。由于当代科学技术
的迅速发展,不断创造出高新技术的智力成果,又给知识产权增加了一系列新的
保护客体。

1.根据 1967 年 4 月 14 日在斯德哥尔摩签订的《建立世界知识产权组织公
约》规定,知识产权包括下列各项:

(1)文学、艺术和科学作品;

(2)表演艺术家的表演以及唱片和广播节目;

(3)人类一切活动领域的发明;

(4)科学发现;

(5)商标、服务标记、商业名称和标志;

(6)制止不正当竞争,以及在工业、科学、文化领域或艺术领域内由于智力活
动而产生的一切其他权利。

2.1994 年 4 月 15 日签订的《与贸易有关的知识产权协议》,其知识产权
包括:

(1)版权与有关权;

(2)商标;

(3)地理标志;

(4)工业品外观设计;

(5)专利;

(6)集成电路的布图设计;

(7)未披露过的信息的保护;

(8)协议许可证中对限制竞争行为的控制。

根据《建立世界知识产权组织公约》和《与贸易有关的知识产权协议》对知识
产权所包括的对象在排列顺序上、语言表述上虽然有所差异,但基本内容和精神
是一致的。

文学、艺术和科学作品的权利属于版权范畴;表演、唱片和广播节目权与版
权邻近,称邻接权;发明(专利)、工业品外观设计、商标、服务标志、商业名称、地
理标志等都属于工业产权范畴。随着科学技术在各技术领域日新月异地迅速发

展、知识产权的保护范围也在扩展、延伸和深化,集成电路布图设计、信息等都成为知识产权保护的新内容。

在《建立世界知识产权组织公约》中,科学发现虽被列为知识产权的内容。但科学发现既不属于工业产权,也不属于版权。到目前为止,世界上还没有哪一个国家的法律或国际条约对科学发现授予任何财产权,都不将其列为知识产权的保护范围。

我国专利法不保护科学发现。因为科学发现属于人类对自然界中客观存在的未知物质、现象、变化过程及其特性和规律的揭示。虽然也是一种需要经过艰苦地智力劳动才能取得的成果,但它属于人类对物质世界的认识,所认识的对象是客观存在的,客观存在不具备专利法所说的创造性。科学发现本身虽不属于专利保护的范畴,但科学发现人可以通过其他渠道,如申请科学发现奖,得到社会的承认,从而享受人身权和财产权,也可以通过发表论文取得一部分著作权保护。

而科技发明则是一个特定的技术问题的解决方案,是通过智力创造性劳动所获得的成果,所以依法授予科技发明财产的权利,也称专利权,是知识产权的一部分,是人类从事科学、技术等智力活动而创造的精神财富依法享有的权利,亦称之为"智力成果权"或无形财产权。

对于制止不正当竞争或对不正当竞争行为的控制,也可以认为是工业产权的保护对象。

对工业产权这一种概念中的"工业",要从广义上理解,它不仅仅指与工业生产有关的动产或不动产的财产权。工业产权讲的是通过智力创造的成果财产权,因此它既包括与工业有关的智力成果权,也包括与农业、矿业等领域内有关的智力创造的成果权。所以,与此有关的商标、服务标记、商业名称和标志以及制止不正当竞争等都属于知识产权的范畴。

(三)知识产权的权利内容(权能)

知识产权是民事主体所享有的支配创造性智力成果、商业标志以及其他具有商业价值的信息并排斥他人干涉的权利。知识产权的权利内容(权能)包括:

(1)控制权。控制权即控制权利所保护的对象的权利。控制权相当于物权的占有权能。由于物的保护对象是物质财产,权利人通过对物的实际占有就可以实现对物的控制,因而占有权成为物权的重要权能。而知识产权的保护对象是非物质性的信息,不能像对物质财产那样实施占有,权利人对权利的保护对象的控制只能依靠法律赋予的权利。控制权是行使其他知识产权的前提条件。

(2)使用权。使用权指权利人对其权利保护对象进行使用的权利,如使用专利方法生产产品,在自己生产的产品上使用自己的商标,展览自己的作品,发表、改编、表演自己的作品等。权利人可以自己使用其权利的保护对象即信息,也可以授权他人使用。

(3)处分权。指权利人按照自己的意思处置自己权利的权利,包括设定质权、许可他人使用、转让(出卖、赠与、投资)抛弃等权利。

(4)收益权。即通过使用或处分,获得财产利益的权利。

三、知识产权的特征

(一)知识产权是一种无形财产权

知识产权的客体即智力成果,是一种没有形体的精神财富。客体的非物质性是知识产权的本质属性所在,也是该项权利与有形财产所有权的最根本区别。智力成果的无形是相对于动产、不动产的有形而言的,也有不同的存在与利用形态:①不发生有形控制的占有。②不发生有形损耗的使用。③不发生消灭智力成果的事实处分与有形交付的法律处分。

(二)知识产权的国家授予性

知识产权与有形财产所有权不同,后者根据一定的法律事实即可设定和取得,并不需要每次由国家机关认可或核准,而知识产权则具有国家授予的特点。知识产权需要由主管机关依法授予或确认而产生。如上所述,智力成果不同于传统的客体物,它没有形体,不占据空间,容易溢出创造者的实际控制而为他人利用。换言之,只要智力成果公布于世,其他人能容易通过非法处分途径而获取利益。因此、智力成果的创造者不可能仅凭创造活动的法律事实即当然、有效、充分地享有或行使其权益,而必须依靠国家法律的特别保护,即通过主管机关授予专有权或专用权。例如,专利权的获得需要经过申请,报主管机关审查批准,并由国家发给专利证书予以确认。商标的产生,绝大多数国家都要求依照法定程序申请注册,并取得注册证后方可为有效。

(三)知识产权的双重性

在知识产权领域内,除商标权不直接涉及人身权利内容外,其他各类权利均包括财产权和人身权的双重内容。

(四)知识产权的专有性

知识产权是一种专有的民事权利,它同所有权一样具有排他性和绝对性的特点。不过由于智力成果是精神领域的产品,知识产权的效力内容不同于所有权的效力内容。知识产权有专有性,主要表现在以下两个方面:

(1)知识产权为权利人所独占,权利人垄断这种专有权并受到严格保护,没有法律规定或权利人许可,任何人不得使用权利人的智力成果。

(2)对于同一项智力成果,不允许有两个或两个以上同一属性的知识产权并存。

　　知识产权同所有权一样都具有独占或排他的效力,但其效力内容和范围是有区别的:首先,所有权的专有性意味着所有人排斥非所有人对其所有物的不法占有、使用、收益或处分,而知识产权的专有性则意味着权利人排斥非权利人对其智力成果进行不法仿制、假冒或剽窃;其次,所有权的专有性是绝对的。所有人行使对物质的权利,既不允许他人干涉,也不需要他人的积极协助,其权利效力且无地域和时间的限制。而知识产权的专有性是相对的,该项权利除在效力方面受到限制外,如著作权法中的合理使用制度、专利法中的强制许可使用制度,还具有地域范围及保护期限的限制。

　　(五)知识产权的地域性

　　知识产权作为一种专有权,在空间上的效力并不是无限的,而是受到地域性的限制,即具有严格的领土性,其效力仅限于本国境内。知识产权这一无形财产权的特点是有别于有形财产的。一般说来,对有形财产的所有权的保护原则上没有地域性的限制,不论公民把有形财产从一国移至另一国,还是法人因投资、贸易从一国转入另一国家的财产,都照样归权利人所有,不会发生财产所有权失去法律效力的问题。而无形财产权则不同,它是按照一国法律获得承认和保护的知识产权,也只能在该国发生法律效力。除签有国际公约或双边互惠协定的以外,知识产权没有域外效力,域外的其他国家对这种权利没有保护的义务,域外的任何人均可在自己的国家内自由使用该智力成果,既无需取得权利人的同意,也不必向权利人支付报酬。

　　知识产权这一地域性的特征,究其原因主要是知识产权保护的知识成果基于无形而缺乏像有形物质那样可以认知的界定,所以知识成果的产权必须依法加以确认,由法律直接认定。但知识成果的精神性特点使得各国在经济、技术发展水平不同,因而文化和价值观也各异的情况下,对其认定范围、认定方式、认定内容也千差万别,因而各国不可能自动承认依照别国法律产生的知识产权。

　　从 19 世纪末期,欧美各主要资本主义国家进入帝国主义阶段,商品、贸易、技术越来越国际化,这样知识产权的地域性限制与各国垄断集团希望把知识成果的垄断权从国内推向国外的迫切要求,及知识成果的国际化要求出现了巨大的矛盾。所以各国先后签订了一些保护知识产权的国际公约,成立了一些全球性或地域性的国际组织,以适应这些要求、解决这些矛盾,从而在世界范围内形成了一系列国际知识产权保护制度。20 世纪下半叶,知识产权的严格地域性在一些有限区域内被突破了。某些国家之间通过国际公约建立了知识产权具有国际性效力的原则,但是知识产权的国际保护只有签订了保护知识产权公约的成员国之间才具有效力。而且即使是《与贸易有关的知识产权协议》也仍然坚持地域性这一原则。因此,要想使某项知识产权在境外也得到法律的保护,就必须依照共同参加的国际公约或双方签订的协定,到请求保护国去提出申请或进行登记。否则,它是得不到外国法律保护的。另外,知识产权在某一国家失效,丝毫不影响该知识产权在其他国家已取得权利的效力。

(六)知识产权的时间性

法律赋予创造者对精神成果享有专有权,这一方面激发了创造者继续进行创造活动的志趣与信心,但另一方面对精神成果的传播和广泛应用无疑会带来一定的影响。为了发展科学技术,繁荣文化艺术,精神成果不宜被知识产权人长期独占。知识产权不是没有时间限制的永恒权利。知识产权它具有时间性特点,一旦超出法律规定的有效期限,这一权利就自动消灭,知识成果就会转化为整个社会的共同财富、为全人类共同使用。这一特点是知识产权与有形财产的主要区别之一。有形财产权是依附于财产实体上的,只要财产没有灭失,权利就存在。但知识产权并不永远依附于知识成果,因为知识成果具有永恒性的特征,一经产生便永远存在,与人类共始终,所以不可像有形财产权那样,要求知识产权永远和知识成果共始终。

知识产权的时间性特征,是世界各国为了促进科学文化的发展,鼓励知识成果公开而普遍规定的原则。设立知识产权的目的在于采取特殊的法律手段调整因知识成果创造和使用而产生的社会关系,这一制度既要促进科学文化知识的广泛传播,又要注重保护智力劳动者的合法权益,协调知识产权专有性与知识产权社会性之间的矛盾。知识产权时间性规定,反映了建立知识产权法律制度的这种社会需要。

凡属知识产权保护的智力成果,如著作权、专利权、商标权等各有特点,因此法律对每种具体的知识产权都分别规定了期限,各项权利的保护期并不相同。法律之所以这样规定,就在于文学艺术作品和发明创造对于社会科学文化事业的发展有着非常重要的意义。因此必须规定一定的期限,使智力成果从个人的专有财产适时地变为人类共有的精神财富。

【案例】 发明专利虹吸管载入吉尼斯世界纪录

根据《中国知识产权报》报道:泉州丰泽大禹真空输水科技有限公司翁友彬的专利《全自动无能耗长距离引水装置》被列入吉尼斯世界纪录大全,发明人收到了吉尼斯总裁欧赢先生亲笔签发的证书。

虹吸现象来自大自然,是依靠大气压及势能的引导能自动引水的一种现象,在日常生活工作中经常可以看到。经典理论为虹吸管的应用设定了禁区,虹吸管最大直径为600毫米,达到600毫米的虹吸管虹吸高度为6.5关,管长仅为数十米。而翁友彬的专利项目在浙江黄石垅水库大坝得以实施,吸管全长近百米,直径达1520毫米跨越坝体高8米自动吸水。远远望去,虹吸管像条巨龙,葡萄在浙江黄石垅水库大坝上,威武雄壮,令人叹为观止。

据悉,该发明打破世界纪录的四大项为:世界上直径最大的虹吸管;直径超过一米以上的虹吸管,虹吸高度达8米;相同落差(水头)的输水距离最远;同等条件(管径、距离、落差等)的流量、流速最大。

据翁友彬介绍,这项吉尼斯世界纪录不仅管径位居世界首位,而且虹吸高度突破"理论禁区",开创了流体工程应用大直径虹吸管的新篇章。目前实施工程的管长达16公里,已储备虹吸管最大直径达到4米的设备技术,在落差满足条件的情况下,虹吸输水距离可达数百公里。

由于虹吸管输送任何液体不耗用任何动力,又可跨越比水面高8米的障碍物,该项专利技术已在长距离引水、自来水配水、水力发电、防汛抗旱、溢洪灌溉、水库清淤、地下水回灌、海洋洋底矿产抽吸等领域展现勃勃生机。

四、建设创新型国家必须保护知识产权

2006年5月26日,中共中央政治局进行了第31次集体学习,其内容是知识产权保护。在这次学习中,胡总书记发表了重要讲话。他肯定了加强我国知识产权制度建设具有四个"迫切需要",指出了当前和今后一个时期内,要重点抓好的"五项工作",特别强调知识产权工作在建设创新型国家中所具有的重要地位和作用。胡总书记的重要讲话,使我们看到了我国最高领导层和最高领导人对建设和完善我国的知识产权制度的高度重视,对国家知识产权战略的高度重视,对知识产权工作的高度重视,对知识产权制度在建设创新型国家中所具有的作用的高度重视。

当今世界各个国家或地区,根据其科技发展水平可以划分为四种类型:①科技领先型,以美国为代表;②科技赶超型,以欧盟和日本为代表;③引进创新型,以韩国、新加坡和我国台湾地区为代表;④发展调整型,以印度和巴西等为代表。无论哪一种类型的国家或地区,在知识产权保护方面,已经或正在做的有三件事情:一是制定其知识产权战略;二是修改或完善其知识产权法律规范;三是在知识产权方面争取更多的国际话语权。此举之目的在于提高各自在国际经济和贸易方面的核心竞争力。我国现在正处于从发展调整型向引进创新型过渡。根据许多国家或地区的历史发展经验或教训看,一个国家或地区要想从下一位次向上一位转变,需要多种力量的助推,知识产权制度是其中一个非常重要的因素。

众所周知,在十八九世纪,甚至20世纪初,世界工业革命的中心在欧洲,美国处于科技超越的地位。在这一时期,欧洲许多国家(例如英国、法国和德国等)的知识产权制度是最先进的。但是,经过一段时间的摸索后,美国找到了突破口,开始全面修订知识产权法,提升知识产权保护水平,加大保护力度,为其科技

强国起了积极的助推作用。尤其是在 20 世纪 70 年代以后,其知识产权保护水平超过了欧洲,并且将知识产权与对外贸易联姻(以其 1988 年综合贸易竞争法为媒介),使本国国民的智慧创作作品能够得到其贸易伙伴较好的保护,从而一跃成为技术领先的唯一强国。

自改革开放以来的 20 多年时间,我国知识产权制度建设已经走过了从无到有,从零散到完整、从国内到国际的三个发展阶段,实现了与国际知识产权保护的初步对接。然而,由于多方面的原因,我国的现行知识产权制度面临着以下严峻形势:由于国际知识产权制度不断强化,知识产权保护直接与贸易制裁挂钩,以立法形式保障的知识产权壁垒影响到我国的政策制定、经济发展和主权独立;西方发达国家对我国知识产权立法、执法和司法情况关注更多,指责亦增多;跨国公司不断加强对华知识产权部署,试图遏制我国的产业发展、产业升级和贸易出口;我国知识产权立法本身也还存在一些问题,包括反垄断法缺位、体系化不够等弊端。

我国要建设创新型国家,完成从发展调整型国家向高一位次的转变,在知识产权保护方面须切实做好以下几个方面的工作:修改和完善现行知识产权法律法规;制定《知识产权法典》;实现知识产权制度的现代化;知识产权制度与知识产权公共政策体系的呼应与配套;确立合理的知识产权立法保护水平;推动我国具有优势的知识产权资源的国际保护。

第二节　专利权

【案例】　天下第一刀专利权被撤销

根据广州知识产权律师网(http://www.jmkemei.cn)报道,因与 1945 年就已经公布的美国猎刀专利相比没有创造性,"天下第一刀"专利权被专利复审委员会宣告全部无效。2006 年 12 月 28 日,北京市第一中级人民法院一审维持了这一专利权无效决定。

"天下第一刀"是中国人民解放军陆海空三军仪仗队执行队长和分队长佩戴的指挥刀,由北京振国威经贸有限公司董事长沈从岐设计研制,迄今已接受了 500 多次外国元首的检阅,有多位党和国家领导人及社会知名人士先后为其题词。

1995 年 8 月 6 日,沈从岐为该指挥刀申请了实用新型专利,名称为"中山宝刀——天下第一刀",2001 年 4 月获得授权。

2006 年,刀具生产人欧冶刀剑公司还向国家知识产权局专利复审委员会提出宣告"天下第一刀"实用新型专利无效的申请。欧冶刀剑公司向复审委提交了公开日为 1945 年 12 月 25 日、名称为"用于将猎刀锁定在其刀鞘内的装置"的美国专利说明书。复审委审查后认为,该申请与美国技术相比,"天下第一刀"的相关部分设计不具有创造性。2006 年 5 月国家知识产权局专利复审委员会宣告"天下第一刀"实用新型专利无效。

无效宣告决定作出后,沈从岐将专利复审委告上法院,请求法院撤销该决定。其理由是,"天下第一刀"的设计同原有技术相比有实质性的特点和进步。法院经审理认为,沈从岐的诉讼理由不足,做出了驳回原告诉讼请求、维持国家知识产权局专利复审委员会决定的判决。

这个案例实际涉及的是专利权取得的条件问题。也就是说,并非自身研制的新产品、新技术都能获得专利权,只有符合条件的新产品、新技术才能获得专利权。

一、我国专利的种类和定义

我国专利法所称的专利包括发明专利、实用新型专利和外观设计专利。

(一)发明

专利法所称的发明,是指对产品、方法或者其改进所提出的新的技术方案。

(1)发明是一项技术方案。所谓技术方案是指发明人利用自然规律为了解决某一个技术问题而提出的解决方案,因此,仅仅是提出课题或解决课题的方向性设想是不够的,必须提出解决课题的完整的切实可行的方案。技术方案,并非等同于技术,尽管两者都是利用自然规律,通过创造性的脑力劳动和采用必要的物质条件作出的成果,但它们之间是有区别的。技术更为具体,它是经过实践证明可以直接应用于产业的成果,而技术方案则达不到这种程度。"技术"当然可以作为发明得到专利保护,但从专利法的要求来说,"技术方案"就已经可以作为发明得到专利保护。就是说,对于申请专利的发明,不一定要求它是已经成熟的,已经达到了实践程度的"技术",但一定要求它已构成"技术方案",已具备成为"技术"的可能,一旦付诸实施,必能解决技术领域中的某个特定问题。

(2)发明是一种新的技术方案。所谓新的技术方案,是指该技术方案是前所未有的,富有首创性的,并且这个前所未有的是以申请日为时间界限的。就是说,在申请日以前,没有同样的发明在世界上被人们所公知,在国内被人们所公用。

(3)发明可分为产品发明、方法发明和产品或方法的改进发明。产品发明,是指经过人工制造的各种新产品,包括有一定形状和结构的物品以及固体、液体、气体之类的物质。完全在自然状态下的天然物,未经人工加工制造,就不是专利法规定的产品发明。

所谓方法发明,是指为解决某一技术问题所采用的手段与步骤。方法发明可以是机械方法发明、化学方法发明、生物方法发明。

改进发明是指对已知产品或方法的改进,经过改进改善了已知产品的性能或已知方法的效果,使其获得新的特性或特征。

(二)实用新型

专利法所称的实用新型,是指对产品的形状、构造或者其结合所提出的适于实用的新的技术方案。由这个定义可以看出:

(1)实用新型专利只保护产品,而产品必须具备两个要素:第一,它是个物品;第二,它的产生必须经过一定的生产制造过程。

(2)实用新型保护的产品必须是具有确定的形状、构造,占据一定空间的实体。产品的形状是指产品具有的、可以从外部观察到的确定的空间形状。产品的构造可以是机械构造,也可以是线路构造。机械构造是指构成产品的零部件的相对位置关系、连接关系和必要的机械配合关系等;线路构造是指构成产品的元器件之间的确定的连接关系、产品的微观结构特征。以摆放、堆积等方法获得的非确定的产品形状特征、或者生物的或自然形成的形状特征,不能作为实用新型产品的构造和形状的特征。

(3)实用新型必须是一种适于实用的技术方案。申请人对产品的形状、构造或其结合所提出的技术方案必须适于实用,即该产品必须能够在产业上制造,并且能够产生积极效果。

(4)实用新型必须是一项新的技术方案。所谓"新的技术方案"是指该技术方案,在申请日以前没有被公知公用,既没有在国内外出版物上被公开披露,也没有相同内容的在先申请公布在中国专利公报上,该产品没有在国内被公开出售、公开使用。

(三)外观设计

外观设计也称工业品外观设计。我国专利法所称外观设计,是指对产品的形状、图案或者结合以及色彩与形状、图案的结合所作出的富有美感并适于工业应用的新技术。按照这个定义,外观设计必须具备下列要素:

(1)外观设计必须与产品有关。也就是说,它必须应用于具体产品之上。

(2)必须是产品形状、图案或者色彩与形状、图案的设计。形状是指具有三维空间的产品造型,也就是产品或者部件外表的装饰性形状;图案是指通过各种手段设计出的线条的各种排列或者组合;色彩是指用于图案上的颜色或其组合,并且该色彩应理解为制造产品所用材料的本色以外的装饰性颜色。

(3)富有美感。凡是富有美感的外观设计必须是肉眼可以直接看到的,因为,肉眼看不到的设计,无法使人产生美感,是否富有美感,应按照消费者的眼光看,认为是美观的,就可以认为富有美感。

(4)适合工业上应用。适合工业上应用是对外观设计的工业实用性方面的要求。即,使用一项外观设计的产品能够在工业上大量复制生产,也包括通过手工业大量地复制生产。

二、专利权的授予条件

(一)专利权因授予而取得

专利权不是伴随着发明创造的完成而自动产生,而是需要申请人按照专利法规定的程序和手续向中国专利局提出书面申请,经审查合格,经过国家的授予才能获得。专利权是由中国专利局依据专利法授予申请人的一种实施其发明创造的专有权,任何人要实施专利,除法律另有规定的以外,必须得到专利权人的许可,并按双方协议支付使用费,否则就是侵权,专利权人有权要求侵权者停止侵权行为,或请求专利管理机关处理,甚至向人民法院起诉。

(二)专利权的申请

要想获得专利权授予,专利申请人必须履行专利法所规定的申请手续,向国家知识产权局专利局提交必要的申请文件,经过法定的审批程序,经审定后授予专利权。无论是自然人还是法人,都可以作为申请人申请专利。

我国专利法把发明创造分为职务发明创造和非职务发明创造两类。依据专利法及其实施细则的规定,在以下情况下完成的发明创造都是职务发明创造:①发明人在本职工作中完成的发明创造;②履行本单位交付的本职工作之外的任务所完成的发明创造;③主要利用本单位的物质条件(包括资金、设备、零部件、材料或者不向外公开的技术资料等)完成的发明创造;④退职、退休或者调动工作一年内作出的与其在原单位承担的本职工作或者分配的任务有关的发明创造。上述情况以外作出的发明创造是非职务发明创造。

我国专利法依据发明创造的不同性质规定在我国有权申请并取得专利的主要有以下几种人和单位:

(1)发明人、设计人。对于非职务发明创造,我国的发明人设计人不分年龄、性别、职业、政治面貌、健康状况以及居住地,只要有正常的行为能力都有权申请专利,并取得专利权。

(2)发明人、设计人所属单位。对于职务发明创造,专利申请权属于发明人、设计人所属的单位。专利批准以后,全民所有制单位申请的,专利权归该单位持有;非全民所有制单位申请的,专利权归该单位所有。两个以上单位或者一个单位接受其他单位委托所完成的发明创造,除另有协议外,申请权属完成或共同完成的单位,专利权归该申请单位持有或所有。

(3)申请权的合法继受人或继受单位。专利法规定申请权和专利权可以转让。有权申请的人和单位可以根据自己的意愿将专利申请权转让给第三者。但全民所有制单位转让专利申请权的,应经国务院主管部门批准。我国专利法还规定,申请人就相同的发明创造申请专利时,专利权授予最先提出申请的申请人。

(三)授予专利权的条件

申请专利要想获得批准还必须具备一定的条件。各国的专利法对专利权获得的必备条件表述基本一致,主要包括新颖性、创造性和实用性。

1.新颖性

(1)发明和实用新型的新颖性。新颖性是发明和实用新型攻得专利保护的首要条件,它要求申请专利的发明和实用新颖性必须是新的,前所未有的。我国《专利法》规定:"新颖性,是指在申请日以前没有同样的发明或者实用新型在国内外出版物上公开发表过、在国内公开使用过或者以其他方式为公众所知,也没有同样的发明或者实用新型由他人向国务院专利行政部门提出过申请并且记载在申请日以后公布的专利申请文件中。"判断发明或者实用新型是否具有新颖性不是以人的主观看法为转移的,而是完全有赖于现有技术这一客观标准。现有技术或者称已有技术是指在某一时间以前,在特定的地域和情报范围内已公开的技术知识的总和。根据这一规定,判断发明或者实用新型的新颖性应掌握以下标准:

第一,判断新颖性的公开标准有:公开发表,是指发明或者实用新型的内容以文字或者其他方式在出版物上公开发表。这里所说的出版物指以书面形式或其他形式描述并公开出版发行的有形物。公开使用,指公开制造、使用或者销售发明或者实用新型产品,公开使用发明方法以及公开演示和展出,使发明或者实用新型的技术内容向公众公开。公开使用必须在公众能够看到的地方进行,使公众可以清楚地看到该发明或者实用新型在实践中是如何应用的,以及它的全部细节内容。其他方式的公知,这主要是指口头公开,即以语言的方式公开发明或者实用新型的内容。

第二,判断新颖性的地域标准为:对在出版物上公开发表采取全世界新颖性标准,即必须在全世界范围没有在出版物上公开发表过;对公开使用或者以其他方式为公众所知则采用本国新颖性标准,即在本国范围内没有公开过。

第三,判断新颖性的时间标准:我国《专利法》采用的是以申请日作为判断新颖性的时间标准,即在发明或者实用新型提出专利申请的这一天以前,如果其技术内容已经在国内外出版物上公开发表过,或者在国内公开使用过,或者以其方式为公众所知,就失去了新颖性,因而不能取得专利权;反之就具有新颖性。

(2)外观设计的新颖性。我国专利法规定:"授予专利权的外观设计,应当同申请日以前在国内外出版物上公开发表过或者公开使用过的外观设计不相同和不相近似,并不得与他人在先取得的合法权利相冲突。"所谓公开发表是指外观设计以图片或者照片的方式在出版物上公开发表。公开使用是指应用外观设计的产品已经脱离了秘密状态,使公众能够得到或者看到该产品使用的外观设计。

(3)不丧失新颖性的例外。一般来说,发明创造一旦公开,就被视为现有技术的一部分而失去新颖性,这是一个基本原则。但这个原则也有例外,也就是说在某些情况下的公开,在一定的期限内发明创造并不失去新颖性。我国《专利法》规定:"申请专利的发明创造在申请日以前6个月内,有下列情形之一的,不丧失新颖性:①在中国政府主办或者承认的国际展览会上首次展出的;②在规定的学术会议或者技术会议上首次发表的;③他人未经申请人同意而泄露其内容的。"

上述规定所说的学术会议或者技术会议是指国务院有关主管部门或者全国性学术团体组织召开的学术会议或技术会议。

(4)专利检索。科研立项和申请专利之前不能忘了检索专利,以免重复研制,侵犯他人专利权。事先检索也可以判断该项技术成果是否有可能获得专利权。通过检索查询专利文献,可以把握市场科技开发方向,从高起点选定课题,避免重复劳动,同时也为广大企业在国内外贸易中了解有关产品技术状况、预防侵权提供帮助。欲进行专利检索者,可以用电脑上网检索或到各地专利管理局用专利光盘检索。用专利光盘检索速度快很多。

2.创造性

创造性也称非显而易见性,它是发明或实用新型取得专利保护的第二个条件。专利法规定:"创造性,是指同申请日以前已有的技术相比,该发明有突出的实质性特点和显著的进步,该实用新型有实质性特点和进步。"

发明是否具备创造性,应当基于所属技术领域的技术人员的知识和能力进行评价。所属技术领域的技术人员,也可称为本领域的技术人员,是指一种假设的"人",假定他知晓申请日之前发明所属技术领域所有的普通技术知识,能够获知该领域中所有的现有技术,并且具有应用该日期之前常规试验的手段和能力,但他不具有创造能力。如果所要解决的技术问题能够促使本领域的技术人员在其他技术领域寻找技术手段,他也应具有从该其他技术领域中获知该申请日之前的相关现有技术、普通技术知识和常规试验手段的能力。发明有突出的实质性特点,是指发明相对于现有技术,对所属技术领域的技术人员来说,是非显而易见的。如果发明是其所属技术领域的技术人员在现有技术的基础上通过逻辑分析、推理或有限的试验可以得到的,则该发明是显而易见的,也就不具备突出的实质性特点。发明有显著的进步,是指发明与最接近的现有技术相比,能够产生有益的技术效果。

实用新型的创造性只要求"具有实质性特点和进步",比对发明的创造性要求低一些。也就是说,只要有一些新的技术效果和一点进步,就认为具有创造性。

3.实用性

依照专利法的规定,具备实用性的发明和实用新型应当是所属技术领域的技术人员能够制造或者使用,并能产生积极效果的技术方案。

实用性,是指发明或者实用新型申请的主题必须能够在产业上制造或者使用,并且能够产生积极效果。

授予专利权的发明或实用新型,必须是能够解决技术问题,并且能够应用的发明或者实用新型。换句话说,如果申请的是一种产品,那么该产品必须在产业中能够制造,并且能够解决技术问题,如果申请的是一种方法,那么这种方法必须在产业中能够使用,并且能够解决技术问题。只有满足上述条件的产品或者方法,专利申请才可能被授予专利权。

在产业上能够制造或使用的技术方案,是指符合自然法则、具有技术特征的任何可实施方案。

能够产生积极效果,是指发明或者实用新型专利申请在提出申请之日,其产生的经济、技术和社会的效果是所属技术领域的技术人员可以预料到的。这些效果应当是积极的和有益的。

三、不授予专利权的领域

按照专利法规定,一项发明创造具备了取得专利的实质条件,就可以获得专利权。但是,为了保护国家、社会和公众的利益,促进国民经济的发展,我国专利法根据专利保护的特点和我国经济、技术发展状况,对一些主题作了不能取得专利权的例外规定。我国专利法规定,不授予专利权的有以下各项:

(1)科学发现。科学发现是对自然规律和有助于说明自然规律的自然现象的特性提出的前所未有的科学认识。但是,科学发现仅仅是对自然规律的认识,而不是利用自然规律所作出的发明创造,它不能直接应用于生产实践,不具备工业上的实用性,因此不授予专利权。

(2)智力活动的规则和方法。智力活动是指人的思维活动,它源于人的思维,经过推理、分析和判断产生出抽象的结果或者必须经过人的思维运动作为媒介才能间接地作用于自然产生结果。它仅仅是指导人们对其表达的信息进行思维、识别、判断和记忆,而不需要采用技术手段或者遵守自然法则,不具备技术的特点,因此不能授予专利权。

(3)疾病的诊断和治疗方法。疾病的诊断和治疗方法是指以有生命的人或者动物为直接实施对象,对之进行识别、确定或消除病因或病灶的过程。考虑到医生天职就是救死扶伤,在诊断和治疗疾病的过程中,医生理应有选择各种方法的自由;另一方面,疾病的诊断和治疗方法是直接以有生命的人体或动物体为实施对象,无法在产业上利用,不具备实用性,不属于专利法意义上的发明创造,因而这类方法不能被授予专利权。

(4)动物和植物品种。动物和植物品种指的是动物和植物品种本身,不包含生产动物和植物品种的方法。这里所说的生产方法是指非生物学的方法,不包括生产动物和植物主要是生物学的方法。一种方法是否属于"主要是生物学的方法",取决于在该方法中人工技术的介入程度,如果人工技术的介入对该方法所要达到的目的或效果起了主要的控制作用或决定性作用,则这种方法不属于"主要是生物学的方法",可以授予专利权。

(5)用原子核变换方法获得的物质。用原子核变换方法获得的物质由于可以用于军事目的,出于国家重大利益的考虑,专利法规定不授予专利权。需要指出的是,不仅用原子核变换方法获得的物质不能获得专利保护,而且原子核变换方法本身也不能获得专利保护。

四、取得专利权的程序

有些科研人员经常会问:有了技术成果先申请专利还是先发表论文? 如何申请专利? 在我国,审批专利采用先申请原则,即两个以上的申请人向专利局提出同样的专利申请,专利权授予最先申请专利的个人或单位,因此申请人应及时将其发明申请专利,以防他人抢先申请。由于申请专利的技术具有新颖性,因此发明人有了技术成果之后,应首先申请专利,再发表论文,以免因过早公开技术而丧失申请专利的机会。那么,专利在申请之前可否使用或公开发表? 因为专利之所以授权,是因为申请的技术发明创造是新颖的,也即在目前市场上没有出现过,因此即使是自己的使用公开也会导致专利失去新颖性而不能获得授权;因此,发明创造和新鲜的外观设计必须在使用或公开之前提交专利申请。

专利申请及授予要经过以下一些程序:

1.提交专利申请文件

一项发明创造完成后,必须由有权申请专利的人按照专利法规定向专利局提交专利申请文件。提交专利申请文件时,涉及两个日期:专利申请日与优先权日。专利申请日。国务院专利行政部门收到专利申请文件即请求书、说明书、权利要求书等文件之日为申请日。如果申请文件是邮寄的,以寄出的邮戳日为申请日。专利申请日是判断新颖性的最主要的时间标准,也是适用"先申请原则"的标准时间,

优先权日。申请人自发明或者实用新型在外国第一次提出专利申请之日起12个月内,或者自外观设计在外国第一次提出专利申请之日起6个月内,又在中国就相同主题提出专利申请的,依照该外国同中国签订的协议或者共同参加的国际条约,或者依照相互承认优先权的原则,可以享有优先权;申请人自发明或者实用新型在中国第一次提出专利申请之日起12个月内,又向国务院专利行政部门就相同主题提出专利申请的,可以享有优先权。优先权日是申请日规定的补充。

2. 专利审查与批准

国家知识产权局专利局受理专利申请以后,必须依照专利法规定的程序进行审查,对符合专利法规定的,才授予专利权。发明专利申请经实质审查没有发现驳回理由的,由国务院专利行政部门作出授予发明专利权的决定,发给发明专利证书,同时予以登记和公告;发明专利权自公告之日起生效。实用新型和外观设计专利申请经初步审查没有发现驳回理由的,由国务院专利行政部门作出授予实用新型专利权或者外观设计专利权的决定,发给相应的专利证书,同时予以登记和公告;实用新型专利权和外观设计专利权自公告之日起生效。对发明专利申请采用早期公开延期审查制度,其主要审查程序有初步审查、公布专利申请、实质审查。对实用新型和外观设计专利申请采用初步审查制度。

专利自申请日起多久能授权?发明专利授权时间较长,一般3~5年,但因其需要经过实质审查程序,专利授权后的专利权稳定性很高;实用新型专利和外观设计专利无需经过实质审查程序,授权较快,实用新型一般自申请日起6~12个月可获得授权,外观设计一般在申请日起6个月左右即可授权。按先申请原则,两个以上的申请人分别就同机关报发明创造申请专利的,专利权授予最先申请的人;对于一项发明创造两个以上的申请人同日申请专利的,则要求有关申请人自行协商确定谁是申请人,或共同申请,或由一方将申请权转让给其他方,从中得到适当的补偿,如果双方协商不成的,专利申请权将都会丧失。

3. 复审与专利权的无效宣告

专利权授予后的一定时间内,任何人都可以对专利权提出异议,要求复审和宣告专利权无效。复审与专利权的无效宣告是由依法在国家知识产权局专利局设立的专利复审委员会管辖的。所谓复审,是指专利申请人对国家知识产权局专利局驳回其专利申请不服,请求专利复审委员会对其专利申请或者发明创造专利进行再审。复审独立于审批程序的各个阶段,它实质上是一种监督程序。

复审程序设置的目的,是为了防止出现本应当获得专利权的申请得不到批准的现象,从而减少差错,提高对专利申请的审批质量,维护专利申请人的正当权益。

我国专利法规定,自国务院专利行政部门公告授予专利权之日起,任何单位或者个人认为该专利权的授予不符合本法有关规定的,可以请求专利复审委员会宣告该专利权无效。专利复审委员会对宣告专利权无效的请求应当及时审查和作出决定,并通知请求人和专利权人。宣告专利权无效的决定,由国务院专利行政部门登记和公告。专利权的无效宣告程序的设定,是要纠正已批准的不符合专利法规定的专利,以保证专利法的正确执行和维护公众的合法权益。

五、专利文献

(一)专利文献的概念

专利文献是实行专利制度的国家组织在审批专利过程中产生的官方文件及其出版物的总称。取得专利权的发明创造,必须将其发明创造的内容在权利要求书和说明书或图片、照片中充分公开,划定保护范围。而这些公开的内容是支持其权利存在的唯一依据。记载发明创造内容的说明书、权利要求书或图片、照片是专利申请文件的重要组成部分,当其被国务院专利行政部门依法公告之后,就成为专利文献。根据其不同功能,分为三大类:

(1)详细描述发明创造具体内容及其专利保护范围的各种类型的专利说明书;

(2)刊载专利题录、专利文摘、专利索引的专利公报、专利年度索引;

(3)专利分类表等。

(二)专利文献的作用

专利文献是科学技术的宝库。它融技术、法律和经济信息于一体,是各单位各部门领导了解掌握国内外技术发展现状,进行技术预测和做出科学决策的依据;是科研和工程技术人员进行课题研究、解决技术难题不可缺少的工具;是发明人不断做出新的发明创造的源泉。在技术贸易中,专利文献可用于了解专利技术的法律状态;在技术和市场竞争中,专利文献可用于判定侵权行为;在申报国家发明成果奖和申请专利时,专利文献可用于确定其新颖性。企业可利用专利文献了解和监视同领域竞争对手的情况,开发适销对路的新产品。专利文献可以为国家经济建设服务,为各单位增加竞争和发展活力服务。

(三)怎样查阅中国专利文献?

中国专利局文献馆的中国专利馆内,收藏了几百万件专利文献。我们要从这浩瀚的信息海洋里找到自己所需要的信息,该从哪里入手呢?《中国专利索引》是检索专利文献的一种十分有效的工具书。该索引1997年以前出版《分类年度索引》和《申请人、专利权人年度索引》两种。《分类年度索引》是按照国际专利分类或国际外观设计分类的顺序进行编排的;《申请人、专利权人年度索引》是按申请人或专利权人姓名或译名的汉语拼音字母顺序进行编排的。两种索引都按发明专利、实用新型专利和外观设计专利分编成三个部分。1997年开始改为三种。在保持原来两种不变的基础上,增加《申请号、专利号索引》,这是以申请号数字顺序进行编排,并且改为每季度出版一次,从而缩短了出版周期,更加方便了用户。当我们知道分类号、申请人名、申请号或专利号时,就可以以它们为入口,从索引中查出公开(公告)号,根据公开(公告)号就可以查到专利说明书,从而了解某项专利的全部技术内容和要求保护的权利范围。若要了解该专利的法律状态,可以通过索引查出它所刊登的公报的卷期号。如果想了解某一技术领域的现有技术状况,或者说,既不知道申请人,又不知道专利号,但又想了解自己所从事的发明创造项目的专利技术状况,可以根据该项目所属技术领域或者关键词,去查阅国际专利分类表,确定其分类号,从分类索引中的专利号、申请人所申请的专利名称,进一步查阅其专利说明书。

随着中国专利文献CD-ROM光盘出版物的诞生,通过计算机从光盘中检索专利文献,既省时又省力。专利文献出版社出版的《中国专利数据库光盘》记录了1985年实施专利法以来的全部专利文献,其内容类似于索引.它以更多的著录事项作为入口,再进入到公报光盘,说明书光盘,便可获取你所需要的全部文献资料。

六、专利权的内容

(一)专利权人的权利

1.独占实施权

独占实施权包括两方面:

(1)专利权人自己实施其专利的权利,即专利权人对其专利产品依法享有的进行制造、使用、销售、允许销售的专有权利,或者专利权人对其专利方法依法享有的专有使用权以及对依照该专利方法直接获得的产品的专有使用权和销售权;

(2)专利权人禁止他人实施其专利的特权。除专利法另有规定的以外,发明和实用新型专利权人有权禁止任何单位或者个人未经其许可实施其专利,即为生产经营目的制造、使用、销售、允许销售、进口其专利产品,或者使用其专利方法以及使用、销售、允许销售、进口依照该专利方法直接获得的产品;外观设计专利权人有权禁止任何单位或者个人未经其许可实施其专利,即为生产经营目的制造、销售、进口其外观设计专利产品。

2. 转让权

是指专利权人将其获得的专利所有权转让给他人的权利。转让专利权的,当事人应当订立书面合同,并向国务院专利行政部门登记,由国务院专利行政部门予以公告。专利权的转让自登记之日起生效。中国单位或者个人向外国人转让专利权的,必须经国务院有关主管部门批准。

3. 许可实施权

许可实施权是指专利权人通过实施许可合同的方式,许可他人实施其专利并收取专利使用费的权利。

4. 标记权

标记权即专利权人有权自行决定是否在其专利产品或者该产品的包装上标明专利标记和专利号。

5. 请求保护权

请求保护权是专利权人认为其专利权受到侵犯时,有权向人民法院起诉或请求专利管理部门处理以保护其专利权的权利。保护专利权是专利制度的核心,他人未经专利权人许可而实施其专利,侵犯专利权并引起纠纷的,专利权人可以直接向人民法院起诉,也可以请求管理专利工作的部门处理。

6. 放弃权

专利权人可以在专利权保护期限届满前的任何时候,以书面形式声明或以不缴纳年费的方式自动放弃其专利权。《专利法》规定,"专利权人以书面声明放弃其专利权的",专利权在期限届满前终止。专利权人提出放弃专利权声明后,一经国务院专利行政部门登记和公告,其专利权即可终止。

放弃专利权时需要注意:①在专利权由两个以上单位或个人共有时,必须经全体专利权人同意才能放弃;②专利权人在已经与他人签订了专利实施许可合同许可他人实施其专利的情况下,放弃专利权时应当事先得到被许可人的同意,并且还要根据合同的约定,赔偿被许可人由此造成的损失,否则专利权人不得随意放弃专利权。

7. 质押权

根据担保法,专利权人还享有将其专利权中的财产权进行出质的权利。

(二)专利权人的义务

依据专利法和相关国际条约的规定,专利权人应履行的义务包括:

(1)按规定缴纳专利年费的义务。专利年费又叫专利维持费。专利法规定,专利权人应当自被授予专利权的当年开始交纳年费。

（2）不得滥用专利权的义务。不得滥用专利权是指专利权人应当在法律所允许的范围内选择其利用专利权的方式并适度行使自己的权利，不得损害他人的知识产权和其他合法权益。

七、专利权的保护

（一）专利权保护的期限

发明专利权的期限为 20 年，实用新型专利权和外观设计专利权的期限为10 年，均自申请日起计算。专利权终止日应为上一年度期满日。

（二）专利侵权行为的认定

我国专利法规定，实施侵犯专利的行为，需承担赔偿损失。所以，首先必须认定该行为是否构成专利侵权行为。

1. 构成专利侵权行为的条件

（1）有被侵犯的有效的专利权存在。一项发明创造只有在其被授予专利权的有效期间内，才受法律保护，第三人实施该项发明创造才有可能构成侵犯专利权，在授予专利权以前，专利权期限届满后，专利权被宣告无效后或者已经终止后，第三人的实施行为不构成专利侵权。

（2）未经专利权人许可。只有未经专利权人许可的实施行为才可能构成专利侵权；凡经过专利权人许可的实施行为，例如书面许可，口头许可或者默示许可等，则不构成侵权。默示许可是指一方当事人提出民事权利的要求，对方未用语言或者文字明确表示意见，但其行为表明已经接受的，即为默示许可。对于专利权人主动为他人用自己专利进行技术指导的行为，审判实践□一般认定专利权人已经默示许可他人或被指导的厂家共同实施其专利技术，不构成侵权。

（3）以生产经营为目的。以生产经营为目的，即以营利为目的的实施一定的行为，才可能构成侵权。不以营利为目的实施专利，不构成侵权。

（4）行为不属于法律另有规定的情形。另有规定一般是指在专利法上另有规定的情形，这是指专利法对专利权行使规定的某种限制。

2. 我国专利法规定的专利侵权行为主要类型

（1）制造专利产品的行为。这里所说的专利产品包括发明，实用新型和外观设计三种专利产品。

（2）使用发明或者实用新型专利产品的行为。

（3）销售、许诺销售专利产品的行为。许诺销售是指销售要约的邀请或称明确表示愿意出售某种产品的行为，其包括展览、演示、广告等各种形式。如果未经许可对他人专利产品进行许诺销售，如在博览会上对他人专利产品的展示等都将为专利法所禁止。

(4)进口专利产品的行为。

(5)使用专利方法的行为。

(6)使用、销售、许诺销售或者进口依专利方法直接获得的产品的行为,这是方法专利延及产品的保护行为。

(7)假冒他人专利的行为。假冒他人专利,是指未经专利权人许可,在行为人非专利产品或者产品包装上,标注专利权人的专利标记或者专利号,冒充他人专利产品。在非专利产品的广告或者说明书中,谎称该种产品是某项专利产品,标注该项专利的专利号,也属于假冒他人专利的行为。

3.不认为是专利侵权的行为

我国《专利法》规定了五种不认为是侵权的行为,包括:

(1)专利权人制造、进口或者经专利权人许可而制造、进口的专利产品或者依照专利方法直接获得的产品售出后,使用、许诺销售或者销售该产品的;

(2)在专利申请日前已经制造相同产品、使用相同方法或者已经作好制造、使用的必要准备,并且仅在原有范围内继续制造、使用的;

(3)临时通过中国领陆、领水、领空的外国运输工具,依照其所属国同中国签订的协议或者共同参加的国际条约,或者依照互惠原则,为运输工具自身需要而在其装置和设备中使用有关专利的;

(4)专为科学研究和实验而使用有关专利的;

(5)为生产经营目的使用或者销售不知道是未经专利权人许可而制造并售出的专利产品或者依照专利方法直接获得的产品,能证明其产品合法来源的,不承担赔偿责任。

以上五点即是专利侵权责任的例外规定,如果行为人不能此作为抗辩理由,则应当认定行为人构成专利侵权,并依法承担责任。

(三)假冒、冒充专利行为

1.假冒专利行为

假冒专利是指在非专利技术产品或与专利产品类似的产品包装上或广告宣传中标明的专利权人的专利标记或专利号,以假充真,使公众误认为是他人专利产品的行为。下列行为属于假冒他人专利的行为:

(1)未经许可,在其制造或者销售的产品、产品的包装上标注他人的专利号;

(2)未经许可在广告或者其他宣传材料中使用他人的专利号,使人将所涉及的技术误认为是他人的专利技术;

(3)未经许可在合同中使用他人的专利号,使人将合同涉及的技术误认为是他人的专利技术;

(4)伪造或者变造他人的专利证书、专利文件或者专利申请文件。

被假冒的专利是客观存在的有效专利,这种行为直接危害专利权人的利益,欺骗消费者,搅乱了专利管理秩序。

2.冒充专利行为

冒充专利是指将非专利技术或落后技术冒充专利技术,以取得消费者信任的一种欺骗行为。下列行为属于冒充专利行为:

(1)制造或者销售标有专利标记的非专利产品;

(2)专利权被宣告无效后,继续在制造或者销售的产品上标注专利标记;

(3)在广告或者其他宣传材料中将非专利技术称为专利技术;

(4)在合同中将非专利技术称为专利技术;

(5)伪造或者变造专利证书、专利文件或者专利申请文件。

冒充专利不发生对其他专利权的侵权,它所标明的专利标记或专利号实际上是不存在的,纯属一种对公众的欺诈行为。

(四)专利侵权的责任

侵犯专利权是违反《专利法》的,侵权人应当依法承担相应的责任,使专利权人的合法权益得到保护。因为专利涉及专利发明创造的所有关系和流转关系,影响到专利申请人、专利权人、合法受让人、被许可人的权益;同时也关系到国家的经济发展和科学技术进步。为了防范来自各方面的侵犯,有必要运用立法手段设置以国家强制力为后盾的包括行政的、民事的、刑事的法律保护措施,确认权利,调整关系,维护秩序,保障有关专利的各种权利的实现。

专利权受到侵害时,不论是专利权人还是利害关系人都可以请求专利管理机关进行处理,专利管理机关按照行政程序处理侵权案件。这种行政程序一般来讲比较简单,处理较为迅速,节省人力物力。当然,当事人也可以向法院起诉,通过司法程序来处理,其中,行政程序不是终局裁决,当事人对行政处理不服的,仍可以向人民法院起诉。如果他在法定的期限内不起诉又不履行专利管理机关的决定的,专利管理机关可以请求人民法院强制执行。无论是行政程序还是司法程序,其处理都包含民事制裁、行政制裁和刑事制裁三种形式。

1.侵权行为的民事责任

专利法对专利侵权主要是采用民事制裁,专利管理机关或者人民法院在处理侵权的时候,主要是责令侵权人停止侵权行为和赔偿损失。停止侵权是最有效、最直接的防止继续侵权的方法。根据民法通则的有关规定,任何人未经许可,为了生产经营目的,实施了侵犯专利的行为,专利权人或者利害关系人可以请求停止其侵权。同时,专利权人或者利害关系人还可以请求采取预防措施,如处置已经生产出来的侵权产品等,人民法院可以做出诉讼保全的裁定,责令被告停止侵权行为,并采取查封、扣押、冻结、责令提供担保等诉讼保全措施等。专利权人一旦证明了侵权的事实,就可以要求赔偿损失。

专利侵权的损害赔偿,应当贯彻公开原则,使专利权人因侵权行为受到的实际损失能够得到合理的补偿。《专利法》和最高人民法院《关于审理专利纠纷案件适用法律问题的若干规定》对专利侵权赔偿数额作了如下规定:①按权利人受到损失确定,其计算基准是每件专利产品的合理利润;②按侵权人所获得的利益确定,其计算基准是每件侵权产品的营业利润或销售利润;③上述二项都不能确定时,有专利许可使用费可以参照的,参照该专利许可使用费的 1~3 倍确定;④无专利许可使用费可以参照或参照专利许可使用费明显不合理的,法院可以在 5000 元至 30 万元之间加以确定,最多不超过 50 万元。

另外,由于专利侵权行为不仅使专利权人或利害关系人的经济利益受损,而且往往使他们的业务信誉受到损害。因此,专利权人不仅可以要求经济损失赔偿,而且还可以要求采取恢复专利权人的业务信誉的措施。根据我国专利法的规定,侵犯专利权的诉讼时效为两年。诉讼时效的起始日期是专利权人或者利害关系人得知或者应当得知侵权行为之日。也就是说,从专利权人或者利害关系人得知或者应当得知其专利权受到侵犯之日起两年内,可以对侵权人起诉,超过这个时效期限,法院就不予受理了。

2. 侵权行为的行政责任

我国《专利法》对侵权行为中的假冒他人专利、泄露国家机密、徇私舞弊等行为规定了行政责任。另外,我国专利法还对侵犯发明人或者设计人合法权益的行为规定了行政责任。其目的在于维护科技人员和进行科研创造的其他人员的合法权益,以保护和激励他们进行发明创造的积极性。除此之外,2000 年《专利法》还独列一条规定:"以非专利产品冒充专利产品、以非专利方法冒充专利方法的,由管理专利工作的部门责令改正并予公告,可以处 5 万元以下的罚款。"这样,专利管理机关可依法主动出击,有力地打击假冒专利的违法行为。这对于维护专利的声誉,更好地发挥专利制度的作用,加强市场经济条件下专利管理机关的执法职能,维护广大消费者和社会公众的利益,保证专利制度的健康发展,都有着十分重要的意义。

3. 侵权行为的刑事责任

根据我国《专利法》的规定,专利侵权主要给予民事制裁,但有时也需要刑事制裁。因为侵权不仅仅涉及专利权人的财产权,有时也涉及公共利益。对违反公共利益的最有效的制裁是刑事制裁。我国专利法对假冒他人专利、泄露国家机密以及徇私舞弊这三种行为规定了刑事责任:①假冒他人专利是指非专利权人未经专利权人许可,在其产品或者产品包装上人为地标注专利权人的专利标志或者专利号,冒充专利权人的专利产品,以假乱真,以劣充优,在市场上销售的行为。②我国专利法规定,中国单位或者个人将在国内完成的发明创造向外国申请专利的,应当首先向我国专利局申请专利,并经国务院有关主管部门同意后,委托国务院指定的专利代理机构办理。规定这样的申请、审查程序,目的是保守国家的机密。对于违反法律,擅自向外国申请专利,泄露国家机密的,由行为人所在单位或者上级主管机关给予行政处分,情节严重的,比照刑法以泄露国家秘密罪论处。③徇私舞弊是指在受理、审批专利申请的工作中或者在接受申请人委托办理专利事务的工作中,或者在处理专利纠纷工作中,明知是不符合授予专利权的条件而授予专利权,或者明知是符合授予专利权的条件而驳回申请等的行为。这些行为妨害了国家法律的实施,破坏了法制的尊严,因此必须依法坚决制止并予以制裁。

（五）解决专利权纠纷的途径

针对不同性质的专利纠纷可采取不同的解决方式,各方当事人可自愿选择:如调解、仲裁、行政处理、司法诉讼。

（1）调解。当事人之间的专利权纠纷,可以在双方自愿的基础上,由第三人从中调解,促使双方当事人和解。

（2）仲裁。仲裁是指在当事人双方自愿的基础上由仲裁机构依法对争议作出具有法律约束力的裁决。

（3）行政处理。国务院专利行政部门或者地方管理专利工作的部门对于属于其职权内的专利权纠纷可以作出行政处理决定,请求专利行政处理专利纠纷的时效为两年,自专利权人或者利害关系人得知或者应当得知之日起计算。

（4）司法诉讼。专利纠纷可以通过以下司法途径解决:

A.专利民事纠纷。专利权属纠纷、侵权纠纷和合同纠纷属于民事纠纷,由这些纠纷引起的诉讼由各省、自治区、直辖市人民政府所在地的中级人民法院和最高人民法院指定的中级人民法院管辖。人民法院依据有关法律规定,要求有关当事人承担以下民事责任:

①停止侵害。禁止继续制造、使用、许诺销售、销售、进口侵权产品,或者使用其专利方法以及使用、许诺销售、销售、进口依照该专利方法直接获得的产品;禁止制造、销售、进口其外观设计专利产品。当事人要求诉讼保全的,可依法对侵权人的有关财物进行查封、扣押、冻结、责令提供担保等。

②赔偿损失。侵犯专利权的赔偿数额,按照权利人因被侵权所受到的损失或者侵权人因侵权所获得的利益确定;被侵权人的损失或者侵权人获得的利益难以确定,参照该专利许可使用费的倍数合理确定。

③消除影响。在侵权行为人实施侵权行为给专利产品在市场上的商誉造成损害,影响其专利产品的销售、使用时,侵权行为人就应承担消除影响的法律责

任。承担这种责任的方式主要通过新闻媒体公开声明,承认自己的侵权行为,从而达到消除对专利产品造成的不良影响。

B.专利刑事案件。中国单位或个人将其在国内完成的发明创造向外国申请专利的,应当先向国务院专利行政部门申请专利,委托其指定的专利代理机构办理;申请专利的发明创造涉及国家安全或重大利益需要保密的,按照国家有关规定办理;违反规定擅自向外国申请专利,泄露国家秘密构成犯罪的依法追究刑事责任;从事专利管理工作的国家机关工作人员以及其他有关国家机关工作人员玩忽职守。

第三节　商标权

【案例】　广州"梦特娇"遭遇法国"梦特娇"

生产"梦特娇"服饰的法国博内特里塞文奥勒有限公司,以乱用"梦特娇"注册商标,并抄袭自己的外包装设计为由,将广州梦娇公子贸易有限公司、广州梦娇公子服装有限公司、北京三利商城房地产开发有限公司告上法庭,并索赔50万元。北京市第二中级人民法院正式受理了此案。

原告法国博内特里塞文奥勒有限公司诉称,其已经在国家工商总局商标局注册了"MONTAGUT"、"梦特娇"文字商标和花图形商标,核准类别为第25类商品(服装、鞋帽、头饰等)。标有上述商标的商品在中国内地各地销售,享有较高的商誉。

被告广州梦娇公子贸易有限公司和广州梦娇公子服装有限公司,作为所谓的"梦特娇(香港)发展有限公司"的中国总代理、总经销商,在广州、北京等地大量销售所谓"梦特娇"服装,并在服装上突出使用了"梦特娇"文字及与原告花图形商标相近似的图形商标。北京三利商城房地产开发有限公司销售了上述商品。

因此,原告认为上述三被告的行为侵犯了自己的注册商标专用权,且被告广州梦娇公子贸易有限公司、梦娇公子服装有限公司的商品,仿冒了原告商品的特有包装、装潢以及标签,构成了不正当竞争。为此原告请求法院判令三被告停止侵权,由梦娇公子贸易有限公司和梦娇公子服装有限公司连带赔偿经济损失50万元。

一、商标的概念

商标是指任何能够将自然人、法人或者其他组织的商品与他人的商品区别开的可视性标志,包括文字、图形、字母、数字、三维标志和颜色组合,以及上述要素的组合等构成的,用于商品,以区别不同商品生产者或经营者所生产或经营的同一种或类似商品的显著标记。从广义上讲,服务行业所使用的标记亦属于商标,因为其作用同商品商标类似,用以区别服务的不同来源。商标具有以下特征：

(1)商标是用于商品或服务上的标记；

(2)商标是区别商品或服务来源的标记；

(3)商标是由文字、图形、字母、数字、三维标志和颜色,以及上述要素的组合构成,具有显著特征的人为标记。

二、商标权的概念

1.概念

商标权指的是商标注册人对其注册商标所享有的权利。它是由国家商标管理机关依照法律规定的程序赋予注册商标所有人的一种法定权利。我国商标法规定：经商标局核准注册的商标为注册商标,包括商品商标、服务商标和集体商标、证明商标；商标注册人享有商标专用权,受法律保护。由此可见,在我国,商标所有人享有的商标权,是按照注册原则,即经过国家商标管理机关核准注册而取得的。对于注册商标,他人一旦实施了侵权行为,商标权人有权请求有关机关给予保护,追究侵权人的法律责任。而对于未注册商标,只要不是禁止用作商标的标志,都允许使用,但使用者不享有商标权,得不到商标法的保护。

2.特征

商标权作为一种知识财产权,它是商标所有人的财富。商标权既具有知识产权的共有特征,又与其他知识产权在内容上有所不同,其法律特征主要有以下几个方面：①专有性；②时间性；③地域性；④商标权只包括财产权,不包括人身权。

三、商标权的取得

(一)取得商标权的原则

我国商标权取得采用的是注册原则。所谓注册原则是指两个或两个以上的商标使用者在同一商品或类似商品上使用相同或近似的商标的情况下,谁先申请注册并获准注册,商标专用权归属最先获准注册的商标权人,也就是按申请注册的先后来确定商标权的归属问题。未经注册的商标,在不侵害他人注册商标的前提下,虽可使用,但不受法律保护,也不能取得商标专用权。商标的注册是取得商标权的必经法律程序,如果首先使用商标的人不及时申请注册,一旦被他人抢先申请注册后,未注册的商标所有人便无法拥有该商标权。采用此原则可以促使商标使用人及时申请注册,否则,即使自己使用在先,但被他人抢先注册后,其商标就不能继续使用了。

（二）商标权取得的方式

商标权作为一种民事权利,它的取得有两种方式,即原始取得和继受取得。

1.原始取得

原始取得又称直接取得,即商标权的取得是最初的,是商标权的第一次产生。商标权的原始取得并非基于他人即存的权利,又不以他人的意志为根据。

在我国,商标权的原始取得采用的是注册原则。这就要求商标必须经过注册后才能取得商标权。采用注册原则以确认商标权的归属,但并不绝对排除商标使用事实在一定条件下所具有的意义。如驰名商标的使用可以对抗注册商标的专用权。

2.继受取得

继受取得又称传来取得,即商标所有人权利的取得基于他人即存的商标权,其权利的范围、内容都以原有的权利为依据。继受取得有两种方式:一是根据转让合同,转让人向受让人有偿或无偿地转移商标权。转让注册商标的,转让人和受让人应当签订转让协议,并共同向商标局提出申请,转让注册商标申请手续由受让人办理,经商标局核准后,发给受让人相应证明,并予以公告。受让人自公告之日起享有商标专用权。转让注册商标的商标注册人对其在同一种或者类似商品上注册的相同或者近似的商标,必须一并办理。二是根据继承程序,由合法继承人继承被继承人的商标权。商标作为一种无形的知识产品,它是商标所有人的财富,是受法律保护的。根据我国《民法通则》和《继承法》的有关规定,继承人可以依法继承而取得商标专用权。

（三）商标权取得的条件

根据我国商标法的规定,并非所有的商标都可获准注册。能够获准注册的商标必须符合一定的条件,现分述如下:

1.商标的构成要素必须具有显著性,便于区别

商标的显著性是指商标的构成要素应具有明显的特色,使消费者能将其与商品或服务本身区别开来,又能使消费者通过它分清商品和服务的出处。如何认定显著特征？无论组成商标的文字、图形、字母、数字、三维标志和颜色组合,以及上述要素的组合是繁还是简,只要其具有一定的特色,足以将其与商品区别开来,足以区别商品的不同来源,就应认为其具备了显著特征。

商标的显著特征通常借助其构成要素的特色反映出来,但在某些情况下,有些商标虽然构成要素缺乏显著性,但该商标却可使人识别出商品的来源,例如,我国的"永久"、"五粮液"商标,虽然本身反映了商品的质量或原料,但因其已广

为消费者熟知,可以区别商品来源,因而商标局对其核准注册。

2.申请注册的商标不得使用法律所禁止使用的文字、图形

各国商标法都有禁用条款的规定。所谓商标禁用条款即是商标法关于某类文字、图形不得作为商标使用的禁止性规范。该规范适用于注册商标与未注册商标。下列标志不得作为商标使用:

(1)同中华人民共和国的国家名称、国旗、国徽、军旗、勋章相同或者近似的,以及同中央国家机关所在地特定地点的名称或者标志性建筑物的名称、图形相同的。此规定是为了维护国家、政府和军队的尊严而制定的。

(2)同外国的国家名称、国旗、国徽、军旗相同或者近似的,但该国政府同意的除外。此规定体现了我国对于外国国家、政府和军队的尊重,也符合国与国之间的平等原则。

(3)同政府间国际组织的名称、旗帜、徽记相同或者近似的,但经该组织同意或者不易误导公众的除外。该规定也是出于政治上的严肃性考虑,体现了我国对国际组织的尊重。对于国际组织,无论我国是否已参加,均不能以它们的旗帜、徽记或名称等相同或相近的标志作为商标注册,除非经该组织同意或者不易误导公众。

(4)与表明实施控制、予以保证的官方标志、检验印记相同或者近似的,但经授权的除外。此规定是为了维护社会管理秩序,保护官方标志、检验印记不被复制、模仿等滥用。

(5)同"红十字"、"红新月"的名称、标志相同或者近似的。这是国际上的统一禁用规定。"红十字"会是一个志愿的国际性的救护、救济组织。1864年的《日内瓦公约》以红十字作为它的标志。在伊斯兰国家,相关组织称为:"红新月会",其标志为"红新月",但二者含义相同。因此不能作为商标注册。

(6)带有民族歧视性的。这一规定体现了我国法律对各民族的尊重。我国是个多民族国家,宪法规定各民族一律平等,禁止民族歧视。因此,带有民族歧视性的文字、图形不能作为商标使用。

(7)夸大宣传并带有欺骗性的。商标法的宗旨,除保障商标专用权外,还负有保护消费者利益、维护公平竞争秩序、促进工商业正常发展的任务。因此,商标的可视性标志如对其所使用的商品进行夸大宣传并带有欺骗性,则不能核准注册。

(8)有害于社会主义道德风尚或者有其他不良影响的。禁止此类具有不良影响的可视性标志用作商标,是为了维护社会主义道德风尚,促进社会主义精神文明建设,因此,凡发现商品上使用此类可视性标志均应予以禁止。

(9)县级以上行政区划的地名或公众知晓的外国地名,不得作为商标。但

是,地名具有其他含义或者作为集体商标、证明商标组成部分的除外;已经注册的使用地名的商标继续有效。地名标志是指标示自然形态或地理区域的符号,属于社会通用的名称。地名标志缺乏显著特征,仅能说明商品的产地而不能区别商品的来源,因而容易形成产地的混淆,易引起不正当竞争现象;同时地名属于公有领域的事实,不能由某一生产者独占。因此限制以地名作为商标。

(四)商标权取得的程序

商标权的取得,必须经过申请、审查、核准注册三个步骤。

1.商标的注册申请

商标注册的申请,是取得商标专用权的前提。

(1)商标注册申请人资格。

《商标法》规定,自然人、法人或者其他组织对其生产、制造、加工、拣选或者经销的商品抑或提供的服务,需要取得商标专用权的,应当向商标局申请商品商标注册或服务商标注册;外国人或者外国企业在中国申请商标注册的,应当按其所属国和中华人民共和国签订的协议或者共同参加的国际条约办理,或者按对等原则办理。

(2)国内商标注册申请人可通过以下两个途径办理商标注册申请手续:

①商标注册申请人可委托商标代理机构办理商标注册申请事宜,由商标代理机构代其向商标局提出商标注册申请;

②商标申请人也可以持本人身份证、企业介绍信和营业执照副本或经发证机关签章的营业执照复印件,直接到商标局办理商标注册申请手续。

外国人或者外国企业在中国申请商标注册和办理其他商标事宜的,应当委托国家认可的具有商标代理资格的组织代理。

2.商标注册的审查

申请注册的商标,凡符合商标法有关规定的由商标局初步审定,予以公告。商标局依据职权确认申请注册的商标是否符合法律的规定,从形式和实质两方面予以审查。

3.商标注册的初步审定和公告

商标局对申请注册的商标进行初步审定并予以公告是商标注册所必经的法定程序。

初步审定,是指商标局指定的工作人员对申请注册的商标经过审查,认为符合商标法的各项规定,作出可以初步核准的审定。此时商标还未取得商标专用权,因而需要在《商标公告》上公之于众。

4.商标注册的异议

所谓异议,是指在法定期限内对某一经过初步审定并予以公告的商标,向商标局提出的关于该商标不应予以注册的反对意见。提出异议的人可以是与商标局初步审定并予以公告的商标有利害关系的人,如在先注册人等;也可以是与此无利害关系的任何人。对初步审定的商标,自公告之日起 3 个月为,任何人均可以提出异议。公告期满无异议的,予以核准注册发给商标注册证,并予以公告。商标局对于异议,经调查核实后,做出裁定;经裁定异议不能成立钓,予以核准注册,发给商标注册证,并予以公告;经裁定异议成立的,不予核准注册。

5.对异议的复审

当事人对商标局的异议裁定不服的,可以自收到通知之日起 15 日内将《商标异议复审申请书》一式两份送交商标评审委员会复审。商标评审委员会将《商标异议复审申请书》副本送达对方当事人,限其在规定的期间内作出答辩,最后即由商标评审委员会做出终局裁定,书面通知有关当事人,并移交商标局办理。

四、商标权的保护

商标权的保护是指以法律手段制裁侵犯他人注册商标专用权的行为,以保护商标权人对其注册商标所享有的专有权利。保护注册商标专用权是健全商标法制的中心环节。

1.商标权保护的范围

我国商标法以注册商标的专用权为保护对象。注册商标的专用权,以核准注册的商标和核定使用的商品为限。这是区别和判断侵权与否的一条重要界限。"核准注册的商标"是指经商标局注册的可视性标志。"核定使用的商品"是指经商标局核准在案的具体商品。注册商标所有人无权任意改变商标的组成要素,也无权任意扩大商标的使用范围。对于不涉及商标权保护范围的使用行为,则不作为侵权行为追究。

2.商标权保护的期限

商标权保护的期限是指商标专用权受法律保护的有效期限。我国注册商标的有效期为 10 年,自核准注册之日起计算。注册商标有效期满可以续展;商标权的续展是指通过一定程序,延续原注册商标的有效期限,使商标注册人继续保持其注册商标的专用权。我国商标法规定,注册商标有效期满需要继续使用的,应当在期满前 6 个月内申请续展注册。每次续展注册的有效期为 10 年。续展注册经核准后,予以公告。

五、商标侵权行为的概念和种类

商标侵权行为,是指侵犯他人注册商标专用权的行为。商标侵权行为主要表现为以下几种形式:

1.未经商标注册人的许可,在同一种商品或者类似商品上使用与其注册商标相同或者近似的商标的。这一侵权行为包括四种情况:

(1)在同一种商品上使用与他人注册商标相同的商标;

(2)在同一种商品上使用与他人注册商标近似的商标;

(3)在类似商品上使用与他人的注册商标相同的商标;

(4)在类似商品上使用与他人的注册商标近似的商标。

使用他人的注册商标,必须经注册商标所有人同意并签订注册商标使用许可合同,然后在商标局备案。如果未经许可实施此种行为,无论是出于故意或过失,均构成对他人注册商标专用权的侵犯。这种行为造成了商品出处的混淆,损害了商标所有人的利益和消费者的利益。

2.销售侵犯注册商标专用权的商品的。这一侵权行为包括两种情况:

(1)销售明知是侵犯注册商标专用权的商品的;

(2)销售应知是侵犯注册商标专用权的商品的。

经销者是商品生产者和消费者之间的媒介,负有向消费者提供货真价实的商品的义务。如果经销者向消费者提供侵犯他人注册商标专用权的商品,则会损害注册商标所有人和消费者的利益。

3.伪造、擅自制造他人注册商标标识或者销售伪造、擅自制造的注册商标标识的。

商标标识是指附着于商品之上的由商标图案组成的物质实体。伪造他人注册商标标识是指仿造他人的商标图案及物质实体制造出商标标识;擅自制造他人注册商标标识,是指未经注册商标所有人的同意而制造其注册商标标识,用于自己生产的同一种或者类似商品上,以达到欺骗消费者的目的。销售伪造、擅自制造的注册商标标识,是指以上述商标标识为对象进行买卖。

4.未经商标注册人同意,更换其注册商标并将该更换商标的商品又投入市场的。

未经商标注册人许可,更换其注册商标并将该更换商标的商品又投入市场销售,此种行为会造成商品出处混淆,损害了消费者的利益,同时也侵犯了该注册商标所有人的权益。

5.给他人的注册商标专用权造成其他损害的。这种行为包括以下情形:

(1)在同一种商品或者类似商品上,将与他人注册商标相同或近似的文字、图形作为商品名称或者商品装潢使用,并足以造成误认的。

(2)故意为侵犯他人注册商标专用权行为提供仓储、运输、邮寄、隐匿等便利条件的。对于此种侵权行为,只有在故意情况下才构成。这一类行为属于间接侵权行为。

六、驰名商标的法律保护

(一)驰名商标的概念

"驰名商标"称"周知商标"或"知名商标"。驰名商标一词,最早见于《保护工业产权巴黎公约》。该公约所指的驰名商标,即指在广大公众中享有较高声誉,有较高知名度的商标。它既包括注册商标,也包括未注册商标。我国商标法规定的驰名商标是指在市场上享有较高声誉并为相关公众所熟知的商标。对消费者而言,驰名商标意味着优良的商品品质和较高的企业信誉;对驰名商标所有人而言,驰名商标意味着广泛的市场占有率和超常的创利能力。正是由于这一原因,驰名商标比普通商标更易招致假冒、不正当竞争等行为的损害。

对驰名商标的保护,早在中美1995年知识产权谈判中驰名商标的认定及保护、驰名商标注册的优惠问题,曾经是争论的重点,这也使得我国开始对国内一些著名商标的保护日渐重视。我国关于驰名商标最早的保护主要是国家工商行政管理局于1996年颁布的《驰名商标认定和管理暂行规定》、2001年《关于认定驰名商标若干问题的通知》和2003年《驰名商标认定和保护规定》,开始了有关驰名商标的认定工作,对有关商标实施驰名商标的保护,我国新商标的颁布使得我国对驰名商标的保护更加完善。

(二)驰名商标的构成要件

商标注册人请求保护其驰名商标权益的,应当向国家工商行政管理局商标局提出认定驰名商标的申请。国家工商行政管理局商标局也可根据工作需要主动认定驰名商标。凡经认定的驰名商标,认定时间未超过3年的,不需要重新提出认定申请。认定驰名商标应当考虑下列因素:

(1)相关公众对该商标的知晓程度;

(2)该商标使用的持续时间;

(3)该商标的任何宣传工作的持续时间、程度和地理范围;

(4)该商标作为驰名商标受保护的记录;

(5)该商标驰名的其他因素。

也就是说,认定一个商标是否是驰名商标应考虑以下因素:使用该商标的商品在中国的销售量及销售区域;使用该商标的商品近3年来的主要经济指标(年产量、销售额、利润、市场占有率等)及其在中国同行业中的排名;使用该商标的商品在外国(地区)的销售量及销售区域;该商标的广告发布情况;该商标最早使用及连续使用的时间;该商标在中国及其外国(地区)的注册情况;该商标驰名的其他证明文件。

（三）驰名商标的保护措施

《保护工业产权巴黎公约》、《与贸易有关的知识产权协议》都对驰名商标的特殊保护作了行之有效的具体规定。

《保护工业产权巴黎公约》第 6 条之 2 第 1 款规定，一个商标如构成对经注册国或使用国主管机关认为是属于一个享有本公约保护的人所有，用于相同或者类似商品上已在该国驰名的商标的伪造、模仿或翻译，易于造成混淆，本同盟成员国都要按其本国法律允许的职权，或应有关当事人的请求，拒绝或取消注册，并禁止使用，这些规定也适用于主要部分系伪造或模仿另一驰名商标易于造成混淆的商标。

世界贸易组织《与贸易有关的知识产权协议》第 16 条第 3 款规定，巴黎公约1967 年文本第 6 条之 2 原则上适用于与注册商标所标示的商品或者服务不类似的商品或者服务，只要一旦在不类似的商品或者服务上使用该商标，即会暗示该商品或者服务与注册商标所有人存在某种联系，从而使注册商标所有人的利益可能因此受损。

我国是《保护工业产权巴黎公约》成员国，并已经加入世界贸易组织，履行《保护工业产权巴黎公约》和《与贸易有关的知识产权协议》的规定，保护成员国在我国已注册或者未注册的驰名商标是我国应尽的义务。为了切实保护驰名商标权利人的利益，根据《与贸易有关的知识产权协议》和《保护工业产权巴黎公约》的规定，结合我国的实际做法，在《商标法》修改时，增加了对驰名商标的保护。我国对驰名商标的保护有以下几点：

1. 就相同或者类似商品申请注册的商标是复制、模仿或者翻译他人未在中国注册的驰名商标，容易导致混淆的，不予注册并禁止使用。

2. 就不相同或者不相类似商品申请注册的商标是复制、模仿或者翻译他人已经在中国注册的驰名商标，误导公众，致使该驰名商标注册人的利益可能受到损害的，不予注册并禁止使用。已经注册的，自注册之日起 5 年内，驰名商标注册人可以请求国家工商行政管理局商标评审委员会予以撤销，但恶意注册的不受时间限制。

《最高人民法院关于审理商标民事纠纷案件适用法律若干问题的解释》第 2 条规定："依据商标法第 13 条第一款的规定，复制、模仿、翻译他人未在中国注册的驰名商标或其主要部分，在相同或者类似商品上作为商标使用，容易导致混淆的，应当承担停止侵害的民事法律责任。"

我国对于驰名商标的保护一方面接受巴黎公约的约束，另一方面在国内法上，可见于《反不正当竞争法》第 5 条提及的"知名商品"一词，同时，第 21 条规定："经营者假冒他人的注册商标，依照《中华人民共和国商标法》的规定处罚。"

可见,驰名商标应受到我国商标法及反不正当竞争法的双重保护。但是,上述规定是不明确、不充分的,本文只能罗列我国有些机关(包括法院和行政部门)某些具体做法,从中探究我国对保护驰名商标的态度。

我国于 1985 年加入巴黎公约,在此之前,在商标注册审查中,采用说服教育的方法,退回了在某些商品上注册可口可乐、三菱等商标的申请。

我国对某些驰名商标注册时予以放宽"不可注册标记"的限制。例如,五粮液酒以"五粮液"为注册商标,虽然直接表示了商品的主要原料,但国家商标局予以注册,就是考虑了该酒在几十年前就获得过国际金奖,"五粮液"已成为驰名商标。再如 20 世纪 80 年代批准境外的"维他命"商标(用于豆奶制品)的注册申请。

实践中我国有对传统名特产品实施"全面注册"的做法。国家工商总局曾发出《名酒瓶贴作出商标注册的通告》,并率先对茅台等 13 家名酒厂的 24 种瓶贴进行了全包装注册。

如果商标已成为某种商品的通用名称,一般由于其显著性的丧失,禁止注册。但是,对于驰名商标则给予特别照顾。美国的 JEEP 汽车商标和杜邦公司的弗里昂制冷剂商标,已成为我国的商品名称,但考虑它是驰名商标,有关政府部门发出通知,原吉普车必称越野车;原称弗里昂的,改成弗制冷剂;禁止在酒类商标上使用香槟或 Champagle 字样,商标局依法注册了上述商标。

1988—1989 年,我国杭州市场上出现了注册商标为"天下景"的葡萄酒,其外包装的正面两侧的图形、字体、色彩与美国菲利浦莫里斯公司生产的"万宝路"卷烟包装基本相似,封口上的商标与"万宝路"卷烟封口相近似。有关部门认为,"万宝路"已在我国注册,在我国市场上早已成为消费者熟知信誉很高的商标,是驰名商标,勒令停止生产"天下景"葡萄酒,并予以罚款。

驰名商标在我国受到特别保护。具体表现在驰名商标的注册方面:我国给予谨慎、特殊的照顾;在对驰名商标的侵权纠纷处理方面:认为在不同类商品上使用相同或近似商标,构成侵权;在对外国驰名商标保护方面:我国履行了巴黎公约的义务,实行国民待遇。

【案例】　中国驰名商标"厦华"被侵权案件

2004 年 5 月,合肥市中级人民法院审结了一例涉及驰名商标请求特殊保护问题的案件,即原告厦门华侨电子企业有限公司(中国驰名商标"厦华"拥有者)与被告合肥厦维电器有限公司商标侵权纠纷案。审理结果:被告厦维公司被责令停止侵犯原告商标专用权的行为并赔偿损失,宣判后,原、被告双方均未表示异议。

同年 7 月,该院审结了原告河北三河福成养牛集团总公司与被告合肥金峰宾馆有限公司商标侵权纠纷案,福成公司同时请求法院认定福成商标为驰名商标,审理结果:被告被责令停止侵犯原告商标专用权的行为并赔偿损失,驳回原告请求司法认定为驰名商标等其他请求。宣判后,原、被告双方均未表示异议。

这两起案件均涉及驰名商标的保护问题。

驰名商标亦称周知商标,是指在市场上享有较高声誉,并为相关公众熟知的商标。驰名商标具有高知名度、高市场占有率和高附加值,已成为众多企业经营战略的核心内容之一。

我国《商标法》第13条第2款规定,就不相同或者不相类似商品类别上提出申请注册的商标是复制、模仿或者翻译他人已经在中国注册的驰名商标,误导公众,致使该驰名商标注册人的利益可能受到损害的,不予注册并禁止使用。第14条规定,认定驰名商标应当考虑下列因素:相关公众对该商标的知晓程度;该商标使用的持续时间;该商标的任何宣传工作的持续时间、程度和地理范围;该商标作为驰名商标受保护的记录;该商标驰名的其他因素。

在上述的厦华案中,原告在先取得"厦华"文字的注册商标(核定使用商品第14类,续展核定在商品国际分类第9类),2000年9月20日被国家工商总局商标局认定为中国驰名商标,而被告厦维公司在商品国际分类表第11类提出"厦华"组合商标的注册申请,在仅被有关部门受理期间,就开始小批量地购进冰箱,在外包装、标牌和商标全部使用"厦华"组合商标注册申请的文字和图案,进行加价销售。虽被告使用的商标是在电冰箱等和电视机不同类别的商品上,但明显会误导公众,致使该驰名商标注册人厦华公司的利益受到损害。

厦华案中被告厦维公司组合商标与原告使用同一种语言文字,商标文字的读音、含义相同,仅字体不同,可以认定与原告商标近似,容易使消费者对商品来源产生误认或认为该"厦华"冰箱与原告具有某种联系,误导消费者,其行为构成商标侵权,当然也构成对原告驰名商标的侵害。

在福成案中,原告福成公司于1999年11月21日经国家工商总局商标局核准注册,依法取得"Fucheng"组合商标,商标注册证为第1336458号,核定使用商品第29类,即肉,加工过的肉。同年12月14日,经国家工商局商标局核准注册,原告又依法取得"Fucheng"在42类上的组合商标。商标注册证为第1344801号,即餐馆,旅馆,动物饲养。

福成公司诉称该商标在国内及国外一些国家有极高的知名度,是无可争议的驰名商标,请求司法认定。但原告福成公司提供的证据不能反映涉案商标在特定区域、特定行业里被相关公众广为知晓的正面评价和"Fucheng"组合商标被相关公众广为知晓的客观存在,故不足以证明其请求认定的商标"已在本国为相关公众广为知晓并享有较高声誉"。因此,福成商标认定驰名商标的诉讼请求被依法驳回。

在厦华案中,如果法律对被告擅自使用尚未注册的"厦华"商标不进行干涉,势必减少、削弱"厦华"驰名商标对其商品或服务的识别性和显著性,冲淡或逐渐减弱消费者或相关公众将"厦华"驰名商标与特定的商业来源之间联系起来的能力。在福成案中,福成肥牛商标虽然有一定的知名度,但是由于福成商标没有被认定为驰名商标,在福成公司未进行商标注册的任何产品和服务类别,任何第三方都可合法使用,福成商标有被淡化的可能。因此,通过以上两个案例可见,驰名商标制度对于反商标淡化的作用是显而易见的。

第四节　著作权

【案例】　十佳广告摄影师状告大酒店

浙江省曾荣获"浙江省 2003 年度十佳广告摄影师"称号的著名广告摄影师秦某某于 2005 年 10 月 14 日向杭州市中级法院提起诉讼诉称,其于 2002 年拍摄了摄影作品——《浙江世贸中心客房标准间内景》,后被告 H 大酒店在未经授权、未付稿费、未署作者姓名的情况下,以盈利为目的,将该照片印在其《酒店简介》广告册和《酒店宣传册》上,H 大酒店的行为严重侵犯了其合法权益,为此请求法院判令被告 H 大酒店:1.在《钱江晚报》或《都市快报》上刊登声明,向原告秦某某赔礼道歉,文章内容须经原告审核同意。2.赔偿原告经济损失人民币15000 元。3.承担本案诉讼费用。

被告 H 大酒店辩称:1.我酒店获知使用的照片系原告拍摄,在此向原告赔礼道歉。2.根据原告的陈述,该照片是受世贸饭店委托拍摄的,根据《著作权法》的相关规定,我店要求原告出示其与世贸饭店的委托合同,以确定本案所涉照片的权利归属。3.我店的宣传册是委托广告公司制作的,可能是广告公司误用了此照片。我店的宣传册仅在大堂、总台使用,给原告造成的影响也只限于酒店内部,因此不同意原告要求在报刊上赔礼道歉的诉讼请求;同时,该照片的著作权和财产权应属浙江世贸中心所有,不同意向原告赔偿损失。

法院审理后认为,1.著作权既包括人身权也包括财产权,原告要求 H 大酒店赔礼道歉的诉讼请求属于人身权被侵害后的救济手段,符合法律规定,法院予以支持。虽然 H 大酒店抗辩称其宣传册均在酒店内使用,其对原告人身权的侵害程度并不严重,不必采取登报公开赔礼道歉的方式以弥补,但是,由于酒店的宾客来自酒店之外,其宣传册又会被部分酒店客人带走,故该宣传册的影响范围并不限于酒店之内。因此,H 大酒店的该抗辩理由与事实不符,法院不予采信。

2. 关于原告要求被告赔偿经济损失人民币 15000 元的诉讼请求,因原告未能证实该 15000 万元系其因侵权所受到的损失或系侵权人的违法所得,故该赔偿额法院不予支持。对于赔偿金额,法院考虑各种因素,包括涉案照片仅为酒店标准房照片、不具有很高的艺术性和独创性,以及 H 大酒店将涉案照片用于商业用途,摄影作品在正常发表时所能获得的报酬等因素,采取法定赔偿的方式予以确定。综上,法院于 2006 年 4 月依据《中华人民共和国著作权法》第 10 条、第 11 条、第 46 条第 (1)、(7)、(11) 项、第 48 条第 2 款,最高人民法院《关于审理著作权民事纠纷案件适用法律若干问题的解释》第 7 条之规定,判决:1. 杭州 H 大酒店于本判决生效之日起 30 日内在《都市快报》上就侵权之事刊登声明,向原告赔礼道歉。2. 杭州 H 大酒店于本判决生效之日起 10 日内赔偿秦某某经济损失人民币 2000 元。3. 驳回原告的其他诉讼请求。

一、网络时代的著作权保护

在互联网上输入关键词,搜集的资料信手得来,尽管著作权人注明"以上内容版权所有,严禁任何形式的转载",但这种运用自如的"免费的拿来主义"的做法仍愈演愈烈,传统的著作权保护理论,已明显地不能适应甚至阻碍了互联网的发展,网络时代著作权的保护,成为令人关注的法律领域。如何应对网络传播对传统著作权保护产生的冲击和挑战、如何在网络时代加强对著作权的保护等一系列问题值得深入探讨。

1. 网络挑战传统著作权的保护

互联网在我国的迅猛发展无疑给我们的生活带来了巨大的方便,个体之间的联系和沟通更为便捷,整个世界成为一个地球村。但是高新技术是一把双刃剑,它使我们无法很好地保护自己的精神产品,我们的作品将更容易被他人任意抄袭、剽窃或传播,盗版也因此可能变得更为猖獗。在这个知识就是经济、知识产权就是金钱的时代,版权保护的不充分无疑意味着财富的大量流失。

在互联网刚刚问世的时候,或多或少要影响作品的正常使用和作者的正当权益,不可避免地对传统的版权制度造成冲击。高速发展的信息网络给著作权法的发展带来了千载难逢的机遇,但同时也使传统的著作权制度经受着前所未有的冲击和挑战。近年来,网络触礁,著作权屡屡遭侵权,已引起司法部门的高度重视。

2. 法益优先与利益平衡

网络技术的发展在促进了文学、艺术和科学作品传播的同时,也对传统著作权保护制度形成了强烈的冲击。著作权的保护要协调创作者、传播者和使用者的利益,在保护著作权人的利益的同时,也要促进网络技术的发展。著作权法所体现所追求的目标就是平衡,合理使用制度恰恰是这种平衡的精髓所在。合理使用制度深厚的法哲学基础体现出了法律理性的公平、正义。

网络技术的发展对合理使用制度带来了巨大的挑战,技术保护措施和网络合同的出现大大挤压了合理使用的空间,技术先进、经济发达的国家主张合理使用不能成为规避技术保护措施的抗辩,网络合同优先于合理使用,而广大发展中国家则希望能通过免费使用发达国家的科技成果。

在目前网络环境下,发展中国家更多地扮演"公众"的角色,著作权法中作者利益与公众利益的平衡演化成发达国家与发展中国家的利益平衡,合理使用制度也蕴含着发展中国家能在多大程度上合理利用发达国家的科学文化成果,从而使合理使用制度的内涵大大深化。其最终的价值目标就在于办调创作者、传播者和使用者的利益关系,通过均衡的保护途径,促进文化、科学事业的发展。

国际通用的法益优先原则,同时兼顾利益平衡原则,一向是知识产权保护制度的核心原则。知识产权法所强调的利益平衡,实际上是同一定形式的权利限制、权利利用制度相联系。即出于公众利益目标,在一定情况下应对知识产权进行必要限制,以保证社会公众对于知识产品的合理利用。著作权法自诞生之日起就始终围绕利益平衡这一核心目标。著作权立法的双重目标造就了其利益平衡法的基本特征,现代著作权法始终在保护作者权益和促进信息传播方面两点之间寻找着平衡点。

著作权法回应网络技术的发展,设立网络传播权作为新型的著作权权利类型,赋予作者和权利人新的权利内容,在很大程度上限制了在法律滞后期内大量产生的新型侵权行为,保护作品在网络传播中的权利完整。网络"无中心"、"数字化"的基本特征使得传统著作权保护的地域性限制荡然无存,便捷、快速、个性化的数字化复制和传递,让传统高昂的侵权成本几乎为零。权利人面临着难以维系的作品权利和权利安全。

作为网络空间发展核心的"自由共享、合理使用"一夜间由免费的午餐变成了最后的晚餐。大量网站和数据库由于对网络传播权的法律保护,不得不增加技术限制手段限制公众自由获取信息。如华中科技大学网络中心研制的邮件网关、高性能加密机等防火墙系列产品,对进入网络之前进行保护,对关键资源进行保护,对整个内部网进行保护,用户没通关认证,无法访问和查阅资料,从而保护信息在网络上运行安全,有效保护知识产权。

技术保护措施的出现大大挤压了合理使用空间。合理使用这项相对作者绝对权利限制的措施几无施展之地。新增的网络传播权和合理使用等传统权利限制手段力量强度对比的严重失衡,再次激活了著作权法的利益平衡机制,复兴信息网络环境下的合理使用制度,并配合法定许可等多种强制限制形式对于网络传播的作品绝对权利进行限制,在保证激励作者创作的前提下,保证网络信息的合理共享。

互联网的发展与版权保护的关系。互联网传播作品引起的侵权纠纷比较复杂,需要慎重处理。既不要让包括版权在内的知识产权保护问题成为妨碍计算机网络技术发展的因素,也不能以牺牲包括作家、科学家、表演艺术家在内的知识产权拥有者的合法权益来换取互联网等高新技术的推广与发展,更不能为某些利用高新技术和他人知识产权来牟取暴利的不法之徒创造条件。兼顾作品创作传播的各个环节,在对作者的利益激励与满足公众需求的利益之间寻求,符合合理使用和网络传播权保护的最佳边界。

二、著作权基础知识

【案例】 郭石夫诉杭州娃哈哈集团公司侵犯著作权案

1998 年,原告郭石夫向上海市第二中级人民法院起诉诉称,原告于 1954 年 11 月创作了歌曲《娃哈哈》,1956 年在《儿童音乐》发表。原告拥有《娃哈哈》歌名、歌词的著作权。"娃哈哈"既是歌名,又是其中的歌词,系原告独创,表达娃娃欢乐的样子,是歌词的精华部分。《娃哈哈》发表后被广泛传唱,在全国范围内有相当影响,因此"娃哈哈"是《娃哈哈》歌曲这一知名商品的特有名称。被告杭州娃哈哈集团公司自 1989 年起,未经原告同意,将"娃哈哈"作为文字商标、文字与图形组合商标申请注册,在包括上海在内的全国各地销售以"娃哈哈"为商标的商品。被告的行为侵犯原告的著作权。原告得知后于 1996 年 4 月与被告交涉,但未获结果,故起诉请求判令被告停止侵权、赔礼道歉;赔偿经济损失人民币 10 万元;支付原告支出的律师代理费 3000 元。被告辩称,被告于 1988 年起经核准注册了"娃哈哈"文字商标、图形商标和文字与图形的组合商标,商品类别主要涉及食品、儿童保健品和纯净水。被告认为"娃哈哈"一词既不具有独创性,也不构成作品;"娃哈哈"与"哇哈哈"歌名通用情况,说明"娃哈哈"只是一个象声词,原告对此不享有著作权,其请求赔偿损失也无事实依据,请求法院驳回原告的诉讼请求。

法院认为,我国《著作权法》第 3 条、《著作权法实施条例》第 2 条对著作权法的保护范围及含义作了明确规定,根据这些规定,作品名称不在著作权法的保护之列。由于法律没有明文规定对作品名称予以保护,原告的诉讼主张没有现行法律上的根据,法院不予支持。著作权法保护作者的创作成果,保护以一定表现形式反映特定思想内容的作品。为此,在确定著作权法保护对象时,应当首先确定要求保护的作品或作品的一部分是否是作者全部思想或者思想实质部分的独特表现。从语言文字学的角度看,"娃哈哈"是"娃娃笑哈哈"的紧缩句式。"娃哈哈"作为歌曲中的副歌短句、歌词的一个组成部分,其重要性主要在于歌词中起上下句歌词的连接作用,所表现的内涵并不是作者思想的独特表现,也无法认定其反映了作者的全部思想或思想的实质部分。因此,原告以紧缩句"娃哈哈"一词主张其拥有著作权,与我国著作权法的规定不符,法院难以支持。据此,法院于2000年5月依照《中华人民共和国著作权法》第3条,《中华人民共和国著作权法实施条例》第2条等规定,判决原告郭石夫败诉。

(一)著作权概念、主体与客体

著作权亦称版权,是指作者对其创作的文学、艺术和科学技术作品所享有的专有权利。

1.著作权的主体

著作权主体是指享受著作权权利和承担著作权义务的人。著作权主体可按不同标准分类:从主体与作品的关系上分可分为原始主体(一般指创作作品的人,即作者)与继受主体(一般指通过继承和转让等法律行为而成为著作人);从主体的自然属性上分,可分为自然人与法人或者非法人单位。特殊情况下,国家也可成为著作权主体。

著作权人包括三种人:第一即作者;第二即作者以外的其他享有著作权的公民;第三即依照法律,通过委托合同或劳务合同获得著作权的法人或非法人单位。少数情况下国家也可以成为著作权主体。

外国人、无国籍人作品在我国也能得到法律保护:①外国人、无国籍人的作品首先在中国境内出版的,其著作权受我国法律保护。②外国人、无国籍人的作品根据其作者所属国或者经常居住地国同中国签订的协议或者共同参加的国际条约享有的著作权,受我国法律保护。③未与中国签订协议或者共同参加国际条约的国家的作者以及无国籍人的作品首次在中国参加的国际条约的成员国出版的,或者在成员国和非成员国同时出版的,受我国法律保护。

2.著作权的客体

著作权的客体指受著作权法保护的文学、艺术和科学作品。著作权法实施条例第二条规定:"著作权法所称的作品,指文学、艺术和科学领域内,具有独创性并能以某种有形形式复制的智力创作成果。"由此可见,成为著作权客体必须具备两个条件,即独创性和可复制性。

受法律保护的作品主要包括:①文字作品;②口述作品;③音乐、戏剧、曲艺、舞蹈、杂技艺术作品;④美术、建筑作品;⑤摄影作品;⑥电影作品和以类似摄制电影的方法创作的作品;⑦工程设计图、产品设计图、地图、示意图等图形作品和模型作品;⑧计算机软件;⑨法律、行政法规规定的其他作品。

不受著作权法保护的作品:①法律、法规,国家机关的决议、决定、命令和其他具有立法、行政、司法性质的文件,及其官方正式译文;②时事新闻;③历法、通用数表、通用表格和公式。

(二)著作权的内容

著作权是指公民、法人或其他组织对其作品依照《著作权法》享有的各项权利,主要包括下列人身权(精神权利)和财产权(经济权利),即

(1)发表权,即决定作品是否公之于众的权利;

(2)署名权,即表明作者身份,在作品上署名的权利;

(3)修改权,即修改或者授权他人修改作品的权利;

(4)保护作品完整权,即保护作品不受歪曲、篡改的权利;

(5)复制权,即以印刷、复印、拓印、录音、录像、翻录、翻拍等方式将作品制作一份或者多份的权利;

(6)发行权,即以出售或者赠与方式向公众提供作品的原件或者复制件的权利;

(7)出租权,即有偿许可他人临时使用电影作品和以类似摄制电影的方法创作的作品、计算机软件的权利,计算机软件不是出租的主要标的的除外;

(8)展览权,即公开陈列美术作品、摄影作品的原件或者复制件的权利;

(9)表演权,即公开表演作品,以及用各种手段公开播送作品的表演的权利;

(10)放映权,即通过放映机、幻灯机等技术设备公开再现美术、摄影、电影和以类似摄制电影的方法创作的作品等的权利;

(11)广播权,即以无线方式公开广播或者传播作品,以有线传播或者转播的方式向公众传播广播的作品,以及通过扩音器或者其他传送符号、声音、图像的类似工具向公众传播广播的作品的权利;

(12)信息网络传播权,即以有线或者无线方式向公众提供作品,使公众可以在其个人选定的时间和地点获得作品的权利;

(13)摄制权,即以摄制电影或者以类似摄制电影的方法将作品固定在载体上的权利;

(14)改编权,即改变作品,创作出具有独创性的新作品的权利;

(15)翻译权,即将作品从一种语言文字转换成另一种语言文字的权利;

(16)汇编权,即将作品或者作品的片段通过选择或者编排,汇集成新作品的权利;

(17)应当由著作权人享有的其他权利。

(三)著作权的归属

按现行《著作权法》规定:

(1)由公民个人创作完成的作品,创作作品的公民是作者,该公民对作品享

有著作权。

（2）由法人或者其他组织主持，代表法人或者其他组织意志创作，并由法人或者其他组织承担责任的作品，法人或者其他组织视为作者。该法人或其他组织对作品享有著作权。

（3）两人以上合作创作的作品，著作权由合作作者共同享有。合作作品可以分割使用的，作者对各自创作的部分可以单独享有著作权。

（4）改编、翻译、注释、整理已有作品而产生的作品，著作权由改编、翻译、注释、整理人享有。

（5）汇编若干作品、作品的片段或者不构成作品的数据或者其他材料，对其内容的选择或者编排体现独创性的作品，为汇编作品，其著作权由汇编人享有。

（6）电影作品和以类似摄制电影的方法创作的作品，著作权由制片者享有，但编剧、导演、摄影、作词、作曲等作者享有署名权，剧本、音乐等可以单独使用的作品的作者有权单独行使其著作权。

（7）受委托创作的作品，著作权的归属由委托人和受托人通过合同约定。合同未作明确约定或者没有订立合同的，著作权属于受托人。

（8）公民为完成法人或者其他组织工作任务所创作的作品是职务作品，著作权由作者享有。但具备下列情形之一的，作者享有署名权，著作权的其他权利由法人或者其他组织享有：①主要是利用法人或者其他组织的物质技术条件创作，并由法人或者其他组织承担责任的工程设计图、产品设计图、地图、计算机软件等职务作品；②法律、行政法规规定或者合同约定著作权由法人或者其他组织享有的职务作品。

（9）美术作品原件的展览权由原件所有人享有。

（10）作者身份不明的作品，由作品原件的所有人行使除署名权以外的著作权。

（四）公民死亡后或法人等组织终止后，其著作权的处理

（1）公民死亡后，其著作权中的署名权、修改权和保护作品完整权由作者的继承人或者受遗赠人保护。著作权无人继承又无人受遗赠的，其署名权、修改权和保护作品完整权由著作权行政管理部门保护。

（2）公民死亡后，其第（5）项至第（17）项权利在保护期内依照继承法的规定转移。

（3）合作作者之一死亡后，其对合作作品享有的第（5）项至第（17）项权利无人继承又无人受遗赠的，由其他合作作者享有。

（4）作者生前未发表的作品，如果作者未明确表示不发表，作者死亡后 50 年内，其发表权可由继承人或者受遗赠人行使；没有继承人又无人受遗赠的，其发

表权由作品原件的所有人行使。

(5)法人或者其他组织终止后,其财产权利在保护期内由承受其权利义务的法人或者其他组织享有;没有承受其权利义务的法人或者其他组织的,由国家享有。

(五)著作权产生的时间与保护期限

中国公民、法人或其他组织的作品,无论是否发表、是否登记,其著作权均自创作完成之日产生。外国人、无国籍人的作品,首先在中国境内出版的,其著作权自在中国境内出版之日起受中国法律保护。

我国著作权法规定了作品的自动保护原则,即作品一旦产生,作者便享有版权,无论出版与否、登记与否都受法律保护;但是许多作者希望自己的作品在形式上有一个确认;随着人们版权意识的逐渐增强,版权纠纷越来越多,许多作者要求将自己的作品交版权管理部门登记备案;作品办理自愿登记后只是有了一个法律的初步证据。领取《作品登记证》后,持证人可适当宣传,对侵权者起威慑作用;在打官司时,《作品登记证》可以起证据作用;但与作品的出版、发行无任何直接联系。

著作权法规定,公民的作品的财产权利的保护期限为作者有生之年加死后50年,其中合作作品的保护期为最后死亡的作者有生之年加死亡后50年;法人或非法人单位的作品及著作权(署名权外)由法人或非法人单位享有的职务作品的财产权利的保护期为作品首次发表后50年;电影、电视、录像和摄影作品的保护期为50年。人身权的保护期不受限制。

(六)著作权侵权行为应负的法律责任

1.侵犯作品的侵权行为

下列行为构成侵犯著作权,应当根据情况,承担停止侵害、消除影响、公开赔礼道歉、赔偿损失等民事责任:

(1)未经著作权人许可,发表其作品的;

(2)未经合作作者许可,将与他人合作创作的作品当作自己单独创作的作品发表的;

(3)没有参加创作,为谋取个人名利,在他人作品上署名的;

(4)歪曲、篡改他人作品的;

(5)未经著作权人许可,以表演、播放、展览、发行、摄制电影、电视、录像或者改编、翻译、注释、编辑等方式使用作品的,本法另有规定的除外;

(6)使用他人作品,未按照规定支付报酬的;

(7)未经表演者许可,从现场直播其表演的;

(8)其他侵犯著作权以及与著作权有关的权益的行为。

2．侵犯著作权的侵权行为

下列行为构成侵犯著作权，应当根据情况，承担停止侵害、消除影响、公开赔礼道歉、赔偿损失等民事责任，并可以由著作权行政管理部门给予没收非法所得、罚款等行政处罚：

（1）剽窃、抄袭他人作品的；

（2）未经著作权人许可，以营利为目的，复制发行其作品的；

（3）出版他人享有专有出版权的图书的；

（4）未经表演者许可，对其表演制作录音录像出版的；

（5）未经录音录像制作者许可，复制发行其制作的录音录像的；

（6）未经广播电台、电视台许可，复制发行其制作的广播、电视节目的；

（7）制作、出售假冒他人署名的美术作品的。

1994 年 7 月 5 日全国人大常委会公布的《关于惩治侵犯著作权的犯罪的决定》，首次在我国明确了追究侵犯著作权犯罪行为的刑事处罚，违法所得数额巨大，情节特别严重的可判 7 年以下徒刑。

3．可以不支付报酬的行为

在下列情况下使用作品，可以不经过著作权人许可，并可以不支付报酬：

（1）为个人学习、研究或者欣赏，使用他人已经发表的作品；

（2）为介绍、评论某一作品或者说明某一问题，在作品中适当引用他人已经发表的作品；

（3）为报道时事新闻，在报纸、期刊、广播电台、电视台等媒体中不可避免地再现或者引用已经发表的作品；

（4）报纸、期刊、广播电台、电视台等媒体刊登或者播放其他报纸、期刊、广播电台、电视台等媒体已经发表的关于政治、经济、宗教问题的时事性文章，但作者声明不许刊登、播放的除外；

（5）报纸、期刊、广播电台、电视台等媒体刊登或者播放在公众集会上发表的讲话，但作者声明不许刊登、播放的除外；

（6）为学校课堂教学或者科学研究，翻译或者少量复制已经发表的作品，供教学或者科研人员使用，但不得出版发行；

（7）国家机关为执行公务在合理范围内使用已经发表的作品；

（8）图书馆、档案馆、纪念馆、博物馆、美术馆等为陈列或者保存版本的需要，复制本馆收藏的作品；

（9）免费表演已经发表的作品，该表演未向公众收取费用，也未向表演者支付报酬；

（10）对设置或者陈列在室外公共场所的艺术作品进行临摹、绘画、摄影、

录像;

(11)将中国公民、法人或者其他组织已经发表的以汉语言文字创作的作品翻译成少数民族语言文字作品在国内出版发行;

(12)将已经发表的作品改成盲文出版。

4.不构成侵权但应当支付报酬的行为

在下列情况下使用作品,可以不经过著作权人许可,但应当支付报酬:

(1)为实施九年制义务教育和国家教育规划而编写出版教科书,除作者事先声明不许使用的外,可以不经著作权人许可,在教科书中汇编已经发表的作品片段或者短小的文字作品、音乐作品或者单幅的美术作品、摄影作品,但应当按照规定支付报酬。

(2)著作权人向报社、期刊社投稿的,作品刊登后,除著作权人声明不得转载、摘编的外,其他报刊可以转载或者作为文摘、资料刊登,但应当按照规定向著作权人支付报酬。

(3)录音制作者使用他人已经合法录制为录音制品的音乐作品制作录音制品,除著作权人声明不许使用的外,可以不经著作权人许可,但应当按照规定支付报酬。

(4)广播电台、电视台播放他人已发表的作品和已经出版的录音制品,可以不经著作权人许可,但应当支付报酬。

(5)已在报刊上刊登或者网络上传播的作品,除著作权人声明或者报刊、期刊社、网络服务提供者受著作权人委托声明不得转载、摘编的以外,可以在网络上进行转载、摘编,并应当按有关规定支付报酬、注明出处的。

(七)著作权的许可使用,应签订许可合同

中国著作权法规定,签订许可使用合同的有效期一次不超过 10 年,合同期满可以续订。除了规定图书出版者可以在合同约定享有专有出版权外,其他使用者与作者签订使用作品的合同,可以是专有许可,也可以使非专有许可证。付酬标准可以通过合同约定。

三、计算机软件的立法保护

【案例】　擅自复制他人软件被判赔偿 50 万元

据人民法院报消息,上海中乐影视文化有限公司因擅自复制使用加拿大迪斯克瑞特逻辑有限公司开发的计算机软件而被告上法庭。上海市第二中级人民法院一审判令中乐公司停止侵害迪斯克瑞特公司 Flame7.0 软件的著作权、公开赔礼道歉,并赔偿原告经济损失 50 万元。

由迪斯克瑞特公司开发的 Flame7.0 软件被广泛运用于影视广告制作、设计领域。该软件版权在美国注册,迪斯克瑞特公司享有这一软件的著作权。中乐公司在该公司的计算机上安装了迪斯克瑞特公司的 Flame7.0 软件,并作商业性使用。

庭审中,中乐公司承认有一台计算机安装了 Flame7.0 软件,并用于经营活动。但辩称,该软件是由中乐公司委托案外人郑某所开发,而并非为原告享有著作权的 Flame7.0 软件,故未侵犯原告的著作权。

由于中乐公司不能提供充分反驳证据来证明 Flame7.0 软件是由案外人郑某开发这一事实,而且在中乐公司软件运行界面上有 Flame7.0 软件的版权标记,证明该软件的著作权人是迪斯克瑞特公司。因此,法院认定中乐公司安装使用的是原告的 Flame7.0 软件。经查明中乐公司安装了 3 套 Flame7.0 软件。

法院认为,中乐公司在未经原告许可的情况下,擅自安装原告的软件,并作商业使用,构成对原告计算机软件著作权的侵害,应当承担停止侵害、赔礼道歉、赔偿损失的民事责任。但是由于原告的损失和被告的违法所得都无法确定,故法院根据原告软件的性质、被告侵权行为的情节以及原告为制止侵权行为所支付的合理开支酌情确定上述赔偿数额。

在知识经济的今天,社会已经全面进入信息时代。信息与技术产业的发展在计算机软件上表现的尤为突出。计算机软件作为人类创造性的智慧成果,其产权保护问题已经成为了当代知识产权保护的重要内容之一。目前,可以适用于计算机软件产权保护的法律有版权法、专利法、商业秘密法等,它们从不同的角度对软件产权进行一定的保护。但是,由于它们本身并不是专门针对计算机软件保护而制定的,所以在使用它们对计算机软件产权进行保护时,都存在着各自的缺陷。这一点已经受到国际法学界和各国政府的普遍重视。针对计算机软件进行专门的立法保护,已经成为了国际上计算机软件产权保护的一大趋势。

(一)计算机软件的概念及特征

计算机软件是指计算机程序及其有关文档。"计算机程序"是指为了得到某种结果而可以由计算机等具有信息处理能力的装置执行的代码化指令序列,或可被自动换成代码化指令序列的符号化指令序列或符号化语句序列。计算机程序包括源程序和目标程序,同一程序的源文本和目标文本应视为同一作品。"文档"是指用自然语言或形式化语言所编写的文字资料和图表,用来描述程序的内容、组成、设计、功能规格、开发情况、测试结果及使用方法。

计算机软件具有自身的特点。首先,它是人类脑力劳动的智慧成果。计算机软件的产生,凝聚了开发者的大量时间与精力,是人脑周密逻辑性的产物。其次,它具有极高的价值。一部好的计算机软件必然具有极高的社会价值和经济价值,它能应用于社会的各个领域,而且还能促进软件产业的发展,并取得良好的经济效益。再次,它具有易复制、易改编的特点,往往成为不法分子盗版和篡改利用的对象。

(二)计算机软件立法保护的沿革

1.计算机软件版权立法保护的历史发展及现状

1972年,菲律宾在其版权法中规定"计算机程序"是其保护对象,成为世界上第一个用版权法保护计算机软件的国家。在美国,美国版权局于1964年就已开始接受程序的登记,国会于1974年设立了专门委员会,研究同计算机有关的作品生成、复制、使用等问题,并于1976年和1980年两次修改版权法,明确了由版权法保护计算机软件。随后,许多国家先后把计算机软件列为版权法的保护客体。由于软件版权具有严格的地域性,通过订立国际条约实现软件版权的国际保护就显得十分必要。目前,尚没有关于计算机软件保护的专门性国际条约。世界知识产权组织曾于1978年公布了称为《保护计算机软件示范条款》的建议性文件,作为对各国保护立法的一种建议和参考,但在公布后的实践中,该示范条款并未发生多大影响。1983年世界知识产权组织提出了《计算机软件保护条约》草案,要求参加条约的国家使之国内法律能达到一定的"最低要求",以防止和制裁侵犯软件权利人权利的行为。但是各国专家普遍认为,缔结新条约的难度较大,且在目前情况下,大部分国家都以版权法保护计算机软件,只要能将计算机软件纳入版权法的国际公约中,就能达到保护的目的。1994年4月15日,关贸总协定乌拉圭回合各缔约方在马拉签署了《与贸易有关的知识产权包括假冒商品贸易协议》(TRIPS),其第10条规定"计算机程序,无论是原始资料还是实物代码,应根据《伯尔尼公约》(1971)作为文学作品来保护"。另一方面,世界知识产权组织于1996年12月20日通过了《世界知识产权组织版权条约》,其第四条明确规定不论计算机程序表达方式或表达形式如何,均作为《伯尔尼公约》第2条意义上的文学作品受到保护。这两个《协议》和《条约》为国际计算机软件版权保护提供了统一的标准和依据。

2.计算机软件专利保护的立法

在大多数国家,都没有直接把计算机软件纳入专利法的保护范围,因为一开始计算机软件被认作是一种思维步骤。根据各国的专利法,不能成为专利法的保护客体。但在实践中,人们认识到当计算机软件同硬件设备结合为一个整体,软件运行给硬件设备带来影响时,不能因该整体中含有计算机软件而将该整体排除在专利法保护客体范围之外,计算机软件自然而然地应当作为整体的一部分可得到专利法的保护。在国际上,涉及计算机软件专利保护的国际性公约有两个,一个是1973年10月5日签署,1977年10月7日生效,1979年6月开始实施的欧洲专利公约,它规定对软件专利的审查标准要注重实质,一项同软件有关的发明如果具有技术性就可能获得专利。另一个是 1976 年 6 月 19 日签署，1978 年 1 月 24 日生效的专利合作条约，它规定了软件专利的地域性限制：一个软件在他国获得专利的前提是进行专利申请。

3.计算机软件商业秘密保护的立法

在未采用版权法保护计算机软件之前，人们一直使用商业秘密法对软件进行保护，当现在国际上大多数国家纷纷将软件纳入版权法保护范围时，与计算机有关的某些数据和信息仍受商业秘密法的保护。但绝大多数国家都没有专门的商业秘密法(除美国等个别国家外)。在这些国家商业秘密法的内容散见于合同法、反不正当竞争法、刑法及侵权法中。但是国际上对计算机软件采取何种方法保护并未达成共识，各国法学家在版权法、专利法、商业秘密法、专门立法中冥思苦想，来回比较。日本、韩国和巴西都曾试图不用版权法，而采用另行制订新法的方法来保护计算机软件。他们指出无论采用专利法还是版权法来保护计算机软件，都是不合适的，力主制定专门的法律来保护。但由于美国强烈反对，迫于压力，日本、韩国和巴西最终仍通过修改版权法，把计算机软件列为保护对象。

4.计算机软件版权保护的优点

计算机软件立法保护的是可能受到侵害的权利人的权利。复制、抄袭或者剽窃是侵害计算机软件权利人权利的主要方式，这一点与传统的文学作品权相类似。而版权法的一大主要内容就是禁止他人非经权利人许可而复制、抄袭、剽窃其作品。因此，将计算机软件列为版权法的保护对象具有以下的优点：首先，有利于满足软件权利人禁止他人非法复制、抄袭、剽窃其软件的要求。其次，有利于国内国际对计算机软件的保护。世界上大多数建立版权保护制度的国家都是《伯尔尼公约》和《世界版权公约》的成员国，如果这些国家都利用版权法保护计算机软件，则很容易做到软件的国际性保护，而无需再耗费时间、精力订立新的专门的软件保护多边公约。再次，有利于软件的创新和优化。版权法只保护软件的表达方式，而不保护构思软件的思想本身，这样其他开发者就可以利用已有软件的创作思想，从中得到启发，开发研制出新的软件，促进软件的优化与科学技术的进步。再次保护范围广泛。版权法要求保护对象达到的标准不高，只需要具有独创性，因此几乎所有的计算机软件都可以受到版权法的保护。最后保护手续简便。最多仅需要注册登记，而且在我国，实行的是软件自动产生版权原则，登记注册手续仅仅是提出软件纠纷行政处理或诉讼的前提，而非获得版权的必要条件。

(三)软件著作权保护

1.软件著作权的保护客体

计算机程序(包括源程序和目标程序)及其有关文档(如程序设计说明书、流程图、用户手册等)是软件著作权的客体,依法受到保护。

2.软件著作权保护的条件

只有具备如下三性的软件才能取得著作权保护:①原创性,即软件应该是开发者独立设计、独立编制的编码组合。②感知性,受保护的软件须固定在某种有形物体上,客观地表达出来并为人们所知悉。③可再现性,即把软件转载在有形物体上的可能性。

3.软件著作权保护的主体

软件著作权人是受法律保护的软件著作权主体,主要包括依法享有软件著作权的公民、法人或者其他组织。一般情况下,软件著作权属于软件开发者,法律另有规定的除外。软件著作权属于软件开发者,这是确定软件著作权归属的一般性原则。软件开发者包括独立开发者、合作开发者、受委托开发者和由国家机关下达任务开发者四种类型。后三种的著作权归属都需正式签订书面合同约定。根据法律规定,依靠继承、受让、承受等方式获得著作权的也可以成为软件著作权人,同样受到法律保护。

4.软件著作权人享有的权利

(1)发表权,即决定软件是否公之于众的权利;

(2)署名权,即表明开发者身份,在软件上署名的权利;

(3)修改权,即对软件进行增补、删节,或改变指令、语句顺序的权利;

(4)复制权,即将软件制作一份或者多份的权利;

(5)发行权,即以出售或赠与方式向公众提供软件原件或复制件的权利;

(6)出租权,即有偿许可他人临时使用软件的权利,但是软件不是出租的主要标的的除外;

(7)信息网络传播权,即以有线或者无线方式向公众提供软件,使公众可以在其个人选定的时间和地点获得软件的权利;

(8)翻译权,即将原软件从一种自然语言文字转换成另一种自然语言文字的权利;

(9)软件著作权人可以许可他人行使其软件著作权,并有权获得报酬。软件著作权人可全部或者部分转让其软件著作权,并有权获得报酬。

5.软件的合法复制品所有人的权利

软件的合法复制品所有人是指通过合法途径取得合法的软件复制品的人,简言之,通过正规渠道得到正版软件者。他们依法享有以下权利:

(1)根据使用的需要把软件装入计算机等具有信息处理能力的装置内;

(2)为了防止复制品损坏而制作备份复制品,但这些复制品只是供自己使用而不得提供他人使用;

(3)为了把软件用于实际的计算机应用环境或者改进其功能性能而进行必要的修改,但这种修改后的软件只能自己使用而不能向第三方提供。

6.软件著作权的保护期

计算机软件著作权自软件开发完成之日起产生,其保护期从著作权产生之日起计算。

(1)自然人的软件著作权保护期,自软件著作期产生之日起,截止于著作权人死亡后的第 50 年的 12 月 31 日(即著作权人终止及其死亡之后 50 年)。自然人之间合作开发的计算机软件著作权的保护期从最后一个自然人死亡之后的第 50 年的 12 月 31 日。

②法人或者其他组织的计算机软件著作权,截止于该软件首次发表之日后第 50 年的 12 月 31 日。如果该软件自开发之日起五十年内未发表,则不予保护,换句话说,属于法人或者其他组织的软件著作权,从软件开发之日起,只保护50 年。

7.软件著作权的登记

我国实行计算机软件著作权登记制度。著作权从软件完成之日起就自动产生,登记并不是权利产生的必要条件。那么为什么还要申请登记呢? 因为软件著作权登记申请人通过登记,可以获得以下好处:①通过登记机构的定期公告,可以向社会宣传自己的产品。②在发生软件著作权争议时,《软件著作权登记证书》是主张软件权利的有力武器,同时是向人民法院提起诉讼,请求司法保护的前提。如果不经登记,著作权人很难举证说明作品完成的时间以及所有人。③在进行软件版权贸易时,《软件著作权登记证书》作为权利证明,有利于交易的顺利完成。同时,国家权威部门的认证将使您的软件作品价值倍增。④ 合法在我国境内经营或者销售该软件产品,并可以出版发行。⑤ 在进行软件企业认定(双软认证)时可以作为自主开发或拥有知识产权的软件产品的证明材料。⑥申请人可享受《产业政策》所规定的有关鼓励政策。简单通俗地说:登记并不是著作权产生的必须条件,但是代价不大却很有用。

软件著作权登记所需材料:①按要求填写的软件著作权登记申请表;②软件的鉴别材料,包括程序和文档的鉴别材料,程序和文档的鉴别材料应当由源程序和任何一种文档前、后各连续 30 页组成。整个程序和文档不到 60 页的,应当提交整个源程序和文档。除特定情况外,程序每页不少于 50 行,文档每页不少于30 行。③相关的证明文件:自然人、法人或者其他组织的身份证明;有著作权归属书面合同或者项目任务书的,应当提交合同或者项目任务书;经原软件著作权人许可,在原有软件上开发的软件,应当提交原著作权人的许可证明;权利继承人、受让人或者承受人,提交权利继承、受让或者承受的证明。④鉴别材料的例外交存。申请软件著作权登记的,可以选择以下方式之一对鉴别材料作例外交存:a.源程序的前、后各连续的30页,其中的机密部分用黑色宽斜线覆盖,但覆盖部分不得超过交存源程序的50%;b.源程序连续的前10页,加上源程序的任何部分的连续的50页;c.目标程序的前、后各连续的30页,加上源程序的任何部分的连续的20页。d.文档作例外交存的,参照前款规定处理。⑤封存。软件著作权登记时,申请人可以申请将源程序、文档或者样品进行封存。除申请人或者司法机关外,任何人不得启封。

软件著作权登记所需时间:普通办理:从登记机关受理之日起30个工作日。

【案例】　北京北大方正集团公司等诉北京育博盛技贸有限公司侵犯计算机软件著作权纠纷案判决书

北京市第二中级人民法院民事判决书[(2004)二中民初字第3829号]

原告北京北大方正集团公司,住所地北京市海淀区成府路298号。法定代表人魏新,董事长。

原告北京红楼计算机科学技术研究所,住所地北京市海淀区上地五街9号方正大厦2层。法定代表人王选,董事长。

上述二原告之共同委托代理人李琦、罗轶,北京市天元律师事务所律师。

被告北京育博盛技贸有限公司,住所地北京市东城区安德里北街18号。法定代表人陈玉辉。

委托代理人方志远,北京市义方律师事务所律师。

原告北京北大方正集团公司(以下简称方正公司)、北京红楼计算机科学技术研究所(以下简称红楼研究所)诉被告北京育博盛技贸有限公司侵犯计算机软件著作权纠纷一案,本院于2004年3月5日受理后,依法组成合议庭,于2004年4月19日公开开庭进行了审理。原告方正公司、红楼研究所的共同委托代理人李琦、罗轶,被告的委托代理人方志远到庭参加了诉讼。本案现已审理终结。

二原告诉称:方正世纪RIP(又称方正PSPNT)软件是二原告经多年研究开发完成的具有国际领先水平的软件,是方正电子出版系统的核心技术之一,二原告依法对其享有著作权。后二原告发现被告未经原告许可,在其经营场所内的二台与照排机相连接的电脑中非法安装和使用了上述原告享有著作权的方正世纪RIP 2.1软件,并利用其对外提供照排服务获取商业利润。二原告认为,被告的行为侵犯了二原告的著作权,应承担相应的法律责任,故诉至法院,请求法院判令被告:1.立即停止侵权,删除全部侵权软件;2.在一家北京市发行的报纸上向二原告公开赔礼道歉;3.赔偿二原告经济损失252000元;4.赔偿原告支出的公证费、律师费9500元;5.承担本案诉讼费用。

被告辩称：本公司电脑中安装的方正世纪RIP2.1软件系本公司的股东经由合法途径、支付了合理对价后购得的，该软件是否为侵权产品本公司无法得知。二原告的证据既不足以说明其是本案争议的方正世纪RIP2.1软件的著作权人，也不足以说明该软件具体推出时间。本公司购得该方正世纪RIP2.1软件后因业务量小，并未投入实际的经营使用。综上，请求法院依法驳回二原告的诉讼请求。

在本案审理过程中，二原告提交了以下三类证据：

第一类为证明二原告为本案主争议的方正世纪RIP软件著作权人的证据，包括：

1. 方正世纪RIP正版软件包装；

2. 北京市工商行政管理局出具的企业法人登记信息资料，证明北京大学计算机科学技术研究所于1997年11月变更名称为北京红楼计算机科学技术研究所；

第二类为证明被告实施侵权行为的证据：

3.（2003）京国证民字第02274号公证书，证明被告在其经营场所以商业经营为目的使用了未经授权的方正世纪RIP 2.1软件；

第三类为证明原告索赔依据的证据，包括：

4. 公证费、律师费发票，证明原告为制止侵权而支出的合理费用；

5. 涉案软件销售合同及增值税发票各一份，证明原告享有著作权的方正世纪RIP 2.1软件正常的授权使用价格约为10万元；

6. 二原告及北京北大方正电子有限公司出具的关于彼此关系的说明。

被告对二原告提交的证据的真实性均无异议，但认为：（1）二原告证据1、2不能说明其是方正世纪RIP 2.1软件的著作权人；（2）二原告证据3公证书的申请人为北京多维阳光商务咨询服务有限公司，与二原告无关；（3）二原告证据4的付款单位为北京北大方正电子有限公司，与原告无关；（4）二原告证据5中合同的当事人不是原告，因此该证据与本案无关；（5）二原告证据6不能说明其享有涉案软件的版权，也不能支持其索赔诉讼支出的主张。

在本案审理过程中，被告提交了以下证据：

1. 被告开业验资报告书；2. 被告资产评估报告书。

被告以该两份证据中编号为No.1355901的北京市商业零售发票，证明其股东孙凤杰于1998年7月5日自北京市双兴电子公司以14.8万元的价格购买了本案双方争议的方正世纪RIP 2.1软件。

二原告对被告提供的证据的真实性不持异议，但认为：1. 该编号为No.1355901的北京市商业零售发票载明被告股东购买的是RIP Mac软件，不是本案双方争议的方正世纪 RIP 2.1 软件,而该方正世纪 RIP 2.1 软件在 1998 年尚未在市场上出售,且被告也没有提交许可协议等文件,因此被告的证据不能说明其电脑中安装的方正世纪 RIP 2.1 软件来源合法。

根据双方当事人的举证、质证以及本院的认证以及双方当事人的陈述,本院查明以下事实:

方正公司成立于 1992 年 12 月,北京大学计算机科学技术研究所成立于 1993 年 8 月。1997 年 11 月,北京大学计算机科学技术研究所经北京市海淀区工商行政管理局核准变更名称为北京红楼计算机科学技术研究所。

被告成立于 1998 年 10 月 5 日,注册资本 108 万元,股东为北京光辉机电供应站、高波、刘盛友、孙凤杰。其中孙凤杰的出资额为 40 万元,包括前述被告证据中编号为 1355901 的发票中载明的价值为 148000 元的一套照排机外置 RIP Mac。

2003 年 4 月 8 日,北京多维阳光商务咨询服务有限公司受其客户委托,要求北京市国信公证处对被告使用的软件进行了公证,北京市国信公证处出具了公证书,编号为(2003)京国证民字第 02274 号。

根据该公证书记载:在被告的经营场所的一台电脑内安装有方正(R)PSPNT(TM)软件,版本号为 2.10(Build2152),该软件 key 号为 8D1475D51B02F510CBD16805860E4A79,lock 号 B10D9D6CAADEE370FC7EF918E7DE857F8EF5D05375A74A59;该电脑主机连接有白色加密锁。

该公证书另记载:被告经营场所中的另一台电脑中也安装有方正(R)PSPNT(TM)软件,版本号也为 2.10(Build2152),key 号也为 8D1475D51B02F510CBD16805860E4A79,lock 号也为 B10D9D6CAADEE370FC7EF918E7DE857F8EF5D05375A74A59;该电脑主机也连接有白色加密锁,该电脑主机同时与被告处的 AGFA(Selectset Avantra 36s)照排机连接。

二原告主张其授权使用的方正世纪 RIP 软件均有唯一的 key 号和 lock 号,在销售方正世纪 RIP 1.5 软件时曾使用过带有编号的白色加密锁,但在 1999 年推出方正世纪 RIP 2.1 软件后,经二原告授权的方正世纪 RIP 2.1 软件均附有带有编号的蓝色加密锁。

2002 年 4 月 26 日,北京北大方正电子有限公司与北京凌奇印刷有限责任公司签订《供货合同》,双方约定由北京北大方正电子有限公司向北京凌奇印刷有限责任公司提供相关软件,其中方正世纪 RIP(含 88 款字库)软件的单价为 12.6 万元。

北京北大方正电子有限公司受原告方正公司委托,于 2003 年 12 月 26 日向北京市国信公证处支付了公证费 1500 元,于 2003 年 6 月 20 日向北京市天元律师事务所支付了律师费 4000 元。

本院受理本案诉讼后,二原告向本院提出财产保全申请,请求查封被告价值261500 元的财产,二原告就前述申请向本院提供了财产担保。本院于 2004 年 5月 17 日作出财产保全裁定,并查封扣押了被告经营场所内的 AGFA 照排机一台。

另查,本院(2003)二中民初字第 6424 号民事判决书及北京市高级人民法院(2003)高民终字第 1004 号民事判决书就本案二原告诉浩日德公司侵犯计算机软件著作权纠纷一案的事实作出如下确认:1997 年 6 月至 1998 年 5 月,方正公司与北京大学计算机科学技术研究所合作开发了方正世纪 RIF 软件,1998 年10 月 29 日方正世纪 RIP 1.5 软件通过国家科学技术委员会的科学技术成果鉴定,鉴定证书号为鉴字[1998]第 15003 号。1998 年 10 月后,方正公司和红楼研究所开发出方正世纪 RIP 2.1 软件。

上述事实,有前文已叙明的证据和双方当事人的陈述及本院(2003)二中民初字第 6424 号民事判决书、北京市高级人民法院(2003)高民终字第 1004 号民事判决书在案佐证。

本院认为:本院及北京市高级人民法院的有关生效判决已确认二原告开发完成了本案争议的方正世纪 RIP 2.1 软件,其系该软件的著作权人,故二原告对该软件所享有的著作权依法应当受到我国著作权法的保护。

被告作为方正世纪 RIP 2.1 软件的最终用户,在其商业经营中使用了该软件,其有义务举证证明所使用的软件具有合法性。本案中,被告提供的编号为1355901 的发票并未写明其股东自案外人北京市双兴电子公司购买了本案争议的方正世纪 RIP 2.1 软件,被告也没有其他证据证明其系经过权利人的授权、合法使用该软件。因此,应认定被告使用的方正世纪 RIP 2.1 软件为侵权复制品。

被告在未获得权利人授权的情况下,在商业经营中使用方正世纪 RIP 2.1软件侵权复制品,具有使用该软件侵权复制品的主观故意。被告的上述行为侵犯了二原告对方正世纪 RIP2.1 软件所享有的著作权,应承担相应的法律责任。

本案二原告请求法院判令被告承担停止侵权、赔偿经济损失及因本案诉讼而支出的合理费用的法律责任的主张,理由正当,本院予以支持。

关于赔偿经济损失的数额问题,鉴于使用软件侵权复制品给计算机软件著作权权利人所造成的损失相当于其正常许可使用、销售该软件的市场合理价格,而计算机软件作为一种商品,其市场价格会因不同的市场情况而有所差异。本案将根据二原告提供的其关联公司的销售合同,并参考法院其他已生效判决对涉案方正世纪 RIP 2.1 软件市场的价格予以确认。而本案二原告要求被告就其侵权使用两个侵权软件的行为赔偿 25.2 万元的请求,应属合理,因此,本院予以全额支持。

关于合理诉讼支出费用问题,由于北京北大方正电子有限公司系受原告方正公司委托向公证机关及律师事务所支付相关费用,因此该部分费用最终的支付者仍应系本案二原告。本院将根据二原告支出该部分费用的必要程度、合理程度并参考有关收费标准予以确定。

鉴于被告的侵权行为仅构成对二原告财产行权利的侵犯,并未构成对二原告精神权利的侵犯,因此二原告要求判令被告公开赔礼道歉的诉讼请求,缺乏依据,本院不予支持。

综上,依据《中华人民共和国著作权法》第47条第(1)项、第48条、《计算机软件保护条例》第24条第(1)项、《最高人民法院关于审理著作权民事纠纷案件适用法律若干问题的解释》第21条之规定,判决如下:

一、被告北京育博盛技贸有限公司自本判决生效之日起停止对涉案方正世纪 RIP 2.1 软件著作权的侵权行为;

二、被告北京育博盛技贸有限公司于本判决生效之日起 15 日内赔偿原告北京北大方正集团公司、北京红楼计算机科学技术研究所经济损失 25.2 万元人民币;

三、被告北京育博盛技贸有限公司于本判决生效之日起 15 日内赔偿原告北京北大方正集团公司、北京红楼计算机科学技术研究所因本案诉讼支出的合理费用 3500 元人民币;

四、驳回原告北京北大方正集团公司、北京红楼计算机科学技术研究所的其他诉讼请求。

案件受理费 6433 元、诉讼保全费 1827 元,由被告北京育博盛技贸有限公司负担(于本判决生效后 7 日内交纳)。

如不服本判决,可在判决书送达之日起 15 日内,向本院提交上诉状,并按照对方当事人的人数提出副本,上诉于北京市高级人民法院。

审　判　长　董建中
代理审判员　宋　光
代理审判员　钟　鸣
书　记　员　冯　刚
2004 年 5 月 25 日

第五讲　国家权力

【案例】　"黄碟"案件

2002 年 8 月 18 日晚 11 时许,陕西延安万花山派出所一位所长称,该所接到群众电话举报,称其辖区内一居民张某家中正在播放黄色录像。警察迅即赶往现场,进屋并要求夫妻二人拿出"黄碟",但该夫妻拒绝警方的要求,拿起床上的碟片砸向警察。夫妻二人与派出所警察产生争执并发生了肢体冲突,一名警察手部受伤,当事者也因妨碍警方执行公务被带回派出所接受处理。

事情发生后,媒体上有许多讨论。法学专家的观点认为,在家看黄碟这类事情属于法无明文禁止的行为,因为中国现行的法律中没有任何一条规定公民在自己住宅中看黄碟属于违法。对公民而言法律没有明文禁止的,就是允许的,至于涉及伦理观念的问题,已经超出了法律的范围,所以,警察无权以公权干涉。

分析:在一个法治社会里,公权力是有边界的,而私权利就是它最后的边界。遇到私权利,它必须停住脚步,必须遵循"法律无明文规定即限制"的原则,尊重私权利。私权利的空间,就是如苏格兰民谣所说的那样是一个"风能进、雨能进,但国王不能进"的神圣的空间,是受公权力保护的空间。

第一节　国家权力的概念

法律调整各种社会关系,其中包括个人(包括自然人、法人和其他社会组织)与国家的关系。个人与国家的关系,是权利主体与权力主体之间的关系,实际就是权利与权力的关系。权利与权力的关系,是由宪法与行政法来规定和调整的。前面我们已经讲过宪法确认公民的基本权利,这里我们要讲的是,宪法规定的国家权力,即公权力或者称为公共权力。

一、权力的概念

权力指的是一方凭借其所能控制和支配、同时又是对方必需的某些公共资源和价值,而单方面确认和改变法律关系、控制和支配他人财产或人身的能量和能力。法律上讲的权力主要是指公共权力,即国家权力(包括立法权力、行政权力和司法权力)。权力具有以下特点:

(1)权力以不平等为特征。权力是任何社会都不可缺少的社会管理力量,与强调平等的权利不同,权力以不平等为特征,权力主体不管权力相对方是否同意,都可以和能够单方面确认和改变一定的法律关系、控制和支配他人财产和人身。

(2)权力以公共资源和价值为基础。权力主体所控制和支配着权力相对人所必需的公共资源和价值(包括人口、土地、森林、矿藏、河流、海洋、资金、物品、机会、信息、自由、平等、秩序和安全等)。权力的一个运行机制,就是凭借它所控制的这一部分资源和价值去控制和支配另一部分资源和价值。

(3)权力以保障和增进社会公益为目的。权力源于权利,公众为了更好地保障和增进自身利益而以明示或默认方式转让一部分自身权利才凝聚成权力这样一种公共产品。权力的这种公共性决定了权力的设定与行使必须以保障和增进社会公益为目标,不得以权力设定者和行使者的私利为目标。可以说,权力的公共资源基础和公益目的,正是权力不同于强盗的手枪和赤裸裸的暴力之所在。

(4)权力具有合法侵害权利和处分公共产品的能力。为了维持权力主体自身的生存与运转,更好地保障和维护公共利益,权力这种特殊的公共产品必须有对权利合法侵害的能力(例如收税、征兵),以及对公共产品的处分能力(例如发救济金、提供公共服务)。面对此类权力行为,公民不得以原有权利为抗辩。但为了防止公权力被滥用并非法侵害公民权利,公民在服从权力的同时有诉诸法律请求救济的权利。

(5)权力不可自由选择和放弃。与权利不同,权力不能自由选择,而是"应为";权力行为的目的也不在于权力主体的利益,而在于公共利益,弃权必使公共利益受损,所以权力不可放弃。在这个意义上说权力内含着义务(职责)。

现代法治社会,人与人之间在法律上是平等的,互相之间不存在支配关系,因而也就不存在法律上的个人权力。通常所说的个人权力,是指个人因处在国家机关或社会组织中的管理职位上而依法享有的一部分国家权力或社会权力,即职权,它代表的是国家利益或集体利益,而不是个人利益。

二、国家权力来源于公民权利

国家权力是一种政治权力,是伴随着人类阶级社会的产生而普遍存在、并对人们生产和生活有着重要影响的一种社会现象。如前所述,国家权力乃是国家凭借其所能控制和支配的公共资源和价值,单方面确认和改变社会关系、控制和支配公民、法人或者其他社会组织的财产或人身的能量和能力。那么,这种权力从何而来? 迄今有三大关于权力来源的学说:神授君权学说、契约学说和马克思主义的工具学说。

1.神授君权说

神授君权说认为,社会上的一切秩序的安排,包括精神领域的——教会的权力体制和世俗领域的——国家的权力体制及其这两种权力体制的关系,都是秉承神或上帝的意志而决定下来的。神授君权之说,在中国亦是早就有之。以人随君,以君随天。君与天的关系,以天子称号君主,天子者,天之子也。德侔天地者,皇天右而子之,号称天子。

2.契约说

十七八世纪的资产阶级思想启蒙运动中,从自然状态学说发展而来的契约论理论大行其道。所谓自然状态学说,就是设想人类在远古时期即在有国家存在之前处于一种自然状态,在此状态中没有阶级、国家、政府和法,也没有私有财产及与此联系在一起的钩心斗角、压迫、侵略和掠夺及战争状态,也不知商品货币。不过,这样一种状态究竟属于一种理想的黄金时代还是蒙昧未开的蛮荒时代,思想家们在这里产生了分歧。在较早论述自然状态的英国的霍布斯看来,人之初,性本恶;人对人像狼一样,这时没有政府、国王、贵族、宗教和法,人类一定处于一种极度混乱状态,格斗杀戮,相互攻击,搞得人人自危,难以为继,只得相互订立契约,出让主权,让一个人或一群人统治,以换得秩序和安全。而在英国的洛克看来,自然状态是一种完全天然自由的状态,初民们可以在自然法范围内,按照他们认为合适的方法决定自己的行动,无须听命于别人。自然状态也是一种平等状态,没有人享有高于别人的权力。在自然状态中,通行自然法法则,人人享有自然权利。自然法法则即原始自由、平等、公平、正义、理性等;自然状态不是放任状态,因为有自然法在起制约作用,但人与人之间过于独立,力量反而有限,行动也多有不便。人类为弥补安全和谋生等方面的缺陷,不得不相互订立契约组成政治社会,产生国家、政治和法。

国家权力起源于人们的契约,同意是契约者自觉自愿的行为,是主权的表现,因而更能体现民心民意和自由,民主的精神由此而来。人民主权说乃近代民主理论的重要内容。人民主权,顾名思义,主权属于人民,即主权在民。按此理论,一方面人民在告别自然状态结成政治社会之时,一些最基本的人权如自由平等并未放弃,这些权利若受到侵犯则有权反抗,这就为日后的大革命埋下火种。另一方面,国家主权属于人民,国王不过是人民的代理人,其职责是为民众谋幸福。狄德罗针对当时的君主制认为,政权尽管可以在家族中世代继承,由君主个人掌权,但它不是一种私人财产,而是一种公共的财产,因此绝不能从人民手中剥夺。它根本上只属于人民,完全为人民所有。不是国家属于君主,而是君主属于国家。政府和公共权威是财产,全民集体是所有者,而君主是其用益者、代理人、受托人。当契约已无必要时,人民恢复自然权利,享有完全自由,也可同他们所愿意的任何人以他们喜欢的方式重订新契约。卢梭的思想更为激进。他的《社会契约论》认为主权不可分割,不可转让,属于人民。立法权属于人民,政府不过是主权者的执行人。因此人民事实上是自己立法自己遵守的,这就是民主。

3. 马克思主义的工具学说(历史唯物主义国家学说)

关于国家(政府)权力来源的神授君权和契约让渡学说尽管是当时历史的现实政治和意识状况的理论反映,但其理论基础的唯心主义性质和概念的虚构性是不言而喻的。尽管契约主义国家学说,有很强的解说力和可操作性,但却缺乏科学的彻底性。历史唯物主义国家学说与前二说相反,是以一定历史时期的物质经济生活条件来说明一切历史事件和观念、一切政治、哲学和宗教的,从而历史地、科学地说明了国家的本质和权力来源。

恩格斯指出,国家并不是从来就有的,历史上曾经有不需要国家和不知国家为何物的时期,国家只是经济发展到一定阶段而使社会分裂为阶级时,才成为必要并因此而产生的。国家不是从外部强加给社会的某种神秘力量,既不是神意的体现,也不是权利的让渡。国家是社会在一定发展阶段上的产物,它表示经济利益互相冲突的阶级,不致在无谓的斗争中把自己和社会消灭,就需要有一种表面上凌驾于社会之上的力量,这种力量应当缓和冲突,把冲突保持在"秩序"的范围以内;这种从社会中产生但又自居于社会之上并且日益同社会相异化的力量,就是国家。因此,国家照例是最强大的、在经济上也成为占统治地位的阶级的国家,这个阶级借助于国家而在政治上也成为占统治地位的阶级,因而获得了镇压和剥削被压迫阶级的新手段。因此,国家的首要职能是一个阶级保障其统治地位和特殊利益并行使对其他阶级统治权的机器,其次才是处理社会公共事务的公共权力机关,并由此而获得一种处于社会之外和社会之上的东西的普遍性光环。因为政治统治到处都是以执行某种社会职能为基础,而且政治统治只有在它执行了它的这种社会职能时才能持续下去。

三、国家权力与个人权利的关系

1. 国家权力与个人权利的区别

权利与权力实际上是个人(包括自然人、法人和其他社会组织)与国家的关系在法律上的表现。如果说,权利是平等主体间的一种关系,那么,权力就是不平等主体间的关系。具体来讲,国家权力与个人权利有着多方面的重大区别:

(1)行使主体不同。国家权力的行使主体为特定的主体,即国家机关及其工作人员以及法律规定的其他组织和个体;而个人权利的行使主体则为一般的自然人、法人和其他组织。

(2)利益取向不同。权利的行使一般体现个人或法人等权利主体的利益;权力的行使则不体现权力行使者个人的任何利益,而以国家、社会的公益为目的。

(3)取得方式不同。权利主体对权利的取得,就自然人(公民)而言,一出生就取得了作为人所应当具备的由法律确认与保护的一些基本权利;就法人而言,则从一成立就依法取得了一些由法律赋予的基本权利。权力主体对权力的取得则不能与生俱来,而应当由国家权力机关予以特别授予。

(4)表现方式(或推定规则)不同。国家权力以法律明文规定(授权)为限,不允许对国家权力作扩张解释和推定;亦即国家机关及其工作人员不能行使法律未规定的权力,否则构成越权。一般来说,公民不得行使法律明文禁止的权利,但法律未加明文规定或禁止的权利,原则上公民都可以行使。也就是说,权利并不以法律明文规定为限,在一定的原则前提下可以从权利、义务、法律原则以及事实状态中推定公民所享有和应当享有的权利。

(5)自由度不同。对于权力主体来说,国家权力必须依法行使,不得放弃或非法转让,并且行使权力即意味着要承担相应的法律责任;但是 权利主体在大多数情况下可以放弃其权利,行使权利也不意味着必然承担责任。

(6)运行方式不同。国家权力的运行自始至终与强制为伴,权力主体在行使权力时可依法使用国家强制力;权利的运行则是一种自觉的行为,即使主体权利受侵犯也不能对相对一方使用强制力,而只能请求国家强制力保护。

2.国家权力与个人权利的联系

(1)个人权利是国家权力的母体与基础。

(2)国家权力是个人权利的保护神。个人权利虽然是国家权力的源泉和基础,但是,作为人们相互之间的认可和承诺,又是非常脆弱的,最易受到来自外界的侵害。因此,在现实社会经济生活中,不受保护的权利是无法交易和实施的;不受保护的权利等于没有权利。由于国家权力是一种超越于个人之上的公共力量,它有巨大的规模效益,可以通过强制手段使义务得以履行,因而国家权力是保护个人权利最有效的工具,是其他权利保护措施无法相比的,国家的出现及其存在的合理性也正是为了保护个人权利和节约交易费用之需要。

(3)国家权力又是个人权利的最大潜在侵害者。由于国家权力具有扩张性,保障权利的权力很容易异化为侵害权利的权力。事实上,在其他个人和组织的侵害面前,个人不仅可以自卫,而且可以寻求国家权力的保护,甚至可以诉诸于社会正义和人类理性;而在国家权力的侵害面前,个人无以自保,社会正义和人类理性都显得苍白无力。因此,必须限制国家权力,勘定个人权利与国家权力的界线。

(4)个人权利与国家权力既此消彼长,又相依共生。个人权利和国家权力并非完全对立。事实上,两者之间既有此消彼长的一面,又有相依共生的一面。比如个人的受教育权、环境权、社会保障权等权利的实现,就离不开国家相关权力的扩张与行使。当然,在许多特定的领域里,个人权利与国家权力确实又相互对立,此消彼长。只有公民具有强烈的权利意识与权利观念,才能在一定程度上抵消国家权力的非法扩张与恣意滥用。

第二节　国家权力的分工

一、权力分工的实质和目的

所谓权力分工,是指按照一定的标准和原则,对不同的国家机关所享有的职权范围及权力限度进行法律上的界定,以保证国家机关之间各司其职又相互配合的政治法律制度。

权力分工是历史发展的必然产物,也是政治文明和社会进步的标志。当社会发展到一定的阶段,随着国家管理事务的日益增多,必然要求对国家机构的职能进行合理的界定;同时,由于公共权力是相对脱离人民的,这就可能使权力背离其初衷,给人民带来损害甚至巨大灾难,人民也就必然要求对权力进行分工并加以限制。因此,权力分工的实质在于限制权力。具体地说,全国权力分工一是为了确定每一国家机关的权力界限,防止权力集中于少数人或个别机关手中;二是不允许任何权力不经法律的确认而取得合法地位。

权力分工的目的在于:①有限政府。即政府的权力不是绝对的、无限的,它必须有范围的限制,有外在的约束,从而把政府推下高高在上的神坛。②守法政府。政府虽然拥有很大的权力,但它具有与公民一样的法律人格,与公民处于同等的法律地位,因而必须与公民一样守法,绝不能超越法律。③责任政府。即政府作为法律上的人格,如同公民一样,必须对自己的行为负责,必须为自己的违法行为承担相应的法律责任。

二、权力分工的内容

1.纵向分工

纵向分工,指中央(即国家政权在全国范围内的领导机构)与地方(中央以下各级行政区域的统称)之间的权力划分。在这个问题上,有理论认为,地方是组成国家的基本单位,国家权力是由地方和人民赋予的,因而凡法律没有明确规定属于中央的权力,原则上由地方和人民保留。但也有理论认为,国家权力由人民直接赋予,地方权力是从国家权力中派生出来的,因而凡法律没有明确规定的权力,地方不得行使;权力归属不明时,原则上由中央确定。在我国,中央和地方的权限范围,是根据在中央的统一领导下,充分发挥地方的主动性、积极性的原则,由宪法和组织法来划定的。

2. 横向分工

横向分工,即处于同一层次的国家机关之间的权力划分。早在古希腊时代,亚里士多德就将国家职能分为议事、行政、审判三个方面,并将之确定为一切政体必备的三个要素。在资产阶级革命时期,英国的启蒙思想家洛克在其《政府论》下篇中把国家权力分为立法权、执行权和外交权三种;法国的孟德斯鸠在其《论法的精神》一书中把国家权力分为立法权、有关国际法事务的行政权和有关民事法规事务的司法权,三种权力互相制衡。在洛克、孟德斯鸠等思想家的"三权分立制衡"理论指导下,资产阶级国家建立了自己的政治体制,其中尤以美国的三权分立制衡最为典型。

现代国家的基本权力一般指立法权、司法权、行政权、军事权和监督权等。其中监督权本属立法权的派生权,但因其在现代国家和社会中的重要性,监督权也有上升为基本权力的趋向。从我国现行宪法来看,也规定了国家权力机关、行政机关、审判机关、检察机关、军事机关各自的权限范围,并规定其成员不得互相混淆。不过,与西方国家不同,我国的政治体制是按照议行合一与民主集中制的原则建立起来的,国家机关之间不是彼此独立的关系,而是从属与独立并存的关系。具体地说,全国人民代表大会是国家权力机关,行使着最高国家权力;国家行政、审判、检察机关都由人民代表大会产生,对人大负责,受人大监督,但行政、审判、检察机关之间是彼此独立的关系。

3. 内部分工

内部分工,这是指立法、行政、司法机关内部的权力分工问题。此种分工也包括纵、横两个方面的权限划分。

三、三权分立

17—18 世纪西欧资产阶级革命时期英国资产阶级政治思想家洛克和法国资产阶级启蒙学者孟德斯鸠提出了分权学说。这一学说基于这样一个理论前提,即绝对的权力导致绝对的腐败,所以,国家权力应该分立,互相制衡。

分权制约与代议制学说是启蒙时代契约论和民主论基础上生长出来的最富实际成效的精神花朵。孟德斯鸠在其代表作《论法的精神》中分析道,在一个自由的国家里,每个人都被认为具有自由的精神,都应该由自己来统治自己,所以立法权应该由人民集体享有。然而这在大国是不可能的，在小国也有许多不便，因此人民必须通过他们的代表来做一切他们自己所不能做的事情，这就是代议制。继洛克《政府论》对立法权与行政权分立之后，孟斯德鸠提出三权分立，即立法、行政、司法权的分立与制约。在《论法的精神》中孟德斯鸠指出，在民主国家中，人民仿佛愿意做什么就做什么，然而政治自由并不是愿做什么就做什么。在一个国家里，特别是在一个有法律的社会里，自由仅仅是一个人能够做他应该做的事情，而不被迫的去做他不应该做的事情，当一位公民做法律所禁止的事情就不再自由了。政治自由只在宽和的政府里存在，即使如此也不是经常存在，它只有在那样的国家权力不被滥用的时候才存在。但是一切有权力的人都容易滥用权力，它是万古不易的一条经验。有权力的人们使用权力一直到遇到界限的地方才休止。……从事物的性质来说，要防止滥用权力，必须以权力约束权力。我们可以有一种政制，不强迫任何人去做法律所不强制他做的事，也不禁止任何人去做法律所许可的事。孟德斯鸠认为，每一个国家都有三种权力：立法权、行政权和司法权。当立法权与行政权集中在同一人或同一机构手里，自由就不复存在，因为人们将要害怕这个国王或议会制定暴虐的法律，并暴虐地执行之。如果司法权不同立法权和行政权分立，自由也就不存在了。如果司法权同立法权合而为一，则将对公民的生命和自由放行专断的权力，因为法官就是立法者。如果司法权同行政权合二为一，法官便将握有压迫者的力量，于是就会有暴政，而公民的自由也就完了。因此最好的制度是三权分立，立法权归于人民，因为在一个自由的国家里人民应自己统治自己，但由于实际操作的困难，可实行代议制，立法权归于议会和人民选出的代表，这些代表对选民负责，行政权则可归于国王。司法权则应归于单独的机关。

以孟德斯鸠为代表的整个分权说有一个基本的设定，就是性恶论，认为人是自私的，有私心私欲，因此不可授予绝对权力，否则必然会专权弄权，导致腐败，而人民也可能失去自由。这个理论实际上是对无数历史经验的总结，英国阿克顿勋爵的名言"权力使人腐败，绝对的权力绝对地使人腐败"正是对此的概括。

资产阶级的思想家们希望按三权分立的设想建立一个民主、法治的国家。英法资产阶级革命和美国独立战争以后，三权分立成为资产阶级建立国家制度的根本原则。在当代，尽管西方国家的政治制度发生了很大变化，但三权分立仍然是它的一个根本特点。对于这种制度，西方的政治家和思想家非常推崇，认为只有实行三权分立，才是民主和法治的标志；不实行这种制度，就是专制。

我国的政体结构不采用三权分立原则，但仍承认国家权力的合理分工，近年也开始强调对国家权力要进行有效的制约。

第三节 三种最基本的国家权力

【案例】 第十一届全国人民代表大会第一次会议日程

第十一届全国人民代表大会第一次会议于 2008 年 3 月 5－18 日在北京召开,2008 年 3 月 4 日第十一届全国人大第一次会议主席团第一次会议通过了会议日常安排如下:

3 月 5 日(星期三)

上午 9 时 开幕会

1.国务院总理温家宝作政府工作报告

2.审查国务院关于 2007 年国民经济和社会发展计划执行情况与 2008 年国民经济和社会发展计划草案的报告

3.审查国务院关于 2007 年中央和地方预算执行情况与 2008 年中央和地方预算草案的报告

4.表决关于第十一届全国人民代表大会各专门委员会主任委员、副主任委员、委员人选的表决办法草案

5.表决第十一届全国人民代表大会财政经济委员会主任委员、副主任委员、委员名单草案

下午 3 时 代表团全体会议审议政府工作报告

3 月 6 日(星期四)

上午 9 时 代表小组会议审议政府工作报告

下午 3 时 代表团全体会议审议政府工作报告

3 月 7 日(星期五)

上午 9 时 代表小组会议审查计划报告和预算报告

下午 3 时 代表团全体会议审查计划报告和预算报告

3 月 8 日(星期六)

上午 9 时 代表小组会议审议政府工作报告,审查计划报告和预算报告;审议十一届全国人大一次会议选举和决定任命的办法草案

下午 3 时 第二次全体会议

全国人大常委会委员长吴邦国作全国人民代表大会常务委员会工作报告

3 月 9 日(星期日)

上午 9 时 代表团全体会议审议全国人大常委会工作报告

下午 3 时 代表小组会议审议全国人大常委会工作报告

3 月 10 日(星期一)

上午 9 时　第三次全体会议

1.最高人民法院院长肖扬作最高人民法院工作报告

2.最高人民检察院检察长贾春旺作最高人民检察院工作报告

下午 3 时　代表团全体会议审议最高人民法院工作报告和最高人民检察院工作报告;推选监票人

3 月 11 日(星期二)

上午 9 时　代表小组会议审议最高人民法院工作报告和最高人民检察院工作报告

下午 3 时　第四次全体会议

1.听取国务委员兼国务院秘书长华建敏关于国务院机构改革方案的说明

2.表决第十一届全国人民代表大会第一次会议选举和决定任命的办法草案

3 月 12 日(星期三)

上午 9 时　代表团全体会议或代表小组会议审议国务院机构改革方案

下午 3 时　代表团或代表按法律规定讨论和提出重要议案

3 月 13 日(星期四)

大会休息

3 月 14 日(星期五)

上午 9 时　代表团全体会议或代表小组会议酝酿协商第十一届全国人大常委会委员长、副委员长、秘书长、委员的人选,中华人民共和国主席、副主席的人选,中华人民共和国中央军事委员会主席的人选;审议关于国务院机构改革方案的决定草案

下午 3 时　代表小组会议酝酿协商第十一届全国人大常委会委员长、副委员长、秘书长、委员的人选,中华人民共和国主席、副主席的人选,中华人民共和国中央军事委员会主席的人选;审议关于国务院机构改革方案的决定草案

3 月 15 日(星期六)

上午 9 时　第五次全体会议

1.表决关于国务院机构改革方案的决定草案

2.表决总监票人、监票人名单草案

3.选举第十一届全国人民代表大会常务委员会委员长、副委员长、秘书长

4.选举第十一届全国人民代表大会常务委员会委员

5.选举中华人民共和国主席、副主席

6.选举中华人民共和国中央军事委员会主席

下午 3 时　代表小组会议酝酿国务院总理的人选,中华人民共和国中央军

事委员会副主席、委员的人选;酝酿协商最高人民法院院长的人选,最高人民检察院检察长的人选

3 月 16 日(星期日)

上午 9 时　第六次全体会议

1.决定国务院总理的人选

2.决定中华人民共和国中央军事委员会副主席、委员的人选

3.选举最高人民法院院长

4.选举最高人民检察院检察长

下午 3 时　代表小组会议酝酿国务院副总理、国务委员、各部部长、各委员会主任、中国人民银行行长、审计长、秘书长的人选,第十一届全国人大各专门委员会主任委员、副主任委员、委员的人选;审议各项决议草案

3 月 17 日(星期一)

上午 9 时　代表小组会议酝酿国务院副总理、国务委员、各部部长、各委员会主任、中国人民银行行长、审计长、秘书长的人选,第十一届全国人大各专门委员会主任委员、副主任委员、委员的人选;审议各项决议草案

下午 3 时　第七次全体会议

1.决定国务院副总理、国务委员、各部部长、各委员会主任、中国人民银行行长、审计长、秘书长的人选

2.表决第十一届全国人民代表大会各专门委员会主任委员、副主任委员、委员名单草案

3 月 18 日(星期二)

上午 9 时　闭幕会

1.表决关于政府工作报告的决议草案

2.表决关于 2007 年国民经济和社会发展计划执行情况与 2008 年国民经济和社会发展计划的决议草案

3.表决关于 2007 年中央和地方预算执行情况与 2008 年中央和地方预算的决议草案

4.表决关于全国人民代表大会常务委员会工作报告的决议草案

5.表决关于最高人民法院工作报告的决议草案

6.表决关于最高人民检察院工作报告的决议草案

7.中华人民共和国主席讲话

8.第十一届全国人大常委会委员长讲话

闭幕

开会时间:上午 9 时至 11 时 30 分

下午 3 时至 5 时 30 分

日程如需调整,由主席团常务主席决定

一、立法权

立法权是与行政权、司法权并立的一种独立的国家权力,其内容不限于制定国家法律,还包括对国家普遍性事务的规范、管理权,是国家立法机关所享有的各种权力的总和。

从权力性质的角度说,立法权是国家的最高权力,即立法权是产生其他权力的基础和母体,是高于其他权力之上的国家权力。实行三权分立的西方国家,设计了一种立法、行政、司法三权互相分立、互相制约的体制,其中任何一种权力都不致超越其他权力之上。但是,一个国家总要有一个机关代表主权成为最高权力,否则国家将无法有效地行使统治权。而且,从法治原则的角度看,要求一切国家机关及其公职人员都必须依法办事,行政机关、司法机关都必须在立法机关制定的法律所设定的范围内活动,并依照法律规定的标准、程序行使权力。显然,立法权为行政权、司法权设定了基本的活动框架,从这个意义上说,立法权也是高于行政权、司法权的。

立法权的中心内容是创制国家法律,包括立法创议权、通过法案权、法律修正权等。但除此之外,还行使财政权、人事任免权、监督权以及按惯例由立法机关行使的其他权力。在我国,全国人民代表大会及其常委会行使立法权、决定权、监督权、任免权等项权力,完整地体现了作为国家权力机关的地位,从上面给出的"第十一届全国人民代表大会第一次会议日程",我们可以看出人大如何行使这些权力的。

二、行政权

国家的三种权力中,行政权是最广泛的国家权力,与公民权利最接近,也就最容易发生冲突。我们可以一辈子不与立法权、司法权接近,但我们无时无刻不与行政权纠缠在一起。现实中人们也经常谈论,是权大还是法大?"权大还是法大"中的权,大多数情况下指行政权。那么,到底是权大还是法大呢?

1.行政权的含义和特征

行政权即国家行政机关执行法律、管理国家行政事务和社会事务的权力,是国家权力体系中的重要组成部分。行政权与行政职权不同,后者是具体行政机构和工作人员根据其任务、职位而依法被分配到的行政权,它是行政权在社会生活中的具体化。

行政权的特征主要是执行性、主动性和优益性。所谓执行性,是指行政权从根本上说,是执行国家法律和权力机关意志的权力,行政权的行使必须对权力机关负责,受权力机关监督。行政权既是国家行政机关对社会依法进行全面组织和管理的一项权力,又是国家行政机关所应当承担的一种职责。因此,国家行政机关在组织管理社会生活的过程中,一般都采取积极主动的行动去履行职责,而不需要行政相对人的意思表示,否则就是失职。所谓优益性,则是指行政主体在行使行政权时,依法享有一定的优先权。例如在紧急情况下,可以不受程序制约,对公民先行扣留、即时强制。

2.行政权的渊源

行政权的渊源即指行政权产生的根据。根据行政权产生方式的不同,可以把行政主体的行政权力分为固有权力和授予权力两种。所谓固有权力,是指该职权是由法律、法规直接设定给该组织,而不是事后由其他法律法规授予所得。授予权力系指该组织的权力是由其他法律法规授予给它的。一般来说,行政主体应当自己行使职权,但是,社会事态千变万化,许多复杂而紧迫的社会问题往往难以及时解决,这就出现了立法机关或行政机关制定一些特别的法律法规,授权给其他社会组织行使的情形,以提高行政效率,被授权的主体则因而取得了某一特定范围内的行政权力。此外,有时行政机关还将自己的某些权力委托给其他机关、组织或者个人行使。综上所述,行政权的渊源可以分为三个层次:一是法律的直接设定;二是法律法规的授权;三是行政机关依法进行委托。

3.行政权的内容

行政权的内容由于各国的具体规定不同而存在着不同的情况,大致说来,在20世纪以前,行政权主要有以下几种:

(1)授予权。即特定的国家行政机关依据相对人的申请赋予相对人某项权利的权力,如商标权的授予、专利权的授予等。

(2)许可权。指国家行政机关根据相对人的申请,依法决定是否准许相对人从事法律所限制或禁止的活动的权力。在广义上,许可权也是授予权,但授予权所授予的权利是完整的,是所有权或专用权,而许可权可授予的权利仅仅是某一领域或某一行业的经营权。

(3)确认权。指国家行政机关根据相对人的申请依法对申请人的法律地位、权利义务关系予以确认的权力。例如,道路交通事故责任认定,医疗事故责任认定,伤残等级的确定,产品质量的确认,对企业法人资格的确认,对纳税主体资格的确认,对土地等自然资源使用权的确认,对国有资产等所有权的确认,等等。

(4)征收权。即国家行政机关依法向相对人征收税款及其他财产的权力,征收权是运用国家强制力,无偿参与国民收入分配的一种重要手段。

(5)监督检查权。即国家行政机关对相对人遵守国家法律、法规或履行行政法义务的状况实施监督检查的权力。如对市场交易中不正当竞争行为的监督检查、产品质量的监督检查、价格的监督检查、财政税收检查等。

(6)调处权。指国家行政机关对民事争议的调解和对行政争议的复议裁决的权力。

(7)处罚权。即国家行政机关对违反行政法规定的相对人所实施处罚的权力。

(8)强制权。指国家行政机关对逃避或可能逃避履行行政法义务的相对人或危害及可能危害社会公共利益的相对人所采取的限制相对人某些权利或行为的强制性权力。在具体运用上,强制权的行使主要有人身强制、财产强制、行为强制等法定形式,其手段包括强制划拨、强制拍卖、强制拆除、强制履行等。

4.行政效率与行政权优益性

作为国家权力的一种,行政权力也同样来源于公民权利。但是,行政权力一旦形成,就成为一种独立的权力而存在,它代表的是社会公共利益,它存在的目的就是为了保障社会公共利益,所以效率、廉洁是行政权力第一位的价值目标。正是为了保障行政效率,行政权才获得了优益性。

行政优益权是由行政职权的公益性决定的。为了有效地维护公共利益,法律往往要赋予行政主体有效行使行政职权的保障条件,包括职务上的优先权和物质上的受益权,统称为行政优益权。

行政优先权,是指国家为保障行政主体有效地行使行政职权而赋予行政主体许多职务上的优先条件,即行政权与其他社会组织及公民个人的权利在同一领域或同一范围内相遇时,行政权具有优先行使和实现的效力,包括先行处置权、获得社会协助权和推定有效权等。先行处置权,是指行政主体在紧急条件下,可不受程序规定的制约,先行处置。如先行扣留、即时强制等。获得社会协助权,是指行政主体从事紧急公务时依法有权获得有关组织和个人的协助,这种协助不同于一般公务协助,它具有强制性,违反需承担法律责任。如公安机关或消防机构在执行紧急公务时,有权要求其他交通车辆避让。推定有效权,是为了保障行政效率和行政秩序的稳定性、连续性,法律规定行政主体的行政行为一经作出,即推定有效而开始执行,在行政复议和行政诉讼期间也不停止该行政行为的执行,而推定该行政行为只要未被依照法定程序加以撤销就一直是有效的。行政优先权的行使要求必须是行政主体在行使职权、从事公务时,为实现行政目的所必需,并且要有法律依据。

行政受益权,是指国家为保证行政主体有效行使行政职权而向它提供的各种物质保障条件。与优先权不同,受益权体现的是行政主体与国家之间的关系,而不是与相对人之间的关系。表现为国家向行政主体提供行政经费、办公条件、交通工具等。

行政优益权不属于行政职权,但它与行政职权具有密切联系,是行政职权有效行使的保障。

5.行政权的权威性

行政权具有极大的权威。行政权力的权威性充分表现在行政行为具有公定力,这在前面讲的行政优先性中已经提到,即推定有效权,具体表现在行政行为就称为公定力。行政行为的公定力,是指行政行为一经作出,即对任何人都具有被推定为合法、有效而予以尊重的法律效力。公定力的目的是为了使行政行为具有确定力并最终稳定已设的权利义务关系。当个人利益与公共利益不一致时,要求个人利益服从公共利益,并按公共利益的要求来恢复个人利益与公共利益的一致性。行政行为作出后,由于利益的冲突,就会出现纠纷。这时,是推定该行政行为违法不具有法律效力,还是推定该行为合法具有法律效力呢? 如果我们推定该行为违法而不具有法律效力,那么就意味着行政主体的意思表示不具有任何意义。也就是说,这将赋予相对人或其他组织、机关的意思表示具有与行政主体相同的法律效力,可以任意推翻或否定行政主体已作的意思表示。那么,任何有效的行政管理或法律秩序将无从谈起,行政将陷于瘫痪,公共利益或其他社会成员的个人利益以及该相对人本身的其他利益都将受到严重损失。因此,我们只能作合法有效的推定。因行政主体是公共利益的代表者、维护者和分配者。公共利益高于个人利益。公共利益代表者、维护者和分配者资格的一旦取得,就发生了行政主体的地位及其意思表示的效力高于相对人的效果。行政行为的公定力只是一种被推定的法律效力,即只要对该行为没有争议,或虽有争议但还没有被法律所推翻,该行为就应被视为合法、有效。因此,公定力并不意味行政行为真正合法、有效。在行政行为引起争议,其合法性、有效性受到怀疑时,就需要对行政行为进行法律审查。通过审查,对合法的行为予以肯定,对实质上违法的行为予以否定,对程序和形式上的违法予以补正。这就是行政救济。因此,行政救济的任务,就是消除相对人等对行政行为的怀疑,恢复相对人等对行政主体的信任和尊重;解除违法行政行为的公定力,从而使违法行政行为丧失确定力、拘束力和执行力,使行政主体取得相对人的真正信任和合作。行政救济的途径主要有行政复议与行政诉讼。

6.行政权的扩张与限度

自20世纪以来,世界各国国家权力的一大引人注目的变化,就是因强调国家干预和积极行政而导致的行政权的扩张与膨胀。这集中表现在三个方面:一是行政立法权的产生。行政立法权即行政机关基于议会或法律的授权制定行政法规或行政规章的权力,它是行政权对立法权的扩张。二是行政司法权的确立。

行政司法权即行政机关基于法律、法规的授权对特定的争议纠纷进行处理并依法做出裁决的权力,是行政权对司法活动的延伸或扩张。三是行政自由裁量权的不断扩大,这是行政权对公民个人权利挤压式的扩张。

行政权力的扩张有社会发展内在的需求因素,可以解决市场的失灵问题,维护社会秩序;但是,行政权力的扩张也带来了腐败加剧的问题。所以,针对行政权日益膨胀,进而侵蚀立法权、司法权和公民权利的情况,学者们因而提出了行政权的限度问题。

一是行政权对立法权的界限问题。在我国,行政权是由立法权所授予的,凡法律没有授予行政机关的权力,都应由权力机关保留。按照各国的通例,诸如公民的基本权利和义务、国家机构组织方面的制度、国家财政收入和支出等方面的立法,是行政机关不能涉足的领域。我国的《立法法》也对此进行了界定。

二是行政权对司法权的界限问题。自20世纪以来,行政司法已经是很普遍的现象(如行政复议、行政处罚、行政仲裁等),但也必须从法律上确定其行使的限度。一般不能涉及公民基本权利、生命、自由的处置;不得采取刑事、民事的处罚手段;必须遵循司法的一般组织原则和程序;而且在绝大多数情况下,行政机关的裁决应服从司法的最终裁判。

三是行政权与相对人权利之间的界限问题。一般认为,行政权与相对人权利之间的界限应服从以下原则:凡法律未授权的领域,行政机关不享有行政权;凡法律未禁止的领域,为相对人行使权利的领域。

7.依法行政原则

公权力都必须依法行使,行政权力的依法行使已经被概括为"依法行政"。依法行政就是行政机关行使行政权力、管理公共事务必须由法律授权并依据法律规定。法律是行政机关据以活动和人们对该活动进行评判的标准。依法行政的内涵包括以下几方面:

(1)职权法定。行政机关的职权,在我国主要是指中央政府及其所属部门和地方各级政府的职权,必须由法律规定。行政机关必须在法律规定的职权范围内活动。对行政机关来说,法无明文规定就是限制,凡法律没有授予的,行政机关就不得为之。法律禁止的当然更不得为之,否则就是超越职权。无论是在内部横向超越其他行政机关的职权或纵向超越上级行政机关的职权,还是在外部超越法律规定的职权,都会侵犯公民的合法权益,所以,行政职权法定,越权无效,是依法行政的主要内涵之一。行政机关的法定职权,一般有两种形式:一是由行政机关组织法规定的各机关的职责范围;二是由单行实体法规定的某一具体事项的管辖职权。

(2)法律保留。凡属宪法、法律规定只能由法律规定的事项,则或者只能由法律规定;或者必须在法律明确授权的情况下,行政机关才有权在其所制定的行政法规、行政规章中作出规定。我国宪法和法律对必须由法律规定的事项已作出某些规定。如宪法第 62 条规定,全国人民代表大会"修改宪法"、"制定和修改民事、刑事、国家机构和其他的基本法律",第 67 条规定全国人大常委会"制定和修改除应当由全国人民代表大会制定的法律以外的其他法律"。这两条规定的就是法律保留事项,即修改宪法、制定和修改刑事、民事、国家机构和其他基本法律,还有"其他法律",都只能由全国人民代表大会及其常委会来进行。再如《行政处罚法》中规定,涉及剥夺和限制公民人身权的行政处罚,只能由法律来设定,法律绝对保留,不予授权;涉及剥夺和限制公民财产权的行政处罚,可以由法律来设定,也可以由法律授权国务院以行政法规的形式设定。

(3)法律优先,或称法律优位。法律规范在效力上是有位阶层次的。法律在效力上高于行政法规、行政规章的效力。第一,在已有法律规定的情况下,行政法规和行政规章,不得与法律相抵触,凡有抵触,都以法律为准。第二,在法律尚无规定,行政法规、行政规章作了规定时,一旦法律就此事项作出规定,法律优先,行政法规、行政规章的规定必须服从法律。

(4)依据法律。行政机关的行为必须依据法律,或者说行政机关的行为必须有法律依据。行政机关的行政行为有两大类,即制定规范的抽象行政行为和作出具体处理决定的具体行政行为。依法行政不仅要求行政机关根据法律和法律的授权制定规范,还要求行政机关在作出具体行政作为时必须依据法律,否则虽然行政机关制定的规范都是根据法律或由法律授权,但在具体执行法律作出具体行政行为时却并不依据法律,那么,依法行政就会成为一句空话。因为规范制定得再好,最终仍要看其在现实生活中的落实。

(5)职权与职责统一。这是行政机关行使职权的一个重要原则。职权,就是宪法、法律授予行政机关管理经济和管理社会的权力,它与公民的权利不同。公民的权利可以行使也可以放弃;但行政机关的职权不仅是可以行使,而且是必须行使,不能放弃。法律授予行政机关的职权,实际上也就是赋予行政机关以义务和责任,行政机关必须尽一切力量去保证完成。因此,行政机关的职权从另一角度说,就是职责。职权与职责是统一的。放弃职权,不依法行使职权,就是不履行义务,就是失职,应该追究法律责任。

总之,实行依法行政就是要求行政机关按宪法、法律规定的职权对社会、经济、文化、教育等等的社会事务和国家事务进行管理,勤勉尽职,不消极失职;遵守宪法、法律规定的职权权限,做好自己分内的事,不越权;失职、越权都构成行政违法,都应承担法律责任。

三、司法权

【案例】 原山东省济宁市人民政府副市长李信受贿案

李信涉嫌受贿一案,由山东省人民检察院侦查终结,2005 年 1 月 17 日移交山东省潍坊市人民检察院审查起诉。潍坊市人民检察院在受理后,在法定期限内告知了被告人享有的诉讼权利,讯问了被告人,审查了全部案件材料。因案情重大、复杂,依法延长审查起诉期限半个月,退回补充侦查一次。2005 年 4 月 18 日,潍坊市人民检察院依法向潍坊市中级人民法院提起公诉。起诉书认定被告人李信犯罪事实如下:

1991 年至 2004 年 4 月,被告人李信利用担任济宁市机械设计研究院院长、济宁高新技术产业开发区管理委员会主任、济宁市人民政府副市长等职务上的便利,为他人谋取利益,收受或索取 40 个单位或个人送的人民币 3378300 元、美元 8.9 万元(折合人民币 734430 元)、人民币银行卡 30 万元、购物卡 4.2 万元及手表、项链等物品 3 件(价值人民币 53040 元),共计合人民币 4507770 元。

潍坊市中级人民法院依法组成合议庭公开审理了此案。法庭经审理认为:被告人李信身为国家工作人员,利用职务上的便利,索取他人财物,非法收受他人财物为他人谋取利益,严重侵害了国家工作人员职务行为的廉洁性,其行为已构成受贿罪,受贿数额特别巨大。公诉机关指控被告人李信犯受贿罪的事实清楚,证据确凿、充分,指控罪名成立。被告人李信认罪态度较好,具有坦白情节,且赃款、赃物已追缴。

2005 年 7 月 4 日,潍坊市中级人民法院依照《中华人民共和国刑法》第 12 条、第 385 条第 1 款、第 386 条、第 383 条第 1 款第(1)项、第 57 条第 1 款、第 57 条、第 61 条、第 64 条之规定,作出如下一审刑事判决:被告人李信犯受贿罪,判处无期徒刑,剥夺政治权利终身,并处没收个人全部财产。扣押在案的被告人李信犯罪所得的赃款、赃物,共计价值人民币 4507770 元,依法予以没收,上缴国库。

被告人李信不服潍坊市中级人民法院刑事一审判决,上诉至山东省高级人民法院。山东省高级人民法院经审理认为,一审判决认定的事实清楚,证据确凿、充分,定罪准确,量刑适当,审判程序合法。遂于 2005 年 9 月 26 日,依照《中华人民共和国刑事诉讼法》第 189 条第(1)项之规定,做出刑事终审裁定:驳回上诉,维持原判。

本案中舆论监督也起了很大的作用。本案被告人李信,在贪污受贿等丑行败露后,采取一切手段迫害知情人,甚至下跪推脱罪行。2004 年 6 月 10 日,"中国舆论监督网"刊登了相关文章和李信的下跪照片,随后,《南方周末》等媒体全面报道此事,形成了强大的舆论声势。7 月 26 日,李信被依法逮捕。

1.司法权的性质

司法权有狭义和广义两种理解。狭义的司法权指的是审判权,即司法机关通过对诉讼案件的审理、判决以执行法律的权力。广义的司法权则除审判权之外,还包括检察权、审判监督权等方面的权力。行使司法权的主体是国家司法机关,一般为法院。在我国,人民法院和人民检察院都是国家的司法机关;处理刑事案件时,公安机关也参与司法活动,行使部分司法权,即侦查权。

司法权与行政权都可以被看作“执行权”,即执行立法机关制定的法律的权力。但其实,这两种权力有实质性的差别,是两种不同性质的权力。早在 100 多年前,法国历史学家、社会学家托克维尔就将司法权视为“判断权”,而行政权则是一种管理权。判断属于思维范畴,管理属于行动范畴。管理贵在神速和有效,因而行政权的价值取向具有效率优先性;判断贵在公正和准确,因而司法权的价值取向具有公平优先性。

司法权作为一种判断权,一般认为由三个要素构成:①它以社会上既存的纠纷为对象;②由第三者即法官出面来解决纠纷;③判断的尺度是法律。

2.司法权在国家权力体系中的地位

司法权作为国家的一项重要权能,是国家权力体系中的重要组成部分。司法权自有国家以来即存在于社会之中,并被人们赋予了公平的理念。但是,与古老的司法制度相比,司法权在现今有两个明显的变化:一是从行政权中分离出来,成为同立法权、行政权并行的国家权力;二是权力的范围从民事、刑事案件的审理逐步扩大到行政以至违宪案件的审理。

在奴隶社会早期,国家的权力基本上不存在分工。行政权与司法权密切结合,没有严格划分,而且所有的国家权力集中在君主手中。奴隶制晚期,虽出现专门的审判机关,但最高统治者仍然集立法、行政、司法大权于一身。封建社会时期,虽然司法审判制度进一步发展,司法功能加强了,但是无论在中国还是在西方,司法都是从属于行政。国王或皇帝掌握着中央司法大权,决定对案件的裁判,特别是重大案件的裁判。在地方,则是地方行政长官或封建领主执掌司法权。司法脱离行政,三权分立提出后在资产阶级获得国家政权后付诸实施的。在我国,由于历史的原因,司法权在许多方面被人们当作行政权来对待,以致中国现行司法体制是一种高度“行政化”的体制。从司法的财政体制到法官人事制度甚至到法官的制服着装,无不与行政联系,带有浓郁的行政色彩。近几年来,许多人已开始意识到司法权与行政权是两种绝对不可混同或相互取代的国家权力,所以,司法体制改革现正如火如荼进行中,目的之一就是要使司法体制与行政体制的界线明确起来,以确保司法独立、司法公正。

3.司法权的特征

(1)专属性。即司法权只能由司法机关及其司法人员以国家名义依法行使,其他任何国家机关、社会组织和个人都不能行使这项权力。即使是国家司法机关的工作人员,也并非都能行使法律适用权,而只能是享有司法权的工作人员——即司法人员(在我国就是法官和检察官)才能行使法律适用权。司法权的专属性是相对于行政权的可转授性而言的,行政权的某些部分可以委托给民间组织、自治组织和非政府公职人员处理。

(2)独立性。司法独立是司法公正的前提。它有着多方面的含义:一是指司法机关依法独立行使国家审判权或检察权,任何其他国家机关、社会组织和个人无权干涉;二是指各级法院依法独立审判,上级法院只能在下级法院作出判决后,按照上诉或抗诉的法定程序变更其判决;三是指法官在案件审理过程中严格依法独立审判,不受任何方面的影响和干预;四是指法官在审判过程中,享有司法豁免权。现代各国一般都规定了司法权独立行使的运作体制,并就法官的权能保障和职业保障制度作了规定。

(3)被动性。司法权作为一种裁判案件的权力,遵循"不告不理"的原则,只有在它被公诉人或案件当事人一方请求(即提起诉讼)时才启动。司法权不能自主运行去追捕逃犯,惩罚罪犯,处理民事纠纷和行政纠纷。这是为了确保司法裁判的中立与公正,避免因主动介入而可能带来的先入为主与偏袒嫌疑。

(4)程序性。程序性是司法权的重要特色。司法权的行使从个案的角度看,涉及公民的切身权益甚至身家性命;而从总体上说,也关系到国家和社会的利益,因而必须遵循法律规定的程序,体现程序的固定性、顺序性和时限性等特点;保证司法权行使的严肃性。

4.司法权的内容和限度

司法权的内容简单地说有两项:一是对刑事、民事、经济、行政等案件的审判权;二是辅助性职权,如西方国家的法院不仅审判案件,还有公证结婚、执行遗嘱等职权。

在各项国家权力中,司法权应该说是最弱的。但随着法律在现代社会各个领域中地位的不断上升,以及法律对司法权界限规定的不明确,司法权也呈现出一定程度的膨胀现象。这主要体现在利用判例制度和司法解释制度而进行实质性的法官立法。

法官立法或称法官造法,一般认为是英国美国等实行判例法制度的国家的一种普遍现象,但事实上它也存在于其他国家的审判实践之中。在我国,判例不是法律的渊源,但根据法律规定,最高国家司法机关可以对属于审判、检察工作中具体应用的法律进行解释。从目前的情况看,司法解释不仅数量多内容杂,而且时有越权解释的情况。按法治的原则,司法解释不得违背法律原则或精神;不得在有法律明确规定的情况下创立新的规则;不得任意扩大或缩小法律条文的内涵。

第四节 国家权力运行的法律治理

【案例】 孙志刚案件

2003年3月17日湖北大学生孙志刚因无暂住证,被广州黄村街派出所错误收容并送至广州市民政局收容遣送中转站。3月19日晚因孙志刚大声叫喊求助,引起乔燕琴(救治站护工)的不满。乔燕琴便与吕二鹏、乔亡军、胡金艳(均为救治站护工)将孙志刚从201室调到206室,并授意该室内的李海婴等8人(均为被收治人员)殴打孙志刚。3月20日李海婴等8人对孙志刚轮番殴打,致孙昏迷,经抢救无效死亡。

2003年4月25日《南方都市报》发表《被收容者孙志刚之死》。2003年4至6月孙志刚的悲剧引起强烈反响,民众呼吁严惩凶手,开展违宪审查。5月13日,涉案犯罪嫌疑人全部被缉捕归案,6月18名被告分别被判处死刑及有期徒刑,另多名政府官员受处分。2003年6月20日《城市生活无着的流浪乞讨人员救助管理办法》公布。2003年8月1日,1982年起施行的《城市流浪乞讨人员收容遣送办法》被废止。

本案是近年舆论监督著名案例之一。

一、国家权力运行中存在的风险

权力运行是将法律上的权力转化为实际生活中国家机关及其工作人员权力的过程,是体现权力公共化的重要内容,因国家权力的设置目的就是为了公共利益的实现。

国家权力运行中存在的风险,就是可能出现权力的异化。因为权力是一柄双刃剑:运用得当,可以维护公民个人权利、维护社会秩序、促进社会发展;运用不当,则会成为侵犯公民权利的专制工具。正因为权力具有这两重忧,所以19世纪法国思想家邦雅曼·贡斯当称权力是一种必要的罪恶,权力之恶来自于人性之恶。

从负面作用看,国家权力的运行有两个重要特点:

(1)权力具有扩张性。国家权力的实质在于权力主体可以运用国家强制力对权力客体实施指挥、命令、支配。一般情况下,权力主体的权力实现程度是与权力相对人的服从状况成正比的,即相对人越服从主体,主体的权力就实现得越充分。这使得权力易于突破自身的合理界限,出现对客体的奴役。从法律上看,国家机关及其工作人员权力的扩张又总是以牺牲公民、法人和其他组织的合法权益为代价的,因而对于承受者来说,权力的扩张性乃是一种侵犯性。

(2)权力具有腐蚀性。权力主体享有公共事务的管理权,可以依据法律的一般规定,直接参与分配社会的政治、经济、文化等各方面的资源利益,实际地决定着人们的权利义务结构,每一种权力现象都无不同这样或那样的利益有直接或间接的关系。从某种意义上来说,权力运行过程实际上就是社会资源的分配过程。由于权力在运行过程中能够给权力主体带来地位、荣誉、利益,因而对权力行使者来说具有本能的自发腐蚀作用。如果不加以控制,就会诱发出各种腐败现象。

权力运行过程中之所以具有上述负面特性,根本的原因有两个:一是权力所有者与权力使用者的分离。现代国家,国家的一切权力属于人民,但由于国家人口众多、地域辽阔、民众参政议政能力参差不齐,不可能由全体人民直接行使国家权力,直接管理国家。人民通过定期选举产生代表机关,再由代表机关组织政府和司法机关来行使国家权力。这意味着在国家权力的持有和行使之间存在着某种程度的分离。这种分离隐含着权力失控和权力异化的风险。所谓"权力失控"就是国家权力不是按照权力所有者(人民)的意志行使,而是凭着权力行使者的意志、情绪或任性运行。所谓"权力异化",就是国家权力在运行过程中发生异变,不按权力的设置目的运行。权力失控和权力异化就使得公共的权力非公共化。二是人性和人格的弱点。被誉为美国宪法之父的麦迪逊曾指出:"政府本身若不是对人性的最大耻辱,又是什么呢? 如果人都是天使,就不需要任何政府了。如果是天使统治人,就不需要对政府有任何外来的或内在的控制了。"[1] 正因为以国家或政府名义行使公共权力的不是天使,而是人、而且是具体的单个的人,他们有着种种人性和人格的弱点,这些弱点对权力的作用方式及其作用程度,对权力的运行方向和运行结果,都会产生能动作用,甚至导致权力的异化,因而才需要对权力加以监督和制约。

二、国家权力的法律治理

国家权力的法律治理也就是依法治权,即通过法律上的各种方式和手段对权力进行管理、监督与控制,使国家权力与其责任相符并在法律范围内运行,以避免国家权力成为侵犯公民权利的专制工具。

---

① [美]汉密尔顿·杰伊·麦迪逊著,程逢台等译:《联邦党人文集》商务印书馆,1982 年版,第 264 页。

自从国家与法律产生以来,国家权力与法律就存在着密切的联系。一方面,法律表述权力,并且维护权力。奴隶社会、封建社会的法制史最典型地表明了权力与法律之间的从属关系。另一方面,法律又监控着权力,权力的合法化乃是现代社会对国家权力运行的基本要求。

如何划定权力的等级和界限?如何保持权力与权力之间的协调与制衡?如何在权利的充分实现和权力的高效运行之间求得平衡?到目前为止,人们还没有找到比法律更好的解决办法。

然而,法律本身是无力的,法律的权威和强制力本身也是以国家权力为后盾的,是从国家权力中派生出来的。甚至可以说,没有权力就没有法律。但是,在复杂的大规模的现代社会的范围里,有权力的人又迫切地需要一套精心制定的规则体系以指导并配合他的权力的行使。法律的功能之一就是规定权力的分配以及权力的具体内容,使权力合法化,并为权力的运作、制衡提供一个稳定的秩序框架。也正是在提供权力运作框架的过程中,法律借力制力,获得了自己独立存在的意义和高于权力的无上权威。

现代国家,以法律治理权力主要有以下几种方式:

(1)以权力制约权力。权力是一种强大的物质力量,必须用另外一种能够与之相抗衡的或者更强大的力量来制约,它才能够循规蹈矩。因此,必须对国家权力进行合理分工,并使各部分权力相对独立而又相互制衡,从而当一种权力超过其合法的限度时,就会立即引起其他权力去制止与限制。西方国家采用的就是三权分立的做法,在我国也已逐步建立起权力之间的相互制约机制并呈现出以下特点:一是人民代表大会对行政、审判、检察机关拥有单向的监督权,其他机关必须对人大负责,受人大监督;二是人民法院不仅在行政诉讼中可以对行政机关的具体行政行为进行审查、裁决,并且按国家赔偿法的规定,拥有对同级侦查、检察、监狱管理机关的赔偿纠纷的最终裁决权;三是人民检察院对人民法院的审判活动有权进行法律监督。在刑事诉讼中,公、检、法三机关之间也是相互制约、相互配合的。但总的来讲,以权力制约权力的机制在我国还需要进一步加强与完善。

(2)以权利制约权力。权利是一定社会中人的规范性行为的自由度,它体现着作为社会化了的人的自主性和主体地位。我国宪法和法律规定国家权力属于人民,也规定了人民参与国家事务管理和社会事务管理的各项基本权利,规定了对国家机关及其工作人员提出批评、建议、申诉、控告、检举的权利,并建立了行政复议制度、行政诉讼制度、国家赔偿制度来保障公民权利与国家权力抗衡。但总的来讲,公民权利还不足以与国家权力形成抗衡,所以,法治建设中一项重要内容就是要进一步扩大人民参政、议政的范围,增强公民的权利意识,从而加强个人权利监督国家权力运行的力量。

（3）以社会制约权力。权利要想有效地限制权力，必须有一定的中介，这就是市民社会。因为公民个人是分散的，面对一个巨大的国家，很难有能力与之抗衡。而市民社会作为一种中介组织，它是一种组织起来的力量，可以在一定程度上限制国家权力的行使范围。尼克松的"水门事件"，克林顿的"绯闻事件"，等等已经充分表明社会制约权力的巨大潜力和可能。社会制约权力的过程中，媒体的作用、新闻舆论的作用已经成了决定性的因素，这是好事还是坏事，也值得思考。新闻媒体被社会学家称为"第四种权力"，它同样也是双刃剑，在"焦点访谈"节目中可以看到大量的新闻媒体为维护公民权利而战的案例，但"继母虐女"、"纸馅包子"、"香蕉含SARS病毒"等虚假新闻事件也折射出新闻媒体的规范缺失。我国还没有一部专门的"新闻法"，所以，如何平衡对国家权力的监督与对新闻媒体权力的限制，仍是法学的一个热点课题。

【案例】　继母虐女案件

2007年6月19日，江西上饶市鄱阳县6岁女孩小慧，去二伯家过端午节时被发现全身是青紫色伤痕，鼻子、嘴巴、耳朵、双腿都在流血，小便里面也有血。后小慧突然喷血不止。亲戚将其送医治疗，医院即下了病危通知，诊断认定小慧是由于大量的外伤引起应激性溃疡、出血。输血后由于内脏破损无法承受，血喷涌而出，六块脊椎骨断裂，大小便失禁。事件曝光后，找出虐打小慧的丧心病狂的凶手成了事件的焦点，而小慧的父亲则坚持说是她自己摔伤的，小慧则说是遭继母虐打所致。在网络媒体、电视台、报纸多方面的报道下，引起人们对孩子的同情和对继母的唾骂，为了表达愤怒的情绪，民众甚至给这位继母冠以"史上最毒后妈"的"头衔"。为此，继母深感自己比窦娥还冤，甚至差点想以死来证明自己的清白。后来江西鄱阳警方介入事件的调查，终于弄清真相，千夫所指的"史上最毒后妈"陈某某并没有虐待小慧，小慧的伤确实是自己跌倒造成的。在这个事件中，新闻媒体在试图保护一个公民的权利时恰恰侵害了另一个公民的合法权益。

（4）以程序制约权力。法律程序是权力运行的"控制钮"和"安全阀"。法律程序可以延缓决定的作出、可以防止肆意妄为、可以作出理性选择。例如，在行政处罚中，通过设立行政听证程序，让行政相对人直接参加到行政决定程序中，听取行政主体决定的理由，为自己的行为进行申辩，从而可以保证行政行为的合法性与合理性。又如在刑事诉讼中，设置公诉、辩护、举证、质证、认证、陪审、合议和严格的审级等程序，都是为了抑制法官行为的随意性和随机性，防止滥用自由裁量权。

（5）以责任制约权力。任何一种权力都内涵着义务（即职责），权力与责任的统一是法治的必然要求。权力行使者必须对自己行使权力所带来的各种后果承担相应的责任,包括政治责任、道义责任和法律责任。从法律上说,以责任制约权力就是通过法律规范来明确规定权力主体对其行为应负的法律责任,并通过一整套的具体制度予以保障。责任制度的确立,有利于增强国家机关及其工作人员依法执行公务的自觉性,在法律规定的范围内行使人民赋予的权力。我国已经有《国家赔偿法》。

第六讲 法律关系(一)

第一节 家庭关系

一、家庭关系

家庭关系是指基于婚姻、血缘或法律拟制而形成的一定范围的亲属之间的权利和义务关系。家庭关系依据主体为标准可以分为夫妻关系、亲子关系和其他家庭成员之间的关系。家庭关系由《婚姻法》规定并调整。

二、夫妻关系

在家庭关系中,最初也是最核心的关系是夫妻关系。夫妻关系是指一对男女依据婚姻法的有关规定确立配偶关系后形成的权利义务关系,男女双方通过合法的结婚手续在性生活、社会生活和经济等方面过着共同生活的关系。夫妻关系在家庭关系中是处于第一位的关系,亲子关系、其他家庭成员之间的关系均是由夫妻关系派生出来的,没有夫妻关系,也就不存在其他关系。我国《婚姻法》规定夫妻在家庭中地位平等,即夫妻对于共同生活中的共同事务如住所、生活方式等拥有平等的决策权,夫妻拥有平等的姓名权、人身自由权,共同承担计划生育的义务,夫妻对共同财产拥有平等的所有权、管理权、用益处分权,对子女拥有平等的监护权等。

(一)夫妻关系的形成

夫妻关系的形成,婚姻法规定了相应的条件与程序,就是依法办理结婚登记。

结婚条件有两种:一是必须具备的条件,二是禁止结婚的条件。

必须具备的条件为:

(1)结婚必须男女双方完全自愿,不许一方对他方加以强迫或任何第三者加以干涉。

(2)结婚年龄男不得早于 22 周岁,女不得早于 20 周岁。法定年龄以户口簿、身份证为准。计算法定年龄应以个人的周岁计,不能以虚岁计。法定结婚年龄是国家依据我国人民身心发育及责任能力和国家政治、经济发展状况,为控制人口过度增长、保证优生优育制定的,任何人不得随意更改(民族自治地区政府可按本民族情况制定婚龄报全国人大代会批准后方可实施)。

(3)符合一夫一妻制的基本原则。已经与第三者有婚姻关系,而且这种婚姻关系没有中止的人,不能再结婚,否则就构成重婚。

禁止结婚的条件有:

(1)直系血亲和三代以内的旁系血亲。直系血亲,是指具有直接血缘关系的亲属,具体是指直接生育自己和自己所生育的上下各代的亲属,如父母和子女、祖父母、外祖父母和孙子女、外孙子女等都包括在内。三代以内的旁系血亲,是指出于同一祖父母、外祖父母的旁系血亲,具体包括:兄弟姐妹;伯、叔、姑、舅与侄(侄女)、甥(甥女);堂兄弟姐妹、表兄弟姐妹。近亲属结婚,极容易将一方或双方生理上、精神上的弱点和缺陷毫无保留地暴露出来,累积起来遗传给后代。据统计,人类隐性遗传性疾病有 1000 多种,如父母为近亲,其带来隐性基因发病率高出非近亲结婚的 150 倍,出生婴儿的死亡率也高出 3 倍多。禁止近亲结婚,对提高中华民族的整体素质,促进民族的繁荣昌盛具有重要意义。

(2)患有医学上认为不应当结婚的疾病。医学上认为不应当结婚的疾病主要有以下几类:①患性病未治愈的;②重症精神病(包括精神分裂症、躁狂抑郁症和其他精神病发病期间);③先天痴呆症(包括重症智力低下者);④非常严重的遗传性疾病。

结婚的法定程序是结婚登记。我国《婚姻法》第 8 条规定:"要求结婚的男女双方必须亲自到婚姻登记机关进行结婚登记。符合本法规定的,予以登记,发给结婚证,即确立夫妻关系。"符合法定结婚条件的男女,只有在办理结婚登记以后,其婚姻关系才具有法律效力,受到国家的承认和保护。

关于结婚登记的程序,《婚姻登记条例》有具体规定,登记时,男女双方须持本人居民身份证或户籍证明及所在单位或村民委员会(居民委员会)出具的关于本人出生年月和婚姻状况的证明,共同到其中一方户口所在地的婚姻登记机关提出申请。离过婚的申请再婚时,还应持离婚证件。婚姻登记机关,在城市是街道办事处或区人民政府、不设区的市人民政府,在农村是乡、民族乡、镇人民政府。登记机关对当事人的申请进行认真审查后,对符合法定结婚条件的,即准予登记,发给结婚证;否则不予登记。当事人如不同意登记机关的决定,有权提请上一级主管机关解决。

(二)夫妻关系的内容

【案例】 丈夫违反"忠诚协议",被判赔偿妻子30万

上海市某区法院一审判决了一起丈夫违反"忠诚协议"赔偿妻子30万的案件。钟平与方芳(化名)于2004年10月8日结婚,并签署了一份"忠诚协议"书,约定,任何一方在婚期内有背叛另一方的行为,应赔偿另一方金额30万元人民币。结婚后不久,方芳就发现钟平与其他女性有不正当关系。为此,夫妻俩矛盾不断加剧。钟平遂向法院提出离婚。2006年5月,法院判决他们离婚后,方芳以钟平违反"忠诚协议"为由提出反诉,要求其支付30万元赔偿金。法院支持了方芳的反诉请求,判决钟平向方芳赔偿30万元人民币。

分析:本案中法院认定"协议"有效,是因为该"协议"不违反法律和不损害公共利益。在婚姻关系中,夫妻双方应当互相忠实,互相尊重。所以,本案的赔偿实质上还是依据夫妻一方"不忠"要承担赔偿责任的原则来处理的。我国《婚姻法》第46条规定:有下列情形之一,导致离婚的,无过错方有权请求损害赔偿:(一)重婚的;(二)有配偶者与他人同居的;(三)实施家庭暴力的;(四)虐待、遗弃家庭成员的。"损害赔偿",包括物质损害赔偿和精神损害赔偿。涉及精神损害赔偿的,适用最高人民法院《关于确定民事侵权精神损害赔偿责任若干问题的解释》的有关规定。损害赔偿的数额在本案中双方当事人以"协议"的方式已经确定,就是30万元人民币。

根据我国婚姻法的规定,夫妻关系依据是否具有直接财产内容可以分为夫妻人身关系和夫妻财产关系两种。

1.夫妻之间的人身关系。夫妻之间的人身关系中的权利义务有以下几方面的内容:①夫妻都有各用自己姓名的权利;②夫妻都有生产、工作、学习和社会活动的自由,任何一方都不得对他方加以限制或干涉;③夫妻都有实行计划生育的义务;④夫妻有互相忠实、互相尊重的义务。

2.夫妻之间的财产关系。夫妻之间的财产关系涉及的是夫妻共同财产。所谓夫妻共同财产,是指受我国《婚姻法》调整的在夫妻关系存续期间夫妻所共同拥有的财产。所谓夫妻关系存续期间,是指夫妻结婚后到一方死亡或者离婚之前这段时间。夫妻共同财产的特征如下:

(1)夫妻共同财产的来源,为夫妻双方或一方所得的财产,既包括夫妻通过劳动所得的财产,也包括其他非劳动所得的合法财产,当然,法律直接规定为个人特有财产的和夫妻约定为个人财产的除外。《婚姻法》对夫妻在婚姻关系存续期间所得的、应归夫妻共同所有的财产范围作出了规定,即夫妻在婚姻关系存续期间所得的下列财产归夫妻共同所有:①工资、奖金,指在夫妻关系存续期间一方或双方的工资、奖金收入及各种福利性政策性收入、补贴;②生产、经营的收益,指的是在夫妻关系存续期间,夫妻一方或双方从事生产、经营的收益;③知识产权的收益,指的是在夫妻关系存续期间,夫妻一方或双方拥有的知识产权的收益;④继承或赠与所得的财产,是指在夫妻关系存续期间一方或双方因继承遗产和接受赠与所得的财产。对于继承遗产的所得,指的是财产权利的取得,而不是对财产的实际占有。即使婚姻关系终止前并未实际占有,但只要继承发生在夫妻关系存续期间,所继承的财产也是夫妻共同财产;⑤其他应当归共同所有的财产。下列财产归夫妻个人所有,双方另有约定的除外:①一方的婚前财产;②因一方身体受到伤害获得的医疗费、残疾人生活补助费等费用;③遗嘱或赠与合同中确定只归一方的财产;④一方专用的生活用品;⑤其他应当归一方的财产。

(2)夫妻对共同财产享有平等的所有权,双方享有同等的权利,承担同等的义务。夫妻对共同所有的财产,有平等的处理权。特别是夫妻一方对共同财产的处分,除另有约定外,应当取得对方的同意。

(3)不能证明属于夫妻一方的财产,推定为夫妻共同财产。最高人民法院1993年11月的《关于人民法院审理离婚案件处理财产分割问题的若干具体意见》(以下简称《意见》)中规定:"对个人财产还是夫妻共同财产难以确定的,主张权利的一方有责任举证。当事人举不出有力证据,人民法院又无法查实的,按夫妻共同财产处理。"

(4)分割夫妻共同财产,原则上应当均等分割。根据生产、生活的实际需要、财产的来源等情况,由双方协议处理,协议不成时,由人民法院根据财产的具体情况,照顾子女和女方权益的原则判决。

(5)夫妻一方死亡,如果分割遗产,应当先将夫妻共同财产的一半分归另一方所有,其余的财产为死者遗产,按照继承法处理。

(6)夫妻可以对夫妻共同财产做出约定。约定夫妻共同财产是指婚姻当事人通过协议形式,对婚前、婚后财产的占有、管理、使用、收益、处分以及债务的清偿、婚姻关系终止时的财产清算等事项作出约定的一种财产制度。只要夫妻双方具有完全民事行为能力、夫妻双方的意思表示真实、约定不违反法律和社会公共利益、约定不损害第三人的合法权益,夫妻对共同财产做出约定就是合法有效的,法律就要保护。

3.夫妻有互相扶养的义务。一方不履行扶养义务时,需要扶养的一方,有要求对方付给扶养费的权利。

4.夫妻作为第一顺序法定继承人相互享有继承权。

【案例】　支付扶助费案件

原告陈应萍、被告古为民于1999年8月31日结婚,2001年6月1日生一子古乐乐。2004年底被告以其名义开办某电器店。2004年2月因原、被告感情不和,原告携子回老家居住至今。回乡期间,原告无工作,无土地,失去生活来源,原告及其子生活困难,原告遂于2006年8月6日诉至法院要求被告但给付儿子抚养费自2004年2月1日起到儿子成年止每月300元整、给付原告扶养费自2004年2月1日起至2007年9月1日止每月300元整。审理中,被告陈述其电器店已经不开了,现在自己亦无固定收入,故儿子的抚养费一定会支付,但无法再承担对原告的扶养义务;原告则认为,即使被告后来不开电器店了,被告也有一技之长,故有能力承担扶养义务。法院经公开开庭进行审理后认为:夫妻有互相扶养的义务。一方不履行扶养义务时,需要扶养的一方,有要求对方付给扶养费的权利。在本案中,原、被告系夫妻,并育有一子,因双方感情不和,原告携子回老家居住生活至今。现因原告无固定经济收入,携子生活有一定困难,故要求被告给付抚养费和扶养费,理由正当,本院予以支持。除了原告已经同意支付的儿子的抚养费外,对原告的扶养费应按照原告的实际需要和被告的负担能力均衡确定,确定为每月100元比较合理;对于扶养时间,应从原告明确其诉讼请求即2006年8月起计算至其所要求给付的截止日期即2007年9月1日止,比较合理。据此,依照《中华人民共和国婚姻法》第20条之规定,判决:被告古为民给付原告陈应萍儿子抚养费自2004年2月1日起到儿子成年止每月300元整;被告古为民给付原告陈应萍自2006年8月起至2007年9月1日止扶养费每月100元整。宣判后,原、被告双方均未上诉。

　　分析:1.《婚姻法》规定,父母对未成年子女有抚养的义务,所以,所以本案中被告有义务给付儿子的抚养费的义务。2.《婚姻法》规定,夫妻有互相扶养的义务,一方不履行扶养义务时,需要扶养的一方有要求对方付给扶养费的权利。这里的扶养特指夫妻相互之间在经济上供养对方和生活上扶助对方。生活上的扶助包括情感上的慰藉、精神上的安慰、家务的代理和分担及生活中的关心和体贴。夫妻间的扶养义务是基于夫妻特定的人身关系而产生,始于婚姻缔结之日,终于夫妻离婚或一方死亡时为止。扶养责任的承担,既是婚姻关系得以维持和存续的前提,也是夫妻共同生活的保障。夫妻间的扶养,既是权利,也是义务。夫妻享有平等的受扶养权,也要平等地履行扶养配偶的义务。夫妻间的扶养是有条件的。它的履行以一方需要扶养和另一方有能力扶养为限。要求给付扶养费的一方,只有在"需要扶养"时,才能行使要求对方给付扶养费的请求权。这里的"需要"是指要求扶养的一方年老、病残、丧失劳动能力又无其他经济来源,生活发生困难的情况。而一方主张扶养权在具备上述条件的同时,还必须具备对方具有扶养能力这个条件,否则不能主张这项权利。因为这种权利义务关系是基于婚姻的效力而产生的,它不同于债权债务关系因一定的事实而产生或消灭,且债权人完全可以不受债务人有无履行能力的条件限制,随时可以通过包括诉讼在内的多种手段主张和实现债权。夫妻间的扶养具有法律强制性。当夫妻一方不履行扶养义务时,需要扶养的一方有权要求对方履行扶养义务。当扶养义务人拒绝履行扶养义务时,扶养权利人可请求法律救济,并可强制执行。综上所述,法院根据有关法律规定和立法精神作出上述判决是正确的。

(三)准婚姻关系

我们这里所说的准婚姻关系,是指未婚男女不办理结婚登记手续而同居的两性结合关系的事实状态,是现代社会两性结合的一种特殊形式。它不仅涉及准婚姻关系当事人的自身利益,而且涉及他们子女的利益问题。

在现实社会生活中,大量存在没有进行结婚登记而同居的男女,他们的关系没有婚姻的合法形式,但是又在一起像夫妻那样共同生活。对于这样的男女同居生活,在法律上究竟应当怎样认识,同时,他们的同居生活又会产生一系列的法律上的问题,如与共同生育的子女的关系和双方的财产关系。

1.准婚姻关系当事人与共同生育的子女的关系

对准婚姻关系当事人所生的子女,现在我国的《婚姻法》基本是当作非婚生子女看待,与婚生子女有相同的权利,即适用父母子女关系的一切规定,双方当事人各自对子女发生父母子女间的权利义务关系,享有亲权,法律不得对其子女有任何歧视行为。在准婚姻关系当事人的准婚姻关系解除之后,子女未成年的,可以向其父或母请求抚养给付。对于丧失生活来源的父或母,成年子女负有赡养义务。相应的,当事人的子女对于当事人各自的父母间,产生直系血亲关系,取得祖孙、外祖孙身份,发生祖孙、外祖孙的权利义务关系,享有亲属权。

2.准婚姻关系当事人之间的财产关系

对准婚姻关系当事人之间的财产关系,现行婚姻法确定的原则是按双方当事人各自财产分别所有处理。发生纠纷时,有明确约定的,按照约定处理;没有约定的,按照各自对财产范围的举证证明情况认定,个人的财产归个人所有。在同居期间,财产确实已经混同在一起的,按照按份共有的规则处理;有明确份额的,按照份额确定分割的财产,没有明确的份额的,按照双方的收入和对家务承担的劳动,确定适当的份额比例;不能确定各自份额的,推定为相同份额。在双方当事人之间不产生财产继承关系,不得相互继承遗产。

(四)夫妻关系的解除

夫妻关系因一方死亡或因离婚而消灭。离婚是夫妻关系的解除。按照我国《婚姻法》的规定,如感情确已破裂,调解无效,应准予离婚。夫妻"感情确已破裂"是判决离婚的法定条件。《婚姻法》规定:男女双方自愿离婚的,准予离婚。双方必须到婚姻登记机关申请离婚。婚姻登记机关查明双方确实是自愿并对子女和财产问题已有适当处理时,发给离婚证。男女一方要求离婚的,可由有关部门进行调解或直接向人民法院提出离婚诉讼。离婚的方式有协议离婚与诉讼离婚两种。

1.协议离婚

根据《婚姻法》和《婚姻登记管理条例》的规定,准予协议离婚登记的法定条件是:

(1)申请离婚的男女双方必须是已经办理结婚登记的合法夫妻,能提供结婚证或夫妻关系证明书。非法同居、事实婚姻、无结婚证的,当事人申请离婚的,婚姻登记机关不予受理。根据《婚姻登记管理条例》第18条的规定,未办理过结婚登记的男女申请离婚登记的,婚姻登记管理机关不予受理。其间发生的有关身份关系的纠纷,以及涉及子女、财产问题的争议,可以诉请人民法院处理。

(2)申请离婚的男女双方应当都具有完全民事行为能力。凡不具备完全民事行为能力的人,只能由其法定代理人向人民法院起诉或者应诉离婚。只有完全民事行为能力人才能独立自主地处理自己的婚姻问题。一方或者双方当事人为限制民事行为能力或者无民事行为能力的,即精神病患者、痴呆症患者,不适用协议离婚程序,只能适用诉讼程序处理离婚问题,以维护没有完全民事行为能力当事人的合法权益。

(3)离婚申请书是申请离婚的男女双方本人自愿真实意思表示。登记离婚必须是夫妻双方自愿,非受外界的阻挠、干涉的自愿行为。对于一方要求离婚的,婚姻登记管理机关不予受理。"双方自愿"是协议离婚的基本条件,协议离婚的当事人应当有一致的离婚意愿。这一意愿必须是真实而非虚假的;必须是自主作出的而不是受对方或第三方欺诈、胁迫或因重大误解而形成的;必须是一致的而不是有分歧的。

(4)申请登记离婚的男女双方已经就夫妻财产、债权、债务及子女的抚养或对生活困难一方的经济帮助达成离婚协议。对子女抚养、夫妻一方生活困难的帮助、财产及债务处理事项未达成协议的,婚姻登记管理机关不予受理。"对子女和财产问题已有适当处理"是协议离婚的必要条件。如果婚姻关系当事人不能对离婚后的子女和财产问题达成一致意见、作出适当处理的话,则不能通过婚姻登记程序离婚,而只能通过诉讼程序离婚。对子女问题有适当处理,是指对双方离婚后有关子女抚养、教育、探望等问题,在有利于保护子女合法权益的原则下作了合理的、妥当的安排。包括子女由哪一方直接抚养,子女的抚养费和教育费如何负担、如何给付等等。由于父母与子女的关系不因父母离婚而消除,协议中还可以约定不直接抚育方对子女探望权利行使的内容,包括探望的方式、时间等。

对财产问题有适当处理,主要包括:①在不侵害任何一方合法权益的前提下,对夫妻共同财产作合理分割,对给予生活困难的另一方以经济帮助作妥善安排,并切实解决好双方离婚后的住房问题;②在不侵害国家、集体和第三人利益的前提下,对共同债务的清偿作出负责的处理。

(5)男女双方必须亲自到婚姻登记机关共同提出离婚申请。

2.诉讼离婚

当事人不符合协议离婚的条件或者当事人一方或双方不愿采用协议的方式离婚的,都有权选择诉讼的方式,请求法院判决离婚。人民法院审理离婚案件,应当进行调解;如感情确已破裂,调解无效,应准予离婚。婚姻法把准予离婚归纳为不忠、分居、失踪、虐待、遗弃、恶习、威胁安全以及其他导致夫妻感情破裂的情形。有下列情形之一,调解无效的,应判决准予离婚:

(1)重婚或有配偶者与他人同居的。重婚行为有两种形式:一是法律上的重婚,即有配偶者又与他人登记结婚。二是事实上的重婚,即有配偶者虽然未与他人登记结婚,但确与他人以夫妻名义同居生活。有配偶者与他人同居是一种类似于重婚的违法行为。重婚或有配偶者与他人同居,另一方不予宽恕的,可视为婚姻关系确已破裂;一方要求离婚,经调解无效,应依法判决准予离婚。

(2)实施家庭暴力或虐待、遗弃家庭成员的。实施家庭暴力是指发生在家庭内部的夫妻一方对另一方人身安全构成重大威胁的暴力行为。家庭暴力直接侵犯公民人身权利和正常的家庭秩序,破坏家庭成员间的平等地位与和谐关系,影响社会安定团结。虐待是指以作为或不作为的形式对家庭成员歧视、折磨、摧残,使其在精神上、肉体上遭受损害的违法行为,如打骂、恐吓、冻、饿、患病不予治疗、限制人身自由等。遗弃是指家庭成员中负有赡养、扶养和抚养义务的一方,对需要赡养、扶养和抚养的另一方不履行其应尽义务的违法行为,如父母不抚养未成年子女;成年子女不赡养无劳动能力或生活困难的父母;丈夫或妻子不履行扶养对方的义务等。虐待和遗弃行为的受害者往往是家庭中的老弱病残者和缺乏独立生活能力的人。因而这些违法行为具有相当大的危害性,它破坏了婚姻家庭关系,侵害了家庭成员的人身和财产权利。若一方受另一方的虐待、遗弃而提起离婚请求的,经调解无效,可认定夫妻感情破裂,判决准予离婚。

(3)有赌博、吸毒等恶习屡教不改的。一方有赌博、酗酒、吸毒等恶习屡教不改,常常导致家庭经济困难,也是造成家庭暴力的原因之一。特别是吸毒会导致吸毒者神经麻醉,不能控制自己的行为和意志,可能造成各种犯罪后果,必然会严重地危害夫妻感情。一方染上这些恶习屡教不改的,不履行家庭义务,双方难以同居生活的,另一方提起诉讼要求解除婚姻关系的,视为感情破裂。经调解无效后,可判决准予离婚。

(4)因感情不和分居满 2 年的。适用此条款须满足四个要件,第一,有分居满 2 年的事实。一般情况下指分居处于持续状态。第二,分居的原因是因感情不和,而不是其他原因。分居 2 年就可以离婚。第三,是诉讼离婚,而不是协议离婚。离婚条件不是一定要分居。第四,经过调解无效。

(5)其他导致夫妻感情破裂的情形。指除以上四种情形以外的导致夫妻感情破裂的情况。离婚纠纷相当复杂,导致夫妻感情破裂的原因是多种多样的。有的是因家庭经济问题、子女问题、赡养老人等问题引起的,有的是因性格不投、志趣不合、感情淡化或变异而引起的。因一方被追究刑事责任,严重伤害夫妻感情而导致感情破裂以及婚后患有医学上认为不应当结婚的疾病而导致感情危机,也是一方提出离婚的理由。

(6)一方被宣告失踪,另一方提出离婚诉讼的,应准予离婚。一方被宣告失踪是指夫妻一方离开住所地下落不明达到一定期限,人民法院根据利害关系人的申请,判决宣告该公民为失踪人。申请宣告公民失踪的条件:一是该公民离开最后住所地后下落不明;二是该公民下落不明的时间必须满 2 年。下落不明人的住所地的人民法院受理利害关系人的申请后,必须发出寻找下落不明人的公告,公告期为 3 个月,夫妻一方下落不明的事实说明夫妻生活已中断 2 年以上,夫妻间的权利义务因一方失踪而没有履行,这种时空的间隔必然会影响到夫妻感情。在这样的处境下,另一方提出离婚诉讼,经法院单方面调解无效,应视为感情破裂,判决准予离婚。法院受理后是否要公告查找,是否要在公告期届满后下落不明的一方未应诉的情况下,才能作出判决,婚姻法未对此作出具体规定。

三、父母子女关系

父母子女关系,也称亲子关系,是指父母和子女之间的权利、义务关系。依据我国《婚姻法》的规定,父母子女关系可以分为婚生父母子女、非婚生父母子女、养父母养子女和继父母继子女四类。

1.婚生父母子女之间的权利义务依据我国《婚姻法》的规定主要有:①父母对子女有抚养教育的义务。父母不履行抚养义务时,未成年的或不能独立生活的成年子女,有要求父母付给抚养费的权利。②子女对父母有赡养扶助的义务。子女不履行赡养义务时,无劳动能力的或生活困难的父母,有要求子女付给赡养费的权利。禁止溺婴、弃婴和其他残害婴儿的行为。③子女可以随父姓,也可以随母姓。④父母有管教和保护未成年子女的权利和义务。在未成年子女对国家、集体或他人造成损害时,父母有承担民事责任的义务。⑤父母和子女有相互继承遗产的权利。⑥子女应当尊重父母的婚姻权利,不得干涉父母再婚以及婚后的生活;子女对父母的赡养义务,不因父母的婚姻关系变化而终止。

2.非婚生父母子女之间的权利义务主要有:①非婚生子女享有与婚生子女同等的权利,任何人不得加以危害和歧视;②非婚生子女的生父母,都应负担子女的生活费和教育费,直至子女能独立生活为止;③非婚生父母子女之间相互享有继承权。

3.养父母和养子女间的权利和义务,依据《婚姻法》和《收养法》的有关规定,主要有:①养父母子女之间的权利义务适用《婚姻法》对婚生父母子女关系的有关规定,但对于养子女的姓氏,《收养法》规定可以随养父或养母的姓,经过协商同意可以保留原姓;②养子女和养父母的其他亲属之间的权利和义务适用(婚姻法)对子女和其他亲属之间权利义务的有关规定;③养子女和生父母间的权利和义务,因收养关系的成立而暂停,在收养关系解除后生父母与生子女之间的权利义务关系恢复。

4.继父或继母与继子女之间的权利义务主要有:①继父母与继子女间,不得虐待或歧视;②继父或继母和受其抚养教育的继子女间的权利和义务,适用婚姻法对婚生父母子女关系的有关规定;③有扶养关系的继父母与继子女作为第一顺序继承人相互享有继承权。

【案例】　徐小慧诉生父杨祖宏给付抚养费纠纷案

徐小慧父母杨祖宏、徐爱梅因感情破裂,由广东省海南行政区中级人民法院(1998)海法民上字第3号民事判决书判决离婚,男孩由徐爱梅抚养,女孩由杨祖宏抚养。离婚后,两个孩子均随徐爱梅生活。1996年经澄迈县人民法院(1996)澄(金)民初字第57号民事判决书判决杨祖宏付给徐爱梅抚养女孩徐小慧12年生活费14400元。杨祖宏已全部给付。2000年9月,徐小慧进入海南政法学校就读,属中南政法大学大专助考生,学制二年。二年学费、住宿费、教材资料共计10000元;生活费按每月300元计,两年共7200元。原告徐小慧的母亲系澄迈县金江办教师,实领月工资842元。离婚后在海口市海垦东路金桥新村购置一套房,并在该房的阳台处以儿子名义开办一间小卖部。被告杨祖宏系澄迈县农机一厂下岗职工,再婚后生育两个孩子,家庭主要生活来源以被告杨祖宏维修钟表收入。2001年,被告杨祖宏经诊断患开角型青光眼,先后在海南省人民医院治疗,花去医疗费927.24元。

一审法院认为:原告徐小慧现在海南政法学校读书,属尚未独立生活的成年人,因此有权向其父亲或母亲给付抚育费的权利。故原告徐小慧要求被告杨祖宏给付抚育费合乎情理。被告杨祖宏现无固定收入,又患病在身,可根据实际情况支付抚育费,不足部分可由原告徐小慧的母亲给付。法院依据《中华人民共和国婚姻法》第20条第1、2款、第36条第2款、最高人民法院《关于人民法院审理离婚案件处理子女抚养问题的若干具体意见》的规定,判决被告杨祖宏应付给原告徐小慧抚育费 5734 元。限在本判决书发生法律效力后一个月内履行完毕。一审判决后,上诉人杨祖宏不服,提出上诉称:被上诉人徐小慧未读完初中便回家做生意几年,有钱后才去读书。我离婚后已再婚又有两个孩子均在读书,现本人又患眼疾,生活极为困难,再无能力也无义务支付被上诉人徐小慧学费。

二审法院审理后认定,被上诉人徐小慧年满 21 岁,不属未成年人或不能独立生活的子女,其请求上诉人杨祖宏给付读大专的抚养费,不属上诉人杨祖宏的法定义务。上诉人杨祖宏以自己生活困难,无能力无义务支付抚养费为上诉有理,应予支持。二审法院依照《中华人民共和国婚姻法》第 21 条第 2 款、最高人民法院关于适用于《〈中华人民共和国婚姻法〉》若干问题解释(一)第 20 条、《中华人民共和国民事诉讼法》第 153 条第 1 款第 2 项之规定,判决如下:(1)撤销澄迈县人民法院(2001)澄民初字第 85 号民事判决;(2)驳回被上诉人徐小慧的诉讼请求。

分析:这是一起子女诉生父承担抚养义务的纠纷案件。主要争议问题是,对成年子女支付抚养费是否为法定义务。对此问题一、二审判决及认定有不同。一审法院认为,法律规定生父负担子女必要的抚养费是"直至子女能独立生活为止",而不是到子女 18 周岁为止。二审法院认为,父母对成年子女的抚养是有条件的。父母对未成年子女的抚养是无条件的,在任何情况下都是不可以免除的。即使父母离婚,对未成年子女仍应履行抚养义务。而父母对成年子女的抚养是有条件的,根据《婚姻法》第 21 条规定,不能独立生活的子女,有权要求父母给付抚养费。法律规定的不能独立生活的子女,根据最高人民法院 1993 年 11 月《关于人民法院审理离婚案件处理子女抚养问题的若干具体意见》的解释,是指子女丧失劳动能力或者未完全丧失劳动能力但不能维持正常生活的,以及子女尚在校就读的。"尚在校就读",根据 2001 年 12 月 24 日最高人民法院关于适用《中华人民共和国婚姻法》若干问题的解释(一)》,是指尚在校接受高中及其以下学历教育者。对于子女在校接受高中学历及以下学历教育的,父母要尽抚养义务是法定的。在完成九年义务教育及高中学历教育进入大学后,绝大多数子女已满 18 周岁,已成为具备完全行为能力人,其与父母处于平等的民事主体地位。无论从人生理还是心理角度讲,都已具备了独立生活的能力,一般情况下应以自己的劳动收入来维持生活。但对于有经济能力的父母为其子女支付上大学的费用是应当提倡和鼓励的。如果父母确实没有给付能力,子女已经满 18 岁,子女再要求父母必须给付自己上大学的费用,是不合理的。本案徐小慧请求父亲一次性支付 38000 元的抚养费,她认为自己正在上大学,没有固定收入,应属于不能独立生活的女子,这是不符合最高人民法院的司法解释规定及常理的。因为法律规定送子女上大学并不是父母的法定义务,且徐小慧的父亲杨祖宏再婚后,经济条件较差,患病在身,已无能力再支付其在大学的费用。

四、其他家庭成员关系

其他家庭成员之间的权利义务包括祖孙之间的权利和义务与兄弟姐妹之间的权利和义务。

1.祖孙之间的权利义务主要有:①有负担能力的祖父母、外祖父母,对于父母已经死亡或父母无力抚养的未成年的孙子女、外孙子女,有抚养的义务;②有负担能力的孙子女、外孙子女,对于子女已经死亡或子女无力赡养的祖父母、外祖父母,有赡养的义务;③祖孙之间依据《继承法》的规定作为第二顺序继承人相互享有继承权。

2.兄弟姐妹之间的权利义务主要有:①有负担能力的兄、姐,对于父母已经死亡或父母无力抚养的未成年的弟、妹,有扶养的义务;②由兄、姐抚养长大的有负担能力的弟、妹,对于缺乏劳动能力又缺乏生活来源的兄、姐,有扶养的义务;③兄弟姐妹之间作为第二顺序继承人相互享有继承权。

第二节　债权债务关系

一、债的概念与特征

在日常生活中,老百姓把借钱还钱称为债,而在法律中,债的范围大得多。凡是按照合同的约定或者依照法律的规定,在当事人间产生的特定的权利义务关系,都可以叫债,借钱还钱只是债当中合同之债的一种,就是借贷之债。债是一种法律关系,是特定的当事人之间的债权债务关系,包括主体、内容与客体三要素:

债的主体即债的当事人,即债权人与债务人。某些债中,一方是债权人,另一方是债务人;而在多数情况下,债的主体双方互为债权人和债务人。债的内容为债权人享有的权利和债务人负担的义务。债权是债权人享有的请求债务人为特定行为的权利。债权是一种向特定的债务人行使的请求权,债权人不能直接支配债务人的财产与人身,债权人要实现其债券,只能通过请求债务人给付来完成。债务是指根据约定或法律的规定债务人向特定的债权人承担的一种义务。债务必须履行,否则要承担法律责任。债的客体是指债权债务共同指向的对象。债权债务共同指向的是债务人应为的特定行为,即给付。

债,作为一种法律关系,是民法调整财产关系的结果。债的关系与其他财产法律关系相比较,具有以下特征:

1.债反映财产流转关系

财产关系依其形态分为财产的归属利用关系和财产流转关系。前者为静态的财产关系,后者为动态的财产关系。物权关系、知识产权关系反映财产的归属利用关系,其目的是保护财产的静态安全;而债的关系反映的是财产利益从一个主体转移给另一主体的财产流转关系,其目的是保护财产的动态的安全。

2.债的主体双方只能是特定的

债是特定当事人间的民事法律关系,债的主体不论是权利主体还是义务主体都是特定的,也就是说,债权人只能向特定的债务人主张权利。而物权关系、知识产权关系以及继承权关系中只有权利主体是特定的,义务主体则为不特定的人,也就是说权利主体得向一切人主张权利。

3.债以债务人的特定行为为客体

债的客体是给付,亦即债务人应为的特定行为,而给付又是与物、智力成果以及劳务等相联系的。也就是说,物、智力成果、劳务等是给付的标的或客体。债的客体的这一特征与物权关系、知识产权关系相区分。因为物权的客体原则上为物,知识产权的客体则为智力成果。

4.债须通过债务人的特定行为才能实现其目的

债是当事人实现其特定利益的法律手段,债的目的是一方从另一方取得某种财产利益,而这一目的的实现,只能通过债务人的给付才能达到,没有债务人为其应为的特定行为也就不能实现债权人的权利。而物权关系、知识产权关系的权利人可以通过自己的行为实现其权利,以达其目的,而无须借助于义务人的行为来实现法律关系的目的。

5.债的发生具有任意性、多样性

债可因合法行为发生,也可因不法行为而发生。对于合法行为设定的债权,法律并不特别规定其种类,当事人可依法自行任意设定债。而物权关系、知识产权关系都只能依合法行为取得,并且其类型具有法定性,当事人不能任意自行设定法律上没有规定的物权、知识产权。

6.债具有平等性和相容性

物权具有优先性和不相容性,在同一物上不能成立内容不相容的数个物权关系,同一物上有数个物权关系时,其效力有先后之分。而债的关系却具有相容性和平等性,在同一标的物上不仅可成立内容相同的数个债,并且债的关系相互间是平等的,不存在优先性和排他性。

根据债发生的法律事实不同,可以把债分为不当得利之债、无因管理之债、侵权行为之债和合同之债。

二、不当得利之债

(一)不当得利之债的概念

不当得利是指没有法律根据或合同根据而获利益并使他人利益受到损害的事实。依法律规定,取得不当利益的一方当事人应将其所取得的利益返还给受损失的一方,受损失一方当事人有权请求取得利益的一方返还其不当得到的利益。因此,不当得利为债的发生原因,基于不当得利而产生的债称为不当得利之债。

不当得利是一种客观事实,并不是主观追求的结果。在不当得利形成之际,受益人并无主观上过错,也未实施获取不当得利的行为。相反,有些不当得利的发生恰恰是受损人自身的过失导致的。当然,受损人的过失也不是一种民事违法行为。不当得利的这一特性使其与侵权行为区别开来,后者属于民事违法行为,致害人主观上有过错。

(二)不当得利之债的成立条件

(1)一方取得利益。一方取得利益,是指一方因一定的客观事实的结果而增加了财产,即获得了经济上、物质上的利益。

(2)一方受到损失。一方受到损失,是指因一定的客观事实的结果而减少了财产,在经济上受到了不应有的损失。

(3)受益与受损之间有因果联系。受益与受损之间有因果联系是指受益与受损之间互为原因和结果,一方受益是基于他方受损,而一方受损必致他方受益,且受益额与受损额往往正好相等。有时,尽管不当得利的形成是由于第三人的原因导致的,如第三人车站误将应发给甲的货发给了乙,乙受益,甲受损,但第三人的行为并不与受益或受损之间存在因果关系,因果关系仍只存在于受益与受损之间,车站不是不当得利之债的当事人。

(4)受益无合法根据。受益人受益无合法根据。民事活动中当事人取得利益应有合法根据,或根据法律规定,或根据合同约定。基于合法原因取得的利益受法律保护,反之,则为不当得利,形成不当得利之债。

只要具备了上述四个条件,才能构成不当得利,形成不当得利之债。但是,在某些情况下,即使一方获利无合法根据,因此致他方受损,也不构成不当得利:

(1)养子女在收养关系成立后依然支付生父母生活费的,养子女不得以不当得利为由,要求生父母返还已支付的生活费;

(2)一方因赌博给付他方钱物,尽管他方受益无合法根据,但因给付方是因不法目的而为给付的,故不能按不当得利处理,给付方不能要求返还,而应由有关部门予以没收;

(3)债务人清偿未到期债务不应视为不当得利,而应视为债务人自愿放弃期限利益;

(4)明知无给付义务的人而为给付,不应视为不当得利,而应视为赠与;

(5)为劳动者多付报酬的,不应视为不当得利,而应视为劳动者应得的报酬。

(三)不当得利成立的法律后果

不当得利已经成立,便会在当事人之间产生不当得利之债,受损人有请求返还不当得利的权利,受益人则负有与之对应的义务。受益人返还以返还原物为原则,如无法返回原物,则应折价返还。因原物所生孳息,也应一并返还。

【案例】　不当得利的案例

徐风美到门口倒垃圾时,在垃圾桶里捡到一个钱包。钱包里有一张身份证,四张银行卡,20000元港币,几张名片。身份证与名片上的名字是张海。徐风美按名片上的电话号码与张海联系,同意将钱包交还,但提出20000元港币作为报酬。张海只肯给1000元港币作为报酬,徐风美便不肯归还钱包。张海起诉到区法院要求法院判决责令徐风美归还钱包内全部财物。法院支持了张海的诉讼请求。

本案涉及的是不当得利,因徐风美取得张海的钱包无法律上的依据而使张海遭受损失,故徐风美有依法归还钱包的义务。

三、无因管理

(一)无因管理之债的概念

无因管理是指没有法定或约定的义务,为保护他人的利益,自愿管理他人事务或为他人提供服务。我国《民法通则》规定,无因管理为债的发生根据之一,因无因管理所生之债为无因管理之债,无因管理人为债权人,因之受到利益的人(或称本人)为债务人,本人负有向管理人偿还费用的义务。

(二)无因管理之债的成立条件

(1)必须管理他人事务或为他人提供服务。这里所说的事务是指与他人事务、生活相关的事项,但不具有人身性质;这里所说的管理包括保管、看护、料理或提供服务等事实行为或设定权利、处分财产等法律行为。

管理人所管理的事务是否为他人事务,应以客观标准予以判断,不论管理人主观上是否知道为他人事务,只要事实上属于他人事务,就可以成立无因管理。

(2)管理须无法律上或合同上的义务。无因管理中的无因,即指没有法律上或合同上的原因或根据,也就是说,管理人没有应当实施管理的法定义务或约定义务。

(3)须有为他人谋利益的意思。管理人实施管理行为时,主观上应是为他人利益着想,为他人谋利益,为他人保护权利,避免损失,并且事实上确使本人受到利益,如为自己的利益而实施管理,自己获利,则不构成无因管理。但若为他人利益之考虑,同时也为自己利益之动机,或管理结果使自己也受益,仍构成无因管理。例如,甲发现一头迷路的牛闯进自家菜园并踩坏菜苗,甲便将此牛牵回家替失主看管起来,同时也使自家的菜地免遭损失。本例中甲的行为足以说明为失主谋利益的意思,尽管也有使自己受益的动机,但仍构成无因管理。

(三)无因管理之债的效力

无因管理之债的效力是指管理人与本人相互间的权利和义务。

1.管理人的义务

(1)管理义务。管理人在实施管理时应以诚信为原则,采取尽可能合理、有效、科学的方法,尽可能符合本人的真实意思和利益。

(2)通知与返还义务。管理人开始管理后,除非确实无法通知,应及时将管理的事实通知本人。如本人知道管理的事实并要求移交事务时,管理人应及时移交,并向本人报告管理情况,提供有关单据和证明,返还因管理而取得的财物或权利至本人。

2.本人的义务

本人的义务主要是偿付管理人因管理行为而支付的必要费用。由于无因管理行为属于管理人自愿之义举,故不存在具有对价因素的报酬。但管理人因管理事务而支出的必要费用以及受到的损失,本人应予支付。

四、侵权行为之债

(一)侵权行为之债的概念与分类

侵权行为,是指行为人由于过错侵害他人的财产或者人身,依法应当承担民事责任的行为,以及依照法律特别规定应当承担民事责任的其他致人损害的行为。侵权行为也是债的发生原因,因侵权行为而发生的债称为侵权行为之债。根据不同的标准可以对侵权行为之债作不同的分类:

1.一般侵权行为和特殊侵权行为

一般侵权行为指因为故意或过失而造成他人财产或人身损害,应当承担民事责任的行为,而形成的债权债务关系为一般侵权行为之债。一般侵权行为成立,必须完全具备侵权行为的四个要件。一般侵权行为采用的是过错责任原则。

特殊侵权行为指不要求完全具备一般侵权行为的四个构成要件,而根据法律的特别规定应当对于他人的财产、人身损害承担民事责任的行为,而形成的债权债务关系为特殊侵权行为之债。各种特殊侵权行为在构成要件上比一般侵权行为要少。特殊侵权行为必须在法律有明文规定的情况下才能成立。

2．单独侵权行为与共同侵权行为

一人单独进行、单独承担民事责任的侵权行为,是单独侵权行为。两人以上共同实施、连带承担民事责任的侵权行为,是共同侵权行为。

《民法通则》第 130 条规定,两人以上共同侵权造成他人损害的,应当承担连带责任。教唆、帮助他人实施侵权行为的人,为共同侵权人,应当承担连带责任。教唆、帮助限制民事行为能力人实施侵权行为的人,为共同侵权人,也应当共同承担连带责任。

共同侵权人对受害人承担连带责任,而共同侵权人之间应当按照过错程度等因素分担责任,但如果是教唆、帮助限制民事行为能力人实施侵权行为,应当承担主要责任。

教唆帮助无民事行为能力人实施侵权行为,不构成共同侵权,仅教唆、帮助人为侵权行为人,应当对受害人承担民事责任。

(二)一般侵权行为的构成要件

1．损害事实

损害,是指侵权行为给受害人造成的不利后果。损害包括财产损害、人身伤害和精神损害。损害成为侵权法上的损害事实必须具备三个条件:一是损害的可补救性。即对损害进行法律救济的可能性。二是损害的确定性。即侵害后果和范围在客观上可以认定,难以确定和主观臆测的损害不能作为认定侵权责任的依据。三是损害对象的合法性。

2．违法行为

违法行为,是指侵权行为具有违法性。行为人的行为符合法律规定,即使造成损害,不能也不应当承担民事责任。如依法执行公务的行为。违法包括违反法律规定和违背社会公序良俗。

3．因果关系

因果关系,是指侵权人实施的违法行为和损害后果之间存在因果上的联系。因果关系具有时间性和客观性。时间性,是指因果关系具有严格的时间顺序,作为原因的违法行为在前,作为后果的损害事实在后。客观性,是指因果关系不以人的意志为转移,但通过人们的思维可以认知。认定因果关系应当注意区分直接原因和间接原因,而且不能简单地认为行为人对间接原因该负全责或者概不负责。直接原因,是指必然引起某种损害后果的原因。间接原因,是指通常不会引起特定损害后果的发生,但由于其他原因(如第三人的行为或者受害人自身因素)的介入造成该特定损害的原因。如以刀刺入他人肢体,造成人身伤害,后因医疗事故导致截肢。以刀刺入肢体是人身伤害的直接原因,是截肢的间接原因。行为人对截肢不承担责任,但仍应就人身伤害承担相应的损害赔偿责任。

4.主观过错

过错,是指合同当事人通过其实施的侵权行为所表现出来的故意和过失状态。故意,是指行为人已经预见到自己行为的损害后果,仍然积极地追求或者听任该后果的发生。过失,是指行为人因未尽合理的注意义务而未能预见损害后果,并致损害后果发生。

只要具备了上述四个条件,才能形成一般侵权行为,构成侵权行为之债。

(三)侵权行为的归责原则

所谓归责原则是指确定侵权行为的民事法律责任时所依据的原则。主要有:

1.过错责任原则

过错责任原则是指以当事人的主观过错为构成侵权行为的必备要件的归责原则。在实施侵权行为时,侵权人主观上有过错就承担民事责任,主观上无过错就不承担民事责任。而且,侵权人主观上有过错需要由被侵权人举证证明。过错责任原则,是一般侵权行为的归责原则。

2.无过错责任原则

无过错责任原则指不以当事人的主观过错为构成侵权行为的必备要件的归责原则,即不论当事人在主观上有没有过错,都应当承担民事责任。我国法律上规定,一些特殊的侵权行为,采用无过错责任原则归责。

【案例】　电力公司承担无过错责任赔偿

张某,23 岁,2005 年 8 月 3 日晚在龙某家三楼看电视,因室内太热,就到阳台上乘凉。张某手刚扶阳台栏杆,突然被平行于栏杆半米之外的高压输电线所吸,爆发闪光,龙某惊出施救时,张某已被电击扑倒阳台地面,急送医院,抢救无效死亡。张某之父提起诉讼要求县电力公司赔偿 37 万元。

但县电力公司认为:应由龙某承担责任,理由是:1.龙某住宅楼在 1992 年原系一层平顶,高压线路建于 1994 年,经规划部门并报县城乡建设局批准,并不违法,且离开龙某之平顶屋垂直高度有 5 米以上,也符合国家标准;万伏高压导线与建筑物之垂直距不得少于 3 米。不存在对周围环境有高度危险的情况,故电力公司之改建高压输线并不违法,也不存在电力公司过错。2.龙某 2003 年 5 月翻建该平顶屋为三层,未与电力公司协商,致三层阳台栏杆与高压线距成平行不出半米,显然违反水电部国家标准,万伏高压线路边相导线与建筑物之最少距离不得少于 1.5 米,因此张某之被电击,是系龙某翻建行为所致,是龙某过错。

法院审理后,仍支持张某之父的诉讼请求,判令县电力公司承担民事赔偿责任,赔偿 37 万元。

分析:本案应按特殊民事侵权处理,以无过错责任原则归责,故应由县电力公司承担民事赔偿责任。即使被告能证明自己无过错、能证明第三人龙某有过错,县电力公司也要承担民事赔偿责任。

3.过错推定责任原则

过错推定责任,是指只要被侵权人能够证明所受损害是侵权人的行为或者物件所致,即推定侵权人存在过错并应当承担民事责任,侵权人不能通过简单地证明自己没有过错而免责。从此种意义上说,过错推定责任中的"过错推定"是不容否认的推定。侵权人只有证明存在法定的抗辩事由,才能证明自己没有过错。过错推定责任的特点在于:第一,免除了被侵权人对侵权人的过错所承担的举证责任。被侵权人仅须证明侵权人的行为或者物件与损害事实之间存在因果关系即可,而无须证明侵权人主观上存在过错。第二,实行举证责任倒置,由被告的侵权人就自己没有过错承担举证责任。

过错推定责任作为一项归责原则主要适用于《民法通则》规定的几种特殊侵权行为,法律对过错推定责任的免责事由作出了严格的限定,主要包括被侵权人的过错、第三人的过错、不可抗力等。

4.公平责任原则

公平责任原则,是指侵权人和被侵权人对造成的损害事实均没有过错,而根据公平的观念,在考虑当事人的财产状况、支付能力等实际情况的基础上,责令侵权人或者受益人对被侵权人所受损失给予补偿。其特点在于:第一,归责上仍然考虑过错,只是当事人均无过错,故有公平责任适用的余地。第二,以社会公平观念作为归责的基础。第三,公平责任主要适用于财产责任,在责任的具体分担上主要考虑损害事实、双方的财产状况、支付能力等实际情况。第四,公平责任的目的在于减轻而非补足被侵权人所受损失。《民法通则》第106条第3款有关"没有过错,但法律规定应当承担民事责任的,应当承担民事责任"和第132条有关"当事人对造成损害都没有过错的,可以根据实际情况,由当事人分担民事责任"的规定,是公平责任原则的总纲。具体而言,公平责任主要适用于《民法通则》第133条规定的监护人(已尽监护责任)的民事责任和第129条及其司法解释规定的紧急避险(自然原因引起危险)人、受益人的民事责任。

(四)侵权的免责事由

1.不可抗力

不可抗力,是指不能预见、不能避免并不能克服的客观情况。因不可抗力造成他人损害的,一般不承担民事责任,但法律另有规定的除外。

2.受害人的过错

受害人的过错,是指受害人对侵权行为的发生或者侵权损害后果的扩大存在过错。《民法通则》第131条明确规定:"受害人对于损害的发生也有过错的,可以减轻侵害人的民事责任。"这时要衡量侵害人与受害人的过错程度,侵害人只承担与其过错程度相适应的民事责任。

3. 正当防卫

正当防卫,是指为了使公共利益,本人或者他人的财产、人身或者其他合法权益免受正在进行的不法侵害,而对不法侵害人所实施的不超过必要限度的行为。《民法通则》第128条规定:"因正当防卫造成损害的,不承担民事责任。正当防卫超过必要的限度,造成不应有的损害的,应当承担适当的民事责任。"此处的适当,是指防卫人仅对不应有的损害承担民事责任。

4. 紧急避险

紧急避险,是指为了使公共利益,本人或者他人的财产、人身或者其他合法权益免受正在发生的危险,而不得已采取的致他人较小损害的行为。《民法通则》第129条对此分别作出规定,即危险由人为原因引起的,引起险情的人对紧急避险造成的损害承担民事责任;危险是由自然原因引起的,紧急避险人不承担责任或者承担适当的民事责任。《最高人民法院关于贯彻执行〈中华人民共和国民法通则〉若干问题的意见(试行)》第156条进一步明确规定:"紧急避险造成他人损失的,如果险情由自然原因引起,行为人采取的措施又无不当,则行为人不承担民事责任。受害人要求补偿的,可以责令受益人适当补偿。"如果行为人也是受益人,自可责令其承担补偿义务。但此种补偿并非民事责任,而是根据公平原则在受益人与受害人之间进行的利益平衡。

【案例】　紧急避险的案例

龚某与岳某是邻居,龚家在岳家前,两家之间有一棵大梧桐树属于岳家,梧桐树的树枝有很多伸到龚家房屋上面,每逢刮大风,都会有树枝戳得龚家屋上瓦片啪啪作响,有一些很大的树枝被风刮断后落到龚家房屋上。龚某十分担心梧桐树会给自家房屋造成更大的危害,因此多次找岳某协商,要求其将树枝砍去一些,或者干脆把树伐了。岳某认为树栽在自家宅基地上,没有占龚家土地,不肯砍伐。为此双方多次产生矛盾。

2005年8月的一天,据天气预报当天有台风,风力将达12～16级。台风来临前,龚某急忙来到岳家,想要求岳某立即将伸到龚家屋上的树枝砍去,但岳家一个人也没有。龚某在情急之下,自己将伸到自家屋顶上的树枝全部砍掉。不久,台风到,将未砍掉的树枝刮断不少,都落在龚家屋上。岳某晚上回来后,找龚某,要求龚某赔偿1500元树钱,龚某不同意,后又经村干部多次调解无效,岳某即诉至法院,要求龚某赔偿损失1500元。

法院审理后认为,龚某的行为不是侵害岳某财产权的行为,而是合法行为,属于紧急避险。台风即将来临,梧桐树对龚家房屋造成极大威胁,砍下一部分树枝避免较大的损害,属于紧急避险。因而,龚某不应承担民事责任。据此,法院判决驳回了岳某的诉讼请求。

5.受害人的同意

受害人的同意,是指受害人在侵权行为或者损害后果发生之前自愿作出的自己承担某种损害后果的明确的意思表示。"受害人的同意"在损害后果发生之后作出,不能作为免责事由对待,而是对侵害人的民事责任的事后免除。受害人免除侵害人在受害人同意的范围内实施侵权行为造成损害后果的,侵害人不承担民事责任。未经受害人同意或者损害超出受害人同意的范围,又没有其他免责事由的,侵害人应当承担民事责任。但受害人的同意不得违反法律、法规的规定,不得违背社会公序良俗。如根据《合同法》第53条的规定,对于侵害人应当承担的人身伤害、因故意或者重大过失造成财产损失的民事责任,受害人事先作出的免除责任的同意不产生法律效力。

(五)特殊侵权行为

1.特殊侵权行为的概念

特殊侵权行为,是指当事人基于与自己有关的行为、物件、事件或者其他特别原因致人损害,依照民法上的特别责任条款或者民事特别法的规定所应当承担的民事责任。特殊侵权行为在构成上与一般侵权行为有所区别,特殊侵权行为在侵权行为构成的四个条件中,对主观过错条件的要求很低,有时甚至不作要求,常采用推定过错原则、无过错原则或公平责任原则归责。

2.几种具体的特殊侵权行为

(1)国家机关及国家机关工作人员的职务侵权。《民法通则》第121条规定:"国家机关或者国家机关工作人员在执行职务中,侵犯公民、法人的合法权益造成损害的,应当承担民事责任。"本条是关于职务侵权行为的规定。职务侵权行为的常见类型有四:一是职务行为本身违法或者不当致人损害。如刑讯逼供致人损害。二是职务行为本身的危险性致人损害。如击毙逃犯误伤无辜。三是职务行为执行人员的过错致人损害。如遗失依法查封的财产。四是消极的职务侵权,即怠于执行职务行为致人损害。它以国家机关或其工作人员负有积极执行职务行为的义务为前提条件。国家机关对其本身和其工作人员的职务侵权行为承担民事责任。国家机关在承担民事责任之后,可以责令有故意或者重大过失的执行职务行为的工作人员承担相应的责任。对于职务侵权行为,受害人无须证明行为人的主观过错,只需证明职务行为本身违法、不当,或者固有危险性。

(2)产品责任。《民法通则》第122条规定:"因产品质量不合格造成他人财产、人身损害的,产品的制造者、销售者应当依法承担民事责任。"依据《民法通则》第122条规定的精神以及《产品质量法》第31条的规定,因产品存在缺陷造成人身、他人财产损害的,受害人可以向产品的生产者要求赔偿,也可以向产品的销售者要求赔偿。属于产品的生产者的责任,产品的销售者赔偿的,产品的销售者有权向产品生产者追偿。属于产品的销售者的责任,产品的生产者赔偿的,产品的生产者有权向产品销售者追偿。产品的运输者、仓储者对产品的不合格造成损害负有责任的,产品的生产者、销售者有权要求赔偿。

(3)高度危险作业致人损害。《民法通则》第 123 条规定:"从事高空、高压、易燃、易爆、剧毒、放射性、高速运输工具等对周围环境有高度危险的作业造成他人损害的,应当承担民事责任。"据此,高度危险作业致人损害适用无过错责任,旨在促使从事高度危险作业的组织提高责任心和不断改进技术安全措施,从而保障社会公众的人身、财产安全。根据《民法通则》第 123 条的规定,只有受害人的故意是高度危险作业致人损害的免责事由。需要注意的是,免责的范围仅限于具有故意的受害人所受损害,第三人因此所受的损害仍由高度危险作业人承担,唯此才能充分保护没有过错的受害人的利益。

(4)污染环境致人损害。《民法通则》第 124 条规定:"违反国家保护环境防止污染的规定,污染环境造成他人损害的,应当依法承担民事责任。"污染环境致人损害民事责任的免责事由通常由民事特别法规定,主要者有三:一是《大气污染防治法》规定的不可抗力,即完全由于不可抗拒的自然灾害,并经及时采取合理措施,仍然不能避免造成大气污染损失的,免予承担责任。二是《水污染防治法》规定的受害人过错,即水污染损失由受害人自身的责任引起的,排污单位不承担责任。三是《海洋环境保护法》规定的第三人的过错,即完全由于负责灯塔或者其他助航设备主管部门在执行职责时的疏忽或者其他过失行为,经采取合理措施仍不能避免对海洋造成污染损害的,免予承担赔偿责任。

(5)地面施工致人损害。《民法通则》第 125 条规定:"在公共场所、道旁或者通道上挖坑、修缮安装地下设施等,没有设置明显标志和采取安全措施造成他人损害的,施工人应当承担民事责任。"地面施工致人损害的免责事由为施工人尽到注意义务,即设置明显标志和采取安全措施,并足以使普通人施以通常的注意就可以避免损害的发生。

(6)建筑物致人损害。《民法通则》第 126 条规定:"建筑物或者其他设施以及建筑物上的搁置物、悬挂物发生倒塌、脱落、坠落造成他人损害的,它的所有人或者管理人应当承担民事责任,但能够证明自己没有过错的除外。"地上工作物的所有人或者管理人若能证明自己没有过错,则不承担民事责任。但所有人或者管理人仅能证明自己已经采取安全措施,尚不足以证明自己没有过错,所有人或者管理人必须证明损害是由不可抗力、受害人的过错或者第三人的过错引起的,才能证明自己没有过错。

（7）饲养动物致人损害。饲养动物致人损害,是指饲养的动物出于本能致人损害。如果人以动物为工具致人损害,为一般侵权行为。《民法通则》第127条规定:"饲养的动物造成他人损害的,动物饲养人或者管理人应当承担民事责任。"根据《民法通则》第127条的规定,饲养动物致人损害的免责事由有二:一是受害人的过错,包括受害人的过错引起动物加害,受害人的过错导致损害后果的扩大。由于受害人的过错造成损害的,动物饲养人或者管理人不承担民事责任;由于受害人的过错造成损害后果扩大的,适当减轻动物饲养人或者管理人的民事责任,即对扩大的损害不承担责任。二是由于第三人的过错造成损害的,第三人应当承担民事责任。在此情形下,动物饲养人和管理人是否应当承担民事责任,《民法通则》没有明文规定。一般而言,损害是由第三人的故意或者重大过失引起的,饲养人和管理人不承担民事责任;第三人对损害的发生存在轻过失,则由饲养人或者管理人与第三人承担按份责任。动物饲养人或者管理人对免责事由承担举证责任,若能够证明受害人或者第三人存在过错,则可以免除或者减轻民事责任。

【案例】　猴子伤人,景区应买单

2007年7月份,南京游客陈女士带着4岁女儿到天目湖香村田园岛旅游,看到路边有两只猴子,猴子突然冲到小孩身前,伸出毛爪对着小孩的眼睛抓去,小孩躲闪不及,眼角部位被猴子抓出长约三厘米的血口,陈女士迅速恐吓走猴子,抱起自己的小孩。此时的小孩眼睛紧闭着,血水顺着脸庞流下来。陈女士紧急带孩子到最近的医护室,医生告诉陈女士,因小孩伤在眼部,需要打"免疫球蛋白",该药南京才有,需送孩子到南京治疗。陈女士急打车带孩子去南京救治。

分析:本案是饲养的动物造成他人损害的案例,依据最高人民法院《关于审理人身损害赔偿案件适用法律若干问题的解释》的相关规定,饲养的动物造成他人损害的,动物饲养人或者管理者应当承担民事责任。景区是伤人猴子的管理人,所以,猴子伤人,景区应当承担对伤者的赔偿责任。动物致人损害属于特殊侵权行为,适用无过错原则。这里的动物指人工饲养的动物,包括农村的家禽家畜;城市的家庭宠物,马戏团、动物园饲养的动物,但不包括国家野生动物自然保护区的动物,后者伤人或损害财产,应由国家负补偿责任。

（8）无民事行为能力人、限制民事行为能力人致人损害。无民事行为能力人、限制民事行为能力人致人损害的民事责任,即被监护人致人损害的民事责任。《民法通则》第133条规定:"无民事行为能力人、限制民事行为能力人造成他人损害的,由监护人承担民事责任。"其免责事由有四,其一,监护人尽到监护职责,可以减轻民事责任;其二,加害人受他人教唆、帮助。即无民事行为能力人受他人教唆、帮助实施加害行为致人损害的,由教唆人、帮助人承担民事责任,监护人不承担民事责任;限制民事行为能力人受他人教唆、帮助实施加害行为致人损害的,由监护人和教唆人、帮助人共同承担民事责任,但教唆人、帮助人应当承担主要的民事责任;其三,加害人有财产。即有财产的无民事行为能力人、限制民事行为能力人造成他人损害的,从本人财产中支付赔偿费用。不足部分,由监护人适当赔偿;其四,加害人在诉讼时已年满18周岁,并有经济能力。即侵权行为发生时加害人不满18周岁,在诉讼时已满18周岁,并有经济能力,应当承担民事责任,从而免除或者减轻监护人的责任。

五、债的履行

(一)债的履行的概念

债的履行是指债务人按照合同的约定或者法律的规定履行其义务。债的履行是债的最主要的效力。债的履行是债务人所为的特定行为,只有债务人履行了自己的义务,债权人的债权才能实现,债权人的利益才能得到满足,所以,债的履行从债权人方面说是债权的实现。债务与债券是相对应的,如果只有债务人履行债务,而没有债权人的接受履行,则债的履行目的仍难以实现。所以,债的履行须有债权人的协助。

(二)债的适当履行

债的适当履行,又称债的完全正确履行,是指当事人必须按照合同的约定或者法律的规定由适当的主体,在适当的时间、适当的地点,以适当的方式履行全部债务,也就是履行主体、标的、数量、质量、履行期限、履行方式、履行地点等都符合合同的约定或者法律的规定。

1.债的履行主体适当

债的履行主体包括履行债务的主体和接受债务履行的主体,是指履行债务和接受债务履行的人。因债是特定当事人间的权利义务关系,因此,在一般情况下,债是由当事人实施特定行为来履行的,也就是由债务人履行债务,由债权人接受债务人的履行。但在某些情况下也可以由第三人代替债务人履行,或由第三人代替债权人履行。但依法律规定或者当事人的约定,或者依照债的关系的性质,须由当事人亲自履行的债,不得由第三人代替履行,否则就为不适当履行。

第三人代替履行时,第三人只是履行主体,而不是债的当事人。因此,在第三人代为接受履行时,债务人未向第三人履行或履行不当的,应向债权人承担责任;在第三人代替债务人履行时,债务人须对第三人的代替履行行为负责。第三人代替当事人履行时,第三人也不是债务人或债权人的代理人,因此不能适用代理的规定。由代理人代理债务人履行或者代理债权人接受履行的,履行主体仍为债务人和债权人,而不是第三人。

2.债的履行标的适当

履行标的即给付标的,是指债务人应给付给债权人的对象,如货物、劳务等。债务人应当按照债的标的履行,不得随意以其他的标的代替,这是实际履行的基本要求。当然如果债权人同意债务人以某种其他标的来代替债的标的的履行,则债务人以其他标的履行也为适当履行。

3.债的履行期限适当

履行期限,是债务人履行债务和债权人接受履行的时间。债的当事人应在合同约定的或者法律规定的期限内履行。履行期限不明确的,债务人可以随时向债权人履行义务,债权人也可以随时要求债务人履行义务,但应当给对方必要的准备时间。

4.债务的履行地点和方式适当

履行地点是债务人履行债务和债权人接受履行的地点。履行地点关系到履行费用的负担,当事人应按照约定的或者规定的地点履行。履行地点不明确的,给付货币的,应在接受给付的一方所在地履行;交付不动产的,在不动产所在地履行;其他标的则在履行义务一方所在地履行。

5.债的履行方式适当

履行方式是指债务人履行义务的方法。它是由法律规定或者合同约定的,或者是由债的关系的性质决定的。凡要求一次性履行的债务,债务人不得分批履行;反之,凡要求分期分批履行的债,债务人也不得一次性履行。履行方式没有明确规定或者约定的,应依诚实信用原则确定,按照有利于实现债的目的的方式履行。

六、债的保全

(一)债的保全的概念

债的保全是债权人为防止债务人的财产不当减少而危害其债权,对债的关系以外的第三人所采取的保护债权的法律措施。债的保全是债对于第三人发生的效力,亦即是债的对外效力的表现。债的关系原则上不对第三人发生效力,但为确保债权人的权利实现,在某些情况下,债对第三人也发生效力。其典型的情形即为债的保全制度。债权人保全债权的权利有代位权与撤销权两项。

(二)债权人的代位权

1.债权人代位权的概念

债权人代位权,是指债权人为了保全其债权,而于债务人怠于行使自己的权利而害及债权人债权实现时,以自己的名义代位行使属于债务人权利的权利。简言之,债权人的代位权就是债权人代债务人之位以自己名义行使债务人权利

的权利。可见,债权人的代位权有以下含义:

第一,债权人代位权为债权人以自己名义行使债务人的权利的权利。

第二,债权人代位权是于债务人怠于行使权利而害及债权人权利时得行使的权利。

第三,债权人代位权是债权人以自己的名义对债务人的义务人行使权利的权利。债权人代位权不同于债务人的代理人的代理权。

2.债权人行使代位权的条件

(1)须债务人对第三人享有权利并怠于行使其权利。债务人对于第三人享有的权利为债权人代位权的标的。债务人对第三人享有权利,为债权人代位权成立的条件。债务人虽对第三人享有财产权利,但其积极行使权利时,债权人的代位权不能成立。

(2)须债务人履行债务迟延。所谓债务人履行迟延,是指债务人于履行债务的期限届满而未履行债务。若债务人的债务履行期未届至,或者虽到履行期但履行期限未届满,则债务人是否能履行债务尚不确定,债权人的债权是否有不受清偿的可能尚不清楚,在此情况下,债权人不能代位行使债务人的权利。但是若债权人的代位权是专为保全债务人权利的行为,其目的在于防止债务人权利的变更或消灭的,虽债务人的债务清偿期未届至,债权人也可以行使代位权。

(3)须债权人有保全债权的必要。所谓有保全权利的必要,是指债务人怠于行使权利害及债权,使债权人的债权有不能实现的危险。因为代位权是以保全债权为目的的,若无保全债权的必要,也就无成立代位权的必要。

3.债权人代位权的行使

债权人的代位权,应由债权人以自己的名义行使;并且凡债务人的债权人,只要符合债权人代位权的成立条件,均享有代位权。但若某一债权人已行使代位权时,其他债权人不得再就债务人的同一权利行使代位权。债权人代位权行使的范围,应以保全债权人债权的必要为限度,即以债权人的债权为限。因此,若债务人享有数项权利时,债权人就某一项权利行使代位权已可满足清偿其债权的需要,则不得再对债务人的其他权利行使代位权。债权人行使代位权,应以善良管理人的注意为之,不得处分债务人的权利。

4.债权人代位权行使的效力

(1)对于债务人的效力。

债权人代位权行使的效果直接归属于债务人。尽管第三人向债务人给付时,若债务人不受领,债权人得代受领,但债权人于受领后,应将其取得的利益归还债务人,债务人也可请求债权人交付其受领的财产。因为代位权行使的是债务人的权利,其所得利益为债务人的财产。

（2）对于第三人的效力。

债权人代位权的行使系代债务人行使对第三人的权利,于此情形下第三人的地位不能比债务人自己行使权利时不利。因此,第三人对于债务人所有的于代位权行使前发生的抗辩,均得以之对抗债权人。

（3）对于债权人的效力。

债权人行使代位权是代债务人行使权利,因行使代位权所得的财产为债务人的一般财产,所以债权人不能优先受偿,非经债务人同意也不能直接以代受领的财产受偿。

【案例】 代位权案例

甲公司向乙商业银行借款10万元,借款期限为一年。借款合同期满后,由于甲公司经营不善,无力偿还借款本息。但是丙公司欠甲公司到期货款20万元,甲公司不积极向丙公司主张支付货款。为此,乙商业银行以自己的名义请求法院执行丙公司的财产,以偿还甲公司的借款。

分析:1.法院应支持乙商业银行的请求。《合同法》第73条第1款规定:"因债务人怠于行使到期债权,对债权人造成损害的,债权人可以向人民法院请求以自己的名义代位行使债务人的债权,但该债权专属于债务人自身的除外。"本案中,甲公司怠于行使对丙公司的债权,损害了债权人乙商业银行的利益,因此,乙商业银行有权行使代位权,请求人民法院执行丙公司的财产以偿还甲公司的借款。2.花费的3000元费用应由甲公司承担。《合同法》第73条第2款规定:"代位权的行使范围以债权人的债权为限。债权人行使代位权的必要费用,由债务人负担。"

（三）债权人的撤销权

1.债权人撤销权的概念

债权人撤销权,是指当债务人所为的减少其财产的行为危害债权实现时,债权人为保全债权请求法院予以撤销该行为的权利。

2.债权人行使撤销权的条件

债权人行使撤销权的条件可分为客观要件与主观要件,并且依债务人所为的行为是否有偿而有所不同。

（1）客观要件

撤销权成立的客观要件为债务人实施了危害债权的行为。该要件包含以下意思:首先,债务人须于债权成立后实施行为。债务人的行为是合同行为还是单方法律行为,是有偿还是无偿,在所不问。其次,债务人的行为须为使其财产减少的财产行为。债务人所为的不以财产为标的的行为,或者虽以财产为标的,但不为使其财产减少的行为(如放弃受遗赠),不得撤销。再次,须债务人的行为有害债权。所谓有害债权,是指债务人的行为足以减少其一般财产而使债权不能完全受清偿。若债务人为其行为虽使其财产减少但仍不影响其对债权的清偿时,债权人不能干涉债务人的行为。债务人的行为是否害及债权,应从两方面考察。一方面债务人因其行为而使其无资力清偿债权。另一方面,债权人的债权因债务人的行为不能受完全清偿。

(2)主观要件

债权人撤销权成立的主观要件,是债务人与第三人主观上有恶意。对于撤销权的主观要件,依债务人所为的行为是有偿或无偿而有所不同。若为有偿行为,则须债务人为恶意,债权人的撤销权才成立,受益人为恶意时,债权人才得可以行使撤销权。而对于无偿行为,则不以债务人和第三人的恶意为要件。

3.债权人撤销权的行使

债权人的撤销权由债权人行使。凡于债务人为有害债权行为前有效成立的债权,债权人均可行使撤销权。因撤销权的行使对第三人有重大利害关系,因此,债权人的撤销权,须由债权人以自己的名义依诉讼方式提起。

债权人的撤销权如同其他撤销权一样,应有除斥期间。债权人自应于权利行使期间内行使,否则,除斥期间届满后,债权人的撤销权即消灭。依《合同法》第75条规定,撤销权自债权人知道或者应当知道撤销事由之日起1年内行使。自债务人的行为发生之日起5年内没有行使撤销权的,该撤销权消灭。

4.债权人撤销权行使的效力

债权人撤销权的行使,其撤销的效力依判决撤销而发生效力。其效力及于债务人、受益人及债权人。

(1)对于债务人,债务人的行为一经被撤销,视为自始无效。例如,为财产赠与的,视为未赠与;为放弃债权的,视为未放弃。

(2)对于受益人,已受领债务人的财产的,应当返还。原物不能返还的,应当折价返还其利益。受益人已向债务人支付对价的,可向债务人主张返还不当得利。

(3)对于债权人,行使撤销权的债权人可请求受益人将所得利益返还给债务人,也可请求直接返还给自己。但是撤销权的行使,其效力及于全体债权人。由受益人返还的财产为债务人的所有债权的一般担保。因此行使撤销权的债权人不得从受领的给付物中优先受偿。但行使撤销权的债权人在行使撤销权时所付出的必要支出,应首先从所获利益中拨付。

第七讲　法律关系(二)

第一节　合同关系

【案例】　借款协议

浙江光明石油有限公司与杭州华盛工贸有限公司于 2003 年 10 日订立了一份借款协议,由光明石油公司借款 300 万元给华盛工贸公司,约定利息 10%/年,借期两个月。杭州龙宝进出口公司为合同作出了担保。两个月后,华盛工贸公司并没如约归还借款,反而提出延长 3 个月借期,光明石油公司同意了。但是没有通知龙宝公司。3 个月后,华盛公司仍不能归还借款,而且资不抵债,被宣告破产。问:①本案中的借款合同是否有效? 为什么? ②龙宝公司要否承担连带责任? 为什么?

分析:①本案借款合同无效。因为,企业之间私自拆借资金违反金融管理法规,应认定无效。②龙宝公司无需承担责任,因借款合同无效,所以,担保也无效。

市场交易需要有交易规则,合同是当事人之间相互约束的具体规则,合同法则是市场交易的基本规则。《中华人民共和国合同法》就是为了保护合同当事人的合法权益,维护社会经济秩序,促进社会主义经济建设。合同是平等主体的自然人、法人及其他组织之间设立、变更、终止民事权利义务的意思表示一致的协议,是反映市场交易的法律形式。

一、合同法的基本原则

合同法的基本原则,是制定和执行合同法的总的指导思想,是合同法的灵魂,集中体现了合同法的基本特征。如果把合同法比作建设物,那么,合同法的基本原则不是栋梁,更不是砖瓦,而是和栋梁、砖瓦的有机结合,体现该幢建筑物的风格。

（一）平等、自愿原则

合同法的平等原则指的是当事人的民事法律地位平等，一方不得将自己的意志强加给另一方；合同法的自愿原则，既表现在当事人之间，因一方欺诈、胁迫订立的合同无效或者可以撤销，也表现在合同当事人与其他人之间，任何单位和个人不得非法干预。自愿原则是法律赋予的，同时也受到其他法律规定的限制，是在法律规定范围内的"自愿"。

在合同法中，不仅对平等、自愿作了原则规定，而且在具体制度方面体现平等、自愿原则。主要有：第一，在合同法第一章中规定，合同当事人的法律地位平等，一方不得将自己的意志强加给另一方。当事人依法享有自愿订立合同的权利，任何单位和个人不得非法干预。第二，关于合同内容。《合同法》第12条规定，合同的内容由当事人约定。并在其他条款中规定，当事人就数量、价款或者报酬、履行地点等内容没有约定或者约定不明确，可以协议补充；不能达成补充协议时，按照合同有关条款或者交易习惯确定；仍不能确定的，才适用法律的有关规定。第三，关于合同形式。《合同法》第10条规定，当事人订立合同，有书面形式、口头形式和其他形式。第36条规定，法律、行政法规规定或当事人约定采用书面形式订立合同，当事人未采用书面形式但一方已经履行主要义务，对方接受的，该合同成立。第37条规定，采用合同书形式订立合同，在签字或者盖章之前，当事人一方已经履行主要义务，对方接受的，该合同成立。第四，关于格式合同。一是明确了提供格式条款一方的提示义务，《合同法》第39条规定，采用格式条款订立合同的，提供格式条款的一方应当遵循公平原则确定当事人之间的权利和义务，并采取合理的方式提请对方注意免除或者限制其责任的条款，按照对方的要求，对该条款予以说明。二是明确规定了有些格式条款无效。《合同法》第40条规定，格式条款一方免除其责任、加重对方责任、排除对方主要权利的，该条款无效。三是对格式条款的解释作出特别规定。《合同法》第41条规定，对格式条款的理解发生争议的，应当按照通常理解予以解释。对格式条款有两种以上解释的，应当作出不利于提供格式条款一方的解释。格式条款和非格式条款不一致的，应当采用非格式条款。

（二）公平、诚实信用原则

《合同法》第5条规定，当事人应当遵循公平原则确定各方的权利和义务。这里讲的公平，既表现在订立合同时的公平，显失公平的合同可以撤销；也表现在发生合同纠纷时公平处理，既要切实保护守约方的合法利益，也不能使违约方因较小的过失承担过重的责任；还表现在极个别的情况下，因客观情势发生异常变化，履行合同使当事人之间的利益重大失衡，公平地调整当事人之间的利益。诚实信用，主要包括三层含义：一是诚实，要表里如一，因欺诈订立的合同无效或者可以撤销。二是守信,要言行一致,不能反复无常。三是从当事人协商合同条款时起,当事人就应当恪守商业道德,履行相互协助、通知、保密等义务。诚实信用原则适用于合同订立、履行及终止,是整个合同法甚至民法的基本原则。因此,诚实信用原则被奉为合同法以至民法的最高指导原则,被称之为"帝王原则"或"帝王条款"。

《合同法》第 42 条规定,当事人订立合同过程中有下列情形之一,给对方造成损失的,应当承担损害赔偿责任:①假借订立合同,恶意进行磋商;②故意隐瞒与订立合同有关的重要事实或者提供虚假情况;③有其他违背诚实信用原则的行为。第 43 条规定,当事人在订立合同过程中知悉的商业秘密,无论合同是否成立,不得泄露或者不正当地使用。泄露或者不正当地使用商业秘密给对方造成损失的,应当承担损害赔偿责任。这两条规定的就是缔约过失责任,承担缔约过失责任的基本依据是违背诚实信用原则。《合同法》第 92 条规定,合同的权利义务终止后,当事人应当遵循诚实信用原则,根据交易习惯履行通知、协助、保密等义务,该条讲的也是诚实信用原则。

(三)遵守法律、不得损害社会公共利益原则

《合同法》第 7 条规定,当事人订立、履行合同,应当遵守法律、行政法规,尊重社会公德,不得扰乱社会经济秩序,损害社会公共利益。该条规定表明二层含义,一是遵守法律(包括行政法规),二是不得损害社会公共利益。一般来讲,合同的订立和履行,属于合同当事人之间的民事权利义务关系,主要涉及当事人的利益,只要当事人的意思不与强制性规范、社会公共利益和社会公德相抵触,就承认合同的法律效力,国家及法律尽可能尊重合同当事人的意思,一般不予干预,由当事人自主约定,采取自愿的原则。但是,合同绝不仅仅是当事人之间的问题,有时可能涉及社会公共利益和社会公德,涉及维护经济秩序,合同当事人的意思应当在法律允许的范围内表示,对于损害社会公共利益、扰乱社会经济秩序的行为,国家应当予以干预。至于哪些要干预,怎么干预,都要依法进行,由法律、行政法规作出规定。对强制性规定当事人在合同活动中必须执行,例如,禁止非法借贷,不得恶意串通损害国家集体或者第三人利益等;对非强制性规定,由当事人自愿选择。例如,合同法规定,合同内容由当事人约定,合同生效后当事人对质量、价款或者报酬、履行地点等内容没有约定或者不明确的,首先是由当事人协议补充。正确认识以上两种不同的规定,有助于指导当事人在遵守法律、行政法规的前提下自主、自愿地从事订立合同、履行合同等活动。

二、合同的概念和分类

（一）合同的概念

我国《民法通则》第 85 条规定：“合同是当事人之间设立、变更、终止民事法律关系的协议。依法成立的合同，受法律保护。”我国《合同法》规定，合同是平等主体的自然人、法人、其他组织之间设立、变更终止民事权利义务的意思表示一致的协议。据此可见，合同具有以下法律特点：

（1）合同是平等主体的自然人、法人和其他组织所实施的一种民事法律行为。合同作为民事法律行为，在本质上属于合法行为。这就是说，只有在合同当事人所作出的意思表示是合法的、符合法律要求的情况下，合同才具有法律约束力，并受到国家法律的保护。而如果当事人作出了违法的意思表示，即使达成协议，也不能产生合同的效力。由于合同是一种民事法律行为，因此民法关于民事法律行为的一般规定，如民事法律行为的生效要件、民事行为的无效和撤销等，均可适用于合同。合同是由平等主体的自然人、法人或其他组织所订立的，也就是说，订立合同的主体在法律上是平等的，任何一方都不得将自己的意志强加给另一方。

（2）合同以设立、变更或终止民事权利义务关系为目的和宗旨。这就是说，一方面，尽管合同主要是债权债务关系的协议，但也不完全限于债权债务关系，而要涉及整个民事关系。另一方面，合同不仅导致民事法律关系的产生，而且可以成为民事法律关系变更和终止的原因。由于合同是合意的结果，因此它必须包括以下要素：第一，合同的成立必须要有两个以上的当事人。第二，各方当事人须互相作出意思表示。这就是说，当事人各自从追求自身的利益出发而作出意思表示，双方的意思表示是交互的才能成立合同。第三，各个意思表示是一致的，也就是说当事人达成了一致的协议；当然，也不能认为只有合同书才有合同关系。

（二）合同的分类

1. 双务合同和单务合同

所谓双务合同是指当事人双方互负对待给付义务的合同，即一方当事人愿意负担履行义务，旨在使他方当事人因此负有对待给付的义务。或者说，一方当事人所享有的权利，即为他方当事人所负有的义务，例如买卖、互易、租赁合同等均为双务合同。所谓单务合同，是指合同当事人仅有一方负担给付义务的合同。换言之，是指合同当事人双方并不互相享有权利和义务，而主要有一方负担义务，另一方并不负有相对义务的合同。

2. 有偿合同与无偿合同

根据当事人是否可以从合同中获取某种利益，可以将合同分为有偿合同和无偿合同。有偿合同，是指一方通过履行合同规定的义务而给对方某种利益，对方要得到该利益必须为此支付相应代价的合同。无偿合同,是指一方给付某种利益,对方取得该利益时并不支付任何报酬的合同。无偿合同并不是反映交易关系的典型形式,但由于一方无偿地为另一方履行某种义务,或者另一方取得某种财产利益都是根据双方的合意而产生的,所以,无偿合同是等价有偿原则在适用中所具有的例外现象,在实践中很少被采用。在无偿合同中,一方当事人也要承担义务,如借用人无偿借用他人物品,还负有正当使用和按期返还的义务。

3.有名合同与无名合同

根据法律上是否规定了一定合同的名称,可以将合同分为有名合同与无名合同。有名合同,又称为典型合同,是指法律上已经确定了一定的名称及规则的合同。如我国合同法所规定的15类合同,都属于有名合同。对于无名合同的内容,法律通常设有一些规定,但这些规定大多为任意性规范,当事人可以通过其约定改变法律的规定。

4.诺成合同与实践合同

所谓诺成合同,是指当事人一方的意思表示一旦经对方同意即能产生法律效果的合同,即"一诺即成"的合同。此种合同的特点在于当事人双方意思表示一致,合同即告成立。所谓实践合同,是指除当事人双方意思表示一致以外尚须交付标的物才能成立的合同。在这种合同中,仅凭双方当事人的意思表示一致,还不能产生一定的权利义务关系,还必须有一方实际交付标的物的行为,才能产生法律效果。例如小件寄存合同,必须要寄存人将寄存的物品交保管人,合同才能成立并生效。

5.要式合同与不要式合同

根据合同是否应采取一定的形式,可将合同分为要式合同与不要式合同。所谓要式合同,是指根据法律规定应当采取特定方式订立的合同。对于一些重要的交易,法律常要求当事人应当采取特定的方式订立合同。例如,中外合资经营企业合同,属于应当由国家批准的合同。所谓不要式合同,是指当事人订立的合同依法并不需要采取特定的形式,当事人可以采取口头方式,也可以采取书面形式。根据合同自由原则当事人有权选择合同形式,但对于法律有特别的形式要件规定的,当事人应当遵循法律规定。

6.主合同与从合同

根据合同相互间的主从关系,可以将合同分为主合同与从合同。所谓主合同,是指不需要其他合同的存在即可独立存在的合同。例如,对于保证合同而言,设立主债务的合同就是主合同。所谓从合同,就是以其他合同的存在而为存在前提的合同,例如,保证合同相对于主债务合同而言为从合同。由于从合同要依赖主合同的存在而存在,所以从合同又被称为"附属合同"。

三、合同的成立

所谓合同的成立,是指订约当事人就合同的主要条款达成合意。我国《民法通则》第 85 条规定:"合同是当事人之间设定、变更、终止民事关系的协议。"《合同法》第 2 条规定:"本法所称合同是平等主体的自然人、法人、其他组织之间设立、变更、终止民事权利义务关系的协议。"合同的成立必须具备如下条件:

第一,存在双方或多方订约当事人。

第二,订约当事人对主要条款达成合意,我国《合同法》第 12 条规定:"合同的内容由当事人约定,一般包括以下条款:①当事人的名称或姓名和住址;②标的;③数量;④质量;⑤价款或者报酬;⑥履行期限、地点和方式;⑦违约责任;⑧解决争议的方法。"

第三,合同的成立应具备要约和承诺阶段。《合同法》第 13 条规定:"当事人订立合同,采取要约、承诺方式。"要约和承诺是合同成立的基本规则,也是合同成立必须经过的两个阶段。如果合同没有经过承诺,而只是停留在要约阶段,则合同根本未成立。

(一)要约

1.要约的概念和要件

要约又称为发盘、发价等。根据《合同法》第 14 条规定:"要约是希望和他人订立合同的意思表示。"可见要约是一方当事人以缔结合同为目的,向对方当事人所作的意思表示。发出要约的人称为要约人,接受要约的人则称为受要约人。依据《合同法》第 13 条的规定,要约是订立合同的必经阶段,不经过要约的阶段,合同是不可能成立的,要约作为一种订约的意思表示,它能够对要约人和受要约人产生一种拘束力。尤其是要约人在要约的有效期限内,必须受要约的内容拘束。依据《合同法》第 14 条,要约的意思表示必须"表明经受要约人承诺,要约人即受该意思表示约束"。要约发出后,非依法律规定或受要约人的同意,不得变更、撤销要约的内容。一项要约发生法律效力,则必须具有特定的有效条件,不具备这些条件,要约在法律上不能成立,也不能产生法律效力。要约的主要构成要件如下:①要约的内容必须具体明确。所谓"具体"是指要约的内容必须具有足以使合同成立的主要条款。如果没有包含合同的主要条款,受要约人难以做出承诺,即使做出了承诺,也会因为双方的这种合意不具备合同的主要条款而使合同不能成立。所谓"确定",是指要约的内容必须明确,而不能含糊不清,否则无法承诺。②要约必须具有订立合同的意图,表明一经受要约人承诺,要约人即受该意思表示的拘束。

2.要约邀请

(1)要约邀请的概念及与要约的区别

要约邀请又称为引诱要约,根据《合同法》第15条,是指希望他人向自己发出要约的意思表示。要约邀请不是一种意思表示,而是一种事实行为,也就是说,要约邀请是当事人订立合同的预备行为,在发出要约邀请时,当事人处于订约的准备阶段。要约邀请只是引诱他人发出要约,它不能因相对人的承诺而成立合同。在发出要约邀请以后,要约邀请人撤回其邀请,只要没有给善意相对人造成信赖利益的损失,要约邀请人一般不承担法律责任。根据我国司法实践和理论,可从如下几方面来区分要约和要约邀请。

①依法律规定作出区分。法律如果明确规定了某种行为为要约或要约邀请,即应按照法律的规定作出区分。例如,我国《合同法》第15条规定,寄送的价目表、拍卖公告、招标公告、招股说明书、商业广告等为要约邀请,据此对这些行为应认定为要约邀请。

②根据当事人的意愿来作出区分。此处所说的当事人的意愿,是指根据当事人已经表达出来的意思来确定当事人对其实施的行为主观上认为是要约还是要约邀请。具体来说,一方面,如果某项意思表示表明当事人不愿意接受要约的拘束力,则只是要约邀请,而不是要约。另一方面,当事人在其行为或提议中特别声明是要约还是要约邀请,则应根据当事人的意愿来作出区分。

③根据订约提议的内容是否包含了合同的主要条款来确定该提议是要约邀请还是要约。要约的内容中应当包含合同的主要条款,这样才能因承诺人的承诺而成立合同。而要约邀请只是希望对方当事人提出要约,因此,它不必要包含合同的主要条款。例如,A对B声称"我有位于某处的房屋一幢,愿以低于市场价出售,你是否愿意购买",因该提议中并没有明确规定价格,不能认为是要约。如果A明确提出以50万元出售位于该处的房屋,则因为其中包含了合同的主要条款而应认为是一项要约。但是应当指出,仅仅是以是否包含合同的主要条款来作出区分是不够的,即使表意人提出了未来合同的主要条款,但如果他在提议中声明不受要约的拘束,或提出需要进一步协商,或提出需要最后确认等,都将难以确定他具有明确的订约意图,因此不能认为该广告是要约。

④根据交易的习惯来区分。例如询问商品的价格,根据交易习惯,一般认为是要约而不是要约邀请。再如,出租车司机将出租车停在路边招揽顾客,一般认为是要约而不是要约邀请。

(2)几种典型的要约邀请行为

根据《合同法》第15条,下列行为属于要约邀请:

①寄送的价目表。

根据对要约构成要件的分析,价目表仅指明什么商品、什么价格,并没有指明数量,对方不能以"是"、"对"或者"同意"等肯定词语答复成立合同,自然不符合作为要约的构成要件,只能视作要约邀请。实际上,价目表的寄送与货物标价陈列在性质上没有什么差别,只是方式有所不同,商品标价陈列亦作为要约邀请。

②拍卖公告。

所谓拍卖是指拍卖人在众多的报价中,选择报价最高者与其订立合同的一种特殊买卖方式。竞买人的出价为要约,拍卖人击锤(或者以其他方式)拍定为承诺。拍卖人在拍卖前刊登或者以其他形式发出拍卖公告、对拍卖物的宣传介绍或者宣布拍卖物的价格等,都属于要约邀请。

③招标公告。

所谓招标是指招标人采取招标通知或者招标公告的方式,向不特定的人发出,以吸引投标人投标的意思表示。所谓投标是指投标人按照招标人的要求,在规定的期限内向招标人发出的包括合同全部条款的意思表示。对于招标公告或者招标通知,一般都认为属于要约邀请,因为招标人实施招标行为是订约前的预备行为,其目的在于引诱更多的相对人提出要约,从而使招标人能够从更多的投标人中寻取条件最佳者并与其订立合同。

④招股说明书。

在申请股票公开发行的文件中,招股说明书是一个十分关键的文件。它是指拟公开发行股票的人经批准公开发行股票后,依法在法定的日期和证券主管机关指定的报刊上刊登的真实、准确地披露发行股票的人的信息以供投资者参考的法律文件。招股说明书通过向投资者提供股票发行人的各方面的信息,从而吸引投资者向发行人发出购买股票的要约,但其本身并不是发行人向广大投资者所发出的要约,而只是一种要约邀请。

⑤商业广告。

商业广告是指商品经营者或者服务者提供者承担费用、通过一定的媒介和形式直接或间接地介绍自己所推销的商品或者所提供的服务的广告。商业广告的目的在于宣传商品或者服务的优越性,并以此引诱顾客购买商品或者接受服务。对于商业广告,均认为是要约邀请。但法律并不排除商业广告如果符合要约的要件也可以成为要约。由于悬赏广告一般不属于商业性广告,因此不属于广告的范围。

3.要约的法律效力

要约的法律效力又称要约的拘束力。一个要约如果符合一定的构成要件,就要对要约人和受要约人产生一定的效力。关于要约的法律效力,存在着如下几个问题。

①要约开始生效的时间

要约的生效时间首先涉及要约从什么时间开始生效。这既关系到要约从什么时间对要约人产生拘束力,也涉及承诺期限问题。我国《合同法》第16条规定:"要约到达受要约人时生效。"我国法律采纳了到达主义。

②要约的存续期间

要约的生效时间还包括要约的存续期间,也就是指要约可以在多长时间内发生法律效力。我们认为,关于要约的期限问题完全由要约人决定,如果要约人没有确定,则只能以要约的具体情况来确定合理期限。具体来说,如果要约没有明确规定该要约的存续期限,则应区分如下两种情况:一是以口头形式发出的要约,如果要约中没规定承诺期限,那么在受要约人立即作出承诺的时候,才能对要约人产生拘束力,如果受要约人没有立即作出承诺,则要约就失去了效力。二是以书面形式发出的要约,如果要约人在要约中具体规定了存续期限(如规定本要约有效期限为10天,或规定本要约于某年某日前答复有效),则该期限为要约的有效存续期限。如果要约中没有规定存续期限,则应当确定一段合理时间作为要约存续的期限。合理期限包括三项内容:即要约到达受要约人的时间;作出承诺所必要的时间;承诺通知到达要约人所必需的时间。

③要约法律效力的内容

要约在发出以后即对要约人和受要约人产生一定的拘束力。要约拘束力的内容具体表现如下:首先,要约对要约人的拘束力,是指要约一经生效,要约人即受到要约的拘束,不得随意撤销或对受要约人随意加以限制、变更和扩张。其次,要约对受要约人的拘束力,即受要约人在要约生效时即取得依其承诺而成立合同的法律地位。再次,要约的撤回和撤销。所谓要约的撤回是指要约人在发出要约以后,未达到受要约人之前,有权宣告取消要约。如甲于某日给乙去函要求购买某种机器,但甲于此日与丙达成了购买该机器的协议,即立即给乙发去传真要求撤回要约,这种撤回应是有效的。根据要约的形式拘束力,任何一项要约都是可以撤回的,只要撤回的通知先于或同时与要约到达受要约人,便能产生撤回的效力。所谓要约的撤销,是指要约人在要约到达受要约人并生效以后,将该项要约取消,从而使要约的效力归于消灭。撤销与撤回都旨在使要约作废,或取消要约,并且都只能在承诺作出之前实施。我国《合同法》第18条规定:"要约可以撤销。撤销要约的通知应当在受要约人发出承诺通知之前到达受要约人。"

4.要约失效

所谓要约失效,是指要约丧失了法律拘束力,即不再对要约人和受要约人产生拘束。要约失效以后,受要约人也丧失了其承诺的能力,即使其向要约人表

示了承诺,也不能导致合同的成立。根据《合同法》第20条,要约失效的原因主要有以下几种:

第一,拒绝要约的通知到达要约人。拒绝要约是指受要约人没有接受要约所规定的条件。

第二,要约人依法撤销要约。要约在受要约人发出承诺通知之前,可由要约人撤销要约,一旦撤销,要约将失效。

第三,承诺期限届满,受要约人未作出承诺。凡是在要约中明确规定了承诺期限的,则承诺必须在该期限内作出,超过了该期限,则要约自动失效。

第四,受要约人对要约的内容作出实质性变更。受要约人对要约的实质内容作出限制、更改或扩张从而形成反要约,既表明受要约人已拒绝了要约,同时也向要约人提出了一项反要约。如果在受要约人作出的承诺通知中,并没有更改要约的实质内容,只是对要约的非实质性内容予以变更,而要约人又没有及时表示反对,则此种承诺不应视为对要约的拒绝。但如果要约人事先声明要约的任何内容都不得改变,则受要约人更改要约的非实质性内容,也会产生拒绝要约的效果。

(二)承诺

1.承诺的概念和要件

根据《合同法》第21条规定,所谓承诺,是指受要约人同意要约的意思表示。换言之,承诺是指受要约人同意接受要约的条件以缔结合同的意思表示。承诺的法律效力在于一经承诺并送达于要约人,合同便告成立。然而受要约人必须完全同意要约人提出的主要条件,如果对要约人提出的主要条件并没有表示接受,则意味着拒绝了要约人的要约,并形成了一项反要约或新的要约。由于承诺一旦生效,将导致合同的成立,因此承诺必须符合一定的条件。在法律上,承诺必须具备如下条件,才能产生法律效力。

(1)承诺必须由受要约人向要约人作出,由于要约原则上是向特定人发出的,因此只有接受要约的特定人即受要约人才有权作出承诺,第三人因不是受要约人,当然无资格向要约人作出承诺,否则视为发出要约。

(2)承诺必须在规定的期限内达到要约人。承诺只有到达于要约人时才能生效,而到达也必须具有一定的期限限制。我国《合同法》第23条规定:"承诺应当在要约确定的期限内到达要约人。"只有在规定的期限内到达的承诺才是有效的。承诺的期限通常都是在要约人发出的要约中规定的,如果要约规定了承诺期限,则应当在规定的承诺期限内到达;在没有规定期限时,根据《合同法》第23条的规定,如果要约是以对话方式作出的,承诺人应当及时做出承诺;如果要约是以非对话方式作出的,应当在合理的期限内作出并到达要约人。

（3）承诺的内容必须与要约的内容一致。根据《合同法》第 30 条规定："承诺的内容应当与要约的内容一致。"这就是说,在承诺中,受要约人必须表明其愿意按照要约的全部内容与要约人订立合同。也就是说,承诺对要约的同意,其同意内容须与要约的内容一致,才构成意思表示一致即合意,从而使合同成立。否则,不构成承诺,应视为对原要约的拒绝并作出一项新的要约,或称为反要约。承诺不能更改要约的实质内容,并非不能对要约的非实质性内容作出更改。对非实质内容作出更改,不影响合同成立。

（4）承诺的方式符合要约的要求。根据我国《合同法》第 22 条规定,承诺应当以通知的方式作出。这就是说,受要约人必须将承诺的内容通知要约人,但受要约人应采取何种通知方式,应根据要约的要求确定。如果要约规定承诺必须以一定的方式作出,否则承诺无效,那么承诺人作出承诺时,必须符合要约人规定的承诺方式,在此情况下,承诺的方式成为承诺生效的特殊要件。

2.承诺迟延和承诺撤回

（1）承诺迟延

所谓承诺迟延是指受要约人未在承诺期限内发出承诺。承诺的期限通常是由要约规定的,如果要约中未规定承诺时间,则受要约人应在合理期限内作出承诺。超过承诺期限作出承诺,该承诺不产生效力。《合同法》第 28 条规定："受要约人超过承诺期限发出承诺的,除要约人及时通知受要约人该承诺有效的以外,为新要约。"这就是说,对于迟到的承诺,要约人可承认其有效,但要约人应及时通知受要约人。如果受要约人不愿承认其为承诺,则该迟到的承诺为新要约,要约人将处于承诺人的地位。

（2）承诺撤回

所谓承诺撤回,是指受要约人在发出承诺通知以后,在承诺正式生效之前撤回其承诺。《合同法》第 27 条规定："承诺可以撤回。撤回承诺的通知应当在承诺通知到达要约人之前或者与承诺通知同时到达要约人。"因此撤回的通知必须在承诺生效之前到达要约人,或与承诺通知同时到达要约人,撤回才能生效。如果承诺通知已经生效,合同已经成立,则受要约人当然不能再撤回承诺。

（三）关于合同的实际成立

对于要式合同,必须履行特定的形式,合同才能成立。然而,在实践中,当事人虽未履行特定的形式,但已经实际履行了合同,那么可以从当事人实际履行合同义务的行为中,推定当事人已经形成了合意和合同关系。因此,我国合同法规定:法律、行政法规规定或者当事人约定采用书面形式订立合同,当事人未采用书面形式但一方已经履行主要义务,对方接受的,该合同成立。采用合同书形式订立合同,在签字或者盖章之前,当事人一方不得以未采取书面形式或未签字盖章为由,否认合同关系的实际存在。

(四)合同成立的时间和地点

1.合同成立的时间

合同成立的时间是由承诺实际生效的时间所决定的。这就是说,承诺何时生效,当事人就应在何时受合同关系的拘束,享受合同上的权利和承担合同上的义务,因此承诺生效时间在合同法中具有极为重要的意义。由于我国合同法采取到达主义,因此承诺生效的时间以承诺到达要约人的时间为准,即承诺何时到达于要约人,则承诺便在何时生效。然而,在确定承诺生效时间时,有如下几点情况值得注意:

(1)受要约人在承诺期限内发出了承诺,但因其他原因导致承诺到达迟延。《合同法》第29条规定:"受要约人在承诺期限内发出承诺,按照通常情形能够及时到达要约人,但因其他原因承诺到达要约人时超过承诺期限的,除要约人及时通知受要约人因承诺超过期限不接受该承诺的以外,该承诺有效。"这就是说,受要约人在承诺期限内发出了承诺,但因其他原因(如因为邮政部门传递信件迟延)而导致承诺不能在规定的期限内到达要约人,在此情况下,如果要约人没有及时通知受要约人因承诺超过期限而不接受该承诺,则承诺应视为有效,承诺生效时间以承诺通知实际到达要约人的时间来确定。如何确定承诺是在要约规定的期限内发出的呢? 这就要根据要约的方式来确定承诺发出的时间。如果要约是以信件或者电报发出的,承诺期限自信件载明的日期或者电报交发之日开始计算。信件未载明日期的,自投寄该信件的邮戳日期开始计算。要约以电话、传真等快速通讯方式作出的,承诺期限自要约到达受要约人时开始计算。

(2)采用数据电文形式订立合同的,如果要约人指定了特定系统接受数据电文的,则受要约人的承诺的数据电文进入该特定系统的时间,视为到达时间;未指定特定系统工程,该数据电文进入要约人的任何系统的首次时间,视为到达时间。

(3)以直接方式作出承诺,应以收到承诺通知的时间为承诺生效时间,如果承诺不需要通知的,则受要约人可根据交易习惯或者要约的要求以行为的方式作出承诺,一旦实施承诺的行为,则应为承诺的生效时间。如果合同必须以书面形式订立,则应以双方在合同书上签字或盖章的时间为承诺生效时间。如果合同必须经批准或登记才能成立,则应以批准或登记的时间为承诺生效的时间。

2.合同成立的地点

合同成立的地点和时间常常是密切联系在一起的。根据《合同法》第34条"承诺生效的地点为合同成立的地点",可见,承诺生效地就是合同成立地,但根据合同为不要式或要式而有所区别,不要式合同应以承诺发生效力的地点为合同成立地点,而要式合同则应以完成法定或约定形式的地点为合同成立地点。根据我国《合同法》第35.34条规定,当事人采用合同书形式订立合同的,双方当事人签字或者盖章的地点为合同成立的地点。而采用数据电文形式订立合同的,收件人的主营业地为合同成立的地点;没有主营业地的,其经常居住地为合同成立的地点。当事人另有约定的,按照其约定。

（五）缔约过失责任

缔约过失责任,是指缔约人故意或过失地违反先合同义务时依法承担的民事责任。所谓先合同义务是指自缔约双方为签订合同而互相接触磋商开始逐渐产生的注意义务,包括互相协助、互助照顾、互相保护、互相通知、诚实信用等义务。缔约过失责任与违约责任不同,违约责任是对合同义务的违反,缔约过失责任则是对先合同义务的违反,是对对方的信赖利益的损害。先合同义务是建立在诚实信用原则基础上的一种法律义务,是诚信原则的具体化和操作性的反映。

缔约过失责任,一般认为需要以下几个构成要件:①缔约一方违反先合同义务,损害对方的信赖利益。②对方当事人受有损失,该损失为财产损失,且为信赖利益的损失。③违反先合同义务与该损失之间有因果关系。④违反先合同义务者有过错。

《合同法》第42条规定,当事人在订立合同过程中有下列情形之一,给对方造成损失的,应当承担损害赔偿责任:①假借订立合同,恶意进行磋商;②故意隐瞒与订立合同有关的重要事实或者提供虚假情况;③有其他违背诚实信用原则的行为。第43条规定,当事人在订立合同过程中知悉的商业秘密,无论合同是否成立,不得泄露或者不正当地使用。泄露或者不正当地使用该商业秘密给对方造成损失的,应当承担损害赔偿责任。

根据上述这些规定,可以概括出缔约过失责任的具体表现有以下几种类型:①撤回或撤销要约不当而给对方造成损失的情况。②撤回承诺不当而给对方造成损失的情况。③缔约之际未尽通知义务而给对方造成损失的情况。④缔约之际未尽保护义务而给对方造成损失的情况。⑤缔约之际未尽保密义务给对方造成损失的情况。⑥合同不成立时给对方造成损失的情况。⑦合同无效时给对方造成损失的情况。⑧合同被撤销或者被变更时给对方造成损失的情况。⑨效力未定合同被拒绝或被撤销时给对方造成损失的情况,尤其是无权代理的情况。

缔约过失责任的赔偿范围为信赖利益的损失。信赖利益的损失是指缔约人因信赖合同能够成立、生效,而产生的损失。它同样包括直接损失和间接损失。直接损失为:①缔约费用;②准备履行所支出的费用;③受害人支出上述费用所失去的利息。间接损失为丧失与第三人订立合同的机会产生的损失。

四、合同的形式

合同的形式,又称合同的方式,是当事人合意的表现形式,《合同法》第 10 条规定:当事人订立合同,有书面形式、口头形式和其他形式。法律、行政法规规定采用书面形式的,应当采用书面形式。

1.口头形式

口头形式,是指当事人只用语言为意思表示订立合同,而不月文字表达协议内容的不同形式。口头形式简便易行,在日常生活中经常被采用。集市的现货交易、商店里的零售等一般都采用口头形式。合同采取口头形式,无须当事人特别指明。凡当事人无约定、法律未规定须采用特定形式的合同,均可采用口头形式。但发生争议时当事人必须举证证明合同的存在及合同关系的内容。口头形式的缺点是发生合同纠纷时难以取证,不易分清责任。所以,对于不能即时清结的合同和标的数额较大的合同,不宜采用这种形式。

2.书面形式

书面形式,是指以文字表现当事人所订合同的形式。合同书以及任何记载当事人要约、承诺和权利义务内容的文件,都是合同的书面形式的具体表现。《合同法》第 11 条规定,书面形式是指合同书、信件以及数据电文(包括电报、电传、传真、电子数据交换和电子邮件)等可以有形地表现所载内容的形式。书面合同必由文字凭据组成,但并非一切文字凭据都是书面合同的组成部分。成为书面合同的文字凭据,必须符合以下要求:有某种文字凭据,当事人或其代理人在文字凭据上签字或盖章,文字凭据上载有合同权利义务。

因此,对于关系复杂的合同、重要的合同,最好采取书面形式。

3.推定形式

当事人未用语言、文字表达其意思表示,仅用行为向对方发出要约,对方接受该要约,以作出一定或指定的行为作承诺,合同成立。例如商店安装自动售货机,顾客将规定的货币投入机器内,买卖合同即成立。

五、格式条款

(一)格式条款的含义

格式条款也叫定式条款、标准条款或格式合同,是当事人为了重复使用而预先拟定好的、并在订立时未与对方协商的条款。有如下特征:第一,格式条款是由一方当事人事先拟定的,而不是在双方当事人反复协商的基础上制定出来的;第二,格式条款是为了重复使用而向不特定的相对人提出的;第三,在订立合同时,对格式条款,相对人不能讨价还价,只能表示接受或不接受。

用格式条款订立合同是随着社会经济的发展而形成的,最早出现在西方国家公共事业领域。20世纪以来,由于科学技术的高度发展,垄断组织的形成,一些企业的服务交易行为,如银行、保险、大宗的买卖,也出现重复进行,这些交易行为具有固定的要求,利用格式条款订立合同,简化了订约的程序,节省了时间、降低了成本,适应了现代化社会商品经济高度发展的要求。

以格式条款订立的合同,与合同示范文本不同,示范文本是根据法律法规和商业惯例而确定的具有示范作用的合同文件,它有助于使同类合同条款的简单化和标准化,但示范文本仅仅能为当事人订立合同时提供参考,对当事人并无强制力,当事人可以根据自己的需要而修改示范文本。格式条款则不允许另一方当事人修改。

由于格式条款在世界各国广泛被使用,因此,各国对其都有规定。我国对格式条款的规定,最早出现在保护消费者领域,1993年通过的《消费者权益保护法》第24条规定,经营者不得以格式合同、通知、声明、店堂告示等方式作出对消费者不公平、不合理的规定,甚至减轻或者免除其损害消费者合法权益应当承担的民事责任。否则,格式合同、通知、声明、店堂告示等方式所列内容无效。

(二)《合同法》对提供格式条款的一方当事人的限制

由于格式条款的预先拟定及不与对方协商,一方当事人在提供格式条款时,合同对方往往缺乏选择的完全自由,双方的地位不完全平等,相对方只有选择接受或不接受的自由,而没有选择合同条款的自由。为了协调效率与公平之间的矛盾,更好地保护双方当事人的合法权益,法律对提供格式条款的一方当事人作出了一些限制,主要是:

(1)采用格式条款订立合同的,提供格式条款的一方应当遵循公平原则确定当事人之间的权利和义务,不能利用自己的有利条件,在格式条款中规定对自己有利而对对方不利的内容,更不能在格式条款中故意增加对方的义务和责任而免除自己应负的义务和责任。

(2)提供格式条款的一方有提示对方注意的义务。因格式条款是一方提供的,而且格式条款往往涉及许多专业术语、内容庞杂,所以对方对格式条款中的许多内容可能没有注意或者不十分明确、对有些文字可能没有完全理解,而对方一旦在格式条款合同上签字,便产生对其约束的效力,给其带来不利的法律后果。为了保护对方的合法权益,法律要求提供格式条款的一方,对格式条款中涉及限制对方当事人权利加重对方当事人义务的条款、免除提供格式条款一方当事人义务和责任的条款,以合理的方式提示对方注意。所谓合理的方式,可以是直接指出相关条款的内容,也可以对相关的文字用特殊的颜色标明等等。这种提示必须在合同签订之前完成。

(3)提供格式条款的一方有说明的义务。在对方当事人对格式条款中的相关内容提出疑问时,提供格式条款的一方有义务加以说明。如果提供格式条款的一方当事人没有履行上述义务,所订立的格式条款合同无效。

(三)格式条款无效的几种情况

《合同法》规定,格式条款具有下列情形的,该条款无效:

(1)一方以欺诈、胁迫的手段订立合同,损害国家利益;恶意串通,损害国家、集体或者第三人利益;以合法形式掩盖非法目的;损害社会公共利益;违反法律、行政法规的强制性规定。

(2)在格式条款中规定下述免责条款无效:①造成对方人身伤害的;②因故意或者重大过失造成对方财产损失的。

(3)提供格式条款一方在格式条款中违反公平信用原则免除自己责任的。

(4)提供格式条款一方在格式条款中加重对方责任、排除对万主要权利的。

(四)格式条款的解释

在格式条款订立后,双方当事人对格式条款的理解发生争议的,应当按照通常理解予以解释。对格式条款有两种以上解释的,应当作出不利于提供格式条款一方的解释。格式条款和非格式条款不一致的,应当采用非格式条款。

【案例】　"过期作废"谁说了算

2008年1月5日,徐女士拿着单位发的3张价值150元的蛋糕票,到市区元祖蛋糕店进行消费。可是跑了城南和城北两家元祖蛋糕店,却都被店方告知,提货单的截止日期是2007年12月31日,购物券已过最后期限,无法使用。徐女士认为,有效期是商家单方面规定的,凭什么他们说过期就过期了,这是"霸王条款"。

2月中旬,徐女士向绍兴市消保委投诉,店负责人对此推诿,不予回答。徐女士将"元祖"蛋糕店告上法庭,要求被告返还非法侵吞的购券款150元,并承担诉讼费。

浙江绍兴消费者巡回法庭公开审理了"元祖蛋糕票过期官司"。法庭上主要围绕两个问题展开辩论:持券人是不是合同协议方?"过期作废'是不是"霸王条款"? 庭审最后,双方达成调解:"元祖"蛋糕绍兴城南店同意3月22日之前,消费者徐女士可凭券前去提货。

分析:消费券是一种支付凭证,与相对应的货币有同等的价值,故商家无权单方面说了算。有关消费券的使用规定是商家提供的格式条款,其中"过期作废"的内容,明显违反了格式条款的公平原则。所以,本案中徐女士有权继续使用消费券或者获得退款。

六、合同的履行

（一）合同的履行的概念

合同的履行，是指债务人全面地、适当地完成其合同义务，债权人的合同债权得到完全实现。如交付约定的标的物，完成约定的工作并交付工作成果，提供约定的服务等。合同的履行，就其实质来说，是合同当事人在合同生效后，全面地、适当地完成合同义务的行为。

合同的履行是《合同法》的核心内容，也是合同当事人订立合同的根本目的。当事人双方在履行合同时，必须全面地、善始善终地履行各自承担的义务，使相对人的权利得以实现，从而为各社会组织及自然人之间的生产经营及其他交易活动的顺利进行创造条件。

（二）合同履行的原则

合同履行的原则是合同当事人在履行合同债务时所应遵循的基本准则。《合同法》第六十条规定："当事人应当按照约定全面履行自己的义务。当事人应当遵循诚实信用原则，根据合同的性质、目的和交易习惯履行通知、协助、保密等义务。"

依照《合同法》的规定，合同当事人履行合同时，应遵循以下原则：

1. 全面履行原则

全面履行原则，又称适当履行原则，正确履行原则，严格履行原则，是指合同生效后，当事人各方应按照合同约定的标的、质量、数量，合同约定的履行期限、履行地点、适当的履行方式，全面履行其合同义务，因此，《合同法》第 60 条第 1 款规定："当事人应当按照约定全面履行自己的义务。"第 76 条进一步规定："合同生效后，当事人不得因姓名、名称或者法定代表人、负责人、承办人的变动而不履行合同义务。"

2. 诚实信用原则

诚实信用原则，是指当事人应依据合同性质、目的和交易习惯，本着诚实信用精神履行其合同明示义务和合同随附义务。《合同法》第 60 条第 2 款明确规定："当事人应当遵循诚实信用原则，根据合同的性质、目的和交易习惯履行通知、协助、保密等义务。"具体而言，诚实信用原则包含以下三层含义：

其一，在合同条款明确的情况下，双方当事人应当相互维护对方的利益。例如，履行的日期虽然在合同规定的期限内，但债务人不应故意在债权人不便受领时履行等等。

其二，在合同条款不明确的情况下，当事人应依据合同的性质、目的和交易习惯，诚实信用地行事，以实现缔约目的。

其三,当事人除应履行合同明示的义务外,还应履行合同的各种随附义务。所谓合同随附义务,是指因合同的订立和合同的履行伴随而来的义务。主要包括:①通知义务,②协助义务,③保密义务,④注意义务,⑤减损义务。

(三)合同履行的保护措施

为了保证合同的履行,保护当事人的合法权益,维护社会经济秩序,促使债权能够实现,防范合同欺诈,在合同履行过程中,需要通过一定的法律手段使受害一方的当事人能维护自己的合法权益。为此,合同法专门规定了当事人的抗辩权和保护措施。

所谓抗辩权,就是指一方当事人有依法对抗对方要求或否认对方权力主张的权力。合同法规定了同时履行抗辩权、先履行抗辩权和不安抗辩权。这些抗辩权利的设置,可使当事人在法定情况下对抗对方的请求权,使当事人的拒绝履行不构成违约,更好地维护当事人的利益。

(1)同时履行抗辩权是指若当事人互负债务,应当同时履行,一方在对方履行债务之前,或在对方履行债务不符合约定时,有权拒绝其相应的履行要求。有先后履行顺序的,若先履行一方为履行,后履行一方有权拒绝其履行要求。例如合同约定同时交货和支付价款,如果一方没有按时交货,相对方有权拒绝对方要其支付价款的要求,这样可以防止付款后收不到货。

(2)不安抗辩权是指当事人互负债务,合同约定有先后履行顺序的,先履行债务的当事人应当先履行。但是,如果应当先履行债务的当事人有确切证据证明对方有丧失或者可能丧失履行债务能力的情形时,可以中止履行。规定不安抗辩权是为了保护当事人的合法权益,防止借合同进行欺诈,也可以促使对方履行义务。

对不安抗辩权要严格加以限制,决不能滥用,否则要承担违约责任。合同法规定,应当先履行债务的当事人,有确切证据证明对方有下列情形之一的,可以终止履行:①经营状况严重恶化;②转移财产,抽逃资金以逃避债务;③丧失商业信誉;④有丧失或者可能丧失履行债务能力的其他情形。从这里可以看出,只有在对方丧失或者可能丧失履行债务能力,也就是根本性违约时,才能行使不安抗辩权,而且要有确切证据。合同法规定,当事人行使不安抗辩权中止履行的,应按一定的程序及时通知对方。如果对方提供适当担保时,应当恢复履行。若当事人没有确切证据而中止合同的履行,应当承当违约责任。

(3)先履行抗辩权的概念。先履行抗辩权,是指当事人互负债务,有先后履行顺序的,先履行一方未履行之前,后履行一方有权拒绝其履行请求,先履行一方履行债务不符合债的本旨,后履行一方有权拒绝其相应的履行请求。

先履行抗辩权发生于有先后履行顺序的双务合同中,基本上适用于先履行一方违约的场合,这些是它不同于同时履行抗辩权之处。

先履行抗辩权的成立要件:①须双方当事人互负债务。②两个债务须有先后履行顺序。

至于该顺序是当事人约定的还是法律直接规定的,在所不问。如果两个对立的债务无先后履行顺序,就适用同时履行抗辩权而不成立先履行抗辩权。③先履行一方未履行或其履行不合债的本旨。先履行一方未履行,既包括先履行一方在履行期限届至或届满前未予履行的状态,又包含先履行一方于履行期限届满时尚未履行的现象。先履行一方的履行不符合债的本旨,是指先履行一方虽然履行了债务,但其履行不符合当事人约定或法定的标准、要求,即违约了,履行债务不符合债的本旨,在这里指迟延履行、不完全履行(包括加害给付)、部分履行和不能履行等形态。

先履行抗辩权的成立并行使,产生后履行一方可一时地中止履行自己债务的效力,对抗先履行一方的履行请求,以此保护自己的期限利益、顺序利益。在先履行一方采取了补救措施,变违约为适当履行的情况下,先履行抗辩权消失,后履行一方须履行其债务,先履行抗辩权的行使不影响后履行一方主张违约责任。

七、合同的变更和解除

(一)合同的变更

合同的变更有广义与狭义之分。广义的合同变更,包括合同内容的变更与合同主体的变更。前者是指当事人不变,合同的权利义务予以改变的现象。后者是指合同关系保持同一性,仅改换债权人或债务人的现象。不论是改换债权人,还是改换债务人,都发生合同权利义务的移转,移转给新的债权人或者债务人,因此合同主体的变更实际上是合同权利义务的转让。此处仅讨论合同内容的变更。

合同变更的条件:

(1)原已存在着合同关系;

(2)合同内容发生变化。

合同内容的变更包括:①标的变更;②标的物数量的增减;③标的物品质的改变;④价款或酬金的增减;⑤履行期限的变更;⑥履行地点的改变;⑦履行方式的改变;⑧结算方式的改变;⑨所附条件的增添或除去;10违约金的变更等。

(3)合同的变更须依当事人协议或依法律直接规定及法院裁决。基于法律的直接规定而变更合同,法律效果可直接发生,不以法院的裁决或当事人协议为必经程序。

（4）须遵守法律要求的方式

变更意思表示不真实的合同，须经法院裁决的方式。当事人协议变更合同，有时需要采有书面形式，有时则无此要求。债务人违约而变更合同一般不强求特定方式。法律、行政法规规定变更合同应当办理批准、登记等手续的，依照其规定。

（二）合同解除

合同解除是指合同有效成立以后，当具备合同解除条件时，因当事人一方或双方的意思表示而使合同关系即当事人之间的权利义务关系归于消灭的法律行为。

根据《合同法》的规定，合同解除权分为约定解除权和法定解除权。

（1）约定解除权。约定解除权是根据合同双方当事人的约定而发生的解除权。约定解除权既可约定由一方享有，也可约定由双方享有，既可在订立合同时约定，也可以另外订立一个合同约定。只有当约定的解除条件成就时，解除权人才能行使解除权，但约定的解除合同的条件发生，并不导致合同的自动解除，合同必须由解除权人行使解除权才能解除，也即在发生了约定的解除合同的条件以后，只有享有解除权的一方当事人根据自己的情况，作出解除合同的意思表示，合同的权利义务才得以终止。解除权人不作出解除合同的意思表示，即使发生了约定解除合同的条件，合同的权利义务也不得终止，合同继续有效。当解除条件成就，一旦解除权人作出解除合同的意思表示，合同的权利义务即告终止，无须获得对方同意。

（2）法定解除权。法定解除权是由法律规定而发生的解除权，即法律在一定情况下赋予当事人解除合同的权利。《合同法》规定当事人可以行使法定解除权的情形有五种。

第一，不可抗力致使合同目的不能实现。因不可抗力解除合同，是指因水灾、火灾、地震等自然灾害的发生或法律、政令的变化而导致合同的解除。在不可抗力已影响到合同目的的实现时，才能导致合同的解除，如果不可抗力只是导致合同部分不能履行的，一般情况下另一方当事人只能主张合同部分权利义务的变更，但如果部分履行严重影响当事人订立合同所欲实现的缔约目的时，应承认其享有解除合同的权利。

第二，预期违约。预期违约是指当事人一方在合同规定的履行期限届满之前，明示、默示或以自己的行为表示其将不履行主要债务。主要债务的履行，关系到债权人最重要权利的实现，关系到订立合同最主要目的的实现，当事人一方无正当理由表明不履行主要债务，即表明了自己不愿受合同约束的故意，合同对于该当事人已形同虚设，而另一方债权的实现就得不到保障。在这种情况下，另一方有权在解除合同或要求另一方继续履行之间作出选择,以保障自己的合法权益。

第三,迟延履行主要债务,经催告后在合理期限内仍未履行。在此规定下要行使合同解除权必须具备两个条件:①当事人一方迟延履行的是主要债务。即当事人迟延履行的是最重要的义务,而不是一些次要的、附属的义务。②债务人经催告后在合理期限内仍未履行主要债务。"催告"是债权人向债务人请求给付的意思表示。履行迟延以后,债权人不能马上行使解除权解除合同,还要给债务人一个催告,给债务人一个合理的宽限期要求其履行合同,在合理的宽限期到来时,债务人仍不履行合同,债权人才有权解除合同。

第四,根本违约,即一方当事人迟延履行债务或者有其他违约行为而使另一方当事人订立合同的目的不能实现。违约的形式有很多,当事人一方有违约行为并不必然导致另一方享有解除权,只有在一方违约致使合同目的不能实现即根本违约时,另一方才享有解除权。

第五,法律规定的其他情形。法律有明文规定可以解除合同的,才发生解除权,才能解除合同,如法律无明文规定则无解除权。

(3)合同解除权的行使与消灭

①合同解除权行使的方法。根据《合同法》的规定,当事人一方行使解除权,主张解除合同,只要通知对方即可。也就是说,解除权的行使,只要向对方当事人传达了自己的意思表示就可以发生解除合同的效力,而不需要以其他方式辅助。对通知的形式,《合同法》未作特殊要求,因此它可以包括国际上惯用的声明、要求、请求,也可以根据具体情况采用任何适当的方式来传达自己的意图,如传真、电报、电子邮件、信函等,不管采取哪种方式,只要通知送达对方即可,对方接到通知后,合同即发生解除的效力,而无需被通知人同意。如果对方对解除合同有异议,根据《合同法》的规定,可以请求人民法院或者仲裁机构确认解除合同的效力。法律、行政法规规定解除合同应当办理批准、登记等手续的,应当依照特别程序办理批准、登记手续后,才能产生合同解除的效力。

②合同解除权的消灭。根据《合同法》第95条的规定,合同解除权的消灭有两种情形。第一种情形是期限届满消灭。无论是法定期限还是约定期限,在性质上都属于除斥期间,解除权于预定存续期间届满当然消灭。当事人行使约定解除权的期限,应明确地写入合同的解除权条款中。为充分保证合同自由原则的运用,在有法律规定的解除期限时,当事人之间可以通过约定解除权行使的期限来改变法定解除期限。第二种情形是经催告后在合理期限内不行使而消灭。这是针对解除权的行使期限法律没有规定,当事人也没有约定而言的。解除合同的情况已经存在,解除权人没有行使该权利,权利的行使期限又不确定,这就

会给权利相对人带来不利,这样权利相对人就要催告权利人行使解除权,解除合同,以消灭双方因合同产生的权利义务关系,维护自己的利益。

八、违约责任

(一)违约责任的概念和特征

违约责任,就是违反合同的民事责任,是指合同当事人一方不履行或不适当履行合同义务时,依照法律规定或合同约定应承担的责任。合同的违约责任制度是保证当事人全面准确履行合同义务的重要措施,也是凭借法律的强制力保障合同效力的一种手段。

违约责任具有如下法律特征:

(1)违约责任是一种财产责任。违约责任是一种具有经济内容的责任,我国《合同法》规定了继续履行、赔偿损失、支付违约金等责任方式,基本上都可以财产、货币来计算,都属于财产责任的范围。

(2)违约责任具有相对性。这是指违约责任只能在特定的当事人之间发生,不涉及合同关系以外的人。

(3)违约责任具有任意性。违约责任具有任意性是指合同关系当事人可以在法律、法规规定的范围内,对一方的违约责任可作出事先的安排,如合同关系当事人可事先约定违约金的数额或幅度,可预先确定损害赔偿数额或计算方法。

(4)违约责任是合同当事人不履行债务时产生的民事责任。违约责任是民事责任的一种形式,是合同当事人不履行债务所产生的责任,这是违约责任不同于其他民事责任的重要特征。

(5)违约责任具有补偿性和制裁性双重属性。违约责任的补偿性一般通过支付违约金、赔偿金和其他方式来实现,使受害人的实际损失得到全部补偿或部分补偿。同时在合同当事人有过错时,违约责任还体现了对责任人的制裁性。如支付高于实际损失的违约金、定金罚则等。

(二)违约形态

《合同法》规定的违约形态有两大类,即预期违约和届期违约。

1.预期违约

预期违约,又称为先期违约,是指在合同履行期限届满之前,一方当事人无正当理由而明确地向另一方表示或者以自己的行为表明将来不履行合同义务的行为。

预期违约可分为明示毁约和默示毁约两种情况。明示毁约是指一方当事人明确表示自己不履行合同义务。默示毁约是指一方当事人以自己的行为让对方当事人有确切的证据预见到其在履行期限届满时不履行或者不能履行合同义务。

一方预期违约的,对方可以在履行期限届满之前要求其承担违约责任。对方如在履行期限届满之前没有要求预期违约方承担违约责任,而在履行期限届满前发生免责事由的,不能再追究预期违约方的预期违约责任。

2.届期违约

届期违约,又称为实际违约,分为不履行和不适当履行两种形态。

不履行又包括履行不能、拒绝履行和根本违约。履行不能是指合同成立后,由于某种情形债务人事实上已经不可能再履行债务。拒绝履行,是指在履行期限届满后,债务人无正当理由明确地表示不履行能够履行的合同债务。根本违约是英美法中的概念,债务人违反合同中重要的、根本的条款所规定的义务时,构成根本违约,债权人有权解除合同。

不适当履行是指不履行以外的一切违约形态,包括迟延履行和瑕疵履行,迟延履行包括债务人迟延履行和债权人迟延领受,瑕疵履行是指债务人没有完全按照债务的内容全面履行合同义务。

【案例】 买卖合同

2004年5月10日,某商贸有限公司(以下简称商贸公司)与某煤炭有限公司(以下简称煤炭公司)签订了《煤炭购销合同书》,约定:商贸公司购买煤炭公司自产煤炭5万吨,每吨单价人民币200元,共计货款1000万元;当年6月底以前分三批交付,由商贸公司到煤炭公司自提;交第一批货之前商贸公司需向煤炭公司交付定金50万元;任何一方违约需向对方支付总价款10%的违约金;合同到2004年6月底失效。

合同签订不久,煤炭公司要求商贸公司支付定金,并准备交付第一批煤炭,商贸公司不予理会。2004年7月8日,商贸公司到煤炭公司协商,双方同意继续履行5月10日签订的合同。商贸公司当即向煤炭公司支付人民币100万元,煤炭公司向商贸公司出具收据,载明:"收到商贸公司预付货款100万元,商贸公司7月16日自提煤炭100吨。"

煤炭公司已经将货物全部准备好,只等商贸公司提货。但是,7月10日,商贸公司通知煤炭公司货物不要了,要煤炭公司自行处理并退还100万元。

问:1.商贸公司通知煤炭公司货物不要了,此行为是什么行为?2.商贸公司能要求退还100万元吗?为什么?3.煤炭公司能要求商贸公司承担怎样的责任?

分析:1.商贸公司通知煤炭公司货物不要了,此行为是预期违约的行为,应当承担违约责任。2.商贸公司能要求退还100万元,因为这100万元是预付货款,不是定金。如果写明是定金,则不能要求退还。3.煤炭公司能要求商贸公司承担的违约责任,首先是支付总价款10%的违约金,在支付了违约金后,还有损失没有弥补的,不足部分还可以要求赔偿。

(三)违约的归责原则

对违约的归责,《合同法》确定了严格责任原则与过错责任原则的双轨制的归责原则,以严格责任原则为主,辅之以过错责任原则。

1.严格责任原则

严格责任原则又称无过错责任原则,是指不论违约方主观上有无过错,只要其不履行或不完全履行合同的义务,就应当承担违约责任。严格责任原则不以合同违约方的过错作为违约责任的构成要件,不适用过错推定责任。合同违约方发生违约行为,即使能举证自己没有过错,也不得免除责任。严格责任原则是以违约行为与违约后果之间的因果关系作为承担违约责任的要件,合同违约方自己能提出免除责任的抗辩,才能免除违约责任;不能提出免除责任的抗辩,就应当承担违约责任。我国《合同法》对合同违约方的违约责任主要适用严格责任原则。

2.过错责任原则

过错责任原则是指合同当事人一方违反合同的规定,不履行或者不完全履行合同义务时,以其主观上是否有过错作为确定是否承担责任的要件和确定责任大小的依据。根据过错责任原则,确定合同违约方的责任,不仅要看当事人是否有违反合同的行为发生,而且还要审查当事人主观上是否有过错,如果合同当事人主观上没有过错,尽管发生违反合同行为,仍可以不承担违约责任。根据过错责任原则,要求以合同违约方主观上有过错作为确定责任范围和损失赔偿范围的依据。我国《合同法》对于缔约过失、无效合同、可撤销合同以及部分具体合同,适用过错责任原则。

(四)违约责任的免除

如果因为法定的或约定的事由而导致合同不履行,则免除违约人的违约人的违约责任。法定的免责事由是法律规定的免除责任的事由,主要是指不可抗力和其他法定免责事由。约定的免责事由是指当事人通过合同约定的免除责任的事由,包括免责条款和当事人约定的不可抗力条款。

1.不可抗力

《合同法》第117条第2款对不可抗力的概念作出了规定:"本法所称不可抗力,是指不能预见、不能避免并且不能克服的客观情况。"

不可抗力作为违约方的免责事由,应当发生在合同成立后至合同履行期限届满之前。不可抗力发生在合同当事人一方迟延履行合同期间,不能作为违约方的免责事由。因为当事人一方迟延履行,已构成违约,应当承担违约责任。如果不可抗力的发生仅仅影响合同当事人不能全部履行合同或不能按时履行合同,则根据不可抗力的实际影响,部分相应地免除合同违约方的违约责任。

我国《合同法》还规定:合同当事人一方因不可抗力不能履行合同的,应当及时通知对方,以减轻可能给对方造成的损失,并应当在合理期限内提供证明。当事人一方违约后,对方应当采取措施防止损失的扩大;没有采取适当措施致使损失扩大的,不能就扩大的损失要求赔偿。

2.免责条款

免责条款是指双方当事人在合同中预先约定的旨在限制或免除其未来违约责任的条款。免责条款必须是合法的,否则无效。我国《合同法》第 40 条规定,提供格式条款一方免除其责任的条款无效;第 53 条规定:"合同中的下列免责条款无效:①造成对方人身伤害的;②因故意或者重大过失造成对方财产损失的。"

当事人一方因第三人的原因造成违约的,应当向对方承担违约责任,不能免除违约责任。当事人一方和第三人之间的纠纷,依照法律规定或者按照约定解决。

(五)承担违约责任的方式

1.继续履行

继续履行是指合同当事人一方不履行合同义务或者履行合同义务不符合约定时,经另一方当事人的请求,法律强制其按照合同的约定继续履行合同的义务。继续履行作为违约责任的一种具体方式,须符合以下构成要件:

(1)合同的标的为非金钱债务。合同的非金钱债务标的一般都具有特定性和不可替代性,债务人不履行合同的义务,债权人就不能达到签订合同的目的,只有通过继续履行才能保证债权人的权利。继续履行是实际履行原则的要求和体现。

(2)当事人一方违约。继续履行作为承担违约责任的一种方式,必须以违约事实为前提。

(3)守约方在合理期限内请求。我国《合同法》规定,如果债权人在合理期限内仍未请求,那么当事人一方承担违约责任的方式将不适用继续履行。

(4)债务人的继续履行须为可能。债务的继续履行须为可能是指债务的履行有法律上的可能和有事实上的可能。法律上或事实上不能履行的,或履行费用过高的,都不适用继续履行。

2.实施补救措施

质量不符合约定的,应当按照当事人的约定承担违约责任。对违约责任没有约定或者约定不明确,依照《合同法》第 61 条的规定仍不能确定的,受损害方根据标的的性质以及损失的大小,可以合理选择要求对方承担修理、更换、重作、退货、减少价款或者报酬等违约责任。

3.赔偿损失

赔偿损失是指合同当事人一方不履行合同或者不适当履行合同给对方造成损失的,应依法或依照合同约定承担赔偿责任。它以金钱赔偿为原则,以实物赔偿为例外,是各国法律普通确认的一种违约责任形式。按照法律规定承担赔偿责任,称为法定赔偿,依照合同约定承担赔偿责任,称为约定赔偿。

赔偿损失具有补偿性,赔偿损失主要为了弥补受害人因违约所遭受的损失,以实际发生的损害为赔偿标准。但在特殊情况下,赔偿损失也具有惩罚性,如《消费者权益保护法》第49条规定的损害赔偿责任,就具有惩罚性。《合同法》第113条第2款对此也作了规定。

赔偿损失作为违约责任形式,其适用必须符合一定的条件和要求,具体来讲,除违约行为外,还应包括:

(1)损害事实。受害人遭受损失,是赔偿损失构成的必要条件。违约损害赔偿的损失,应限于财产损失,不包括非财产损害。

(2)因果关系。所谓因果关系,是指违约行为与损害后果之间的相互联系,这是赔偿损失归责的重要前提。

赔偿的范围,可以由双方当事人约定赔偿额的计算方法。当事人未约定损失赔偿额的计算方法的,应依据《合同法》第113条所确立的赔偿原则,即完全赔偿原则和应当预见规则。完全赔偿原则是指应当赔偿的损失额应当相当于所造成的损失,包括直接损失和间接损失。直接损失是指既得利益的减少,间接损失是指可得利益的损失。应当预见规则,又称合理预见规则,是指违约方承担赔偿责任,不得超过其订立合同时预见到或者应当预见的因违反合同可能造成的损失。另外《合同法》第119条规定,当事人一方违约后,对方应当采取适当措施防止损失的扩大;没有采取适当措施致使损失扩大的,不得就扩大的损失请求赔偿。当事人因防止损失扩大而支出的合理费用,由违约方承担。

【案例】 杭州华达皮件有限公司违约案件

2005年3月2日,杭州华达皮件有限公司同时接到杭州中强进出口公司与上海大鸿进出口公司要就加工生产2万打皮衣(均为价格每打3800元,6月5日前送货到上海港码头)的订单。因杭州华达皮件有限公司与杭州中强进出口公司有长期的贸易关系,而与上海大鸿进出口公司不熟悉,所以,仅仅接受了杭州中强进出口公司的订单,并没有理睬上海大鸿进出口公司的定单。

4月3日,上海大鸿进出口公司的传真到杭州华达皮件有限公司,要求货能在5月1日前交付,杭州华达皮件有限公司仍没有回复,但是在4月30日将货送到了上海港码头大鸿公司传真中指定的仓库。

4月30日后杭州华达皮件有限公司才急急赶杭州中强进出口公司的订单,

后因原料供应不足而导致 6 月 12 日才交货。杭州中强进出口公司告知因货物迟交误了出运美国的船期,要求将货物空运给美国并由杭州华达皮件有限公司承担空运费。

问:

1.2005 年 3 月 2 日杭州华达皮件有限公司对上海大鸿进出口公司的订单不予理睬,是否可以? 为什么?:

2.杭州华达皮件有限公司 4 月 30 日将货送到了上海港码头大鸿公司传真中指定的仓库,是什么行为?

3.杭州中强进出口公司要求杭州华达皮件有限公司承担空运费是否合法?为什么?

分析:

1.可以,因为定单是要约行为,接收要约的一方没有义务必须答复要约。

2.是承诺行为,是以交货的行为表示承诺,是默示形式的承诺行为。

3.合法,因为杭州华达皮件有限公司已经违约,因违约给另一方造成的损失,应当赔偿。

4.支付违约金

违约金是指一方当事人违反合同,依照约定或者法律规定向对方支付一定数额的金钱的责任形式。

违约金具有以下法律特征:

(1)预定性。无论是法定违约金还是约定违约金,都是预先确定的。这使得违约金对于合同的履行具有担保职能,因为它事先向债务人指明了违约后所需承担的责任,有利于督促合同当事人履行合同。

(2)补偿性和特定情况下的惩罚性。我国违约金的性质主要是补偿性的,这是由我国合同法采用无过错责任原则所决定的,只有在违约金单纯为迟延履行而设定时,违约金与实际履行才可以并存,此时的违约金才具有惩罚性,如《合同法》第 114 条第 3 款规定的情况。

当事人约定违约金的,约定的违约金低于造成的损失的,当事人可以请求人民法院或者仲裁机构予以增加;约定的违约金过分高于造成的损失的,当事人可以请求人民法院或者仲裁机构予以适当减少。

4.定金罚

定金既是一种债的担保形式,定金罚是一种债不履行时的责任形式。《合同法》第 115 条规定:"当一人可以依照《中华人民共和国担保法》约定一方向对方给付定金作为债权的担保。债务人履行债务后,定金应当抵作价款或者收回。给付定金的一方不履行约定的债务的,无权要求返还定金;收受定金的一方不履行约定的债务的,应当双倍返还定金。"

定金罚作为一种违约责任形式,其适用不以实际发生的损害为前提,即无论一方的违约是否造成对方损失,都可能导致定金罚则的适用。因此,定金具有强烈的惩罚性。

定金和违约金不能同时并用,当事人既约定定金,又约定违约金的,一方违约时对方可以选择适用违约金或者定金。

(六)违约责任与侵权责任的竞合

违约责任是违反合同的责任,侵权责任为侵犯人身权、财产权所应承担的民事责任。当某一行为既符合违约责任的要件又符合侵权责任的要件时就形成了民事责任中违约责任与侵权责任的竞合。现实生活中有不少类似事例,如交付的啤酒因啤酒瓶爆炸致买受人受伤;受托人未尽到保密义务对外披露委托人的隐私等等。《合同法》第122条规定:"因当事人一方的违约行为,侵害对方人身、财产权益的,受损害方有权选择依照本法要求其承担违约责任或者依照其他法律要求其承担侵权责任。"由此可以看出,我国法律承认违约责任与侵权责任的竞合,允许当事人在诉讼时作出选择,但是若法律规定在特定的情形下只能产生一种责任,排除责任竞合的发生,那么就应遵守法律的规定。

第二节　劳动合同关系

【案例】　"华为辞职门"事件

2007年9月30日,深圳华为公司内部讨论通过一份题为"关于终止、解除劳动合同的补偿规定"的文件,要求包括老总任正非在内的所有工作满8年的员工(共计7000多名)在2008年元旦之前逐步完成"先辞职再竞岗"工作;废除现行工号制度,所有工号重排序。10月下旬,各大媒体披露此事并引发社会各界热议。11月2日,深圳市劳动和社会保障局对此事展开调查。11月7日,华为表示集体辞职事件结束,绝大部分员工会通过竞岗回到原来岗位,另有一百多人未能续约。

许多人认为,"华为辞职门"事件的起因是《劳动合同法》将于2008年1月1日起开始实施,因《劳动合同法》第14条规定,在同一单位工作10年或以上的员工应当签订无固定期限劳动合同。华为的目的是想把员工前面的工龄一笔勾销,重新计算工龄,避免出现员工连续工作10年,签订无固定期限劳动合同的情况。

分析:在华为"先辞职再竞岗"的做法下,所谓的"离职"员工并非真正离开华为,因而无法中断工龄。在法律上,离职的标志是:办理工作交接收回工卡、停止工资发放、停止社保、档案转移、办理失业登记,而不是员工递交一个辞职报告就算数的。尽管华为自己规定工龄重新计算,但这样的规定不符合法律的规定,所以,员工的工龄仍要连续计算。

一、劳动法与劳动合同关系

劳动合同关系,不受《合同法》的调整,而由《劳动法》与《劳动合同法》调整。《劳动法》自 1995 年 1 月 1 日起施行,《劳动合同法》自 2008 年 1 月 1 日起施行。

劳动合同关系是劳动关系的书面形式,是劳动者与用人单位之间形成的权利义务关系。一方是劳动者;另一方是用人单位,包括企业、个体经济组织、民办非企业单位等组织。《劳动合同法》规定,中华人民共和国境内的企业、个体经济组织、民办非企业单位等组织(以下称用人单位)与劳动者建立劳动关系,订立、履行、变更、解除或者终止劳动合同,适用《劳动合同法》;国家机关、事业单位、社会团体和与其建立劳动关系的劳动者,订立、履行、变更、解除或者终止劳动合同,依照《劳动合同法》执行。在市场经济条件下,劳动合同关系是通过双方选择确立的,双方当事人在建立、变更或终止劳动合同关系时,是依照合法、公平、平等自愿、协商一致、诚实信用的原则进行的,依法订立的劳动合同对劳动者与用人单位双方均具有约束力,因而劳动合同关系具有平等关系的属性;但劳动合同关系一经确立,劳动者一方就从属于用人单位一方,成为用人单位的职工,须听从用人单位的指挥和调度,双方形成管理与被管理的关系,因而具有隶书关系的性质;因为劳动者相对于用人单位来说,居于劣势,所以,法律对劳动者有特殊保护。

二、劳动者

1. 劳动者的主体资格

劳动者是依据劳动法和劳动合同规定,在用人单位从事体力或脑力劳动,并获取劳动报酬的自然人。自然人要成为劳动者,须具备主体资格,即必须具有劳动权利能力和劳动行为能力。我国劳动法规定凡年满 16 周岁、有劳动能力的公民是具有劳动权利能力和劳动行为能力的人。即劳动者的法定最低就业年龄为16 周岁,除法律另有规定外,任何单位不得与未满 16 周岁的公民发生劳动法律关系。对有可能危害未成年人健康、安全或道德的职业或工作,最低就业年龄不应低于 18 周岁,用人单位不得招用已满 16 周岁未满 18 周岁的公民从事过重、有毒、有害的劳动或者危险作业。

2.劳动者的劳动权利和劳动义务

根据《劳动法》的规定,劳动者的劳动权利主要有:①平等就业和选择职业的权利;②取得劳动报酬的权利;③休息休假的权利;④获得劳动安全卫生保护的权利;⑤接受职业培训的权利;⑥享受社会保险和福利的权利;⑦依法参加工会和职工民主管理的权利;⑧提请劳动争议处理的权利;⑨法律规定的其他劳动权利。

劳动者的劳动义务有:劳动者应按时完成劳动任务,提高职业技能,执行劳动安全卫生规程,遵守劳动纪律和职业道德,爱护和保卫公共财产,保守国家秘密和用人单位商业秘密等。

三、劳动合同的签订

1.订立书面劳动合同是用人单位的义务

劳动合同的订立是劳动者与用人单位之间确立劳动关系,明确双方权利义务的法律行为。用人单位自用工之日起即与劳动者建立劳动关系。用人单位招用劳动者时,应当如实告知劳动者工作内容、工作条件、工作地点、职业危害、安全生产状况、劳动报酬,以及劳动者要求了解的其他情况;用人单位有权了解劳动者与劳动合同直接相关的基本情况,劳动者应当如实说明。建立劳动关系,应当订立书面劳动合同。已建立劳动关系,未同时订立书面劳动合同的,应当自用工之日起1个月内订立书面劳动合同。用人单位与劳动者在用工前订立劳动合同的,劳动关系自用工之日起建立。用人单位自用工之日起超过1个月不满1年未与劳动者订立书面劳动合同的,应当向劳动者每月支付2倍的工资。

2.劳动合同的种类

劳动合同分为固定期限劳动合同、无固定期限劳动合同和以完成一定工作任务为期限的劳动合同。

(1)固定期限劳动合同,是指用人单位与劳动者约定合同终上时间的劳动合同。用人单位与劳动者协商一致,可以订立固定期限劳动合同。

(2)无固定期限劳动合同,是指用人单位与劳动者约定无确定终止时间的劳动合同。用人单位与劳动者协商一致,可以订立无固定期限劳动合同。有下列情形之一,劳动者提出或者同意续订、订立劳动合同的,除劳动者提出订立固定期限劳动合同外,应当订立无固定期限劳动合同:①劳动者在该用人单位连续工作满10年的;②用人单位初次实行劳动合同制度或者国有企业改制重新订立劳动合同时,劳动者在该用人单位连续工作满10年且距法定退休年龄不足10年的;③连续订立二次固定期限劳动合同,且劳动者没有法律规定的用人单位可以解除劳动合同的情形,续订劳动合同的。用人单位自用工之日起满1年不与劳动者订立书面劳动合同的,视为用人单位与劳动者已订立无固定期限劳动合同。用人单位违反本法规定不与劳动者订立无固定期限劳动合同的,自应当订立无固定期限劳动合同之日起向劳动者每月支付 2 倍的工资。

(3)以完成一定工作任务为期限的劳动合同,是指用人单位与劳动者约定以某项工作的完成为合同期限的劳动合同。用人单位与劳动者协商一致,可以订立以完成一定工作任务为期限的劳动合同。

【案例】 签订无固定期限劳动合同

王某在北京某公司工作 10 年,劳动合同一年一签,到第 11 年双方续签劳动合同时,王某要求签订无固定期限劳动合同,公司不同意。公司要求只能签一年期劳动合同,否则将不再与王某续签劳动合同,王某为了保住工作,只好与公司又签订了一年期劳动合同。第 11 份劳动合同期满后,公司未与王某续签劳动合同。王某以公司应与其签订无固定期限劳动合同为由,经过仲裁后向法院提出了诉讼请求,要求法院确认双方存在无固定期限劳动合同。

法院判决结果:依照《劳动法》第 20 条规定,只有劳动者举证证明其"提出订立无固定期限的劳动合同"的,法院才能确认双方存在无固定期限的劳动合同。本案中因王某不能举证其曾在签订第 11 份劳动合同时要求签订无固定期限劳动合同而败诉。

分析:本案如果按 2008 年 1 月 1 日起施行的《劳动合同法》处理,结果就不一样。《劳动合同法》第 14 条规定,劳动者在该用人单位连续工作满 10 年或连续订立二次固定期限劳动合同的,劳动者提出或者同意续订、订立劳动合同的,除劳动者提出订立固定期限劳动合同外,应当订立无固定期限劳动合同。所以,王某只要证明其在公司工作 10 年以上或连续订立二次固定期限劳动合同,王某就能胜诉。

3.劳动合同的内容

(1)用人单位的名称、住所和法定代表人或者主要负责人;

(2)劳动者的姓名、住址和居民身份证号码或者其他有效身份证件号码;

(3)劳动合同期限;

(4)工作内容和工作地点;

(5)工作时间和休息休假;

(6)劳动报酬;

(7)社会保险;

(8)劳动保护、劳动条件和职业危害防护;

(9)法律、法规规定应当纳入劳动合同的其他事项。

劳动合同除上述必备条款外,用人单位与劳动者可以约定试用期、培训、保守秘密、补充保险和福利待遇等其他事项。

劳动合同对劳动报酬和劳动条件等标准约定不明确,引发争议的,用人单位与劳动者可以重新协商;协商不成的,适用集体合同规定;没有集体合同或者集体合同未规定劳动报酬的,实行同工同酬;没有集体合同或者集体合同未规定劳动条件等标准的,适用国家有关规定。

4.试用期的约定

在劳动合同中,双方可以约定试用期。劳动合同期限3个月以上不满1年的,试用期不得超过1个月;劳动合同期限一年以上不满3年的,试用期不得超过2个月;3年以上固定期限和无固定期限的劳动合同,试用期不得超过六个月。同一用人单位与同一劳动者只能约定一次试用期。以完成一定工作任务为期限的劳动合同或者劳动合同期限不满三个月的,不得约定试用期。试用期包含在劳动合同期限内。劳动合同仅约定试用期的,试用期不成立,该期限为劳动合同期限。劳动者在试用期的工资不得低于本单位相同岗位最低档工资或者劳动合同约定工资的80%,并不得低于用人单位所在地的最低工资标准。在试用期中,除劳动者有《劳动合同法》第39条和第40条第1项、第2项规定的情形外,用人单位不得解除劳动合同。用人单位在试用期解除劳动合同的,应当向劳动者说明理由。

5.劳动合同的生效

劳动合同由用人单位与劳动者协商一致,并经用人单位与劳动者在劳动合同文本上签字或者盖章生效。劳动合同文本由用人单位和劳动者各执一份。用人单位提供的劳动合同文本未载明本法规定的劳动合同必备条款或者用人单位未将劳动合同文本交付劳动者的,由劳动行政部门责令改正;给劳动者造成损害的,应当承担赔偿责任。

6.劳动合同订立时的禁止性情形

(1)用人单位招用劳动者,不得扣押劳动者的居民身份证和其他证件,不得要求劳动者提供担保或者以其他名义向劳动者收取财物。

(2)除劳动合同法第22条和第23条规定的情形外,用人单位不得与劳动者约定由劳动者承担违约金。

7.培训协议、保密协议与竞业限制

(1)培训协议。用人单位为劳动者提供专项培训费用,对其进行专业技术培训的,可以与该劳动者订立协议,约定服务期。劳动者违反服务期约定的,应当按照约定向用人单位支付违约金。违约金的数额不得超过用人单位提供的培训费用。用人单位要求劳动者支付的违约金不得超过服务期尚未履行部分所应分摊的培训费用。用人单位与劳动者约定服务期的,不影响按照正常的工资调整机制提高劳动者在服务期期间的劳动报酬。

（2）保密协议与竞业限制。用人单位与劳动者可以在劳动合同中约定保守用人单位的商业秘密和与知识产权相关的保密事项。对负有保密义务的劳动者,用人单位可以在劳动合同或者保密协议中与劳动者约定竞业限制条款,并约定在解除或者终止劳动合同后,在竞业限制期限内按月给予劳动者经济补偿。劳动者违反竞业限制约定的,应当按照约定向用人单位支付违约金。竞业限制的人员仅限于用人单位的高级管理人员、高级技术人员和其他负有保密义务的人员。竞业限制的范围、地域、期限由用人单位与劳动者约定,竞业限制的约定不得违反法律、法规的规定。在解除或者终止劳动合同后,竞业限制的人员到与本单位生产或者经营同类产品、从事同类业务的有竞争关系的其他用人单位,或者自己开业生产或者经营同类产品、从事同类业务的竞业限制期限,不得超过两年。

【案例】 青岛4名飞行员辞职被裁决赔偿2480万

2007年9月,四名飞行员以"长期以来公司提供的工作、生活环境让自己感到身心疲惫,心理压力很大,且缺少正常的归属感和保障感"等为由,书面向航空公司提出了辞职申请。但公司以"公司2007年度的飞行人员流动指标已经用完……"的理由拒绝了他们的辞职申请。无奈之下,四人向城阳区劳动仲裁委员会提出了劳动仲裁申请,要求解除与公司之间的劳动合同。四名飞行员分别是张先生、李先生、于先生和赵先生。他们分别与2000年、2001年、2001年和2002年与航空公司签订了无固定期限劳动合同。

公司反诉:要求飞行员向公司赔偿培训费、违约金和经济损失共计2480万。

2007年11月23日,劳动仲裁委员会开庭审理了此案。庭审中,航空公司认为,劳动合同签订后,公司向四名飞行员足额支付了工资以及各项补贴及社会保险费,并为飞行员提供了各项培训,不存在未依法履行合同的问题。另外,四人提前解除劳动合同违反了双方约定,影响了公司航班的正常运营,给公司造成了重大损失,而且还对公司的工作秩序和飞行安全造成了极其不利的影响,根据劳动合同及相关法律规定,四人应当承担违约责任并赔偿经济损失。

城阳区劳动仲裁委在审理后认为,四名飞行员提前以书面形式通知被诉人解除劳动合同,符合《劳动法》第31条"劳动者解除劳动合同,应当提前30日以书面形式通知用人单位"的规定,所以对飞行员要求与航空公司解除劳动合同,并转移人事档案的请求予以支持。

仲裁委同时支持了航空公司的反诉请求,认为飞行员在单方面解除劳动合同时,应该按照合同约定承担违约责任。另外,依照民航《关于规范飞行人员流动管理保证民航飞行队伍稳定的意见》,飞行员也应该按规定向航空公司支付培训费。

2007 年 12 月 26 日,城阳区劳动仲裁委对此案作出了裁决,航空公司应为飞行员办理解除劳动合同,转移人事档案手续;而四名飞行员应向航空公司支付培训费、违约金共计约 2480 万元。在裁决书上,张先生等四人的赔偿金额分别为 6934414.83 元、6612934.5 元、6579108.5 元和 4675890.9 元。

在裁决书上,飞行员张先生需要赔偿的费用共包括培训费和违约金两项,共计 6934414.83 元。其他三名飞行员的赔偿金也都高达数百万元。如此高额的赔偿金是怎么计算出来的呢?

据了解,违约金的计算方法是双方在劳动合同中约定的(新的《劳动合同法》对违约金的规定已经不同于《劳动法》),具体计算方法为:违约期限×月工资收入(飞行员前 6 个月全部平均工资收入×50%)。以张先生为例,他在 2007 年 4 月至 9 月期间的平均月工资为 29388.54 元,他的"违约"期限(退休前的时间)为 329 个月,因此他的"违约金"为 29388.54 元/月×329 个月×50%=4834414.83 元。

至于培训费,航空公司是依据民航《意见》等文件计算的。具体为:原则上以飞行人员的初始培养费 70 万元为基数,从飞行员参加工作开始,综合考虑后续培养费,以年均 20%递增计算补偿费用,最高计算 10 年,即最高额为 210 万元。45 岁以后再从 210 万元开始,以 70 万元为基数,以年均 20%递减计算补偿费用。张先生的培训费被计算到了最高额,即 210 万元。

对此裁决,四飞行员均表示不服,2008 年 1 月 2 日,他们向城阳区人民法院提起了诉讼。诉讼结果如何,大家可以及时关注。

8. 劳动合同的无效

下列劳动合同无效或者部分无效:

(1)以欺诈、胁迫的手段或者乘人之危,使对方在违背真实意思的情况下订立或者变更劳动合同的;

(2)用人单位免除自己的法定责任、排除劳动者权利的;

(3)违反法律、行政法规强制性规定的。

对劳动合同的无效或者部分无效有争议的,由劳动争议仲裁机构或者人民法院确认。劳动合同部分无效,不影响其他部分效力的,其他部分仍然有效。劳动合同被确认无效,劳动者已付出劳动的,用人单位应当向劳动者支付劳动报酬。劳动报酬的数额,参照本单位相同或者相近岗位劳动者的劳动报酬确定。

四、劳动合同的解除和终止

（一）劳动合同的解除

劳动合同订立生效后，因法定或约定的事由出现，可以依法解除。解除的方式多样。

1. 双方协商一致解除

劳动合同订立后，用人单位与劳动者协商一致，可以解除劳动合同。

2. 劳动者主动解除

（1）劳动者有择业的自由，所以，劳动者即使没有特殊的理由要辞职，只要提前 30 日以书面形式通知用人单位，就可以解除劳动合同。如尚在试用期内，劳动者只要提前 3 日通知用人单位，即可以解除劳动合同。

（2）劳动者的合法权益受法律保护，所以，用人单位有下列情形之一的，劳动者有权解除劳动合同：①未按照劳动合同约定提供劳动保护或者劳动条件的；②未及时足额支付劳动报酬的；③未依法为劳动者缴纳社会保险费的；④用人单位的规章制度违反法律、法规的规定，损害劳动者权益的；⑤因劳动合同法第 26 条第 1 款规定的情形致使劳动合同无效的；⑥法律、行政法规规定劳动者可以解除劳动合同的其他情形。⑦用人单位以暴力、威胁或者非法限制人身自由的手段强迫劳动者劳动的，或者用人单位违章指挥、强令冒险作业危及劳动者人身安全的，劳动者可以立即解除劳动合同，不需事先告知用人单位。

3. 用人单位主动解除劳动合同

劳动合同法也平等地保护用人单位的合法权益。所以，劳动者有下列情形之一的，用人单位可以解除劳动合同：

（1）在试用期间被证明不符合录用条件的；

（2）严重违反用人单位的规章制度的；

（3）严重失职，营私舞弊，给用人单位造成重大损害的；

（4）劳动者同时与其他用人单位建立劳动关系，对完成本单位的工作任务造成严重影响，或者经用人单位提出，拒不改正的；

（5）因本法第 26 条第 1 款第一项规定的情形致使劳动合同无效的；

（6）被依法追究刑事责任的。

此外，有下列情形之一的，用人单位提前 30 日以书面形式通知劳动者本人或者额外支付劳动者 1 个月工资后，可以解除劳动合同：

（1）劳动者患病或者非因工负伤，在规定的医疗期满后不能从事原工作，也不能从事由用人单位另行安排的工作的；

（2）劳动者不能胜任工作，经过培训或者调整工作岗位，仍不能胜任工作的；

(3)劳动合同订立时所依据的客观情况发生重大变化,致使劳动合同无法履行,经用人单位与劳动者协商,未能就变更劳动合同内容达成协议的。

(4)用人单位依法裁员的。有下列情形之一,需要裁减人员 20 人以上或者裁减不足 20 人但占企业职工总数 10% 以上的,用人单位提前 30 日向工会或者全体职工说明情况,听取工会或者职工的意见后,裁减人员方案经向劳动行政部门报告,可以裁减人员:①依照企业破产法规定进行重整的;②生产经营发生严重困难的;③企业转产、重大技术革新或者经营方式调整,经变更劳动合同后,仍需裁减人员的;④其他因劳动合同订立时所依据的客观经济情况发生重大变化,致使劳动合同无法履行的。裁减人员时,应当优先留用下列人员:①与本单位订立较长期限的固定期限劳动合同的;②与本单位订立无固定期限劳动合同的;③家庭无其他就业人员,有需要扶养的老人或者未成年人的。用人单位依照本条第一款规定裁减人员,在 6 个月内重新招用人员的,应当通知被裁减的人员,并在同等条件下优先招用被裁减的人员。

用人单位不得解除劳动合同的情况:

(1)从事接触职业病危害作业的劳动者未进行离岗前职业健康检查,或者疑似职业病病人在诊断或者医学观察期间的;

(2)在本单位患职业病或者因工负伤并被确认丧失或者部分丧失劳动能力的;

(3)患病或者非因工负伤,在规定的医疗期内的;

(4)女职工在孕期、产期、哺乳期的;

(5)在本单位连续工作满 15 年,且距法定退休年龄不足 5 年的;

(6)法律、行政法规规定的其他情形。

(二)劳动合同的终止

劳动合同订立后,由于出现法定的情形,劳动合同可以终止。劳动合同终止,意味着劳动合同的效力解除。《劳动合同法》规定劳动合同终止的情形有:

(1)劳动合同期满的;

(2)劳动者开始依法享受基本养老保险待遇的;

(3)劳动者死亡,或者被人民法院宣告死亡或者宣告失踪的;

(4)用人单位被依法宣告破产的;

(5)用人单位被吊销营业执照、责令关闭、撤销或者用人单位决定提前解散的;

(6)法律、行政法规规定的其他情形。

(三)用人单位向劳动者支付的经济补偿

在劳动合同解除与终止的情况下,符合法律规定的条件的,用人单位应当向劳动者支付经济补偿。

1.用人单位应当向劳动者支付经济补偿的情形

(1)劳动者依照《劳动合同法》第38条规定解除劳动合同的;

(2)用人单位依照本法第36条规定向劳动者提出解除劳动合同并与劳动者协商一致解除劳动合同的;

(3)用人单位依照本法第40条规定解除劳动合同的;

(4)用人单位依照本法第41条第1款规定解除劳动合同的;

(5)除用人单位维持或者提高劳动合同约定条件续订劳动合同,劳动者不同意续订的情形外,依照本法第44条第1项规定终止固定期限劳动合同的;

(6)依照本法第44条第4项、第5项规定终止劳动合同的;

(7)法律、行政法规规定的其他情形。

2.经济补偿的标准

经济补偿按劳动者在本单位工作的年限,每满一年支付1个月工资的标准向劳动者支付。6个月以上不满1年的,按1年计算;不满6个月的,向劳动者支付半个月工资的经济补偿。劳动者月工资高于用人单位所在直辖市、设区的市级人民政府公布的本地区上年度职工月平均工资3倍的,向其支付经济补偿的标准按职工月平均工资3倍的数额支付,向其支付经济补偿的年限最高不超过12年。这里的"月工资"是指劳动者在劳动合同解除或者终止前12个月的平均工资。用人单位违反本法规定解除或者终止劳动合同的,应当依照本法第47条规定的经济补偿标准的2倍向劳动者支付赔偿金。

五、工作时间和休息休假

1.工作时间

工作时间是指法律规定的劳动者在一定时间内从事生产或工作的小时数。它包括每日工作的小时数和每周工作的小时数和天数。中国的标准工作日时间为8小时;每周标准工作时间为40小时。特殊行业和工种可以缩短工作时间或者延长工作时间,甚至可以不定时工作时间。

2.休息休假

休息休假是指劳动者在法定工作时间以外不从事生产或工作而自行支配的时间。

(1)工作日内间歇时间,是在工作日内给予劳动者休息和用膳的时间,一般为1～2小时,最少不得少于半小时。

(2)工作日间的休息时间,是两个邻近工作日之间的休息时间,一般不少于16小时。

(3)公休假日,又称周休息日,是劳动者在一周(7日)内享有的连续休息时间。公休假日一般为每周2日,星期六和星期日为周休息日。企业和不能实行上述统一工作时间的事业单位,可根据实际情况灵活安排周休息日。劳动法规定,用人单位应当保证劳动者每周至少休息一日。

(4)休假

法定节假日有:元旦;春节;清明节;国际劳动节;端午节;中秋节;国庆节;法律、法规规定的其他休假节日。

探亲假,是劳动者享有的保留工资、工作岗位而同分居两地的父母或配偶团聚的假期。

年休假,依据《劳动法》规定,国家实行带薪年休假制度。劳动者连续工作一年以上的,享受带薪年休假。具体办法由国务院规定。

3.加班加点的主要法律规定

加班是劳动者在法定节日或公休假日从事生产或工作。加点是劳动者在正常工作日以外继续从事生产或工作。加班加点统称为延长工作时间。为保证劳动者休息权的实现,《劳动法》规定任何单位和个人不得擅自延长职工工作时间。

(1)一般情况下加班加点的规定。《劳动法》规定,用人单位由于生产经营需要,经与工会和劳动者协商后可以延长工作时间,一般每日不得超过1小时;因特殊原因需要延长工作时间的,在保障劳动者身体健康的条件下延长工作时间每日不得超过3小时,但是每月不得超过36小时。

(2)在发生自然灾害或事故等紧急情况、生产设备、设施等发生故障需抢修等等特殊情况下,延长工作时间不受限制。

(3)加班加点的工资标准,《劳动法》规定:安排劳动者延长工作时间的,支付不低于工资的150%的工资报酬;休息日安排劳动者工作又不能安排补休的,支付不低于工资的200%的工资报酬;法定休假日安排劳动者工作的,支付不低于工资的300%的工资报酬。

六、工资

工资是指用人单位依据国家有关规定和集体合同、劳动合同的约定的标准,根据劳动者提供劳动的数量和质量,以法定货币形式支付给劳动者的劳动报酬。

1.工资形式

工资形式,是指计量劳动和支付劳动报酬的方式。企业根据本单位的生产经营特点和经济效益,依法自主确定本单位的工资分配形式。工资形式主要有计时工资、计件工资、定额工资、浮动工资、奖金、津贴、特殊情况下的工资等形式。

2.工资支付保障

工资支付保障是为保障劳动者劳动报酬权的实现,防止用人单位滥用工资分配权而制定的有关工资支付的一系列规则。用人单位应以货币形式按月支付给劳动者本人;用人单位严禁非法扣除工资,为保证用人单位足额支付劳动者工资,劳动法规作了如下限制性规定:

(1)对代扣工资的限制:用人单位不得非法克扣劳动者工资,有下列情况之一的,用人单位可以代扣劳动者工资:①用人单位代扣代缴的个人所得税;②用人单位代扣代缴的应由劳动者个人负担的社会保险费用;③用人单位依审判机关判决、裁定扣除劳动者工资;④法律、法规规定可以从劳动者工资中扣除的其他费用。

(2)对扣除工资金额的限制:①因劳动者本人原因给用人单位造成的经济损失的,用人单位可以按照劳动合同的约定要求劳动者赔偿其经济损失。经济损失的赔偿,可从劳动者本人的工资中扣除。但每月扣除金额不得超过劳动者月工资的20%,若扣除后的余额低于当地月最低工资标准的,则应按最低工资标准支付。②用人单位对劳动者违纪罚款,一般不得超过本人月工资标准的20%。

七、社会保险

社会保险是指具有一定劳动关系的劳动者在暂时或永久性丧失劳动能力及失业时,获得国家、社会经济补偿和物质帮助的一种社会保障制度。《劳动法》规定,国家发展社会保险事业,建立社会保险制度,设立社会保险基金,使劳动者在年老、患病、工伤、失业、生育等情况下获得帮助和补偿。在我国目前,社会保险仅限于职工社会保险,也即劳动保险,尚未包括农民社会保险和其他劳动者保险。我国的社会保险项目有:养老保险、失业保险、工伤保险、医疗保险和生育保险。

(一)我国社会保险的结构

我国目前的社会保险由基本社会保险、单位补充保险、个人储蓄保险三个层次组成。

1.基本社会保险

是由国家统一建立并强制实行的为劳动者平等地提供基本生活保障的社会保险。它是法定的强制保险,覆盖广,在各个险种的结构中,属于基本组成部分,是第一层次的社会保险。保险基金由用人单位支付。保险基金一般由国家、用人单位、劳动者三方合理负担。

2.用人单位补充保险

是指除了国家基本保险以外,用人单位根据自己的经济条件为劳动者投保的高于基本保险标准的补充保险。补充保险是第二层次的社会保险,以用人单位具有经济实力,能承受为前提。由用人单位自愿投保,保险基金由用人单位负担。国家鼓励用人单位根据本单位实际情况为劳动者建立补充保险。

3.个人储蓄保险

是指劳动者个人以储蓄形式参加社会保险。它是第三层次的社会保险。劳动者根据自己的经济能力和意愿决定是否负担。国家提倡劳动者个人进行储蓄性保险。

(二)各项社会保险制度

1.养老保险

养老保险,又称年金保险,是指劳动者在因年老或病残而丧失劳动能力的情况下,退出劳动领域,定期领取生活费用的一种社会保险制度。我国的养老保险实行国家、企业和个人三方共同负担,职工个人也交纳一定费用的保险制度。其中,基本养老保险费用由企业和个人共同负担。它为实现劳动者老有所养提供物质保障。我国职工养老保险有三种形式:

(1)退休,即职工因年老或病残而完全丧失劳动能力,退出生产或工作岗位养老休息时获得一定物质帮助的制度;

(2)离休,即建国前参加革命工作的老干部到达一定年龄后离职休养的制度。

(3)退职,即职工不符合退休条件但完全丧失劳动能力而退出职务或工作岗位进行休养的制度。

现行的养老保险待遇的基本内容主要包括基本养老金(含离休金、退休金和退职生活费)、医疗待遇(含离休干部的公费医疗和保健医疗)、死亡待遇、异地安置费和其他待遇等。

2.失业保险

失业保险,我国又称待业保险,是指劳动者在失业期间,由国家和社会给予一定物质帮助,以保障其基本生活并促进其再就业的一种社会保险制度。我国的失业保险立法始于1986年《国营企业职工待业保险暂行规定》的颁布,1993年国务院制定《国有企业职工待业保险规定》,1994年《劳动法》第一次在立法中用“失业”概念代替“待业”概念,并将失业保险列为社会保险的一种险种,1999年1月,国务院颁布《失业保险条例》,规定了享受失业保险待遇的是城镇企业事业单位失业人员。

(1)失业保险的待遇范围。在我国现行法规中,失业保险待遇主要包括:

①失业救济金,即失业者在规定的失业期间领取的生活费;②失业者在领取失业救济金期间的医疗费、丧葬补助费及其所供养亲属的抚恤金、救济费;③参加由失业保险经办机构组织或扶持的转业训练和生产自救的费用。

(2)享受失业保险待遇的条件。国家对享受失业保险待遇(尤其是领取失业救济金)所应具备的条件,作了严格规定。具备下列条件的失业人员,可以领取失业保险金:①按照规定参加失业保险,所在单位和本人已按照规定履行缴费义务满1年的;②失业者须是非自愿失业;③已办理失业登记,并有求职要求的;

(3)失业保险待遇的停止。凡发生下列情形之一的,停止发给失业保险金,并同时停止享受其他失业保险待遇:①重新就业的;②应征服兵役的;③移居境外的;④享受基本养老保险待遇的;⑤被判刑收监执行或者劳动教养的;⑥无正当理由,拒不接受当地人民政府指定的部门或者机构介绍的工作的;⑦有法律、行政法规规定的其他情形的。

3.工伤保险

工伤保险,又称职业伤害赔偿保险,是指职工因工而致伤、病、残、死亡,依法获得经济赔偿和物质帮助的一种社会保险制度。工伤保险费用由用人单位承担,劳动者不需交纳任何费用。

工伤,即因工负伤,是指职工在劳动过程中因执行职务(业务)而受到的急性伤害。包括工业事故造成的伤害和职业病造成的伤害。

我国现行立法规定的工伤保险待遇主要包括:

(1)工伤医疗期间待遇。工伤医疗期即职工因工负伤或患职业病而停工治疗并领取工伤津贴的期限。按照轻伤和重伤的不同情况确定为1－24个月,严重工伤或职业病需要延长的,最长不超过36个月。

(2)工伤致残待遇。职工因工致残被鉴定为一至四级(即全残的),应当退出生产、工作岗位,终止劳动关系,发给工伤致残抚恤证件。职工因工致残被鉴定五至十级的,原则上由用人单位安排适当工作。

(3)因工死亡待遇。职工因工死亡,其遗属享受以下工伤保险待遇:丧葬补助金,供养亲属抚恤金。

4.疾病、生育、死亡保险

(1)疾病保险。又称病伤保险,健康保险,其广义包括生育保险、死亡保险在内,其狭义仅指保障劳动者及其亲属非因工病伤后在医疗和生活上获得物质帮助的一种社会保险制度。我国职工疾病保险待遇主要包括:医疗待遇,疾病、负伤、残废期间的生活待遇。

(2)生育保险。是指女职工因怀孕、分娩导致不能工作,收入暂时中断,国家和社会给予必要物质帮助的社会保险制度。根据《中华人民共和国劳动法》、《女职工劳动保护规定》和《企业女职工生育保险试行办法》的规定,女职工生育保险包括产假、医疗服务和产假期生育津贴三部分内容。

(3)死亡保险。是指在劳动者死亡后,为解决其善后事宜及其生前所供养直系亲属的基本生活,按照法律规定给予物质帮助的社会保险制度。

八、劳动争议的解决

1.劳动争议的概念

劳动争议又称劳动纠纷,是指劳动关系双方当事人因执行劳动法律、法规或履行劳动合同发生的争执。

2.劳动争议的处理机构

(1)劳动争议调解机构

劳动争议调解委员会(以下简称调解委员会)是依法成立调解本单位发生的劳动争议的群众性组织。《劳动法》第80条规定:"在用人单位内,可以设立劳动争议调解委员会。劳动争议调解委员会由职工代表、用人单位代表和工会代表组成。"职工代表由职工代表大会(或职工大会)推举产生,用人单位代表由法定代表人指定;工会由工会委员会指定,劳动争议调解委员会主任由工会代表担任。调解委员会的办事机构设在工会委员会。没有建立工会组织的用人单位,调解委员会的设立及其组成由职工代表和用人单位代表协商决定。

调解委员会在当地工会和劳动争议仲裁委员会的指导下工作。其主要职责是:①负责调解本单位内发生的劳动争议。其调解范围为:劳动者辞职、自动离职发生的争议;因履行劳动合同发生的争议;因工作时间和休息休假、工资、劳动安全卫生、女职工和未成年工特殊保护、职业培训、社会保险和福利发生的争议;法律、法规规定应予调解的其他劳动争议。本单位发生的劳动争议一般均可由调解委员会进行调解,但调解委员会一般不调解因开除、除名、辞退违纪职工而发生的劳动争议。②检查、督促争议双方当事人履行调解协议。③开展劳动法法制宣传,预防和减少劳动争议的发生。

(2)劳动争议仲裁机构

劳动争议仲裁委员会,是在劳动保障行政部门(劳动局)内部设立的劳动争议处理机构。我国在县、市、市辖区的劳动局设立劳动争议仲裁委员会,负责仲裁本行政区域内发生的劳动争议。

劳动争议仲裁委员会由下列人员组成:劳动保障行政部门的代表、工会代表和企业代表。上列三方代表人数相等。仲裁委员会的总数为单数,仲裁委员会主任由同级劳动行政机关的负责人担任,其办事机构设在劳动保障行政机关的劳动争议处理机构内。

仲裁委员会受理本行政区域内的下列劳动争议案件：当事人直接向仲裁委员会申请仲裁的因开除、除名、辞退违纪职工和劳动者辞职、自动离职发生的争议；因履行劳动合同和集体合同发生的争议；因工作时间和休息休假、工资、劳动安全卫生、女职工和未成年工特殊保护、职业培训、社会保险和福利发生的争议；因认定无效劳动合同和特定条件下订立劳动合同发生的争议；关于是否续订劳动合同的劳动争议；因职工流动、停薪留职、从事第二职业发生的争议；因用人单位裁减人员而发生的争议；因经济补偿和赔偿发生的争议；法律、法规规定受理的其他劳动争议案件。此外，还受理经调解委员会调解不成的劳动争议案件。

（3）人民法院

审理劳动争议案件的是各级人民法院的民事审判庭。其受案范围为对劳动争议仲裁委员会的裁决不服在法定期限内起诉到人民法院的劳动争议案件。人民法院不直接受理劳动争议案件。

3．劳动争议处理程序

劳动争议的处理可分为协商、调解、仲裁、诉讼四个阶段。

（1）协商

劳动争议发生后，劳动者与用人单位双方应协商解决，协商一致后，双方可达成和解协议，但和解协议无强制履行的法律效力，而是由双方当事人自觉履行。协商不是处理劳动争议的必经程序，当事人不愿协商或协商不成的，可以向本单位劳动争议调解委员会申请调解或向劳动争议仲裁委员会申请仲裁。

（2）调解

劳动争议发生后，当事人双方愿意调解的，可以书面或口头形式向调解委员会申请调解。调解委员会接到调解申请后，可依自愿、合法原则进行调解。调解委员会调解劳动争议，应自当事人申请调解之日起 30 日内结束；到期未结束的，视为调解不成，当事人可以向当地劳动争议仲裁委员会申请仲裁。经调解达成协议的，制作调解书，双方当事人自觉履行。调解不是劳动争议解决的必经程序，调解协议也无强制履行的法律效力，当事人不愿调解或调解不成的，可直接向劳动争议仲裁委员会申请仲裁。

（3）仲裁

劳动争议发生后，当事人任何一方都可以直接向劳动争议仲裁委员会申请仲裁。提出仲裁要求的一方应当自劳动争议发生之日起 60 日内向劳动争议仲裁委员会提出书面申请。劳动争议仲裁委员会接到仲裁申请后，应当在 7 日内作出是否受理的决定。受理后，应当在收到仲裁申请的 60 日内作出仲裁决定。劳动争议仲裁委员会可依法进行调解，经调解达成协议的，制作仲裁调解书。仲裁调解书具有法律效力，自送达之日起具有法律约束力，当事人必须自觉履行，一方当事人不履行的,另一方当事人可向人民法院申请强制执行。当事人申请仲裁的时效为60日,当事人应当从知道或应当知道其权利被侵害之日起60日内,以书面形式向仲裁委员会提出申请仲裁。当事人因不可抗力或者其他正当理由超过这一规定的申请仲裁时效的,仲裁委员会应当受理。时效起点是从劳动争议发生之日起计算。

当事人对劳动争议仲裁委员会作出的仲裁裁决不服的,可在收到仲裁裁决书的15日内向人民法院提起诉讼。逾期不起诉的,仲裁裁决发生法律效力,当事人必须自觉履行,一方当事人不履行的,另一方当事人可向人民法院申请强制执行。

仲裁是劳动争议的必经程序。未经仲裁的劳动争议案件,当事人不得向人民法院起诉。

(4)诉讼

劳动争议当事人对仲裁裁决不服的,可以自收到仲裁裁决书之日起15日内向人民法院提起诉讼。对经过仲裁裁决,当事人向法院起诉的劳动争议案件,人民法院必须受理。人民法院一审审理终结后,对一审判决不服的,当事人可在15日内向上一级人民法院提起上诉;对一审裁定不服的,当事人可在10日向上一级人民法院提起上诉。经二审审理所作出的裁决是终审裁决,自送达之日起发生法律效力,当事人必须履行。

第八讲　法律责任

【案例】　长沙第一张强行乞讨滋扰他人的治安罚单

2006年4月下旬,两名从湖北来长沙从事职业乞讨的妇女,因在公共场所强行乞讨滋扰他人,被湖南省长沙市城市管理警察支队治安拘留。2006年3月1日起《治安管理处罚法》实施以来,这是长沙市开出的第一张强行乞讨滋扰他人的治安罚单。

4月下旬的一天,张某与家人从益阳到长沙办完事后,前往长沙烈士公园游玩。当他们乘坐的出租车刚在公园南门停下,两名妇女就跑过来,一前一后拉开出租车前后门,用身体挡在门口,一边念叨着听不懂的话,一边伸手索要钱物。当遭到拒绝后,两名乞讨妇女又扯衣服又是拦路,跟着张某纠缠了十几米,直到附近巡逻的民警上前制止,张某才得以脱身。经民警调查,两名乞讨妇女自称湖北监利县人,每天在烈士公园门口向行人尤其是外地游客强行乞讨。长沙市城市管理警察支队对两人处以拘留3天的行政处罚。

分析:强行乞讨滋扰他人的行为,已经在2006年3月1日起实施的《治安管理处罚法》中被规定为是一种违法行为,应给与行政治安处罚。

第一节　违法与法律责任

一、守法是一个现代人必备的品格

在一个特定的空间中,如果只有一个人,规则是不必要的。但社会是由很多人组成的,他们不得不依照规则来分享自然、社会、政治和权利资源,因此,规则和人类社会共生,按照自然法学家的说法,规则是为了保证人类不在互相争夺中毁灭。国家产生以后,在社会中占支配地位的国家权力所制定的规则即法律规则获得国家强力的支持,但是法律规则的遵守还需要依靠社会成员的内心对法律规则的尊重,依赖遵守法律规则给每个人带来的好处。人们遵守法律规则,同时也在法治的范围内获得个人的最大利益。个人也罢,社会组织也罢,不遵守法律规则可得到一时的利益,但有长远的损失。不遵守法律规则,你失掉的是信誉,而信誉是比生命还重要的东西。法国思想家孟德斯鸠所说,人天生要过社会生活,但他在社会里却可能把其他人忘掉;人天生追求有序的生活,讨厌无序、混乱的生活,但他并不永恒地遵守原始的自然律,受千百种情欲的支配,他连自己制定的人为律也并不老是遵守的;像这样一个智能的存在物,却时时不能免于无知和错误;独立行动是他的本性,他甚至还没有兽类会保存自己,因为兽类不像他那样滥用情欲。因此,人必须结合在法的精神下,过理性的生活;要自觉遵守法律,任何可能影响他人利益的行为必须在法律规定的范围内进行;接受法律的制约,并不意味着人的自由的丧失,相反,却是人的自由的最大限度的实现。所以,尊重和遵守法律规则是一种教养,一种风度,一种文化,一个现代人必需的品格。没有这样一种品格,你将无法在社会中生存。

那么,什么是守法?

守法,指公民、社会组织和国家机关以法律为自己的行为准则,依照法律行使权利、履行义务的活动。既包括不违法,不做法律所禁止的事情或做法律所要求做的事情,也包括根据授权性法律规范积极主动地去行使自己的权利,实施法律。

(1)守法的主体。谁应该守法?即守法主体有哪些?这与法律的本质、国家政体的性质、社会各种力量的对比关系、历史及文化传统有着直接的关系。在中国古代,君主是制定法律者,本身不受法律约束;法律是封建统治者维护君主专制的一个工具,主要由服务于专制统治的封建官僚机器中的所有官吏来遵守;广大民众被法律所统治,当然也必须遵守法律。《管子·任法》中讲:"有生法,有守法,有法于法。夫生法者,君也;守法者,臣也;法于法者,民也。"这段话的大意是:君主创制法;官员执行法;老百姓遵守法。在中世纪欧洲,专制统治者在形式上也被要求遵守法律,是守法的主体。即所谓"国王在万人之上,却在上帝和法律之下"。今天,在我国,宪法明确规定:一切国家机关和武装力量、各政党和各社会团体、各企业事业组织都必须遵守宪法和法律。一切违反宪法和法律的行为,必须予以追究。任何组织或者个人都不得有超越宪法和法律的特权。这表明,在我国,所有人都是守法主体,公民个人是守法的主体,所有社会组织也都是守法主体;一切国家机关都要依法办事;各政党,包括共产党,都要遵守宪法和法律,都要在宪法和法律的范围内活动。

(2)守法的范围。守法,到底要遵守哪些法律?在我国,守法所要遵守的法律,是广义的法律,不仅包括宪法和全国人民代表大会及其常委会制定的基本法律和非基本法律,而且包括与宪法和法律相符合的行政法规、地方性法规、行政规章和其他所有法律渊源。

法律通过规定法律主体的权利、义务,来调整其行为和相互间的社会关系,是一种社会行为规范,遵守法律实际上就是遵守法律所规定的行为规范。法律行为规范的实现形式是法律关系,人们按照法律规范的要求行使权利、履行义务,由此发生特定的法律上的联系,即形成法律关系。法律因此而得到践行。因此,守法总是与特定的权利、义务联系在一起,国家机关、社会组织和个人要做到遵守法律,就应在具体的法律关系中行使应有的权利,履行应尽的义务。行使权利、履行义务是守法的具体体现,守法是法律对法律关系主体的必然要求,二者具有有机的、不可分割的联系。

(3)守法的目标与要求。在我国,守法的主体是广泛的,所有个人和组织都是守法主体,而守法的内容是广义的法律,因此守法的目标就是所有的守法主体,包括国家机关、社会组织和公民,应在法律关系中遵守所有法律渊源所规定的相应的行为规范,行使法律所赋予的权利,履行法律所规定的义务。要实现这一目标,具体的要求为:一是具有良好的法律意识。法律意识包括对法律的态度、知识、思想等,人的行为总是在一定意识指导下的行为,因此守法的心理前提是法律关系主体应知法、懂法、尊重法律,具有良好的法律意识。知法、懂法,在思想认识上知道去遵守何种行为规范,尊重法律,在心理态度上积极主动地去遵守这种行为规范,这是守法的前提要求。要使全社会做到这一点,普及法律、倡导法治精神是必须要做的工作。二是按照法律规范规定的行为模式认真行使权利、履行义务。守法就是遵守法律所规定的行为规范,将抽象的行为模式转化为在具体的法律关系中行使权利、履行义务的行为,这是守法的实质要求。有一点必须注意的是,权利是法律关系主体根据法律自主决定是否作出某种行为,因此,行使权利不应仅理解作出法律所许可的行为,只要是经过自主决定,无论是作为还是不作为该行为都是行使权利的体现。三是发生违反法律的行为或后果时,主动承担法律责任。在现实生活中,由于各种原因,违法情况必然存在,为了保障法律的有效实施,除了特定的免责情况外,法律关系主体违反法律都应承担相应的法律责任,这是在法律得不到遵守时的补正和救济。同时,主动承担法律责任也是行为人对法律规范中行为后果要件的遵守。一切守法主体都应认真按照法律规范所鼓励和不禁止的行为模式去行为,如果违反了法律的禁止性规范,就应积极主动地承担相应的法律后果,恢复被损害的法律关系,使法律规范的要求能得到实现。因此,主动承担法律责任是守法的保障性要求。

二、违法及其种类

违法是相对于守法而言的一个概念,是指守法主体实施的违反法律规定、破坏法律所保护的社会关系的行为。广义的违法,指所有违反法律的行为,包括犯罪行为和狭义的违法行为;狭义的违法,也可以称为一般违法行为,包括民事违法行为和行政违法行为,指除犯罪外所有非法侵犯他人人身权、财产权、政治权利、精神权利或知识产权的行为。违法表现为行为人不履行守法义务,超越法定权限,对其他主体的合法权益造成破坏和侵害。社会危害性是一切违法行为的根本特征。违法行为按其性质不同,可分为四种:

一是违宪行为,简称"违宪",是指有关国家机关制定的法律、法规和规章,以及国家机关、政党、社会组织或具有特定地位的公职人员的某些活动,与宪法的规定相违背或者相冲突,应当承担宪法责任的行为。

二是民事违法,是指违反民事法律规范,应该追究民事法律责任的行为。

三是行政违法,是指违反行政法律规范,应当承担行政责任的行为。

四是刑事违法,是指触犯刑法,应受刑罚惩处的行为。

不同的违法,应承担不同的法律责任。

三、违法的构成要件

一般来讲,违法有五个构成要件:

(1)违法以违反法律为前提。行为违反法律,是对法律的蔑视和否定,是对现行法律秩序的破坏。因此要通过追究法律责任、施加法律制裁以否定违法,恢复法律秩序。以法律为准绳,既是准确追究违法,否定非法的重要条件,也是避免枉法、防止专横的重要保证。

(2)违法必须是某种具体的违反法律规定的行为,既包括积极的作为,也包括消极的不作为。违法的作为是指作出了法律所禁止的行为;违法的不作为是指没有作法律所要求的行为。不论是作为的违法还是不作为的违法,都具有客观性,都不同于人们单纯的思想活动。因为人的思想如果不通过行为表现出来就不会产生危害社会的影响,所以,不能把某种思想,哪怕是不道德的思想认定为违法。

(3)违法必须是在不同程度上侵犯法律上所保护的社会关系的行为。行为的违法性与行为的社会危害性具有密切联系,后者是前者的基础。人们制定并实施法律,是为了通过建立一定的法律秩序,进行社会控制、保障并促进社会发展,维护人们的利益。如果一个行为并不侵犯法律所保护的社会关系,没有侵犯社会、国家、集体或个人的合法利益,就不具有社会危害性,就不构成违法。

(4)违法一般必须有行为人的故意或过失。但是,故意和过失在不同的法律领域中具有不同的意义。在刑事法律领域,行为人故意或过失的心理状态是判定其主观恶性的重要依据,也是区别罪与非罪、此罪与彼罪、罪轻罪重的重要依据。在民事法律领域,故意和过失被统称为过错,是构成一般侵权行为的要素。在行政法律领域,实行"过错推定"的方法。一般只要行为人实施了违法行为就视其为主观有过错,除非法律另有规定。

(5)违法者必须具有法定责任能力或法定行为能力。

从违法行为的构成要素来看,我们应当注意违法行为与其他一些行为的区别:首先是违法行为与违反道德的行为及其他虽不合法但也并不违法的行为的区别。许多违法行为,特别是犯罪行为,同时是违反道德的行为。但是,并非所有违法行为都是违反道德的行为,因为有些违法行为并不涉及道德评价的问题。同样,有些违反道德的行为并不构成违法行为。还有一些行为,虽不合法但也并不违法,处于法律调整之外,也不能与违法行为相混同。其次是违法行为与法律上无效行为的区别。违法行为当然不能发生行为人实施违法行为时所希冀的为法律所肯定的有效结果。但是,不能认为法律上无效的行为都是违法行为。有些法律上无效的行为虽然没有法律效力,但也并不构成违法,比如无民事行为能力人实施的民事行为。

四、法律责任

法律责任是违法的法律后果。法律责任是指依据法律规范,违法主体因一定法律事实的发生而应该承受的合法负担,是法律在调整社会关系过程中发生拘束力的逻辑结果之一。

法律责任的产生有两个前提条件。

第一,有法律规范的相关规定。法律规范对法律责任的规定一般采取两种方式:①直接规定责任的具体内容和实现方式,如刑法对各种犯罪行为规定了具体的刑事处罚;②授权一定国家机关或其他法律主体通过法律行为进一步作出明确规定,如合同法授权合同当事人在合同中约定违约责任及承担责任的方式。

第二,有一定的法律事实发生。法律事实是法律所规定的,能够引起法律主体之间权利义务关系产生、变更、消灭的所有行为或事件。可以引起法律责任的法律事实,通常包括两类:一是侵权或不履行法定、约定义务的行为,如损害他人名誉、出卖国家机密、违约;二是某些事件,如货物运输过程中遭遇自然灾害导致货物损失引起损失赔偿责任,又如自然人死亡导致保险责任的产生。

法律责任对承担责任的主体来说,属于一种合法负担。它可能是一种否定性的法律后果,即法律对侵权或不履行法定、约定义务的行为给予否定性的法律评价,并通过要求责任主体承受这种负担来体现法律的否定性评价,如给予罪犯一定的刑事处罚;也可能不代表法律的否定性评价,而仅仅是根据社会公共利益或公平原则要求责任主体承受的法律义务,如民法中的无过错责任、保险法中的保险责任、国家在征用集体所有的土地时承担的补偿责任。之所以叫"合法负担",是指无论责任是否带有法律的否定性评价,都是以法律为依据的,即使在约定责任情况下,也不能违背法律的规定。

法律实践中,确定一项具体的法律责任是否存在的过程,称为"归责",这一过程需要考虑的要素,称为"归责要素"或"法律责任的构成要件"。归责要素是由具体的法律规范加以规定的,就诸多具体的法律责任而言,各自成立的要素不尽相同。一般人们从以下五个方面考虑一项法律责任是否成立或者应该承担的大小程度:

(1)责任主体,即实际承担法律责任的人或机构。需要注意,责任主体与侵权、不履行法定或约定义务的行为主体并不一定相同。在未成年人违法案件中,其监护人通常成为责任主体。法人犯罪案件中,法定代表人或直接责任人通常是刑事责任的主体。担保中的保证人,也可能会成为责任主体之一。

(2)责任标的,又称"责任客体",即法律责任所指向的对象,通常指受到损害的权益、法律关系或法律秩序。没有受损,就没有承担责任的依据,因此责任标的也是成立法律责任的必要条件。

(3)法律事实,即直接导致法律责任产生的行为和事件,包括导致受损实际发生的法律事实,也包括受损事实本身。法律事实也是责任成立的一个必要条件。

(4)主观过错,即行为人实施行为时的主观心理状态。在两种情况下,主观过错不一定是成立法律责任的必要条件:一是在事件引起法律责任的情况下,不存在过错问题;二是有的法律规定了无过错归责原则或公平原则,这两个原则通常不考虑主观过错问题。按照行为人对行为结果的主观状态,过错可以分为故意和过失两种。

(5)因果联系,即行为与受损结果之间具有因果关系。

法律责任的实现包括积极实现和消极实现两种方式。前者指责任的内容转化为现实,后者主要指免责,即由于出现特殊情况而使法律责任关系消灭,责任内容并没有变为现实。积极实现的方式通常有实施惩罚(如刑事、民事、行政及违宪制裁)、获得赔偿或补偿、强制(如强制戒毒、强制划拨、执行罚)等,消极实现的方式主要有判决、裁定免责,失效免责,协议免责,责任主体消亡免责等。

五、民事违法行为及其法律责任

违反民事法律规定,损害他人民事权利的行为。其构成条件主要有两条:①侵犯他人受到民事法律保护的权利和利益;②行为具有违法性,即违反民事法律的规定。民事违法行为在表现形式上可分为作为和不作为。违法的作为是指实施法律所禁止的行为;违法的不作为是指不实施法律所要求做的行为。它同其他违法行为相比,有以下特征:①民事违法行为是违反民法规定的作为或不作为义务的行为;②某些民事违法行为不要求行为人主观上有过错,如从事高度危险作业造成他人财产或人身损害的,即使行为人主观上没有过错,也同样构成民事违法行为;③无民事行为能力人实施的民事违法行为,本人虽不承担民事责任,但要由其监护人承担相应的民事责任;④某些情况下,违反国家民事政策和社会公共利益的行为也可构成民事违法行为。

民事违法行为分为违反合同行为和侵权行为两大类,前者指合同当事人没有合法事由不履行或不完全履行合同义务的行为,应当承担违约责任;后者指合同以外的,非法侵犯他人民事权利的行为,应当承担侵权责任。关于违约责任与侵权责任,我们在第六讲的债权债务关系和第七讲的合同关系中已经作出介绍,在此不赘述。

六、刑事违法行为及其法律责任

刑事违法行为,就是违反刑法的行为,构成犯罪,应当承担刑事责任,即应当受到刑罚处罚。我们将在第九讲中专讲犯罪与刑罚。

第二节　违反治安管理的行为与行政责任

【案例】　首张球迷罚单

2006年3月11日中国足球超级联赛揭幕,连续两年在联赛积分榜垫底的重庆力帆队在2006年中国足球超级联赛首轮比赛中以2比1战胜辽宁队,久违的胜利让球队和球迷狂喜不已,陈文武在比赛刚结束时冲进球场,想与球队共同庆祝,随后被迅速赶来的球场保安人员带离现场。陈文武在以前的比赛中曾有冲进赛场推搡裁判的"前科"。重庆市公安局江北区分局治安支队对陈文武开出了《中华人民共和国治安管理处罚法》颁布施行后的第一张"球迷罚单":依法对陈文武处以拘留10天、罚款500元的处罚,同时禁止他在一年内进入体育场观看同类比赛。

陈文武的违法情节是"强行进入场内",属于扰乱大型文化体育群体性活动秩序的违法行为,这是一种较轻的治安违法行为,但陈文武已有"前科",曾在以前的比赛中冲进赛场推搡裁判,因此这次被从重处罚。

"陈文武事件"还留下一个法律难题,即对陈文武"禁止在一年内进入体育场观看同类比赛"的执行问题。同类同级别的足球赛,他在重庆肯定不能看。但是,他能否观看足球以外的其余比赛?或者他如果到其他赛场看足球赛又该怎么办?《中华人民共和国治安管理处罚法》施行后,司法解释的完善还需要一个过程。

【案例】　非法改变计算机信息系统数据

2006年3月17日,南通网监部门接到南通某科技发展有限公司报案:3月13日20时30分左右,该公司用于网络经营服务业务的ftp服务器遭到攻击,被人上传了文件提供网友下载,致使公司计算机系统无法正常运行,公司业务不能正常开展。

接报后,南通警方立即组织侦破。3月20日,办案民警将违法嫌疑人柳某抓获,并在其家中查获作案用的台式兼容机一台。

据柳某交代,2004年11月至2005年4月,其在南通彩波影印有限公司工作期间,因业务关系获得了南通某科技发展有限公司ftp的两个用户账号。随后,柳在家上网时多次登录该ftp服务器,觉得其网络空间大、上传速度快,可以"借用"来上传文件,提供给网友下载。

3月13日下午,柳某在明知会给该公司ftp的正常使用带来影响的情况下,仍登录该ftp服务器上传了"盟军敢死队4"的游戏文件到该服务器的某文件夹,随后又将提供下载的网址上传到了"游侠补丁网"网站的论坛上。柳某通过使用ftp服务器管理软件查看,发现共有15名左右网友进行了下载。

南通网监民警根据治安管理处罚法有关规定,认为其行为已构成"非法改变计算机信息系统数据"违法行为,警方据此决定给予柳某行政拘留5天、收缴作案工具的处罚。

一、《治安管理处罚法》

哪些行为属于违反治安管理的行为,规定在《中华人民共和国治安管理处罚法》中。《治安管理处罚法》于2005年8月经全国人大常委会通过,从2006年3月1日开始施行。

《治安管理处罚法》,关系到每个公民的切身利益,与我们的生活息息相通,同时,它是一部与我国社会经济发展相适应、充满人文关怀的好法律。

(1)它在最大广度上规范公民行为。我国原来的《治安管理处罚条例》规定的违反治安管理行为有73种,但随着社会经济的发展,出现了诸如胁迫他人乞讨、拉客召妓、网络传递淫秽信息、偷拍他人隐私等新的治安管理问题,造成了许多"执法真空"。《治安管理处罚法》经过补充和完善,最终使规定的违反治安管理行为达到了100多种,既确保了对各类治安案件处罚的有法可依,也为人们的日常生活提供了一套完整的行为规范。可以说,一部《治安管理处罚法》给人们划出了一道守法与违法、违法与犯罪之间的清晰界线,严格遵守治安管理处罚法应该成为我们的自觉习惯。

（2）它在最大力度上维护社会秩序。构建社会主义和谐社会,需要一个稳定的政治局面和安定的社会环境。事实证明,许多影响稳定的不利因素正是源于人们眼中"鸡毛蒜皮"的积聚。针对这种情况,《治安管理处罚法》规定,各级人民政府应当加强社会治安综合治理,采取有效措施,化解社会矛盾,增进社会和谐,维护社会稳定。

（3）它在最大限度上保护公民权益。①对于公众广泛关注的传唤询问时间问题,《治安管理处罚法》规定,对违反治安管理行为人,公安机关传唤后应及时询问查证,时间不得超过8小时,情况复杂、可能适用行政拘留处罚的,询问查证的时间也不得超过24小时,与此同时,公安机关还应及时将传唤原因和处所通知被传唤人家属。②对于敏感的搜查和人身检查问题,《治安管理处罚法》有严格的规定:公安机关对与违反治安管理行为有关的场所、物品、人身进行检查时,人民警察不得少于两人,并应当出示工作证件和县级以上人民政府公安机关开具的检查证明文件。③对确有必要立即进行检查的,人民警察经出示工作证件,可当场检查,但检查公民住所应出示县级以上人民政府公安机关开具的检查证明文件。④检查妇女的身体,应由女性工作人员进行。⑤在对特殊人员的保护上,《治安管理处罚法》也有详细的规定:盲人或者又聋又哑的人违反治安管理的,可以从轻、减轻或者不予处罚;对已满14周岁不满16周岁、已满16周岁不满18周岁初次违反治安管理,70周岁以上、怀孕或者哺乳自己不满一周岁婴儿的违反治安管理行为人,应当给予行政拘留处罚的,不执行行政拘留处罚。

（4）在最大限度上监督权力行使。为保证公权力的依法行使,《治安管理处罚法》第五章规定了"执法监督",明确规定:人民警察办理治安案件,有刑讯逼供、体罚、虐待、侮辱他人,超过询问查证的时间限制人身自由,利用职务上的便利收受他人财物或者谋取其他利益,当场收缴罚款不出具罚款收据或者不如实填写罚款数额,接到要求制止违反治安管理行为的报警后不及时出警等11种行为的,依法给予行政处分,构成犯罪的,依法追究刑事责任;办理治安案件的公安机关有以上11种行为的,直接负责的主管人员和其他直接责任人员将受到相应的行政处分;警察执法违法,侵犯了公民合法权益,不但要赔礼道歉,造成损害的还得承担赔偿责任。

二、违反治安管理的行为

(一)违反治安管理行为的概念

违反治安管理的行为是指扰乱社会秩序,妨害公共安全,侵犯公民人身权利,侵犯公私财产,尚不够刑事处罚,但依照《治安管理处罚条例》应当受到治安处罚的行为。

违反治安管理行为与犯罪行为的标准主要看这一行为的社会危害性。具体地讲,可以从以下几个方面来区别:

(1)情节是否严重、恶劣。如果情节严重、恶劣,就构成犯罪;情节较轻,就是违反治安管理行为。

(2)后果是否严重。如果行为后果严重,构成犯罪;如果尚未造成严重后果,就是违反治安管理行为。

(3)采取何种手段。如果使用暴力、胁迫等手段就构成犯罪;如果没有使用暴力、胁迫等手段就是违反治安管理行为。

(4)具有何种目的。如果出于某种特定目的而实施某种行为就构成犯罪,反之是违反治安管理行为。

在处理具体行为时,应当以法律为准绳作出判断。

(二)违反治安管理的行为的种类:

1.扰乱公共秩序的行为

(1)扰乱机关、团体、企业、事业单位秩序,致使工作、生产、营业、医疗、教学、科研不能正常进行,尚未造成严重损失的。

(2)扰乱车站、港口、码头、机场、商场、公园、展览馆或者其他公共场所秩序的。

(3)扰乱公共汽车、电车、火车、船舶、航空器或者其他公共交通工具上的秩序的。

(4)非法拦截或者强登、扒乘机动车、船舶、航空器以及其他交通工具,影响交通工具正常行驶的。

(5)破坏依法进行的选举秩序的。

(6)扰乱文化、体育等大型群众性活动秩序的行为,如①强行进入场内的;②违反规定,在场内燃放烟花爆竹或者其他物品的;③展示侮辱性标语、条幅等物品的;④围攻裁判员、运动员或者其他工作人员的;⑤向场内投掷杂物,不听制止的;⑥扰乱大型群众性活动秩序的其他行为。

(7)恐吓行为①散布谣言,谎报险情、疫情、警情或者以其他方法故意扰乱公共秩序的;②投放虚假的爆炸性、毒害性、放射性、腐蚀性物质或者传染病病原体等危险物质扰乱公共秩序的;③扬言实施放火、爆炸、投放危险物质扰乱公共秩序的。

(8)寻衅滋事行为,如①结伙斗殴的;②追逐、拦截他人的;③强拿硬要或者任意损毁、占用公私财物的;④其他寻衅滋事行为。

(9)从事邪教、会道门活动或者利用邪教、会道门、迷信活动,扰乱社会秩序、损害他人身体健康的行为,如①组织、教唆、胁迫、诱骗、煽动他人从事邪教、会道门活动或者利用邪教、会道门、迷信活动,扰乱社会秩序、损害他人身体健康的;②冒用宗教、气功名义进行扰乱社会秩序、损害他人身体健康活动的。

(10)违反国家规定,故意干扰无线电业务正常进行的,或者对正常运行的无线电台(站)产生有害干扰,经有关主管部门指出后,拒不采取有效措施消除的行为。

(11)违反计算机信息管理的行为,如①违反国家规定,侵入计算机信息系统,造成危害的;②违反国家规定,对计算机信息系统功能进行删除、修改、增加、干扰,造成计算机信息系统不能正常运行的;③违反国家规定,对计算机信息系统中存储、处理、传输的数据和应用程序进行删除、修改、增加的;④故意制作、传播计算机病毒等破坏性程序,影响计算机信息系统正常运行的。

2.妨害公共安全的行为

(1)违反国家规定,制造、买卖、储存、运输、邮寄、携带、使用、提供、处置爆炸性、毒害性、放射性、腐蚀性物质或者传染病病原体等危险物质的行为。

(2)爆炸性、毒害性、放射性、腐蚀性物质或者传染病病原体等危险物质被盗、被抢或者丢失,未按规定报告的或故意隐瞒不报的行为。

(3)非法携带枪支、弹药或者弩、匕首等国家规定的管制器具的行为以及非法携带管制器具进入公共场所或者公共交通工具的行为。

(4)盗窃、损毁油气管道设施、电力电信设施、广播电视设施、水利防汛工程设施,或者水文监测、测量、气象测报、环境监测、地质监测、地震监测等公共设施的行为。

(5)移动、损毁国家边境的界碑、界桩以及其他边境标志、边境设施或者领土、领海标志设施的行为。

(6)非法进行影响国(边)界线走向的活动或者修建有碍国(边)境管理的设施的行为。

(7)盗窃、损坏、擅自移动使用中的航空设施,或者强行进入航空器驾驶舱的行为;在使用中的航空器上使用可能影响导航系统正常功能的器具、工具,不听劝阻的行为。

(8)妨碍铁路正常运行的行为,如①盗窃、损毁或者擅自移动铁路设施、设备、机车车辆配件或者安全标志的;②在铁路线路上放置障碍物,或者故意向列车投掷物品的;③在铁路线路、桥梁、涵洞处挖掘坑穴、采石取沙的;④在铁路线路上私设道口或者平交过道的;⑤擅自进入铁路防护网或者火车来临时在铁路线路上行走坐卧、抢越铁路,影响行车安全的行为。

(9)未经批准,安装、使用电网的,或者安装、使用电网不符合安全规定的行为。

(10)在车辆、行人通行的地方施工,对沟井坎穴不设覆盖物、防围和警示标志的,或者故意损毁、移动覆盖物、防围和警示标志的行为;盗窃、损毁路面井盖、照明等公共设施的。

3.侵犯人身权利、财产权利的行为

(1)组织、胁迫、诱骗不满16周岁的人或者残疾人进行恐怖、残忍表演的行为。

(2)以暴力、威胁或者其他手段强迫他人劳动的行为。

(3)非法限制他人人身自由、非法侵入他人住宅或者非法搜查他人身体的。

(4)胁迫、诱骗或者利用他人乞讨的行为;反复纠缠、强行讨要或者以其他滋扰他人的方式乞讨的行为。

(5)写恐吓信或者以其他方法威胁他人人身安全的。

(6)公然侮辱他人或者捏造事实诽谤他人的。

(7)捏造事实诬告陷害他人,企图使他人受到刑事追究或者受到治安管理处罚的。

(8)对证人及其近亲属进行威胁、侮辱、殴打或者打击报复的。

(9)多次发送淫秽、侮辱、恐吓或者其他信息,干扰他人正常生活的。

(10)偷窥、偷拍、窃听、散布他人隐私的。

(11)伤害他人的行为,如①殴打他人的,或者故意伤害他人身体的;②结伙殴打、伤害他人的;③殴打、伤害残疾人、孕妇、不满14周岁的人或者60周岁以上的人的;④多次殴打、伤害他人或者一次殴打、伤害多人的。

(12)猥亵他人的,或者在公共场所故意裸露身体,情节恶劣的。

(13)虐待家庭成员,被虐待人要求处理的;遗弃没有独立生活能力的被扶养人的。

(14)强买强卖商品,强迫他人提供服务或者强迫他人接受服务的。

(15)煽动民族仇恨、民族歧视,或者在出版物、计算机信息网络中刊载民族歧视、侮辱内容的。

(16)冒领、隐匿、毁弃、私自开拆或者非法检查他人邮件的。

(17)盗窃、诈骗、哄抢、抢夺、敲诈勒索或者故意损毁公私财物的。

4.妨害社会管理的行为

(1)拒不执行人民政府在紧急状态情况下依法发布的决定、命令的。

(2)阻碍国家机关工作人员(特别是阻碍人民警察)依法执行职务的。

(3)阻碍执行紧急任务的消防车、救护车、工程抢险车、警车等车辆通行的。

(4)强行冲闯公安机关设置的警戒带、警戒区的。

(5)冒充国家机关工作人员(特别是冒充军警人员)或者以其他虚假身份招

摇撞骗的。

(6)伪造、变造或者买卖公文等的行为,如①伪造、变造或者买卖国家机关、人民团体、企业、事业单位或者其他组织的公文、证件、证明文件、印章的;②买卖或者使用伪造、变造的国家机关、人民团体、企业、事业单位或者其他组织的公文、证件、证明文件的;③伪造、变造、倒卖车票、船票、航空客票、文艺演出票、体育比赛入场券或者其他有价票证、凭证的;④伪造、变造船舶户牌,买卖或者使用伪造、变造的船舶户牌,或者涂改船舶发动机号码的。

(7)船舶擅自进入、停靠国家禁止、限制进入的水域或者岛屿的。

(8)违反社团管理法规的行为,如①违反国家规定,未经注册登记,以社会团体名义进行活动,被取缔后,仍进行活动的;②被依法撤销登记的社会团体,仍以社会团体名义进行活动的;③未经许可,擅自经营按照国家规定需要由公安机关许可的行业的。

(9)煽动、策划非法集会、游行、示威,不听劝阻的。

(10)旅馆业的工作人员对住宿的旅客不按规定登记姓名、身份证件种类和号码的,或者明知住宿的旅客将危险物质带入旅馆,不予制止的;旅馆业的工作人员明知住宿的旅客是犯罪嫌疑人员或者被公安机关通缉的人员,不向公安机关报告的。

(11)房屋出租人将房屋出租给无身份证件的人居住的,或者不按规定登记承租人姓名、身份证件种类和号码的;房屋出租人明知承租人利用出租房屋进行犯罪活动,不向公安机关报告的。

(12)违反关于社会生活噪声污染防治的法律规定,制造噪声干扰他人正常生活的,或警告后不改正的。

(13)收购赃物或违禁品的行为,如①典当业工作人员承接典当的物品,不查验有关证明、不履行登记手续,或者明知是违法犯罪嫌疑人、赃物,不向公安机关报告的;②违反国家规定,收购铁路、油田、供电、电信、矿山、水利、测量和城市公用设施等废旧专用器材的;③收购公安机关通报寻查的赃物或者有赃物嫌疑的物品的;④收购国家禁止收购的其他物品的。

(14)妨碍执法的行为,如①隐藏、转移、变卖或者损毁行政执法机关依法扣押、查封、冻结的财物的;②伪造、隐匿、毁灭证据或者提供虚假证言、谎报案情,影响行政执法机关依法办案的;③明知是赃物而窝藏、转移或者代为销售的;④被依法执行管制、剥夺政治权利或者在缓刑、保外就医等监外执行中的罪犯或者被依法采取刑事强制措施的人,有违反法律、行政法规和国务院公安部门有关监督管理规定的行为。

(15)协助组织或者运送他人偷越国(边)境的;为偷越国(边)境人员提供条

件的;偷越国(边)境的。

(16)违反文物管理规定的行为,如①刻画、涂污或者以其他方式故意损坏国家保护的文物、名胜古迹的;②违反国家规定,在文物保护单位附近进行爆破、挖掘等活动,危及文物安全的。

(17)违反驾驶管理规定的行为,如①偷开他人机动车的;②未取得驾驶证驾驶或者偷开他人航空器、机动船舶的。

(18)故意破坏、污损他人坟墓或者毁坏、丢弃他人尸骨、骨灰的;在公共场所停放尸体或者因停放尸体影响他人正常生活、工作秩序,不听劝阻的。

(19)卖淫、嫖娼的行为。

(20)引诱、容留、介绍他人卖淫的。

(21)制作、运输、复制、出售、出租淫秽的书刊、图片、影片、音像制品等淫秽物品或者利用计算机信息网络、电话以及其他通讯工具传播淫秽信息的。

(22)组织播放淫秽音像的;组织或者进行淫秽表演的;参与聚众淫乱活动的;明知他人从事上述活动,为其提供条件的。

(23)以营利为目的,为赌博提供条件的,或者参与赌博赌资较大的。

(24)涉毒的行为,如①非法种植罂粟不满五百株或者其他少量毒品原植物的;②非法买卖、运输、携带、持有少量未经灭活的罂粟等毒品原植物种子或者幼苗的;③非法运输、买卖、储存、使用少量罂粟壳的。④非法持有鸦片不满二百克、海洛因或者甲基苯丙胺不满十克或者其他少量毒品的;⑤向他人提供毒品的;⑥吸食、注射毒品的;⑦胁迫、欺骗医务人员开具麻醉药品、精神药品的。⑧教唆、引诱、欺骗他人吸食、注射毒品的。

(25)旅馆业、饮食服务业、文化娱乐业、出租汽车业等单位的人员,在公安机关查处吸毒、赌博、卖淫、嫖娼活动时,为违法犯罪行为人通风报信的。

(26)饲养动物,干扰他人正常生活的行为;警告后仍不改正的,或者驱使动物伤害他人、放任动物恐吓他人的。

【案例】　飞机上不按规定使用手机

2006年3月1日起实行《治安管理处罚法》,当天晚上7时许,一名旅客在乘坐3U8810航班从呼和浩特市飞往成都时,没有按照规定在飞机上关闭手机。当时坐在该乘客邻座的乘客多次劝阻其关闭手机。而这名乘客不但没有关闭手机,还继续开机使用。由于飞机遇到气流在空中颠抖,邻座的乘客以为是对方手机没有关闭所致,马上向飞机上的警察报告。赶来的警察立即责令此人关闭手机。飞机到达西安咸阳国际机场时,此人被警察移交给民航陕西机场公安局机场派出所处理。警方依据《治安管理处罚法》的规定,根据情节对其处以200元罚款。

三、对违反治安管理行为的处罚

对违反治安管理的行为进行处罚,实际就是追究违法行为人的法律责任。《治安管理处罚法》规定,治安管理处罚必须以事实为依据,与违反治安管理行为的性质、情节以及社会危害程度相当,实施治安管理处罚,应当公开、公正,尊重和保障人权,保护公民的人格尊严,坚持教育与处罚相结合的原则,采取有效措施,化解社会矛盾,增进社会和谐,维护社会稳定。

1.治安处罚的种类

(1)警告。警告是一种精神罚,警告的处罚由县级以上公安机关决定,也可以由公安派出所决定。

(2)罚款。罚款是给违反治安管理行为人处以支付一定金钱义务的处罚,一般由县级以上公安机关决定,但是对于500元以下的罚款,可以由公安派出所决定。

(3)行政拘留。行政拘留是短期内剥夺违反治安管理行为人人身自由的一种处罚,分为5日以下、5日以上10日以下、10日以上15日以下三个档次,拘留处罚只能由县级以上公安机关决定。

(4)吊销公安机关发放的许可证。吊销公安机关发放的许可证是剥夺违反治安管理行为人已经取得的行政许可证,其处罚应当由县级以上公安机关决定。

对违反治安管理的外国人,可以附加适用限期出境或者驱逐出境。

2.对特殊违反治安管理行为人处罚的特别规定

(1)未成年人。对未成年人处罚时,要坚持教育为主、处罚为辅的方针。已满14周岁不满18周岁的人违反治安管理的从轻或者减轻处罚;已满16周岁不满18周岁,初次违反治安管理的,不执行行政拘留处罚;不满14周岁的人违反治安管理的,不予处罚,但是应当责令其监护人严加管教。

(2)精神病人。精神病人在不能辨认或者不能控制自己行为时违反治安管理的,不予处罚,但是应当责令其监护人严加看管和治疗;间歇性的精神病人在精神正常时违反治安管理的,应当给予处罚。需要注意的是,精神病人违反治安管理不予处罚的,如果给他人造成了损害,按照民法通则的规定,要由其监护人承担民事责任,监护人尽了监护责任的,可以适当减轻其民事责任。

(3)盲人或者又聋又哑的人。盲人或者又聋又哑的人违反治安管理的,可以从轻、减轻或者不予处罚。

(4)醉酒的人。醉酒的人违反治安管理的,应当给予处罚。同时,醉酒的人在醉酒状态中,对本人有危险或者对他人的人身、财产或者公共安全有威胁的,应当对其采取保护性措施约束至酒醒。

3.公安机关在办理治安案件所查获物品的处理

公安机关在办理治安案件所查获的毒品、淫秽物品等违禁品,赌具、赌资,吸食、注射毒品的用具以及直接用于实施违反治安管理行为的本人所有的工具,应当收缴,按照规定处理。违反治安管理所得的财物,追缴退还被侵害人;没有被侵害人的,登记造册,公开拍卖或者按照国家有关规定处理,所得款项上缴国库。

【案例】　偷窥偷拍他人隐私被拘留

2006 年 6 月 1 日晚 7 点钟,一男子吴某在南京市新街口一地下过街通道内尾随一名身穿短裙的女青年偷拍其"裙底风光"时,被巡逻民警抓获。警方在他的数码相机内,发现 60 多张女性穿着内裤的照片,吴某在多处偷拍女性"裙底风光"。南京市公安局根据《治安管理处罚法》对吴某做出行政拘留 10 日并处 500 元罚款的行政处罚。对偷窥、偷拍、窃听他人隐私等行为,《治安管理处罚法》规定,将处以 5 日以上 10 日以下的行政拘留,情节严重的,处 10 日以上 15 日以下的行政拘留;可以并处 200 元以上 1000 元以下的罚款。

【案例】　发送短信骚扰他人将被处罚

林强平时总是吊儿郎当的,而且在工作中经常消极怠工。对于他来说,无故旷工是常事。前不久,林强因为擅自离岗给公司造成了重大损失。鉴于林强多次严重违反单位相关纪律又屡教不改,公司领导经集体研究,决定对林强给予辞退处理。事后,林强一直认为自己被辞退是因同事黄玲在领导面前打小报告所致,所以对黄玲耿耿于怀。为报复,他频繁地给黄玲发送不堪入目和侮辱人格的短信息,黄玲为此一直不得安宁。后经过朋友的鼓励,黄玲向公安机关报警。公安局依据《治安管理处罚法》的规定,对林强作出了行政拘留 3 日、罚款 500 元的行政处罚。

随着通信、计算机信息网络的发展,人们之间信息的传播越来越快捷畅通。但是,有少数违法人员趁机给他人传送淫秽、侮辱、恐吓等骚扰信息,严重干扰了他人的正常生活。针对此类违法行为,《治安管理处罚法》规定:多次发送淫秽、侮辱、恐吓或者其他信息,干扰他人正常生活的,处 5 日以下拘留或者 500 元以下罚款;情节严重的,处 5 日以上 10 日以下拘留,可以并处 500 元以下罚款。发送信息干扰他人正常生活的行为,不仅仅是指通过手机发短信,而且还包括:通过信件、电话、网络或者其他途径传送淫秽、侮辱、恐吓或者其他骚扰信息,干扰他人正常生活。而计算机信息网络包括国际互联网和局域网。淫秽信息,是指具体描绘性行为或者露骨宣扬色情的信息;侮辱信息,是指含有恶意攻击、谩骂、羞辱等有损他人人格尊严的信息;其他信息,是指过于频繁地或者在休息时间发送提供服务、商品的信息或者其他信息。行为人通过发送骚扰信息扰乱了他人正常生活,影响到他人的休息、工作或者学习。当然,行为人的动机是多种多样的,有的是为了报复,有的是为了寻求刺激,有的是为了恶作剧等。

第三节　行政违法与法律责任

【案例】　政府行政越权,法院判决撤销

江西省吉安县法院依法审结原告吉安县城区农村信用社不服被告吉安县人民政府《关于注销吉国用(99)字第 5－153 号国有土地使用证的公告》行政决定的行政案件。吉安县人民法院查清事实后,依照法律规定撤销县政府的行政决定。

江西吉安织布厂用土地使用权抵押,从原告吉安县城区农村信用社处贷款,逾期未能归还,后经法院判决责令归还贷款本息。县法院在执行过程中,裁定部分抵押土地使用权转让给原告,并由吉安县土管局协助办理土地评估交易、出让方转让、变更登记手续。原告取得土地使用权后,吉安县政府认为吉安织布厂贷款时土地抵押未办理土地评估和抵押登记手续,属于私自非法重复抵押行为,视为无效抵押,故县政府作出决定注销原告持有的国有土地使用证。

法院认为,吉安织布厂贷款抵押属再抵押,而非重复抵押。被告在庭审中未能提供其作出行政决定的事实根据和法律、法规依据,被告的行政决定直接否定了法院裁定书的法律效力,致使法院裁定书无法执行,显属超越职权。遂作出上述一审判决。

一、行政违法的概念

我们在本讲第一节中讲到行政违法是,给出的定义是:行政违法,是指违反行政法律规范,应当承担行政责任的行为。这个定义实际是一个广义的行政违法的定义。行政法律规范,是指国家行政管理活动中所依据的全部法律规范。凡是违反行政法律规范的行为,按这个广义的定义,都可以叫行政违法,实施行政管理的主体违反行政法律规范的行为可以叫行政违法;受行政管理的主体违反行政法律规范的行为,比如本讲第二节中讲的违反治安管理的行为,也可以叫行政违法。但是,我们也可以给出一个狭义的定义,把行政违法仅仅界定为是实施行政管理的主体即行政主体的违反行政法律规范的行为。我们下面就按这个狭义的定义来讨论行政违法及其法律责任问题。

行政违法是指行政主体违反行政法律规范而依法须承担行政责任的行为。这一概念反映了行政违法的三大特征:

(1)行政违法是行政主体的违法。行政违法是行政主体在行使行政职权、进行行政管理过程中违反法律规范而发生的违法行为。行政主体主要是国家的行

政机关,他们是主要的守法主体之一,应当严格按照依法行政的要求,依法行使行政职权、履行行政职责、遵守行政程序,否则,行政主体的行政行为就不合法而构成行政违法。行政主体的行政违法行为往往是通过其工作人员的执法行为表现出来的,所以,从表面看是行政机关工作人员的违法行为,但实际是行政主体的违法行为,法律责任也要由行政主体来承担。

(2)行政违法是违反行政法律规范的行为。行政违法具有违法性,它违反了行政法律法规,侵害了受行政法保护的行政关系,所以具有社会危害性。

(3)行政违法是依法必须承担行政责任的行为。行政违法是违反行政法律规范并依照法律规定应当承担行政责任的行为。

二、行政违法的构成

所谓行政违法构成是指构成行政违法必须具备的一切主观和客观条件的总和,它是确认行政违法行为从而追究其行政责任的根据。行政违法的构成除了主体要件外,还包括主观要件和客观要件。

1.主观要件

行政违法的主观要件是指行政违法主体主观上有过错,包括故意和过失。故意是指明知自己行为的社会危害性而希望或放任其发生的主观心理状态。凡故意违反行政法律规范的,都应当依法承担行政责任。过失是指应当预见自己行为的社会危害性,由于疏忽大意没有预见或虽然预见但轻信能够避免的主观心理状态。过失违反行政法律规范,并且造成危害后果的,也应当依法承担行政责任。故意和过失是行政违法主体承担行政责任的主观要件。所以,如果行为在客观上违反了行政法律规范,但不是出于故意和过失,而是不可抗拒或不能预见的原因引起的,不能认为是行政违法而追究行政责任。

2.客观要件

行政违法的客观要件是指构成行政违法的客观事实情况。包括行为及其后果等。行为是行政违法客观要件最重要的内容。行政行为是指政主体行使国家行政权力,对公民、法人或者其他组织的权益产生实际影响的行为以及相应的不作为,即积极的作为和消极的不作为。作为行政违法客观要件的行为必须具有一定社会危害性。所以不具有社会危害性的行为,如正当防卫行为、紧急避险行为不构成行政违法。当然,行为具有社会危害性并不意味着必然产生一定的危害结果,危害结果只是某些行政违法(过失违法)必须具备的要件。在某些情况下,行政违法的确定并不取决于其是否具有直接的危害结果,而只要有违反行政法律规范的过错行为就足够了。

三、行政违法的分类

对于行政违法,可以从不同角度作不同的分类。因为不同的分类有不同的意义,不同类型的行政违法适用不同的法律规则。

(1)根据违法的程度,行政违法可以分为实质行政违法和形式行政违法。

前者是指不具备行政行为实质要件的行政违法,如主体不合格、内容不合法、超越职权、滥用职权等;后者则是不具备行政行为形式要件的行政违法,如行为的作出不符合法定程序、行为的表现形式不符合法律规定的要求等。区分实质行政违法与形式行政违法具有重要的法律意义。首先,从法律效力看,实质违法一般属无效行为,从该行为发生之时即没有法律效力,而形式违法一般属可撤销行为,它经有效补救可转化为有效行为;其次,从法律后果看,实质违法所引起的法律后果主要是承担惩罚性行政责任(如行政处分),而形式违法所引起的法律后果主要是承担补救性行政责任(如撤销违法)。

(2)根据违法的范围,行政违法可以分为内部行政违法与外部行政违法。

前者是指内部行政主体的行政违法,如上级行政机关对下级行政机关的越级指挥;后者则指外部行政主体的行政违法,如公安机关非法拘留公民。内部行政违法与外部行政违法在救济手段上是有区别的:内部违法仅限于行政救济,不受司法审查;而外部违法不仅可借助于行政救济,还可借助于司法救济。

(3)根据违法的形式,行政违法可以分为作为行政违法与不作为行政违法。

前者表现为积极地作出行政法律规范所禁止的行为,如税务机关违法征收税款;后者则表现为拒不作出行政法规范所要求的行为,如工商机关对企业申请营业执照不予答复。作为违法与不作为违法均是行政法律的规范对象。就行政诉讼而言,作为违法可以成为行政诉讼的对象,不作为违法同样可以成为行政诉讼的对象。

四、具体的行政违法行为

1.13 种常见的行政执法乱作为行为

(1)无法定依据实施行政处罚、行政许可、行政强制、行政征收等行政执法行为的;

(2)未按照规定履行调查取证、告知、听证等法定程序,做出行政处罚、行政许可、行政强制、行政征收等行政决定的;

(3)超越行政执法职权的;

(4)适用法律依据错误的;

(5)违反规定委托实施行政执法的;

(6)无法定事由或者违反法定程序擅自改变已做出的行政执法决定的；

(7)违反规定截留、挪用、私分或者变相私分查封、扣押、没收、征收的财物的；

(8)滥用行政处罚自由裁量权的；

(9)不具有行政处罚执法资格或者不按照规定使用执法证件的；

(10)违反规定乱收费,或者要求行政相对人接受有偿服务、购买指定商品以及承担其他非法定义务的；

(11)实施行政处罚、行政强制和行政征收,未按照规定制作法律文书、使用合法票据的；

(12)刁难、谩骂、殴打行政相对人的；

(13)其他违法或者不当履行行政执法职责的。

2.15种行政执法不作为的行为

(1)对依法申请的行政行为,不按照规定履行受理、审查、决定等职责的；

(2)未按照规定履行检查、检验、检测、检疫等监督职责的；

(3)对违法行为不制止、不纠正的,对依法应当给予行政处罚或者采取行政强制措施的,未予处罚或者未采取行政强制措施的；

(4)接到公民、法人或者其他组织的投诉、举报后,不按照规定履行调查、处理等职责的；

(5)应当履行保护公民、法人和其他组织人身权和财产权等法定职责,而拒绝履行的；

(6)依法应当给予行政赔偿、补偿,不予赔偿或者补偿的；

(7)行政相对人询问有关行政许可、行政给付条件、程序、标准等事项,敷衍塞责、推诿、拖延或者拒绝答复的；

(8)不按照规定履行执法协调职责或者配合协调工作的；

(9)不执行或者拖延执行达成一致的执法协调意见的；

(10)未按照规定开展行政处罚执法资格培训、考试等管理工作的；

(11)未按照规定做好制订实施方案、建立配套制度等法规、规章实施准备工作的；

(12)未按照规定对法规、规章实施情况进行检查和定期评估的；

(13)未按照规定制定行政处罚自由裁量权规范的；

(14)未按照规定建立案卷评查制度、组织开展案卷评查工作,或者无正当理由不参加案卷评查的；

(15)其他不履行行政执法职责的。

五、行政违法的法律责任

行政违法的法律责任是指行政主体及其工作人员在履行职务过程中,对其违法行为应负的法律责任或应承担的法律后果。从广义上看,这种法律责任是指行政法律规范为行政主体设定的某种义务以及行政主体不履行该义务所引起的法律后果。前者指由法律规范直接规定的行政主体应当履行的作为或不作为义务,如工商局有依法核发营业执照的职责(义务)、公安局不得违法拘留人;后者指行政主体不履行前一种义务而引起的法律后果,这种义务不是法律最初规定的义务,而是由于行政主体的某一行为导致的必须履行的新的义务,如当工商局不依法履行核发营业执照之职责时,它将因申请营业执照者寻求法律救济而承担赔偿申请者损失或其他的义务。

一个具体的行政主体实施了一个行政行为,是否构成行政违法,由它的或同级人大、上级行政机关、同级或上级法院来认定。一旦认定行政主体的行政行为构成行政违法,该行政主体就应当通过如下主要行政责任方式承担法律责任:

(1)通报批评。这是行政主体所承担的一种惩罚性行政责任。它是在行政主体的违法责任认定以后,由上级行政机关或行政监察机关通过文件、报刊、会议等途径对下级行政主体实施的行政违法事实、影响以及处理结果予以公布。

(2)赔礼道歉、承认错误。这是行政主体所承担的一种最为轻微的补救性行政责任。在行政主体的违法责任确定以后,由行政主体之主要负责人向行政相对人或者由行政主体以书面形式向行政相对人表示歉意、承认错误。

(3)恢复名誉、消除影响。这是行政主体所承担的一种精神补救性行政责任。这一措施适用于行政主体的违法行为已对行政相对人造成了名誉上的损害,产生了不良的影响的情况。它可以通过报刊更正其所作的决定,或者向有关单位寄送更正决定等书面材料,也可以以会议的形式公开进行。具体方法的选择必须结合行政相对人名誉受害的程度和不良影响的扩散范围。

(4)返还权益、恢复原状。这是行政主体承担的一种财产上的补救性行政责任形式。它适用于行政主体的违法行为产生了剥夺行政相对人对财产的占有权及其他权益(如职务),或变更了行政相对人财产原状的后果的情况下,由行政主体采取措施返还行政相对人被剥夺的权益。具体分为三种情况:一是返还原物,指由行政主体将收缴罚没的财产返还所有人;二是恢复行政相对人的其他权益;三是恢复原状,由行政主体采取修理、拆除障碍、重新建造等方法使被毁损的财产恢复原状的责任形式。

(5)停止违法行为。这是由行政机关承担的一种惩戒性行政责任形式。由于行政主体的某些违法行为具有持续性,甚至行政相对人向有关机关申请法律救济时,行政违法行为仍在继续,因而由有权机关责令行为人停止进行违法行为,也是行政主体承担行政责任的一种形式。

(6)撤销违法决定。这是由行政主体承担的一种惩戒性行政责任形式。指由有权机关通过法定的程序确定行政主体的决定违法以后,作出禁止性命令,要求行政主体不得再以与原决定相同的理由作出与被撤销的决定相同的决定。如我国《行政诉讼法》第 54 条规定,"对于具体行政行为具有主要证据不足的、适用法律法规错误的、违反法定程序的、超越职权或滥用职权的情形之一者,人民法院应当判决撤销或部分撤销。"

(7)撤销违法的抽象行政行为。这是由行政主体承担的一种惩戒性行政责任形式。这是指在经过有权机关确认作为行政主体行为依据的法规、规章或其他规范性文件违法以后,作出的否定有关行政规范性文件的效力的决定。据此,行政主体有关的抽象行政行为不再具有法律效力;并不得作出同样的抽象行为。

(8)履行法定职责。这是由行政主体承担的一项行为上的补救性行政责任形式。它是基于行政主体不履行或拖延履行应当履行的行政职责时而产生的由有权机关确认其构成了行为上的失职,并要求其依法履行应当履行的义务的责任形式。如不服行政处罚的当事人依法申请复议,行政复议机关置之不理,当事人有权要求行政复议机关履行法定职责受理申请并作出决定。

(9)纠正不当行政行为。这是行政主体承担的一种行为上的补救性责任形式。它主要是针对行政不当行为而产生的。行政不当不一定构成撤销行政行为的理由,但行为人有义务纠正,行政相对人有权要求行政主体及其工作人员纠正自己的不当行为,上级行政机关有权要求下级行政机关纠正不当行政行为。

(10)行政赔偿。它是由行政主体承担的一种财产上的补救性行政责任形式。它是在行政主体的违法的具体行政行为产生了损害行政相对人合法权益的后果的时候,行政主体依法向行政相对人进行的赔偿。

【案例】　罗湖交警违法被判赔 5.6 万

受伤女子卢某状告深圳市公安交通管理局罗湖大队一案,罗湖法院确认被告罗湖交警不履行法定职责的行为违法,一审判决其在 7 天内赔偿卢某经济损失 5.6 万元。

2000 年 10 月 1 日晚上 8 时,卢某在深南东路与北×路交界地段斑马线过马路时,被一辆飞驰而来的白色捷达车撞倒在地,她在剧痛中失去了知觉,肇事车司机弃车逃离了现场。深圳市红十字会医院会诊后确认,卢某为严重脑膜外血肿和右小腿骨折,脑外科专家为她施行了开颅急救手术和骨折接驳手术。肇事车车主容某报称该车原被盗,罗湖交警大队将该车发还给容某。卢某认为肇事车被发还车主是交警不作为所致,遂将其告上法庭。

据罗湖交警大队出具的《道路交通事故责任认定书》，罗湖法院认定在肇事司机身份及下落不明的情况下，肇事车车主容某应负全部民事责任。对被告提出的肇事车系被盗车，罗湖法院作出了不同认定。

罗湖法院认为，根据被告提交的珠海市刑警大队一支队出具的《情况说明》，该肇事车是被黄某以租车为名从容某的丈夫谭某手中开走的，而非被盗窃车辆。珠海市刑警大队一支队对谭某的讯问笔录、珠海市前山派出所对容某的询问笔录均证实了这一点。因此，罗湖交警大队认定该车属被盗期间肇事是错误的。根据《道路交通事故处理办法》及我省有关规定，罗湖交警大队在肇事车辆车主未交付保证金及预付医疗费的情况下，将肇事车辆发还给车主，属于不履行法定职责，应认定为行政不作为。

行政主体在对外承担了相应的法律责任后，也可以追究其实施违法行政行为的工作人员的法律责任。行政主体工作人员的行政责任承担方式是指行政主体工作人员在违反行政法律义务时，承担法定的否定性后果的具体形式。我国行政立法通常对行政主体工作人员在行政管理活动中的违法责任的承担方式作明确规定，在确认行政主体对行政行为负有责任的前提下，考察行政主体工作人员的主观态度，如存在故意或者重大过失的情况，往往会确定由行政主体的负责人和直接责任人应当承担的行政责任。行政主体工作人员承担行政责任的方式主要有：

（1）通报批评。这是公务员所承担的惩戒性违法行政责任。由有权机关在会议上或文件上公布。其目的是为了教育有责任的公务员本人，也对其他公务员起到警戒作用。

（2）赔偿损失。赔偿损失是兼有惩罚性和补救性的责任承担方式。公务员赔偿责任的特点，在于公务员并不直接向受害的行政相对方赔偿，而是先由行政机关承担赔偿责任，再根据求偿权向有故意或重大过失的公务员追偿已赔偿款项的部分或全部。

（3）行政处分。行政处分是公务员承担违法行政责任的主要形式，是国家行政机关依照隶属关系对违法失职的公务员给予的惩戒措施。根据《公务员法》的规定，行政处分共分六种，即警告、记过、记大过、降级、撤职和开除。

【案例】　六职能部门监管不力

2006年3月16日下午4时许，在广州市下塘西路高架桥上发生一起6人当场死亡、20人受伤的特大交通安全事故。事故发生后，广州市纪委、市监察局根据市委、市政府的指示，迅速组成由市安监局等8个单位组成的联合调查组，对该事故涉及的职能部门的监管责任问题进行调查。经查，"3·16"特大交通事故涉及市环卫局、市余泥渣土排放管理处、越秀区余泥渣土排放管理所、萝岗区交通局、萝岗区交通管理总站、市交警支队等 6 个行政职能部门,均不同程度地存在履行职责不力、监管不到位等问题。依据《中华人民共和国行政监察法》、《中华人民共和国公务员法》、《中华人民共和国安全生产法》、《广东省重大安全事故行政责任追究规定》等有关法律法规规定,经广州市纪委、市监察局研究决定,报市政府常务会议审议同意,责成有关部门对"3·16"特大交通事故中有关责任人给予行政处分,其中:2 人行政撤职处分;行政降级 3 人;行政警告 1 人;记过 1 人;诚勉谈话 1 人;3 个部门予以通报批评。另外,在追究广州市环卫局分管泥渣土管理工作的副局长梁培长的监管责任时,发现其利用职权,徇私枉法,涉嫌经济违法犯罪,目前梁培长已被移送检察机关进一步调查处理。

第九讲 犯罪与刑罚

【案例】 邱兴华特大杀人案

2006年6月18日至7月2日,邱兴华与其妻何冉风先后两次到陕西省汉阴县铁瓦殿道观抽签还愿。其间,因邱兴华擅自移动道观内两块石碑而与道观管理人员宋道成发生争执,加之邱兴华认为道观主持熊万成有调戏其妻的行为,由此心生愤怒,遂产生杀人灭庙之恶念。

7月14日深夜,邱兴华趁道观内管理人员和香客熟睡之机,持一把砍柴用的弯刀和木棒分别到各寝室向熊万成等10人头部各砍数刀,致10人死亡。次日天亮后,邱兴华将作案工具弯刀、斧头等物放入火炉及柴堆上,然后放火燃烧后逃离现场。

7月26日,中国公安部发出A级通缉令,悬赏5万缉拿邱兴华。

7月31日上午,邱兴华窜至湖北省随州市曾都区万福店农场魏义凯家,以帮魏义凯家补盆子和合伙做干鱼生意为名,骗取魏的信任。当天吃完晚饭后趁其家人休息之机,用斧头和弯刀向魏义凯、魏妻徐开秀、魏之女魏金梅的头部连砍数刀,将3人砍伤后,抢得现金1302元。魏义凯因抢救无效,于9月9日死亡,徐开秀、魏金梅经鉴定系重伤。

8月1日凌晨,邱兴华乘火车返回安康。

8月2日有村民发现被通缉的邱兴华在山间出现,立即向警方举报。警方对犯罪嫌疑人现身区域及周边山脉进行了封锁合围。但邱兴华逃脱了警方布置的三道防线。8月19日晚8时20分许,邱兴华返回其在汉中市佛坪县大河坝镇五四村三组租住的房子敲门时被抓获。

10月19日,安康中院审理后当庭做出一审判决:以故意杀人罪和抢劫罪数罪并罚,决定判处邱兴华死刑,剥夺政治权利终身;并处没收个人财产5000元。一审宣判后,邱兴华不服当庭表示要上诉;11月30日,上诉期满的最后一天,邱兴华递交了上诉状。

12月8日,陕西省高院二审庭审,12月28日,陕西省高院二审再次开庭,法庭当庭宣布省高级法院维持安康市中级法院一审刑事判决的终审裁定,决定:判处邱兴华死刑,剥夺政治权利终身。宣判后,对邱兴华验明正身当即押赴刑场执行枪决。

第一节　罪行法定

一、犯罪是最严重的违法

什么行为是犯罪? 犯罪应受怎样的刑罚? 这些都由《刑法》加以规定。

在所有违法行为中,危害性最严重的是违反刑法的行为,这种违反刑法的行为被称为犯罪。

刑法就是规定哪些行为构成犯罪并应当承担刑事责任、该处以何种刑罚的法律规范。刑法有广义刑法与狭义刑法之分。广义刑法是指一切规定犯罪、刑事责任和刑罚的法律规范的总和,包括刑法典、单行刑法以及非刑事法律中的刑事责任条款。狭义刑法是指刑法典。《中华人民共和国刑法》于 1979 年 7 月 1 日通过,1980 年 1 月 1 日起实施,这是我国第一部刑法典。该刑法典于 1997 年 3 月 14 日第八届全国人大五次会议进行大修改,并于同年 10 月 1 日起实施。后又作出了六次修改,至今已经形成六个《刑法修正案》。

刑法是国家的基本法律,是社会主义法律体系的重要组成部分。刑法与其他法相比有两大显著特点:其一,刑法所保护的社会关系的范围更具广泛性。刑法的调整对象不限于某一类社会关系,任何一种社会关系只要受到犯罪行为的侵犯,均归于刑法的调整范围。其二,刑法的制裁方法最为严厉。刑罚不仅可以剥夺犯罪人的财产利益,限制或者剥夺犯罪人的人身自由,而且可以剥夺犯罪人的政治权利,甚至剥夺犯罪人的生命,其他任何部门法规定的制裁方法都不可能达到如此严厉的程度。可以说,对于违法行为而言,其他部门法是"第一道防线",刑法则充当"第二道防线"。因此,从这个意义上来说,刑法是其他部门法的保护法。

我国刑法的任务,是用刑罚同一切犯罪行为作斗争,以保卫国家安全,保卫人民民主专政的政权和社会主义制度,保护国有财产和劳动群众集体所有的财产,保护公民私人所有的财产,保护公民的人身权利、民主权利和其他权利,维护社会秩序、经济秩序,保障社会主义建设事业的顺利进行。

二、罪刑法定原则

现实生活中造成社会危害性的违法行为很多,哪些行为构成犯罪并应当承担刑事责任？这关键看《刑法》是怎么规定的,这被称为罪刑法定。

罪刑法定原则,又称罪刑法定主义,来自拉丁语的一条法律格言,经典的表述为"法无明文规定不为罪、法无明文规定不处罚"。一般是指什么行为构成犯罪以及对这种犯罪行为处以什么样的刑罚,必须预先由法律明文加以规定,如果法律对某种行为未加规定,即使该行为对社会有严重的危害性,也不能对其定罪量刑。不能用类推的方式对法律无明文规定、但有严重社会危害性的行为进行定罪量刑。

罪刑法定原则是资产阶级革命时期反封建斗争的产物,是尊重和保障人权的客观需要,如今已经得到了各国立法的认可,成为现代刑法最基本的原则。其基本精神乃是通过消极地限制刑罚权以积极地保障人权;其基本要求乃是通过刑法的确定性和绝对性来实现其社会保护和人权保障的双重机能。

我国1997年修改刑法典时也把罪刑法定确立为刑法的基本原则之一。我国《刑法》第3条规定的罪刑法定原则,由两个基本方面组成,一是"法律明文规定为犯罪行为的,依照法律定罪处刑";二是"法律没有规定为犯罪行为的,不得定罪处刑"。

罪刑法定原则,从立法上确定了哪些行为是违法,哪些行为应该受到处罚,使公民对自己的行为有了预测的可能性,有利于约束和限制自己的行为;也使司法人员的定罪量刑有了明确的标准和依据,有利于维护法制的统一;同时,还可以防止司法人员任意出入定罪、滥用职权,使公民的合法权益得到切实保障;使有法可依、有法必依、执法必严、违法必究、依法办案真正落到实处。可以说刑法规定罪刑法定的原则是维护法制统一,切实有效尊重和保障人权的需要。

罪刑法定原则对于司法权具有限制机能:法律没有明文规定的行为,绝对不能入罪,从而将司法机关的定罪活动严格限制在法律明文规定的范围之内而不得超越法律的规定。这样既确定了法院定罪的依据,也限制了审判的部分自由裁量性,体现了立法权对司法权的限制,保证了司法审判的公正性。

但是社会的发展变化日新月异,有时会出现一些新的侵害法益的行为,由于法律的制定和修改程序的严谨和复杂,使一些侵害行为没能及时被法律所规定。罪刑法定原则要求刑法只允许有利于被告人的溯及即往,这会导致当某种新的侵害法益的行为由于没有法律的明文规定而不被追究刑事责任,出现个案的不公正。这是罪刑法定对法官自由裁量限制出现的弊端.

罪刑法定原则尽管存在一定的弊端,但仍是我们应当遵循的重要原则,我们可以以其他形式尽量查漏补缺、趋利避害。我国顺应时代的发展和社会的需要确立了罪刑法定原则,充分体现了法制的进步和发展,是尊重和保障人权的客观需要,是社会文明进步的重要体现。

【案例】　婚内强奸案

杭州某区法院以强奸罪判处被告孙某有期徒刑3年,缓刑3年,这是杭州判决的首例婚内强奸案。

被告孙某34岁,是杭州某公司职工。2006年6月,孙某以夫妻感情破裂为由向法院提出离婚诉讼请求。法院作出准予离婚的一审判决,双方对判决均无异议,但一审判决尚未生效,被告来到原住处,见其妻许某也在,便欲发生性关系。遭拒绝后,即反扭许某双手强行实施性行为,事后扬长而去。许某立即报警,孙某被警方传讯后供认了全部事实,但声称许某还是其老婆,他想怎样都可以。

法院对本案审理后认为,刑法规定的强奸罪的本质特征是男子违背妇女意志而强行实施性行为,刑法并未把丈夫排除在强奸罪的犯罪主体之外,所以丈夫强行对妻子实施性行为也应当以强奸罪定性。而且本案中法院准予离婚的判决书虽尚未生效,但双方对离婚判决均无异议,两人已不具备正常的夫妻关系,孙某对许某强行实施性行为又有足够的证据加以证实,故孙某的行为已构成强奸罪。所以法院做出了上述判决。

本案判决看似有些荒谬,而且也引起了不同意见的讨论,但确实符合"罪刑法定"的规定。

第二节　罪　名

根据罪刑法定原则,我国《刑法》第13条对具体的犯罪概念作出了这样的规定:"一切危害国家主权、领土完整和安全,分裂国家、颠覆人民民主专政的政权和推翻社会主义制度,破坏社会秩序和经济秩序,侵犯国有财产或者劳动群众集体所有的财产,侵犯公民私人所有的财产,侵犯公民的人身权利、民主权利和其他权利,以及其他危害社会的行为,依照法律应当受刑罚处罚的,都是犯罪,但是情节显著轻微危害不大的,不认为是犯罪。"

从这一规定可以看出,我国《刑法》规定的犯罪所具有的三个基本特征:

(1)犯罪是危害社会的行为,即具有一定的社会危害性。

所谓社会危害性表现在它对国家、社会利益和公民的合法权益的损害。犯罪必须具有一定的社会危害性,情节显著轻微危害不大的行为,不认为是犯罪。这种危害性包括两种情况:一种是行为对社会已经造成了危害,如犯罪分子已将他人打死;另一种是行为对社会可能造成的危害或者可能造成的危害结果(如犯罪的预备等)。这种危害可能是有形的,也可能是无形的(如诽谤罪等)。行为的社会危害性是犯罪的最本质的特征。某一行为是否具有社会危害性及危害性程度的大小是区分罪与非罪的主要界限。

(2)犯罪是触犯刑律的行为,即具有刑事违法性.

行为的社会危害性是刑事违法性的基础,刑事违法性是社会危害性在刑法上的表现。现实生活中,有各种各样的违法行为,有的属于民事违法行为,有的属于行政违法行为。犯罪也是违法行为,但不是一般的违法行为,而是违反刑法、触犯刑律的行为。违法并不都是犯罪,只有当行为不仅具有社会危害性,而且具有刑事违法性和应受刑罚惩罚性时,才能被认定为犯罪。犯罪的刑事违法性是犯罪与一般违法行为和违反道德的行为的根本区别。

(3)犯罪是应受刑罚处罚的行为,即具有刑事处罚性。

犯罪是适用刑罚的前提,刑罚是犯罪的法律后果,只有对具有一定的社会危害性,又触犯刑律的犯罪行为,才能适用刑罚。对于一般违法行为,没有构成犯罪的,则不能适用刑罚。把应当受刑罚处罚作为犯罪的一个基本特征,就意味着如果某行为依照法律不应当受刑罚处罚,它就不被认为是犯罪。但是,应受刑罚处罚并不等于任何一个具体的犯罪实际上都会受到刑罚处罚。有的行为是构成犯罪的,但根据刑法规定可以或者应当免除处罚,如我国《刑法》第68条第2款规定:犯罪后自首又有重大立功表现的,应当减轻或者免除处罚。所以,我们不能认为凡是没有受到刑罚处罚的行为都不是犯罪。

社会危害性反映犯罪和社会的关系,揭示犯罪的社会政治内容;刑事违法性反映犯罪与法律的关系,揭示犯罪的法律性质;应受惩罚性反映犯罪与刑罚的关系,揭示犯罪的法律后果。以上犯罪的三个基本特征是紧密相连,不可分割的。严重的社会危害性是犯罪最本质的特征,是刑事违法性和应受刑罚处罚性的基础;刑事违法性和应受刑罚处罚性则是严重社会危害性的法律表现和法律后果。

根据以上犯罪的概念与特征,我国《刑法》将犯罪分为十类:

1.危害国家安全罪

危害国家安全罪是指故意危害中华人民共和国国家安全的犯罪行为。共有12个具体的罪名,可以分为以下几种:①危害祖国、分裂国家、颠覆国家政权的犯罪;②以煽动的方式实施危害国家安全的犯罪;③叛乱、叛变、叛逃的犯罪;④资助实施危害国家安全,间谍,资敌,窃取、刺探、非法提供国家秘密或情报的犯罪。

2.危害公共安全罪

危害公共安全罪,是指故意或者过失地实施危害不特定的多人的生命、健康或者重大公私财产安全的行为。危害公共安全的犯罪具有巨大的危险性和严重的社会危害性,因此我国刑法分则将此罪列为普通刑事犯罪之首。共有42个具体的罪名,可以分为以下几类:①用危险方法危害公共安全的犯罪;②危害交通运输安全的犯罪;③破坏公共设备危害公共安全的犯罪;④资助、领导、参加恐怖活动组织罪;⑤与枪支、弹药、爆炸物有关的危害公共安全的犯罪;⑥因重大事故危害公共安全的犯罪。

3.破坏社会主义市场经济秩序罪

破坏社会主义市场经济秩序罪,是指违反国家经济管理法规进行非法经济活动,严重破坏社会主义市场经济秩序的行为。这类罪共有 94 个具体的罪名,可分为以下八类:①生产、销售伪劣商品罪;②走私罪;③妨害对公司、企业的管理秩序罪;④破坏金融管理秩序罪;⑤金融诈骗罪;⑥危害税收征管罪;⑦侵犯知识产权罪;⑧扰乱市场秩序罪。

4.侵犯公民人身权利、民主权利罪

侵犯公民人身权利、民主权利罪,是指故意或过失地侵犯公民人身权利、民主权利,依法应受到刑罚处罚的犯罪行为。它包括三类犯罪,一是侵犯公民人身权利罪,指故意或者过失侵犯他人人身权利和其他与人身直接相关的权利的行为;二是侵犯公民民主权利罪,指非法剥夺或者妨害公民自由行使依法享有的管理国家和参加政治活动等各项权利的行为;三是妨害婚姻家庭关系的各项犯罪,指违反婚姻法和刑法的规定,妨害社会主义婚姻、家庭关系,情节严重的行为。这类犯罪共有 36 个具体的罪名,根据各罪侵犯的直接客体和相互的内在联系,可以分为以下几类:①侵犯他人生命、健康的犯罪;②侵犯女性、儿童身心健康的犯罪;③侵犯他人人身自由、人格尊严的犯罪;④侵犯他人人格、名誉的犯罪;⑤侵犯他人民主权利的犯罪;⑥借国家机关权力侵犯他人权利罪;⑦侵犯通信自由权利罪;⑧妨害婚姻、家庭罪。

5.侵犯财产罪

侵犯财产罪,是指故意非法占有公私财物,或者故意破坏生产经营,毁坏公私财物的犯罪行为。侵犯财产罪共有 12 个具体的罪名,可以分为以下几类:①暴力胁迫取得财产的犯罪;②窃取、诈骗财产的犯罪;③抢夺、哄抢财产的犯罪;④侵占财产的犯罪;⑤挪用财产的犯罪;⑥破坏财产的犯罪。

6.妨害社会管理秩序罪

妨害社会管理秩序罪,是指妨害国家机关对社会的管理活动,破坏社会秩序,情节严重的行为。这类犯罪共有 124 个具体的罪名。根据犯罪侵犯的直接客体和行为特征,可分为以下九类:①扰乱公共秩序罪;②妨害司法罪;③妨害国(边)境管理罪;④妨害文物管理罪;⑤危害公共卫生罪;⑥破坏环境资源保护罪;⑦走私、贩卖、运输、制造毒品罪;⑧组织、强迫、引诱、容留、介绍卖淫罪;⑨制作、贩卖、传播淫秽物品罪。

7.危害国防利益罪

危害国防利益罪,是指故意或者过失实施的危害国家国防利益,依法应受刑罚处罚的行为。这类罪共有 20 个具体的罪名,根据犯罪侵犯的直接客体,可以分为以下几类:①妨害国防机构职能的犯罪;②妨害国防资产的犯罪;③侵犯作战利益、逃避国防义务的犯罪。

8.贪污贿赂罪

贪污贿赂罪,是指国家工作人员利用职务上的便利,侵犯国家财产所有权、国家机关正常活动和国家廉政制度的行为。贪污贿赂罪共有 12 个具体的罪名,根据犯罪侵犯的客体和犯罪手段等的不同特征,可以分为以下几类:①贪污罪;②挪用公款罪;③受贿罪、单位受贿罪;④行贿犯罪和介绍贿赂罪;⑤巨额财产来源不明罪;⑥隐瞒境外财产不申报罪;⑦私分国有资产罪、私分罚没财产罪。

9.渎职罪

渎职罪,是指国家机关工作人员利用职务上的便利,滥用职权或者玩忽职守不尽职责,妨害国家机关的正常活动,致使公共财产、国家和人民利益遭受重大损失的行为。渎职罪共有 32 个具体的罪名,根据主体的特征,可以分为以下四种:①一般国家机关工作人员构成的渎职罪;②司法工作人员构成的渎职罪;③行政执法机关工作人员构成的渎职罪;④其他国家工作人员构成的渎职罪。

10.军人违反职责罪

军人违反职责罪,是指军人违反职责,危害国家军事利益,依照法律应当受刑罚处罚的行为。军人违反职责罪共有 31 个具体的罪名,根据犯罪的直接客体,可以分为以下几类:①危害作战利益的犯罪;②妨害军事机关职能的犯罪;③侵犯军事秘密、武器装备、军用物资、军事设施的犯罪;④侵犯部属、伤病员、平民、战俘的犯罪。

第三节　犯罪构成

【案例】　间接故意杀人罪

被告人某甲,女,28 岁,农民。被告人甲在乙(男,34 岁)开办的工厂做工并与乙勾搭成奸。乙因工厂不景气而心绪不佳。为稳定人心,乙未将不景气的情况公之于众,被告人甲也不知晓。一日中午,乙与妻子、甲及一个朋友一起在乙家里吃饭喝酒。在互相劝酒的过程中,被告人甲为乙斟酒,乙妻见状便阻拦说:"他不会喝酒。"乙即说:"别说喝酒,就是'1059'(一种剧毒农药)我也奉陪到底。"被告人甲便开玩笑地问到:"你家有'1059'吗? 在哪儿?"乙说:"有,在西屋地上。"被告人便取来"1059"农药,当着大家的面将农药倒入乙的碗里,然后对乙说:"你喝啊!"乙即问妻子道:"我喝啦?"乙妻便开玩笑地说:"你喝吧!"于是乙便喝了一口。被告人甲看到乙真喝,当即吓呆了。乙妻见状急忙打掉乙手中的酒碗,用手抠乙的喉咙,想让乙把农药吐出来,但未奏效。乙在送往医院的途中死亡。

在现实生活中当发现一个自然人或法人实施了一个危害社会的行为,怎么来认定这个行为就是刑法上所规定的犯罪,是刑法的某一条所规定的哪个具体的犯罪呢?这就要根据犯罪的构成条件来判断。

犯罪构成,是指刑法所规定的,确定某种行为构成犯罪所必须具备的一切客观和主观要件的总和。我国刑法规定了400多种罪名,每一种罪都规定了它的构成要件。但把这些要件抽象地概括出来,一切犯罪的共同要件(或称一般犯罪构成)包括四个方面:犯罪客体、犯罪的客观方面、犯罪主体、犯罪的主观方面。将这四个方面用来分析犯罪,所回答的问题是:侵犯了什么?怎样侵犯的?谁侵犯的?由于什么侵犯的?任何一种犯罪的成立都必须同时具备这四个方面的要件,缺一不可。

一、一般犯罪构成

(一)犯罪客体

犯罪客体,是指我国刑法所保护的而为犯罪行为所侵犯的社会主义社会关系。犯罪客体所要解决的问题是,犯罪行为所指向的是什么?侵害的是什么?没有犯罪客体,行为绝不可能构成犯罪。所以,犯罪客体是犯罪构成的必要条件。

根据犯罪所侵犯的社会关系的范围不同和具体的社会关系的差异,可将犯罪客体分为三种,即一般客体、同类客体和直接客体。

(1)犯罪的一般客体,是指一切犯罪所共同侵害的客体,即我国刑法所保护的社会主义社会关系的整体。犯罪的一般客体说明了任何犯罪不管它们的具体表现形式如何,都侵犯了社会主义社会关系的整体。

(2)犯罪的同类客体,是指一类犯罪所共同侵害的客体,也就是刑法所保护的社会主义社会关系的某一部分或某一方面。我国刑法正是按照同类客体的理论,将各种各样的犯罪分为十类,并因此建立起科学严谨的刑法分则体系。

(3)犯罪的直接客体,是指每一个具体犯罪行为所直接侵害的客体,也就是指某一犯罪行为所直接侵犯的社会主义社会关系的某一具体部分。如杀人罪和伤害罪侵犯的都是公民的人身权利,但杀人罪的直接客体是他人的生命权利,而伤害罪的直接客体是他人的健康权利。只有通过直接客体才能了解犯罪行为的特征,它是揭露犯罪行为社会性质的标志。犯罪的直接客体是每一个具体犯罪构成的必备要件,对于正确定罪量刑具有重要意义。

我们要注意:犯罪客体不同于犯罪对象,犯罪对象是指犯罪行为直接侵犯的具体的人和物。如杀人罪中,犯罪客体是人的生命权利,犯罪对象则是人。盗窃罪中,犯罪客体是公私财产权利,犯罪对象则是公私财产。而且,犯罪客体是犯罪构成的要件,而犯罪对象则不是犯罪构成的要件,有些犯罪是没有犯罪对象的,如偷越国(边)境罪就没有犯罪对象。另外,不同的犯罪可以有相同的犯罪对象,如盗窃罪和抢劫罪的对象都是公私财物;同样的犯罪,犯罪对象可以不同,如招摇撞骗罪的犯罪对象可以是金钱,也可以是实物,还可以是妇女的感情等非物质的东西。这说明,犯罪对象决定不了犯罪的性质。

(二)犯罪的客观方面

犯罪的客观方面,是指犯罪活动的客观外在表现。说明犯罪客观方面的事实特征有:危害行为、危害结果、危害行为和危害结果之间的因果关系、犯罪的时间、地点和方法等。危害行为是一切犯罪构成的必要要件;危害结果是绝大多数犯罪构成的必要要件;犯罪的时间、地点、方法是客观方面的选择性要件,只存在于部分犯罪中。

(1)危害行为。危害行为是指在行为人的某种心理支配下发生的危害社会的身体动静。它是一切犯罪构成的必要要件,在整个犯罪构成中居核心地位。可以说,没有危害行为就没有犯罪。危害行为的表现形式尽管多种多样,但基本上可归纳为两类,即作为和不作为。

作为,是指犯罪人积极地实施了刑法所禁止的行为。作为包括自身身体的举动以及利用物质工具、利用自然力、利用动物、利用他人的举动等。如举刀杀人、盗窃财物、放火投毒等。我国刑法所规定的犯罪,绝大多数是由作为构成的。

不作为,是指行为人应当履行某种特定义务并且能够履行而不履行的消极行为。犯罪的不作为是以行为人负有某种特定的作为义务为前提的,违反特定的作为义务是不作为构成犯罪的必要条件。这种特定的作为义务主要来源于三种情形:一是由法律直接规定;二是由于职务上或业务上的要求;三是由于自己的行为而使法律所保护的某种利益处于危险状态所发生的义务。

(2)危害结果。危害结果是指危害行为对刑法所保护的客体造成或可能造成的损害。危害结果有物质性的,如夺取生命、毁坏财产、损害健康等;也有非物质性的,如损坏名誉、侮辱人格等。根据我国刑法的规定,危害结果在不同的犯罪中具有不同的意义。我国刑法规定的绝大多数犯罪,都以危害结果的发生作为犯罪既遂的要件;但有的犯罪只要实施了刑法条文所规定的行为,即按犯罪既遂定罪,而不问是否发生某种危害结果;有些犯罪以危害结果的大小轻重作为划分罪与非罪的界限;还有的以发生某种严重后果的危险作为犯罪构成的要件,而把"造成严重后果"作为加重法定刑的根据。

(3)危害行为与危害结果之间的因果关系。刑法上的因果关系,是指行为人所实施的危害行为和危害结果之间的客观必然联系。如果某种危害行为和某种危害结果之间存在内在的必然的联系,同时行为人主观上有罪过(故意或过失),那就可以认为这种危害行为就是犯罪行为,应追究刑事责任;反之,如果两者之间没有内在的必然的联系,即不存在刑法上的因果关系,就不能认定是犯罪。因果关系往往具有复杂性和多样性,当数个行为都与危害结果之间存在因果关系时,就应该进一步区分主次,分清责任的轻重。查明刑法的因果关系十分重要,但不能把因果关系和刑事责任混为一谈,如果某一危害结果在客观上确实是某人的行为造成的,但行为人主观上既无故意也无过失,仍然不构成犯罪。

(4)犯罪的时间、地点和方法。这是犯罪客观方面的选择性要件。在一般情况下,这些要件并不是犯罪构成所必需的,不影响犯罪的成立,也不决定犯罪的性质(如故意杀人罪,在什么时间杀、什么地方杀、用什么方法杀,通常情况下,不影响杀人罪的成立)。但这些因素往往影响到犯罪行为本身对社会危害程度的轻重大小,对于正确地定罪和量刑,具有重大意义。对于某些犯罪来说,我国刑法把特定的时间、地点和方法规定为犯罪构成的客观要件。如刑法把"禁猎期"、"禁猎区"作为非法狩猎罪的必要条件,把"以暴力、胁迫"等强制手段规定为强奸罪、抢劫罪的必要要件。犯罪的时间和地点对于军人违反职责罪的认定和处罚也具有十分重要的意义。

(三)犯罪主体

犯罪主体,是指实施刑法所规定的犯罪并且承担刑事责任的自然人或者单位。犯罪主体是犯罪构成中必不可少的构成要件,对定罪量刑都具有重要意义。

(1)自然人犯罪主体,分为一般主体和特殊主体。一般主体是指达到法定刑事责任年龄、具有刑事责任能力、实施了危害社会行为的自然人。这类犯罪主体需同时具备以下三个特征:第一,自然人,即基于自然规律出生的有生命的人。第二,达到法定刑事责任年龄,即刑法规定行为人对其所实施的危害社会的行为负刑事责任所必须达到的年龄。根据我国刑法规定:不满14周岁的人,完全不负刑事责任,为完全不负刑事责任年龄;已满14周岁不满16周岁的人,只对8种故意犯罪负刑事责任,即犯故意杀人、故意伤害致人重伤或者死亡、强奸、抢劫、贩卖毒品、放火、爆炸、投毒罪的,应当负刑事责任,为相对负刑事责任年龄;已满16周岁的人犯罪,对一切犯罪都应当负刑事责任,为完全负刑事责任年龄。已满14周岁不满18周岁的人,应当从轻或减轻处罚。第三,具有刑事责任能力,即能够辨认和控制自己行为的能力。没有刑事责任能力的人,即使实施了对社会有危害的行为,也不能令其负刑事责任。我国刑法规定:精神病人在不能辨认或者不能控制自己行为的时候造成危害结果,经法定程序鉴定确认的,不负刑事责任;尚未完全丧失辨认或者控制自己行为能力的精神病人犯罪的,应当负刑事责任,但是可以从轻或者减轻处罚;间歇性的精神病人在精神正常的时候犯罪,应当负刑事责任;醉酒的人犯罪,应当负刑事责任;又聋又哑的人或者盲人犯罪,可以从轻、减轻或者免除处罚,其中又聋又哑的人必须是聋哑俱全,缺一不可。特殊主体除了具备一般主体的条件外,还必须具有特定的身份和职务。如军人违反职责罪中的犯罪主体必须是军人,包括中国人民解放军的现役军官、文职干部、士兵及具有军籍的学员和中国人民武装警察部队的现役警官、文职干部、士兵及具有军籍的学员以及军事任务的预备役人员;渎职罪的主体是国家工作人员等。

(2)单位犯罪主体,是指超越法人章程、违反法律规定或者不依法履行职责,实施了危害社会的行为的公司、企业事业单位、机关和团体。这类犯罪主体的犯罪行为是通过法定代表人或者授权的其他人员实施的,因而法律对法人犯罪实行"双罚制",即在对单位判处罚金等财产刑的同时,又要追究直接负责的主管人员和其他直接责任人员的刑事责任。对单位犯罪的范围以法律明文规定为限,即刑法分则和其他法律明确规定为单位犯罪的,才负刑事责任;法律没有规定单位要负刑事责任的行为,不能认定为单位犯罪并处以刑罚。

由于单位犯罪的复杂性,其社会危害程度差别很大,一律适用"双罚制"的原则,尚不能全面体现罪刑相适应原则和对单位犯罪起到足以警戒的作用,因此现行刑法也规定了例外情况的处理。如根据实际情况认为不宜采用"双罚制"处罚的单位犯罪,在刑法分则中也有规定单罚制的,即单位犯某种罪,对单位不规定判处罚金,只对直接责任人员判处刑罚。

(四)犯罪的主观方面

犯罪的主观方面,是指犯罪主体对自己所实施的社会危害行为及其危害结果所抱的心理态度。主要包括罪过(故意和过失)、犯罪的目的和动机等内容。其中,罪过是一切犯罪构成中主观方面的必要要件,犯罪的目的只是部分犯罪构成中主观方面的必要要件,因而又称为选择要件;犯罪的动机一般不影响定罪,不是犯罪构成的要件,但对于量刑有一定的意义。

罪过,是指行为人对自己所实施的行为及其危害结果所持的主观心理态度。罪过有两种表现形式,即犯罪的故意和犯罪的过失。

(1)犯罪的故意。指行为人明知自己的行为会发生危害社会的结果,并且希望或者放任这种结果发生的主观心理态度。在这里,明知是指行为人预见到、认识到自己行为的危害结果的意识因素;希望是指行为人积极追求危害结果发生的意志因素;放任是指行为人对危害结果的发生与否抱着听之任之、漠不关心的态度。犯罪的故意分为直接故意和间接故意。

直接故意,是指行为人明知自己的行为会发生危害社会的结果,并且希望这种结果发生的主观心理态度。

间接故意,是指行为人明知自己的行为可能发生危害社会的结果,并且放任这种结果发生的主观心理态度。如某甲持枪打猎,看到一只野猪,当时他预料如果举枪射击,就可能打中在该地拔草的某乙,但他对这种可能发生的结果,采取漠不关心的放任态度,于是举枪向野猪射击,结果未打中野猪而打死了拔草的某乙。

直接故意和间接故意,它们的相同之点是:行为人都预见到自己的行为的危害结果以及危害行为与危害结果之间的因果关系的发展。它们的不同之点有:①直接故意,其意识因素是明知自己的行为必然发生或者可能发生危害社会的结果;其意志因素是希望结果发生。②间接故意,其意识因素是预见到危害结果的可能发生,而不是预见到危害结果的必然发生;其意志因素只能是放任结果的发生。③如果行为人明知危害结果的必然发生,却有意放任这种结果发生的,应是直接故意。

(2)犯罪的过失。指行为人应当预见自己的行为可能发生危害社会的结果,因为疏忽大意而没有预见,或者已经预见而轻信能够避免,以致发生这种结果的主观心理态度。在这里,应当预见是指行为人有义务、有能力预见自己的行为可能发生危害社会的结果。犯罪的过失分为过于自信的过失和疏忽大意的过失。

过于自信的过失,是指行为人已经预见到自己的行为可能发生危害社会的结果,但轻信能够避免,以致发生这种结果的心理态度。

疏忽大意的过失,是指行为人应当预见到自己的行为可能发生危害社会的结果,因为疏忽大意而没有预见,以致发生这种结果的心理态度。如某个驾驶员一边开车一边与人聊天,有一只皮球滚过来时,他本来应该预见会有人过来捡球,但由于他和人聊天,疏忽大意而没有预见,结果正好一个小孩过来捡球而把这小孩压死了。

过于自信的过失与间接故意有时容易混淆,应弄清二者的异同。在意识因素上二者是相同的,即都只预见到危害结果的可能发生,而不是预见到危害结果的必然发生。在意志因素上,二者的具体态度有重大差异。间接故意是行为人对危害结果的发生采取有意放任而无意防止的态度,发生了危害结果也不违背行为人的意愿;而过于自信的过失则是行为人轻信危害结果可以避免,并且这种轻信有一定的根据,如行为人有熟练的技术、丰富的经验、一定的预防措施、有利的客观条件等,即本意是要避免危害结果的发生,所发生的危害结果是违背行为人意愿的。

疏忽大意的过失和意外事件相区别。区分的关键在于是否应当预见。如果行为人应当预见而没有预见,以致发生危害结果的,构成犯罪的过失。如果行为人没有预见的义务,不可能预见,则即使发生了危害结果,也不构成过失犯罪,而属意外事件。我国《刑法》第16条对意外事件作了明确的规定,即行为人的行为在客观上虽然造成了损害结果,但不是出于故意或者过失,而是由于不能抗拒或者不能预见的原因所引起的,不是犯罪,因而不负刑事责任。

(3)犯罪的目的和动机。犯罪的目的,是指行为人主观上希望通过实施犯罪行为达到某种危害结果的心理态度。如盗窃犯的犯罪目的是非法占有公私财物。犯罪目的只存在于直接故意的犯罪中,在间接故意或过失犯罪中都不存在犯罪目的。有些犯罪要求具备特定的犯罪目的,如走私淫秽物品罪的构成,就要求"以牟利或者传播为目的"。

犯罪动机。是指刺激和推动行为人实施犯罪行为以达到特定犯罪目的的内心起因或者冲动。由于犯罪动机与犯罪目的相联系,因而犯罪动机也只存在于直接故意的犯罪中。

【案例】 王某故意杀人案件

王某,男,42岁,种植一片果园。刘某,男,48岁,与王某是邻居,经常进入果园偷吃王某家果子而与王某结怨。王某曾多次劝说刘某不要再偷吃。2006年8月24日王某买来"1059"农药喷在果园里的果子上,刘某不知情,再次偷吃后,中毒而死。

分析:

1.犯罪主体:王某是自然人,年龄已过18周岁,是完全负刑事责任年龄人,并且精神正常,对自己行为有辨认和控制能力,是完全刑事责任能力人。

2.犯罪客体:刘某的生命安全是受刑法保护的社会关系,王某用喷了毒药的果子将刘某毒死,侵犯了刘某的生命安全,所以犯罪客体为刘某的生命安全,犯罪对象是刘某的身体。

3.犯罪客观方面:王某在2006年8月24日买来毒药喷在果园的果子上,证明其主观上想将刘某毒死,刘某由于食用了王某喷了毒药的果子而死亡。刘某死亡的结果,是由王某投毒的行为造成的,王某投毒的行为与刘某死亡的结果之间有内在的必然联系,存在刑法上的因果关系;因此王某实施了刑法所禁止的行为,属于作为形式的犯罪行为。

4.犯罪主观方面:王某因为刘某经常偷自家的果子劝阻无效而怨恨对方,具有犯罪动机;果子是食品,而王某明知将毒药喷在食品上,会发生毒死人的结果,他主观上具有放任犯罪结果发生的故意。

结论:王某的行为具有很明确的犯罪动机,并且主观上存在犯罪故意。他的行为与刘某的死亡结果之间有直接的因果关系,并对社会造成严重的不良影响。按照刑法犯罪构成四要素的规定,应当判处王某间接故意杀人罪。

二、十类犯罪的不同犯罪构成条件

(一)危害国家安全罪的犯罪构成条件

(1)犯罪侵犯的客体是我的国家安全。国家安全具体包括国家的社会制度、国家制度、国防力量和经济基础等,即直接关系我国国家主权、独立和完整方面的利益。国家安全的核心是人民民主专政的政权和社会主义制度。

(2)犯罪的客观方面,表现为实施危害国家安全的行为。即危害中华人民共和国主权、领土、统一,危害国家赖以存在、巩固和发展的政治基础和制度的行为。

(3)犯罪主体,必须是达到法定年龄、具有刑事责任能力的人。其中,多数犯罪是一般主体,不论我国人、外国人或者无国籍人都可能成为危害国家安全罪的主体。但是,也有少数危害国家安全的犯罪是特殊主体。如叛逃罪,只能由国家机关的工作人员以及掌握国家秘密的国家工作人员构成。

(4)犯罪的主观方面只能是直接故意,即行为人意图通过实施危害国家安全的行为,给我们的社会主义革命和建设事业造成困难和损失,从而为最终推翻我国人民民主专政的政权和社会主义制度创造条件。

(二)危害公共安全罪的犯罪构成条件

(1)犯罪侵犯的客体是公共安全。公共安全,是指不特定的多数人的生命、健康、重大公私财产以及社会正常的生产、工作、生活的安全。不特定,是指犯罪行为所危害的对象不是针对某个、某几个特定的人或者某项具体的财产。这类犯罪一经实施,就会同时造成多人伤亡或者公私财产的重大损失,对社会的公共安全造成严重威胁和损害。

(2)犯罪的客观方面,表现为实施刑法规定的危害公共安全的行为。这类犯罪,只要实施刑法规定的行为,并且足以造成严重后果发生的危险,就构成犯罪既遂;如果造成了实际严重后果,则构成结果加重犯。但是,过失危害公共安全的行为,必须是已经造成严重后果的才构成犯罪。实施危害公共安全的犯罪行为,可以是作为,也可以是不作为。

(3)犯罪主体,多数是一般主体,少数是特殊主体。特殊主体是指国家工作人员或者从事一定职务或业务的特定人员。

(4)犯罪的主观方面,既有出自故意的,也有出自过失的。

(三)破坏壮会主义市场经济秩序罪的犯罪构成条件

(1)犯罪侵害的客体,是我国的社会主义市场经济秩序。

(2)犯罪的客观方面,表现为违反国家经济管理法规,进行非法经济活动,破坏社会主义市场经济秩序的行为。违反国家经济管理法规与进行非法经济活动,二者是密不可分地联系在一起的。

(3)犯罪主体,既有一股主体,也有特殊主体;有自然人,也有单位。要视具体的罪名而定。

(4)犯罪的主观方面,多数是故意,并且多数犯罪具有获取非法利益的目的;少数罪可由过失构成。

(四)侵犯公民人身权利、民主权利罪的犯罪构成条件

(1)犯罪侵犯的客体,是公民的人身权利、民主权利或婚姻家庭制度。

(2)犯罪的客观方面,表现为非法侵犯公民的人身权利、民主权利或者妨害社会主义婚姻、家庭关系的行为。

(3)犯罪主体,多数为一般主体,少数为特殊主体。法人不能成为本类犯罪的主体。

(4)犯罪的主观方面,除过失致人死亡罪、过失伤害罪以外,其他犯罪均由故意构成。

(五)侵犯财产罪的犯罪构成条件

(1)犯罪侵犯的客体,是公共财产和公民私人合法财产的所有权。

(2)犯罪的客观方面,表现为使用各种手段非法侵犯公私财物的行为。其表现形式可以分为三种类型:①以非法占有为目的,用公开的或者秘密的手段,攫取公私财物的行为;②不以非法占有为目的,挪用公款的行为;③故意毁坏公私财物或者出于个人目的破坏生产经营的行为。

(3)犯罪主体,大多是一般主体。只有侵占罪,挪用公司、企业资金罪,挪用特定款物罪的犯罪主体是特殊主体。

4.犯罪的主观方面,只能由故意构成,过失不构成本类犯罪。

(六)妨害社会管理秩序罪的犯罪构成条件

(1)犯罪侵犯的客体,是国家确立的并由法律维护的正常的社会管理秩序。

(2)犯罪的客观方面,必须表现为违反各种社会管理法规,妨害国家机关的管理活动,破坏社会秩序,情节严重的行为。

(3)犯罪主体,绝大多数是一般主体,少数是特殊主体;其中许多犯罪可以由单位构成。

(4)犯罪的主观方面,故意和过失均能构成本类犯罪。其中有些具体犯罪还以特定的目的作为构成犯罪的必要条件,如赌博罪、传播淫秽物品罪、倒卖文物

罪等,必须以营利或者传播为目的。

（七）危害国防利益罪的犯罪构成条件

（1）犯罪侵犯的客体,是国家的国防利益,即国家在国防机构职能,国防资产和军事订货,国防动员和战争状态,公民、组织的国防义务等方面的利益。

（2）犯罪的客观方面,表现为以作为或者不作为方式实施的危害国防利益的行为。有些犯罪只有在"战时"方能构成。

（3）犯罪主体,一般为自然人,少数犯罪可以由单位构成。

（4）犯罪的主观方面,多数由故意构成,少数犯罪可由过失构成。

（八）贪污贿赂罪的犯罪构成条件

（1）犯罪侵犯的客体,是国家财产的所有权、国家机关的正常活动和国家廉政制度。

（2）犯罪的客观方面,一般表现为利用职务之便,实施了两类危害行为:一是侵犯国家财产所有权的行为,如贪污、挪用公款、私分国有资产等行为;二是损害了国家廉政制度的行为,如受贿、巨额财产来源不明、隐瞒境外财产不报等。其中,行贿罪和介绍贿赂罪不要求利用职务之便。

（3）犯罪主体,一般要求是国家工作人员;受贿罪、行贿罪、私分国有资产罪的主体,也可以由国家机关、国有公司、企业、事业单位、人民团体构成。其中,私分国有资产罪的主体只能是国家机关、国有公司、企业、事业单位、人民团体,而不能是自然人。行贿罪和介绍贿赂罪的主体是一般主体。

（4）犯罪的主观方面,都是直接故意,而且大都具有贪利的目的。

（九）渎职罪的犯罪构成条件

（1）犯罪侵犯的客体,是国家机关的正常活动以及与国家机关正常活动有关的公共财产、国家和人民利益。危害国家机关的正常活动,是渎职罪的社会危害性的实质所在,是渎职罪客体的主要方面,也是渎职罪与其他类型犯罪区别的主要标志。

（2）犯罪的客观方面,表现为国家机关工作人员利用职务上的便利实施的滥用职权和玩忽职守的渎职行为。但其社会危害性必须达到一定程度,或者给公共财产、国家和人民利益造成重大损失的才构成渎职罪。滥用职权的渎职罪只能表现为作为,玩忽职守的渎职罪则既有作为的情况,也有不作为的情况。

（3）犯罪主体为特殊主体,即国家机关工作人员,只有极少数罪,如泄露国家秘密罪,非国家机关工作人员亦能构成。

（4）犯罪的主观方面,多数是故意,也有的罪既可以由故意构成,亦可以由过失构成。

（十）军人违反职责罪的犯罪构成条件

（1）犯罪侵犯的客体是国家的军事利益，即国家在国防建设、作战行动、军队物质保障、军事机密、军事科学研究等方面的利益。

（2）犯罪的客观方面，表现为违反军人职责，危害军事利益的行为。这些行为多数为作为形式，也有一些行为可以由不作为构成。犯罪的时间和地点对于军人违反职责罪的认定和处罚具有十分重要的意义。

（3）犯罪主体为特殊主体，必须具备军人身份，即①中国人民解放军的现役军官、文职干部、士兵及具有军籍的学员；②我国人民武装警察部队的现役警官、文职干部、士兵及具有军籍的学员；③执行军事任务的预备役人员和其他人员。

（4）犯罪的主观方面，多数犯罪只能由故意构成，少数犯罪可以由过失构成。

三、正当防卫和紧急避险

【案例】　正当防卫

被告人鲁某，女，29岁，农民。2008年3月15日，村民许某见鲁某的丈夫外出打工，当晚窜入鲁家，欲行强暴，鲁某挣扎中摸到枕下一把剪刀，然后不顾一切地往许某身上猛刺。许某胸部、腹部多处被刺当场死亡。

分析：本案中，被告人鲁某，当自己的性权利和人身安全受到严重侵害的时候，为了自救将许某当场刺死，其行使的是特别防卫权，属于正当防卫，而不是防卫过当，依法不负任何刑事责任。

《中华人民共和国刑法》第20条规定：为了使国家、公共利益、本人或者他人的人身、财产和其他权利免受正在进行的不法侵害，而采取的制止不法侵害的行为，对不法侵害人造成损害的，属于正当防卫，不负刑事责任。正当防卫明显超过必要限度造成重大损害的，应当负刑事责任，但是应当减轻或者免除处罚。对正在进行行凶、杀人、抢劫、强奸、绑架以及其他严重危及人身安全的暴力犯罪，采取防卫行为，造成不法侵害人伤亡的，不属于防卫过当，不负刑事责任。

有些行为从形式看，似乎与犯罪行为相同，但因不具备上述犯罪构成条件而不认为是犯罪。最典型的就是正当防卫和紧急避险。正当防卫和紧急避险被认为是排除社会危害性的行为，故其本身不具有社会危害性，所以，不构成犯罪，行为人不需要负刑事责任。

（一）正当防卫

正当防卫，是指为了使国家、公共利益、本人或者他人的人身财产和其他权利免受正在进行的不法侵害，而采取的制止不法侵害的行为。正当防卫是法律赋予公民的合法权利，现行刑法对正当防卫作了较多的修改和补充，加强了对公民正当防卫权利的保护，更有利于保护国家、社会和个人合法权益，维护社会主义法制,维护社会稳定。

但正当防卫的成立或正当防卫权利的行使,必须符合下列条件:

(1)必须是为了使国家、公共利益、本人或者他人的人身、财产和其他合法权利不受侵害而实行防卫。保护合法权益表明了防卫目的的正当性,这是成立正当防卫的首要条件,也是刑法规定正当防卫不负刑事责任的重要根据。如果是为了保护非法利益而对他人实行的"防卫",不是正当防卫,构成犯罪的应当依法追究刑事责任。应当注意,防卫挑拨不是正当防卫。所谓防卫挑拨,是指行为人出于故意损害他人利益的目的,故意挑逗他人对自己进行侵害,然后以防卫为借口,实施危害他人的行为。防卫挑拨构成犯罪的,应当依法追究刑事责任。互相斗殴也不存在正当防卫。因为互相斗殴的双方都有侵害对方的故意,均属不法行为,都无权主张正当防卫,构成犯罪的,应当依法追究刑事责任。

(2)必须是对不法侵害行为实行防卫。这是成立正当防卫的前提条件。不法侵害,是指违反法律规定的危害社会的行为,既包括犯罪行为的侵害,也包括一些尚未达到犯罪程度的一般违法行为的侵害。只能对不法侵害行为实行正当防卫。对于合法行为,如依法执行公务的行为,不能实行"正当防卫"。如果不法侵害并不存在,则失去了正当防卫的前提和基础。

(3)必须是对正在进行的不法侵害实行防卫。这是正当防卫的时间条件。这里所说的正在进行不法侵害,是指真正发生的、现实的、实际存在的侵害,而不是主观想象或者推断的侵害;是指不法侵害已经着手实行或者直接面临的侵害,而不是尚未开始或已经结束的侵害。对主观想象或推测的侵害实行的"防卫",理论上称为"假想防卫";对尚未发生或已经结束的侵害实行的"防卫",理论上称为"不适时防卫"。由这两种情况造成的严重危害结果,构成犯罪的,应当追究刑事责任。

(4)必须是对不法侵害者本人实行防卫。这是成立正当防卫的对象条件。实行正当防卫,只能对不法侵害者本人造成损害,不能对没有实施不法侵害的第三者,包括不法侵害者的家属造成损害。不法侵害者,包括共同进行不法侵害的人。造成损害,主要是指对不法侵害者的人身损害,但也包括对其财产或者其他权益的损害。

(5)防卫行为不能明显超过必要限度造成重大损害。这是成立正当防卫的限度条件。所谓必要限度,一方面是指防卫行为的性质和强度大体上和不法侵害的性质、强度相当(但并不是相等),另一方面是指以制止不法侵害的必需为限。所谓重大损害,主要是指不法侵害人的重大人身伤亡,如重伤或死亡等。刑法第20条第二款规定:正当防卫明显超过必要限度造成重大损害的,应当负刑事责任,但是应当减轻或者免除处罚。这是对防卫过当的规定。

　　为了鼓励公民积极行使正当防卫的权利,遏制和打击暴力犯罪,现行刑法明确规定:对正在进行行凶、杀人、抢劫、强奸、绑架以及其他严重危及人身安全的暴力犯罪,采取防卫行为,造成不法侵害人伤亡的,不属于防卫过当,不负刑事责任。

【案例】 正当防卫过当

　　孙明亮,男,19岁。某晚孙明亮和蒋小平去看电影。见郭鹏祥及郭小平、马忠全三人纠缠少女陈某、张某。孙明亮和蒋小平上前制止,与郭鹏祥等人发生争执。蒋小平打了郭鹏祥一拳,郭鹏祥等三人逃跑。孙明亮和蒋小平遂将陈某、张某护送回家。此时郭鹏祥、郭小平、马忠全召集其友胡某等四人,结伙寻找孙明亮、蒋小平,企图报复。发现孙明亮、蒋小平,郭鹏祥猛击蒋小平数拳。蒋小平和孙明亮退到垃圾堆上。郭鹏祥继续扑打,孙明亮掏出随身携带弹簧刀照郭鹏祥左胸刺了一刀,郭鹏祥当即倒地;孙明亮又持刀空中乱划了几下,便与蒋小平乘机脱身。郭鹏祥失血过多,送往医院途中死亡。

　　分析:孙明亮的行为属于防卫过当,不是正当防卫,应当依法负刑事责任。理由是:

　　(1)孙明亮具备正当防卫的条件。郭鹏祥等人拉扯纠缠少女被孙明亮等人制止后,又返回寻衅滋事,继续实施不法侵害,孙明亮等人有权进行正当防卫。

　　(2)孙明亮的防卫行为明显超过了必要的限度,造成了重大损害、属于防卫过当。郭鹏祥等人虽然实施了不法侵害,但强度较轻,只是用拳头殴打,而孙明亮防卫时则使用弹簧刀照郭鹏祥的胸部刺一刀,将其刺死,其防卫的手段、强度都明显大大超过了不法侵害人所实施的不法侵害的手段、强度,并且造成了不法侵害人死亡的重大损害结果,属于防卫过当。

　　(3)本案不适用刑法规定的对于正在行凶、杀人、抢劫、强奸、绑架以及其他严重危及人身安全的暴力犯罪,采取防卫行为。造成不法侵害人伤亡的,不属于防卫过当,不负刑事责任的规定。因为郭鹏祥的侵害行为没有达到严重危及人身安全的程度,仍属于比较轻微的不法侵害行为。

　　(4)根据我国刑法的规定,防卫过当的,应当负刑事责任,但是应当减轻处罚或者免除处罚。

　　(二)紧急避险

　　紧急避险,是指为了使国家、公共利益、本人或者他人的人身、财产和其他权利免受正在发生的危险,不得已采取的损害另一个较小的合法权益,以保护较大的合法权益的行为。紧急避险的成立,必须具备以下条件:

　　(1)必须是为了使国家、公共利益、本人或者他人的人身、财产和其他权利免受正在发生的危险而采取的。行为人必须是在遇到危险的紧急情况下,为了使国家、公共利益、本人或者他人的人身、财产和其他权利免受正在发生的危险,才能实行紧急避险。紧急避险所保护的利益必须是合法的利益,否则不能实行紧急避险。但有关避免本人危险的规定不适用于职务上、业务上负有特定义务的人,如战士在战斗中不能因为有生命危险而逃跑。

(2)必须是对正在发生的危险而采取的。正在发生的紧急危险,是指现实存在的立即要造成危害后果的危险,或者已发生而尚未消除的危险。

(3)必须是在迫不得已的情况下采取的。迫不得已,是紧急避险成立的重要条件。具体说,必须是在迫不得已、没有其他方法可以避免正在发生的危险时,才能允许实行紧急避险。

(4)紧急避险不能超过必要限度造成不应有的损害。此处的必要限度,是指紧急避险所造成的损害必须小于所避免的损害,而不能大于或者等于所避免的损害。如果紧急避险所损害的利益大于或者等于所保护的利益,都属于超过必要限度造成了不应有的损害。我国刑法规定,紧急避险超过必要限度造成不应有的损害的,应当负刑事责任,但是应当减轻或者免除处罚。

四、犯罪的预备、未遂和中止

犯罪有两种状态:一种是已经完成了并出现了犯罪的结果,这是犯罪的常态,即犯罪的既遂状态;另外一种是尚未完成,或者虽然已经完成却没有出现犯罪结果,或者犯罪进行中因某种原因停顿下来,这是故意犯罪过程中可能出现的特殊形态,即犯罪的预备、未遂和中止。

(一)犯罪预备

犯罪预备,是指犯罪分子为了犯罪,准备工具、制造条件的行为状态。准备犯罪工具是指搜集可供实施犯罪利用的各种物品。如为杀人而购买凶器、为盗窃而配置万能钥匙等。制造犯罪条件,是指为保证实施犯罪而进行的其他准备活动。如观测犯罪地点、了解被害人的活动规律和行踪,清除繁杂障碍等。犯罪预备行为使着手实行犯罪成为可能,对社会构成了直接的威胁,行为人应当承担刑事责任。但犯罪预备行为毕竟还没有使犯罪客体直接受到损害,在处罚时,我国刑法规定,对于预备犯,可以比照既遂犯从轻、减轻或者免除处罚。

(二)犯罪未遂

犯罪未遂,是指犯罪分子已经着手实行犯罪,由于犯罪分子意志以外的原因而未得逞的犯罪行为状态。犯罪未遂的特征是:

(1)犯罪分子已经着手实行犯罪。这是指犯罪行为实际接触或者接近犯罪对象,对犯罪的直接客体造成了威胁,并且能够直接引起危害后果的发生。如杀人犯正举枪瞄准被害人,盗窃犯已翻墙入室正在行窃等。犯罪分子是否"已经着手",是区别犯罪预备与犯罪未遂的根本标志。

(2)犯罪没有得逞。这是指犯罪分子的行为没有完成我国刑法规定的具体犯罪构成的全部要件,即没有完成犯罪。主要是犯罪分子所追求的危害结果没有发生。犯罪是否得逞,是区别犯罪未遂与犯罪既遂的主要标志。

(3)犯罪没有得逞是由于犯罪分子意志以外的原因。这是指违背犯罪分子本意的其他原因,如被害人的反抗,第三人的阻止,自然力的影响等。由于这些违背犯罪分子意愿的原因而被迫停顿下来,犯罪没有得逞。这一特征是犯罪未遂与犯罪中止的根本区别。

犯罪未遂的社会危害性比犯罪预备大,但比犯罪既遂小,故我国刑法规定,对于未遂犯,可以比照既遂犯从轻或者减轻处罚。

(三)犯罪中止

犯罪中止,是指在犯罪过程中,犯罪分子自动放弃犯罪或者自动有效地防止犯罪结果发生的行为状态。这一概念表明,犯罪中止有两种类型:

一是自动放弃犯罪的犯罪中止。即指在犯罪发展过程中,犯罪人在自己认为能将犯罪进行到底的情况下,自愿放弃犯罪意图,自动停止犯罪行为,因而没有发生刑法规定的犯罪结果。

二是自动有效地防止犯罪结果发生的犯罪中止。即指在犯罪行为实行完毕之后犯罪结果尚未发生前,犯罪人自动有效地防止了犯罪结果的发生。如某甲想用毒药毒死某乙。他已经把毒药拌在好吃的东西里,某乙随时都有可能吃了这种东西而死亡。如果某甲在某乙吃毒药之前后悔而把毒药倒掉了,这是犯罪中止;但还有一种可能是某乙已经把毒药吃了,如果某甲发现后立即把某乙送到医院抢救,抢救过来了,这也是犯罪中止。当然如果没有抢救过来就是既遂了。

故犯罪中止的三个特征是:时间性,必须是发生在犯罪过程中,包括从犯罪预备起到犯罪既遂前的全过程;自动性,必须是犯罪分子自动放弃犯罪;有效性,犯罪分子必须是有效地防止了犯罪结果的发生。

由于中止犯的社会危险性已大大降低甚至消除,故我国刑法规定:对于中止犯,没有造成损害的,应当免除处罚;造成损害的,应当减轻处罚。

【案例】 犯罪中止

李某与王某系夫妻,两人经常为李某的外遇行为争吵,且王某不肯与李某离婚。李某为达到与王某离婚的目的,预谋害死王某,便自制了一把手枪。一日,李某用枪对准王某射击,由于王某躲闪及时,第一枪仅射中王某肩部。王某对李某大叫:"你一点不念夫妻一场,你就把我杀了吧。"李某放下枪,找来手推车将王某送到医院救治。

分析:首先,从犯罪中止的定义来分析,犯罪中止是在犯罪过程中,自动放弃犯罪或者自动有效的防止犯罪结果的发生,本案中李某的放弃再次射击虽受王某语言感动,但仍属于自动放弃犯罪,而且李某又将王某送到医院救治,有效防止了犯罪结果的发生,所以符合犯罪中止的概念特征。其次,从时间上讲,李某放弃再次射击的行为发生在犯罪过程之中。所以,综合来看,李某的行为应属于犯罪中止,且未造成犯罪结果的发生,所以对李某应当免除对其的刑事处罚。

五、共同犯罪

(一)共同犯罪的概念

共同犯罪,是指两人以上共同故意犯罪。构成共同犯罪,必须同时具备三个条件:

(1)犯罪主体必须是两人以上。既可以是自然人,也可以是单位。如果是自然人,则每个人都必须达到刑事责任年龄,具备刑事责任能力。如果其中只有一个人达到刑事责任年龄,具备刑事责任能力,其他人都未达到刑事责任年龄或者不具有刑事责任能力,则不能构成共同犯罪。

(2)犯罪的主观方面,必须具有共同犯罪的故意。每个共同犯罪人都知道自己不是孤立地进行犯罪,而是和其他人一起共同实施某一犯罪活动。每个共同犯罪人对他们共同犯罪行为会发生的危害结果,都是明知并且抱着希望或者放任其发生的态度。一切过失犯罪,不构成共同犯罪。如某人骑车时撞到了一个人,正好一辆车开过来把这人压死了,从后果看是两人的共同行为使这个人死亡了,但两人都不是故意,不构成共同犯罪。两人都是故意,但没有共同的故意也不构成犯罪。如有一天,某甲路过一个仓库,看到没人看守,就进去偷东西了。这时正好某乙也路过这个仓库,也同样去偷东西。两个人都是故意,但没有共同的故意,也不构成共同犯罪。

(3)犯罪的客观方面,必须有共同犯罪的行为。共同犯罪人为了完成一个共同的犯罪,他们的犯罪行为,是紧密联系、互相配合的。每个共同犯罪人的犯罪行为都是共同犯罪活动的有机组成部分。没有共同行为则不构成共同犯罪。

(二)共同犯罪的形式

共同犯罪的形式是指二人以上共同犯罪的内部结构,或者共同犯罪人之间的结合或联系方式。一般的划分是;

(1)任意共同犯罪和必要共同犯罪。这是从共同犯罪是否能够任意形成上来划分的。任意共同犯罪,是指刑法分则规定的一人能够单独实施的犯罪,而由数个人共同实施。如杀人罪、抢劫罪、强奸罪等。必要共同犯罪,是指刑法分则规定的必须由二人以上共同实施,单个人不可能完成的犯罪。如组织越狱罪、聚众叛乱罪等。

(2)事先通谋的共同犯罪和事先无通谋的共同犯罪。这是从共同犯罪故意形成的时间上来划分的。事先通谋的共同犯罪,是指共同犯罪人在着手实施犯罪以前,已经形成共同犯罪故意的情况。事先无通谋的共同犯罪,是指共同犯罪故意不是在着手实行犯罪之前形成的,而是在着手实施犯罪时或者在实行犯罪的过程中形成的。如甲企图偷窃,正在撬门,适逢乙经过,甲便叫乙在门外望风,乙同意了,甲就进去偷窃财物。这是属于事先无通谋的共同犯罪。前者比后者的危害性更大。

(3)简单共同犯罪和复杂共同犯罪。这是从共同犯罪行为分工上来划分的。简单共同犯罪是指共同犯罪人都共同直接地实行了某一具体犯罪构成的行为。如甲乙共谋偷猪,两人一起将他人的猪捉住捆绑,共同抬到市场出售,然后对分赃款。后者是指共同犯罪人之间有一定的分工,即有的是教唆犯,有的是帮助犯,有的是实行犯。

(4)一般共同犯罪和犯罪集团。这是从共同犯罪有无组织形式上来划分的。一般共同犯罪,是指二人以上为了实施某种特定的犯罪而临时纠合在一起,该犯罪实施完毕,这种共同犯罪的形式就不再存在。犯罪集团,是指三人以上为共同实施犯罪而组成的较为固定的犯罪组织。犯罪集团具有下列特征:一是人数多,至少三人以上;二是有一定的组织性;三是有相对的稳定性;四是有明确的犯罪目的性。因为犯罪集团具有严重的社会危害性和危险性,历来是我国刑法打击的重点。

(三)共同犯罪人的种类及其刑事责任

在共同犯罪中,由于各共同犯罪人参与的程度、所处的地位和所起的作用不同以及对社会的危害程度不同,因而每个人应当承担的刑事责任也应当有所不同。为了明确打击重点,准确地依法定罪量刑,我国刑法把共同犯罪人分为主犯、从犯、胁从犯和教唆犯,区别对待规定了不同的刑罚。

1. 主犯

主犯是指组织、领导犯罪集团进行犯罪活动或者在共同犯罪中起主要作用的犯罪分子。主犯包括两种人:一是组织、领导犯罪集团进行犯罪活动的,即组织犯。他们发起成立犯罪集团,策划发展集团成员,主持制定犯罪计划,指挥集团成员实施犯罪活动,危害性最大。二是在犯罪集团或者在一般共同犯罪中,起主要作用或者罪恶重大的犯罪分子。这种主犯主要是共同犯罪中的实行犯,他们直接实施犯罪构成客观方面的行为,其行为是共同犯罪结果发生的主要原因,他们的危险性大,也是从重处罚的对象。共同犯罪中起主要作用的,是指在共同犯罪中虽非组织、策划、指挥者,但是罪恶重大或是情节特别严重者。现行刑法规定,对组织、领导犯罪集团的首要分子,按照集团所犯的全部罪行处罚;对其他主犯,应当按照其所参与的或者组织、指挥的全部犯罪处罚。

2.从犯

从犯是指在共同犯罪中起次要或者辅助作用的犯罪分子。从犯分为两种:一是在共同犯罪中起次要作用的犯罪分子,是指次要的实行犯,即虽然直接参加了实施犯罪,但在整个犯罪活动中所犯罪行较小,造成的后果不严重,或者情节较轻的犯罪分子;二是在共同犯罪中起辅助作用的犯罪分子,是指帮助犯,即没有直接参加实施具体的犯罪行为,而是以供给犯罪工具、指示目标以及采取各种方法,为共同犯罪的实施创造条件、辅助实行犯罪的犯罪分子。对于从犯,应当比照主犯从轻、减轻处罚或者免除处罚。

3.胁从犯

胁从犯是指被胁迫参加犯罪的犯罪分子。被胁迫,是指被他人以暴力强制或者精神威胁下,被迫参加共同犯罪。胁从犯是知道或者基本知道自己是在进行犯罪但不是自愿或者完全自愿。胁从犯在共同犯罪中,处于被动地位,罪行也比较轻,因此,对于胁从犯,应当按照他的犯罪情节比照从犯减轻处罚或者免予处罚。

4.教唆犯

教唆犯是指故意教唆他人犯罪的犯罪分子。教唆犯本人不亲自实行犯罪,而是故意唆使他人产生犯罪意图并进而实行犯罪。构成教唆犯.必须有教唆他人犯罪的教唆行为,并且这一教唆行为同被教唆人实行的犯罪行为之间有着必然的因果关系;必须有教唆他人实施犯罪的故意。如果由于言语不慎,无意中引起他人的犯罪意图的,不应认为是教唆犯。我国刑法规定,教唆他人犯罪的,应当按照他在共同犯罪中所起的作用处罚;教唆不满十八周岁的人犯罪的,应当从重处罚;如果被教唆的人没有犯被教唆的罪,对于教唆犯,可以从轻或者减轻处罚。

第五节　刑　罚

【案例】　国家药监局原局长郑筱萸被判死刑

2007年5月16日,北京市第一中级人民法院公开开庭审理郑筱萸涉嫌犯受贿罪、玩忽职守罪一案,并于5月29日作出一审判决,认定郑筱萸犯受贿罪,判处死刑,剥夺政治权利终身,没收个人全部财产;犯玩忽职守罪,判处有期徒刑7年。数罪并罚,决定执行死刑,剥夺政治权利终身,没收个人全部财产。宣判后,郑筱萸不服,提出上诉。北京市高级人民法院经公开开庭审理于6月22日作出二审裁定,驳回上诉,维持原判,并依法报请最高人民法院核准。

最高人民法院经复核,确认一、二审认定的案件事实。1997 年 6 月至 2006 年 12 月,被告人郑筱萸利用担任国家医药管理局、国家药品监督管理局、国家食品药品监督管理局局长的职务便利,接受请托,为八家制药企业在药品、医疗器械的审批等方面谋取利益,先后多次直接或通过其妻、子非法收受上述单位负责人给予的款物共计折合人民币 649 万余元。2001 年至 2003 年,郑筱萸先后担任国家药品监督管理局、国家食品药品监督管理局局长期间,在全国范围统一换发药品生产文号专项工作中,严重不负责任,未做认真部署,并且擅自批准降低换发文号的审批标准。经抽查发现,郑筱萸的玩忽职守行为,致使许多不应换发文号或应予撤销批准文号的药品获得了文号,其中 6 种药品竟然是假药。

最高人民法院复核认为,被告人郑筱萸身为国家工作人员,利用职务便利,为他人谋取利益,非法收受他人财物,其行为已构成受贿罪;郑筱萸对药品安全监管工作严重不负责任,不认真履行职责,致使国家和人民的利益遭受重大损失,其行为已构成玩忽职守罪。郑筱萸作为国家药品监管部门的主要领导,利用事关国家和民生大计的药品监管权进行权钱交易,置人民群众的生命健康于不顾,多次收受制药企业的贿赂,社会影响极其恶劣,受贿数额特别巨大,犯罪情节特别严重,社会危害性极大,依法应当判处死刑。其虽有坦白部分受贿犯罪事实和退出部分犯罪所得的情节,但不足以对其从轻处罚。郑筱萸的玩忽职守行为,致使国家药品监管严重失序,给公众用药安全造成了极为严重的后果和极其恶劣的社会影响,犯罪情节亦属特别严重,应依法惩处,并与所犯受贿罪数罪并罚。一审判决、二审裁定认定的事实清楚,证据确凿、充分,定罪准确,量刑适当,审判程序合法。遂依法核准北京市高级人民法院维持一审对被告人郑筱萸决定执行死刑,剥夺政治权利终身,没收个人全部财产的刑事裁定。

一、刑罚的种类

一个人犯了罪,就是违反了刑法,违法就要承担法律责任,违反刑法的法律责任称为刑事责任,也叫刑罚。

我国刑法把刑罚分为主刑和附加刑两大类。主刑有管制、拘役、有期徒刑、无期徒刑和死刑。附加刑有剥夺政治权利、罚金、没收财产。对于犯罪的外国人,还可以独立适用或者附加适用驱逐出境。

(一)主刑

主刑是对犯罪分子适用的主要刑罚方法。主刑只能独立适用,不能附加适用。主刑有以下五种:

1.管制

管制是由人民法院判决,对犯罪分子不予关押,但限制其一定自由,交由公安机关执行并接受群众监督改造的刑罚方法。管制是最轻的主刑。它适用于罪行较轻、有悔悟表现、放在社会上不致再危害社会的刑事犯罪分子。我国刑法规定,对于被判处管制的犯罪分子,在劳动中应当同工同酬。管制的期限为 3 个月以上 2 年以下,数罪并罚时最高不能超过 3 年。

2.拘役

拘役是短期剥夺犯罪分子的人身自由,就近实行劳动改造的刑罚方法。拘役是介于管制与有期徒刑之间的主刑,主要适用于罪行情节较轻无须判处有期徒刑,而又必须判刑进行短期关押改造的犯罪分子。我国刑法规定,拘役的期限为 1 个月以上 6 个月以下,数罪并罚时最高不能超过 1 年。

3.有期徒刑

有期徒刑是剥夺犯罪分子一定期限的人身自由并强制劳动改造的刑罚方法。有期徒刑是我国刑罚中适用范围最广的主刑。由于它的刑期幅度大,适用面宽,因而既可以适用较重的犯罪,也可以适用于较轻的犯罪,有利于人民法院根据各种犯罪的不同性质、情节和对社会的危害程度,依法在量刑幅度内判处轻重相适应的刑罚。有期徒刑的期限为 6 个月以上 15 年以下。数罪并罚时,有期徒刑可以超过 15 年,但最高不能超过 20 年。

4.无期徒刑

无期徒刑是剥夺犯罪分子终身自由,实行强制劳动改造的刑罚方法。无期徒刑是仅次于死刑的一种严厉的刑罚。它的适用对象是那些罪行严重,但尚不够判处死刑,而判处有期徒刑又嫌轻的犯罪分子。无期徒刑从性质上讲是一种终身监禁的刑罚,但是根据我国刑法的规定,只要犯罪分子认罪伏法,认真遵守监规,接受教育改造,确有悔改或立功表现,在刑罚执行一定期限以后,可以被减为有期徒刑,还可以依法假释。

5.死刑

死刑是剥夺犯罪分子生命的刑罚方法。它是我国刑罚中最严厉的一种刑罚方法。我国根据国情和同犯罪作斗争的需要保留了死刑制度,但在死刑的适用上,我国刑法规定了严格的限制,表现在:

(1)从法定情节严格限制死刑的适用范围。我国刑法规定,死刑只适用于罪行极其严重的犯罪分子。罪行极其严重,是指所犯罪行对国家和人民的利益危害特别严重和情节特别恶劣。在刑法分则条文中,都是把死刑作为选择法定刑加以规定,只要不是罪行极其严重的,都给予从轻判处其他刑罚的选择余地;在有死刑的条文中都规定有"重大损失"、"严重后果"等作为严格限制适用死刑的条件。

(2)从犯罪主体上对适用死刑作了严格的限制。对于犯罪的时候不满 18 周岁的人和审判的时候怀孕的妇女不适用死刑,包括不能判处死缓。

(3)从死刑核准程序上严格控制。死刑除依法由最高人民法院判决的以外,都应当报请最高人民法院核准。死刑缓期执行的,可以由高级人民法院判决或者核准。刑事诉讼法中专章规定有死刑复核的程序。

(4)保留了死刑缓期执行制度即死缓制度。死缓制度不是独立的刑种,而是死刑的一种特殊的执行制度。我国刑法规定,对于应当判处死刑的犯罪分子,如果不是必须立即执行的,可以判处死刑同时宣告缓期两年执行。对死刑缓期执行的,在死刑缓期执行期间,如果没有故意犯罪,2年期满以后,减为无期徒刑;如果确有重大立功表现,2年期满以后,减为15年以上20年以下有期徒刑;如果故意犯罪,查证属实的,才由最高人民法院核准,执行死刑。

(二)附加刑

附加刑,是补充主刑适用的刑罚方法。它既可以随主刑附加适用,也可以独立适用。一个主刑可以同时附加一个或者几个附加刑。附加刑有以下几种:

1.罚金

罚金是人民法院判处犯罪分子向国家缴纳一定数额金钱的刑罚方法。主要适用于破坏社会主义市场经济秩序罪和其他以贪财图利为目的的犯罪,意在对那些见利妄为的犯罪分子,给予经济上的必要制裁。罚金不同于行政罚款,罚款是国家行政机关以及法律法规授权的其他组织对违反行政法的行为人给予的行政处罚,罚金则是由人民法院对犯罪分子判处的一种刑罚。罚金也不同于刑事附带民事诉讼案件中的赔偿经济损失,赔偿经济损失是给受害人弥补损失,属于民事责任的方式,而罚金则归入国库,是刑罚方法。

2.剥夺政治权利

剥夺政治权利是剥夺犯罪分子参加国家管理和政治活动权利的刑罚方法。剥夺政治权利指剥夺下列权利;①选举权和被选举权;②言论、出版、集会、结社、游行、示威自由的权利;③担任国家机关职务的权利;④担任国有公司、企业、事业单位和人民团体领导职务的权利。

剥夺政治权利的期限分为以下几种情况;①终身。判处死刑、无期徒刑的犯罪分子,应当剥夺政治权利终身;②3年以上10年以下。在死刑缓期执行减为有期徒刑或者无期徒刑减为有期徒刑的时候,应当把附加剥夺政治权利终身改为3年以上10年以下;③与管制的期限相等。判处管制附加剥夺政治权利的,剥夺政治权利的期限与管制的期限相等;④1年以上5年以下。其余情况,包括单独剥夺政治权利和附加剥夺政治权利的期限都应当在1年以上5年以下。

剥夺政治权利期限的起算:单独判处的,从判决裁定之日起算。附加的,有以下几种情况:①主刑判处死刑、无期徒刑附加剥夺政治权利终身的,从主刑执行之日起;②管制附加剥夺政治权利的,和管制同时执行,同时完毕;③其他情况,剥夺政治权利的刑期,从徒刑、拘役执行完毕之日或者从假释之日起计算,剥夺政治权利的效力当然适用于主刑执行期间。

3.没收财产

没收财产是将犯罪分子个人所有财产的一部或者全部,强制无偿地收归国有的刑罚方法。主要适用于危害国家安全和严重破坏社会主义市场经济秩序、侵犯财产以及以营利为目的的妨害社会管理秩序的犯罪分子。对犯罪分子适用没收财产,既是对其贪财图利的犯罪给予应有惩罚,也是从经济上摧垮其赖以犯罪的物质基础。但是,在判处没收财产的时候,不得没收属于犯罪分子家属所有或者应有的财产。没收全部财产的,应当对犯罪分子个人及其抚养的家属保留必需的生活费用。没收财产以前犯罪分子所负的正当债务,需要以没收的财产偿还的,经债权人请求,应当偿还。

(三)驱逐出境

驱逐出境,是指驱逐犯罪的外国人离开我国国(边)境的刑罚方法。对于犯罪的外国人,可以独立适用或者附加适用驱逐出境。

二、刑罚的功能

为什么要让犯罪的行为人承担刑事责任? 有的学者认为这是报应,是对犯罪人所实施犯罪行为的报应;有的学者认为刑罚不是为了报应,而是为了防范,即防范犯罪人继续危害社会。

费尔巴哈认为,刑罚的本质是使犯罪分子遭受一定痛苦的惩罚,这就迫使行为人在决定犯罪之前,必须在犯罪之乐和刑罚之苦之间进行权衡选择,并因害怕刑罚之苦而不敢追求犯罪之乐,从而放弃犯罪念头。我国有学者提出刑罚主要有七大功能:

1.剥夺功能

刑罚的剥夺功能是针对犯罪人而言的,是对犯罪人的权利与利益予以剥夺。这是刑罚的首要功能,也是刑罚属性的最直观的外在表现。剥夺犯罪人的权益,必然对其造成生理上和精神上的痛苦。这种痛苦效应的产生,是通过适用和执行刑罚的过程表现出来的。死刑意味着生命的终结,自由刑意味着人身自由的剥夺,财产刑意味着金钱和物质的损失,资格刑则预示着权利和资格的停止。所有这些无不表明,刑罚必然使犯罪人遭受一定的痛苦。

2.威慑功能

刑罚的威慑功能包括一般威慑与个别威慑。刑罚的个别威慑功能是通过对犯罪人的权益的剥夺或限制而得以发挥的,它是指刑罚对犯罪人所产生的威吓遏制作用。通常可分为行刑前的威慑和行刑后的威慑。行刑前的威慑,是指犯罪人在受到刑罚惩罚之前,基于对刑罚的畏惧,而放弃犯罪或者争取宽大处理。行刑后的威慑,是指犯罪人在受到刑罚惩罚后,通过亲身体验受刑的痛苦,使他们感受到犯罪必须付出代价,从而畏罪悔罪,重新做人,不敢再犯罪。刑罚的一般威慑功能,则是指刑罚对潜在犯罪人所具有的震慑作用。它又可分为立法威慑与司法威慑。立法威慑,是指国家以立法的形式将罪刑关系确定下来,通过刑法规定犯罪是应受刑罚惩罚的行为,并具体列举各种犯罪所应当受到的刑罚处罚,从而为社会给出一份罪刑价目表,使知法欲犯者望而止步,不敢犯罪。司法威慑,是指通过司法机关对犯罪人适用和执行刑罚,使潜在犯罪人因目睹他人受刑之苦,而心生畏惧,不敢犯罪。立法威慑和司法威慑是互相联系,不可分割的。

3.改造功能

刑罚的改造功能,是指刑罚所具有的改变犯罪人的价值观念和行为方式,使其成为对社会有用的新人的作用。"改造"是近代刑法思想发展的产物。在西方刑法和监狱法中,与改造一词相近的用语是矫正和矫治。矫正思想起源于英国法学家边沁,但其系统理论的形成则是由德国刑法学家李斯特完成的。这一思想的实质是强调刑罚的改造功能,把适用和执行刑罚的过程,当作重塑新人、使犯罪人健康地复归社会的过程。在我国,刑罚的改造功能具体包括两个方面的内容:一是劳动改造;二是教育改造。

4.教育功能

刑罚的教育功能,是指通过制定、适用和执行刑罚,对犯罪人乃至其他社会成员的思想所产生的触动教育作用。首先,在刑罚的制定和适用上,我国刑法规定了一系列宽大措施,如自首、缓刑、减刑、假释等;其次,在刑罚执行过程中,我国监狱法规定对犯罪人实行人道主义待遇,体现了对罪犯的人格尊重和全面关心。通过依法对犯罪人贯彻执行这些措施、制度,必然会对他们产生强烈的感召力和心理影响,使他们能够良心发现,痛改前非,成为守法的公民。同时,对犯罪规定刑罚,也可以促使广大公民了解犯罪行为的后果,从而自觉遵守法律。通过对犯罪人适用和执行刑罚,会使广大公民从生动的案例中受到法制教育,从而依法办事,不致坠入法网。

5.安抚功能

刑罚的安抚功能,是指通过对犯罪人适用和执行刑罚,对被害人所产生的安慰、抚慰和补偿作用。刑罚的安抚功能也是其固有功能之一。从刑罚产生和发展的历史来看,从同态复仇到国家统一行使刑罚权,经历了漫长的历史时期。在这相当长的时期内,刑罚始终没有消除其原始的报复属性。而报应刑的存在,很大程度上正是为了满足被害人复仇的愿望。于是,安抚被害人就成为刑罚所不可缺少的一大功能。

6.鼓励功能

刑罚的鼓励功能,是指通过对犯罪人适用和执行刑罚,对广大公民所产生的鼓舞和激励作用。

7.保障功能。刑罚的保障功能,是指刑罚所具有的保护国家、社会、公民的利益和安全的作用。

三、刑罚运用的原则

1.公正原则

量刑是刑事审判活动的两个基本环节之一,是刑事审判工作法律效果和社会效果的集中体现。《刑法》第5条规定了罪刑相适应原则,刑罚的轻重,应当与犯罪分子所犯罪行和承担的刑事责任相适应。这个原则包括了两个方面的内容:一是刑罚的轻重应当与犯罪分子所犯罪行相适应;二是刑罚的轻重应当与犯罪分子所承担的刑事责任相适应。即犯多大的罪,便判多重的刑,重罪重判,轻罪轻判,罪刑相称,罚当其罪。

《刑法》第61条中规定,对于犯罪分子决定刑罚的时候,应当根据犯罪的事实、犯罪的性质、情节和对于社会的危害程度,依照刑法的有关规定判处。司法公正在刑事审判领域很大程度上是通过量刑适度来体现。罪刑相适应原则是裁量决定刑罚的基本准则,也是衡量刑罚适用是否公正的最主要示准。刑法担负着社会保护和人权保护的双重使命,刑罚的适用必须在被告人所犯罪行和应处刑罚之间寻求一种平衡,也就是建立罪刑之间的价值均衡关系。不能为了某种形势的需要,或者为了平所谓"民愤",就轻罪重判。量刑不当也是错判,科学、严谨的量刑态度才能保障公正公平。

2.平等原则

根据《刑法》第4条规定:"对任何人犯罪,在适用法律上一律平等,不允许任何人有超越法律的特权。"第一,适用刑法定罪量刑时人人平等,要把刑法作为统一的尺度毫不例外地、一视同仁地适用于一切实施犯罪行为的人,不因其民族、种族、性别、身份、宗教信仰、文化教育、社会地位、财产状况等而有所区别。第二,平等意味着在适用刑罚时不允许任何人享有特权。

刑罚适用上的平等,包括两方面的含义,一是形式上的平等;二是实质上的平等。形式上的平等指的是平等适用刑罚,同罪同罚。但是,就像世界上没有完全相同的两片树叶一样,司法实践中也没有完全相同的犯罪。即使罪行基本相同,罪犯的个人情况往往也不尽相同,相同的刑罚对于罪犯的惩罚和教育效果也不一样,如果单纯追求形式上的刑罚平等,往往蕴含着实质上的不平等。边沁就提出:"不应该对所有罪犯的相同之罪运用相同之刑"。从法律意义上讲,平等是指公正无偏。因此,不能把刑罚平等绝对化。法律已经为法官在量刑时自由裁量提供了必要的空间,只要法官根据具体的案情及行为人的人身危险等情况,在法定刑的量刑幅度内决定宣告的刑罚,有利于实现刑罚的目的,实现刑罚的个别化,那就是公平的,也是公正的。

3. 效益原则

刑罚的效益是指在惩治和预防犯罪的活动中,要用最少的投入取得最大的经济效益和社会效益。刑罚适用的效益,必须具体化为刑罚在预防犯罪中的实际成效。刑罚是有成本的,刑罚适用、执行和刑事体制、设施的运行,国家需要投入大量的人力、物力。刑罚抑制犯罪虽然可以产生积极的社会效益,但刑罚的这种社会效益的产出与社会成本的投入之间,也有一个核算问题。有必要强调的是,重刑不一定有效益。一个罪犯多判一年徒刑,国家财政就要增加 2300 元的支出。刑罚的过量和滥用,会强化犯罪人的反社会情绪,影响改造效果,造成了再犯罪增多和再犯危害性增大。在刑罚适用上要坚持罪刑相适应原则和刑罚个别化原则,做到重罪重判,轻罪轻判,刑罚的严厉性应该限定在为实现其价值目标而绝对必需的程度。超过此限,不仅浪费刑罚资源,而且也损害了刑罚的公正。从刑事政策上考虑,刑罚手段应当谦抑一些,只有在道德控制、行政控制等非刑事手段失灵的情况下,才不得已动用刑事惩治手段。对犯罪的刑事控制应当着力于强化刑罚的必要性和及时性,而不应将重点放在重刑威慑上。列宁曾经指出:"惩罚的预防作用不完全决定于惩罚的残酷性,而是决定于惩罚的不可避免性。"有的学者提出,为实现刑罚资源的合理配置,促进刑罚效益的最大化,我国应借鉴某些西方国家的做法,使刑事政策向"两极化"方向发展,即"轻轻,重重",所谓"轻轻",是指对轻微犯罪的制裁更为宽松,尽可能使用刑罚替代措施或非监禁刑,如缓刑、管制、罚金等;所谓"重重",是指对危害严重的犯罪,如有组织犯罪、恐怖主义犯罪、毒品犯罪等,采取更为严厉的制裁措施。这很有道理。

4. 人道原则

刑罚的适用应当与人的本性相符合,以人为中心和目的,尊重人的价值、尊严和各种权利,并尽可能地轻缓。应当说,我国的刑法是人道的,没有规定任何残酷的与侮辱人格的刑罚。但是,随着我国社会的进步、经济的发展及生活水平的提高,在刑罚适用上也应当作出一些必要的政策调整。比如,我国关于财产犯罪的刑罚,一般以犯罪数额作为定罪量刑的标准,这种刑罚的轻重直接取决于犯罪数额的做法,是与由于经济不发达造成的人与物的关系异化状态相关联的,随着物质文明的日益发达,人的自由价值逐渐地从异化中解脱出来而获得其独立性,将刑罚尤其是自由刑直接对应于犯罪数额的做法将失去其存在的合理性和社会基础。这种变化必然会体现在具体的定罪量刑实践中。例如,对于经济犯罪适用死刑要严格控制,尽可能少杀;对于财产犯罪的量刑标准,要充分考虑我国的经济发展情况;要逐步舍弃传统的封闭或隔离行刑的思想,实行开放式行刑,实现行刑社会化。对那些罪行较轻的初犯、偶犯和未成年罪犯以及那些经过公安、检察、审判环节教育后确已悔罪,不关押也不至于再危害社会的犯罪分子,尽可能不要关押,可以放在社会上改造,以分化瓦解罪犯,增强其接受教育改造的自觉性,发挥社会和基层群众在教育改造罪犯中的作用,可以缓解监押场所以及监管工作的负担,减少犯罪分子交叉感染和重新犯罪的机会,同时也能够进一步改善监狱条件和罪犯待遇,以取得更好的社会效益和社会效果。

四、死刑的限制和废除

死刑被人类不假思索地运用了几千年后,从 1764 年开始,死刑开始受到思想家的挑战,意大利刑法学家贝卡里亚明确提出了废除死刑的主张。进入 20 世纪以来,在世界范围内,废除死刑运动渐成燎原之势。1966 年,联合国《公民权利和政治权利公约》第 6 条规定,不得任意剥夺人的生命,并强调,在未废除死刑的国家,只能对犯有"最严重罪行"的人判处死刑。1989 年,联合国又通过了《联合国废除死刑公约》(第二选择议定书),要求每一缔约国应采取一切措施在其管辖范围内废除死刑。据统计,目前全世界有 125 个国家在法律上或事实上废除了死刑;自 1990 年起,平均每年有 3 个国家废除死刑。我国的香港、澳门也已废除死刑。在发达国家中仍执行死刑的,现在仅剩美、日两国。

死刑是剥夺犯罪行为人生命的刑罚方法,又称生命刑。由于死刑是刑罚体系中诸刑罚方法中最重的一种,因而又称极刑。死刑是凭借从肉体上消灭犯罪行为人的手段来惩罚犯罪并防卫社会的刑法手段。正因为死刑的严厉性和巨大的威慑作用,历史上各国统治者无不重视死刑的使用,把死刑作为对付危害其统治最严重的犯罪的重要手段。传统社会,死刑被认为是天经地义的。而现代社会出于对人的生命的尊重,开始考虑死刑的存废。综合世界范围存废死刑争论的观点,可以发现,主张废除死刑或者主张保留死刑,各有各的理由。

1. 主张废除死刑论的主要理由

(1)人道主义者认为,天赋人权,人的生命只能自然结束不可以剥夺。刑罚的人道性以不得剥夺人之不可剥夺的权利为内容,与此相适应,以剥夺人之生命权为内容的死刑,因剥夺的是人之首位的不可剥夺的权利而不具有人道性。处以死刑与杀人同样残忍,必须禁止。

(2)相对社会契约论者认为,订立契约的人们各自交出微小的权利(不包括人的生命权)组成了国家最高权利。由于人们的生命没有交给国家,因而国家无权剥夺其社会成员的生命。

(3)刑罚教育论者认为,刑罚的意义在于教育,在于阻止有罪者再度危害社会并制止他人实施同样的行为,从而改造罪犯防卫社会。适用死刑与刑罚教育目的相悖。

2.主张保留死刑论的主要理由

(1)"杀人者偿命"是人类社会长期以来承袭的法律观念,至今仍为广大民众所认同,因此保留死刑符合公民的法律观念。

(2)"趋利避害"是人们衡量利弊得失时的本能反应和选择,因此,死刑对可能犯罪之人具有巨大的威慑作用,可以预防犯罪。特别是对于预防犯罪人再犯罪而言,死刑剥夺的是人的生命,自然就彻底剥夺了犯罪者再犯罪的能力,所谓"除恶之本,莫过于死",这是一个公认的事实,死刑是进行个别预防最有效的刑罚。

(3)绝对社会契约论者认为,犯罪行为是犯罪者对其所参与订立的社会契约的公然违反,犯重罪而受到死刑处罚是其对社会应尽的责任和义务。因而死刑是符合社会契约本意的。

(4)刑罚的教育作用只对那些虽犯有罪行却仍存挽救可能性者才有意义、有必要,对敢于面对死刑以身试法的凶恶之徒适用死刑,不违背刑罚的教育功能。

(5)"罪刑均衡"原理要求对罪犯所施刑罚必须足以平息被害人及其家属的仇恨,如果没有死刑,可能导致"私人司法"的出现。

我国 1979 年《刑法》在刑罚设置上是比较合理的,死刑罪名只有 28 个,但后来通过人大一系列的补充立法,死刑罪名增加到 68 个,1997 年修订《刑法》几乎全部保留,我国成了世界上死刑罪名最多的国家。这是中国传统法律文化中根深蒂固并且至今仍然有影响的重刑主义思想的表现之一。重刑主义思想的根源,在于对待刑罚的价值取向上,过分迷信和人为夸大了刑罚功能中的威慑作用。重刑主义思想的危害是多方面的。第一,违背了罪刑相适应的基本原则;第二,有损于司法公正和公平;第三,不利于罪犯改造和归顺人心;第四,造就了极少数死心塌地与人民和社会为敌的死硬分子;第五,增加了不必要的司法成本;第六,不利于实现长治久安;第七,也有损于我国的国际形象。等等。消除重刑主义思想的危害,或许"中国要不要废除死刑"的讨论正好是一个契机。

中国要不要废除死刑? 2002 年 12 月 9 日,死刑问题国际研讨会在湖南湘潭召开,于会的 30 余位中外法学专家唇枪舌剑大辩论。死刑保留,抑或死刑废除,争论双方的论据仍不出上述理由之左右,最终双方也没有达成统一的意见。实际上,在 2003 年党的"十六大"报告中,已经首次在党的正式文件中提出,保证人民依法享有广泛的权利和自由,尊重和保障人权。1997 年和 1998 年,我国政府先后签署了《经济、社会、文化权利国际公约》和《公民权利和政治权利国际公约》，全国人大于 2002 年正式批准进入《经济、社会、文化权利国际公约》。按照人权两公约中的规定，我国的刑事司法制度特别是刑罚制度有不少需要进一步改进的地方，死刑的限制和最终废除已经无需再争，而只是一个时间问题了。但从目前来看，我国废除死刑的条件还不成熟，目前应从严格限制死刑的适用开始，逐步过渡到废除死刑。

2007 年 11 月 17 日，第 62 届联合国大会三委表决"暂停适用死刑"决议草案有关修正案（A/C.3/62/L.68-81—L.29 号决议）（在各国代表中，有 99 国支持暂缓死刑、52 国反对、33 国弃权。美国、俄罗斯等国家投了反对票）。中国代表团张丹参赞就此问题发言表示遗憾，指出，52 国投票反对该决议再次证明在死刑问题上并无国际共识，因此我们对该决议的效力表示严重质疑。他指出，关于废除死刑问题，国际上并无共识。1994 年、1999 年联大曾两次讨论该问题，但因各方立场南辕北辙而无果而终。原人权委员会也曾讨论该问题，但每次都有大量国家拒绝参加协商一致。张丹表示，死刑问题是一个复杂的刑事司法问题。国际法并未禁止使用死刑。《公民权利和政治权利公约》第 6 条第 2 款规定，"死刑可适用于最严重的罪行"。各国有权根据其司法公正的需要、经济发展水平、历史文化背景等决定适用何种刑罚，何时暂停或废除某种刑罚。死刑问题是一国立法和司法的问题，是一国主权范围内的事务，其他国家均不应干涉，联合国大会不是讨论死刑问题的合适场所。从中我们也可以看出中国在国际社会中对待死刑的态度。

五、刑罚的具体适用

刑罚的具体适用，称为量刑。量刑是人民法院对于犯罪人依法裁量决定刑罚的活动，具体是指人民法院依据刑事法律，在认定行为人构成犯罪的基础上，确定对犯罪人是否判处刑罚、判处何种刑罚以及判处多重的刑罚，并决定所判处的刑罚是否立即执行的审判活动。定罪和量刑，是人民法院刑事审判活动的两个基本环节。定罪是量刑的前提和基础，量刑则是审判工作的中心。量刑适当是我国刑法罪刑相适应基本原则的必然要求，也是衡量刑事审判活动质量的一个重要标准。人民法院审理刑事案件，只有切实做到定性准确，量刑适当，对犯罪分子罚当其罪，才能实现刑罚的目的，有效地发挥审判工作维护社会主义法制、促进社会主义建设事业的积极作用。

我国刑法规定，对于犯罪分子决定刑罚的时候，应当根据犯罪的事实、犯罪的性质、犯罪的情节和对社会的危害程度，依照刑法的有关规定判处。概括而言，量刑时要根据刑罚适用的原则，以犯罪事实为根据，以刑事法律为准绳，对具体的犯罪行为、具体的犯罪人作出具体的判决。按平等原则适用刑罚,同罪同罚。但是,在司法实践中没有完全相同的犯罪。即使罪行基本相同,构成同一罪名,也会由于犯罪人个人情况的差别而在量刑时出现不同的判决。这就是我们经常所说的量刑情节。所谓量刑的情节,是指人民法院对犯罪分子裁量刑罚时必须考虑的、决定刑罚轻重或者免除刑罚的各种情况。

在具体对某个犯罪人进行量刑时,根据我国刑法的规定,要考虑的量刑情节包括法定情节和酌定情节两大类。

(一)法定情节

法定情节是指刑法明文规定在适用法定刑时必须考虑的情节。所谓法定刑就是法律规定的刑罚种类、期限和刑罚幅度。例如,《刑法》第 233 条规定:"过失致人死亡的,处 3 年以上 7 年以下有期徒刑;情节较轻的,处 3 年以下有期徒刑。"这规定的就是过失杀人罪的法定刑,这个罪名有两个法定刑。3 年以上 7 年以下是一个幅度,在这个幅度内,最高法定刑是 7 年有期徒刑,最低法定刑是 3 年有期徒刑。6 个月以上(有期徒刑最低是 6 个月)3 年以下又是一个幅度,在这个幅度内,最高法定刑是 3 年有期徒刑,最低法定刑是 6 个月有期徒刑。如张三犯了过失杀人罪,将会被处几年有期徒刑,这就要根据张三的犯罪情节来确定。情节重的,按 3 年以上 7 年以下的幅度量刑;情节较轻的,按 6 个月以上 3 年以下的幅度量刑。确定了按 3 年以上 7 年以下的幅度量刑,还要看其他的情节,才能最后确定对张三判处几年的有期徒刑。

法定情节是刑法明文规定的,它又有从重、从轻、减轻和免除处罚之别。

1. 从重处罚

所谓从重处罚,是指在法定刑幅度内,对犯罪分子选择适用相对较重的刑罚种类或相对较长的刑期。它包括两个方面的意义:第一,在法定刑内判处刑罚;第二,要比照该犯罪分子没有从重情节时应判的刑罚判处相对较重的刑罚。从重处罚并不意味着要一律判处法定最高刑,也不能理解在所谓的中间线以上判刑,人民法院对具有从重处罚情节的犯罪分子适用刑罚时,必须把从重处罚情节和整个犯罪事实联系起来进行综合评估。

2. 从轻处罚

所谓从轻,是指在法定刑幅度内,对犯罪分子选择适用相对较轻的刑种或者相对较短的刑期。和从重处罚一样,从轻处罚也包括两层含义:第一,在法定刑的限度内判处刑罚;第二,要比照犯罪分子没有该处罚情节时应判的刑罚判罚较短的刑罚。既不能把从轻处罚理解成一律判处法定最低刑,也不能把从轻处罚理解成所谓的"中间线"以下判刑,对犯罪分子判处刑罚,应当根据《刑法》第 61 条规定的量刑原则,综合分析案件的各个情节适当量刑。

3. 减轻处罚

所谓减轻处罚是指对犯罪分子依法在法定最低刑以下判处刑罚。根据我国《刑法》第 63 条的规定,减轻处罚的情节有两种:一是犯罪分子具有法定的减轻处罚情节;二是犯罪分子虽不具有法律规定的减轻处罚的情节,但是根据案件的具体情况,判处法定最低刑还是过重的,经最高人民法院核准,也可以减轻处罚。前者一般称法定的减轻处罚情节,后者一般称酌定的减轻处罚情节。至于减轻处罚的幅度,法无明文规定,人民法院应当根据案件的具体情况酌定。一般认为,既可以由较重的刑种减轻到较轻的刑种,如有期徒刑减至拘役;也可以是由较长的刑期减轻到较短的刑期,如抢劫罪的法定最低刑是有期徒刑 3 年,减轻处罚时,就可以判处 3 年以下有期徒刑,但不得少于 6 个月。需要指出,减轻处罚的幅度,虽然法无明文规定,但不能无限制地减轻到免予处罚。

4. 免除处罚

所谓免除处罚是指对犯罪分子作有罪宣告,但免除其刑罚处罚。免除处罚以行为人的行为构成犯罪,应受刑罚处罚为前提,只是因其犯罪情节轻微不要判处刑罚,或者具有其他法定的免除处罚情节,才免除处罚。需要指出,对犯罪情节轻微不需要判刑的犯罪分子免除处罚并不意味着对其不作任何处理,根据《刑法》第 37 条规定,对这种犯罪分子在判决免予刑事处分的同时,可根据案件的不同情节予以训诫或者责令具结悔过,赔礼道歉,赔偿损失或者建议主管部门予以行政处分。

(二)常见的量刑情节

(1)应当从重处罚的情节:①主犯(《刑法》第 26 条),共同犯罪中的主犯,应当从重处罚。②教唆不满 18 周岁的人犯罪的(《刑法》第 29 条第 1 款),共同犯罪中的教唆犯,教唆不满 18 周岁的人犯罪的应当从重处罚。③累犯(《刑法》第 65 条)对于累犯应当从重处罚。

累犯,是指受过一定的刑罚处罚,在刑罚执行完毕或者赦免以后,在法定期间内再犯一定之罪的犯罪分子。我国刑法规定的累犯分为一般累犯和特殊累犯两种。

一般累犯,是指被判处有期徒刑以上刑罚的犯罪分子,刑罚执行完毕或者赦免以后,在五年以内再犯应当判处有期徒刑以上刑罚之罪。其构成的条件是:①前罪和后罪必须都是故意犯罪,这是构成累犯的主观条件。②前罪被判处的刑罚和后罪应当判处的刑罚必须都是有期徒刑以上的刑罚,这是构成累犯的刑度条件。③后罪的发生,必须是在前罪的刑罚执行完毕或者赦免以后,这是构成累犯的前提条件。④后罪发生的时间,必须是在前罪的刑罚执行完毕或者赦免后 5 年以内,这是构成累犯的时间条件。

　　特殊累犯，又称危害国家安全罪的累犯，是指危害国家安全的犯罪分子在刑罚执行完毕或者赦免以后，在任何时候再犯危害国家安全罪的。特殊累犯不受一般累犯规定条件的限制。只要前罪和后罪都是危害国家安全罪，在前罪刑罚执行完毕或者赦免以后，不论何时再犯后罪，也不管判处的是何种刑罚，都以累犯论处。

　　(2)可以从轻处罚的情节：犯罪以后自首的(《刑法》第67条第1款)。

　　自首是我国刑法规定的一项从轻处罚制度，也是一个重要的从宽处罚情节。对有自首和立功情节的犯罪分子从轻处罚，是惩办与宽大相结合原则的具体化、法制化，对于分化瓦解犯罪分子，打击少数，争取多数，教育改造罪犯，预防犯罪，都具有重要意义。

　　自首，是指犯罪分子犯罪以后自动投案，如实供述自己的罪行的行为。被采取强制措施的犯罪嫌疑人、被告人和正在服刑的罪犯，如实供述司法机关还未掌握的本人其他罪行的，以自首论。自首包括两种行为：一种是自投行为，另一种是自招行为。

　　犯罪人主动投案后，构成自首必须具备如下条件：①犯罪以后必须自动投案。自动投案一般应是犯罪分子自动向公安、检察、审判机关投案。如果犯罪分子就近向所在单位、城乡基层组织或者其他有关负责人投案，也视为自动投案。②必须如实供述自己的罪行。这是自首的实质条件。即指犯罪分子必须如实供述自己的全部犯罪事实，至少是自己犯罪的主要事实。共同犯罪的犯罪分子除如实供述自己的罪行以外，还应当交代出所知的同案犯。

　　自招行为成立自首必须具备的条件是：①主体必须是被采取强制措施的犯罪嫌疑人、被告人和正在服刑的罪犯。②必须如实供述司法机关还未掌握的本人的其他罪行。这是自招行为成立自首的实质条件。

　　我国刑法规定：对于自首的犯罪分子，可以从轻或者减轻处罚：其中，犯罪较轻的，可以免除处罚。

　　与自首相近的一个情节是立功表现。所谓立功，是指犯罪分子揭发其他犯罪分子的罪行，查证属实的，或者提供重要线索，从而得以侦破其他案件的行为。我国刑法规定，犯罪分子有立功表现的，可以从轻或者减轻处罚；有重大立功表现的，可以减轻或者免除处罚。犯罪后自首又有重大立功表现的，应当减轻或者免除处罚。

　　(3)可以从轻或者减轻处罚的情节：①未遂犯(《刑法》第23条第2款)；②被教唆的人没有犯被教唆的罪的教唆犯(《刑法》第29条第2款)。

　　(4)应当从轻或者减轻处罚的情节：

　　已满14周岁不满18周岁的人犯罪的(《刑法》第17条第3款)。

（5）可以从轻、减轻或者免除处罚的情节：①又聋又哑的人或者盲人犯罪的（《刑法》第 19 条）；②预备犯（《刑法》第 22 条第 2 款）。

（6）应当从轻、减轻或者免除处罚的情节：从犯（《刑法》第 27 条第 2 款）。

（7）可以减轻或者免除处罚的情节：①在我国领域外犯罪，在外国已经受到刑罚处罚的（《刑法》第 10 条）；②犯罪以后自首，犯罪又较轻的（《刑法》第 67 条第 1 款）；③虽然罪行较重的，但犯罪以后自首并有立功表现的（《刑法》第 68 条第 1 款）。

（8）应当减轻或者免除处罚的情节：①正当防卫超过必要限度的（《刑法》第 20 条第 2 款）；②紧急避险超过必要限度的（《刑法》第 21 条第 2 款）；③中止犯（《刑法》第 24 条第 2 款）；④胁从犯（《刑法》第 28 条）。

（9）可以免除处罚的情节：犯罪情节轻微不需要判处刑罚的（《刑法》第 37 条）。

（三）酌定情节

酌定情节是指法定情节以外的由人民法院在量刑时灵活掌握、斟酌考虑适用的情节。酌定情节不是刑法明文规定的，而是由审判人员在刑事审判实践中总结并加以具体认定的，它们从不同的侧面反映犯罪的社会危害程度，因而在量刑时一般也应予以考虑，酌定情节是对法定情节的必要补充。

根据我国的刑事审判实践，常见的酌定情节主要有以下几种：

（1）犯罪的动机。犯罪动机是否卑鄙、恶劣，反映犯罪分子不同的主观恶性程度和犯罪行为不同的社会危害程度。例如，同是盗窃罪，其动机可能是贪图享受，也可能是生活所迫。很明显，前者的主观恶性和社会危害性都要大于后者，因而量刑时前者应当重于后者。

（2）犯罪手段。犯罪的手段是否狡猾、狠毒、残忍，反映行为人是否具有犯罪经验，表明行为的社会危害程度。例如，同是杀人犯，有人采用一般杀人方法致人死亡，有的则是对他人百般摧残，致人死亡，显然后者的社会危害性和主观恶性要大于前者，对后者应当从重处罚。

（3）犯罪的时间、地点。犯罪的时间、地点一般对量刑没有多大的影响，但在某些特定的情况下，也能影响行为的社会危害程度。例如，同是抢劫罪，在治安形势好和治安形势差、灾区和非灾区抢劫相比较，前者的社会危害性显然要大于后者，因而对前者一般要从重处罚。

（4）犯罪所侵害的对象。犯罪侵害的对象的性质和状况，往往也能影响行为的社会危害程度。例如，同是贪污罪，贪污救灾款项比贪污一般款项的社会危害性显然要重，因而对前者也应处以较重的刑罚。

（5）犯罪分子的一贯表现。犯罪分子的一贯表现，主要指与犯罪分子的犯罪行为有关的思想、言论、作风、工作态度、生活态度等方面的表现,它能反映犯罪分子的主观恶性程度。例如,同是交通肇事罪,司机甲一贯遵守交通法规,偶因过度疲劳、精神分散发生交通事故;司机乙则一贯无视交通法规,酒后开车,超速行使,并屡教不改,而最终酿成交通事故,很明显,甲的主观恶性要小于乙,对乙应从重处罚。

(6)犯罪后的态度。犯罪分子在犯罪后的态度如何,能够反映犯罪分子的主观恶性程度和改造难易程度。如果犯罪分子犯罪后,能够积极采取补救措施,真诚认罪悔罪,主动交代犯罪事实,说明其主观恶性较小,一般也易于改造;如果犯罪分子拒不悔罪认罪,企图负隅顽抗,甚至毁证灭迹,畏罪潜逃,则说明其主观恶性较大,一般也难以改造,对后者应当处以较前者严厉的刑罚。

六、数罪并罚

如果一个人犯了好几种罪,该怎么处罚呢? 这就要看一下我国刑法关于数罪并罚的规定。数罪并罚,是指一人犯数罪,人民法院对其所犯的各种罪分别定罪量刑以后,依照法定原则,决定应当执行的刑罚。

我国刑法对数罪并罚主要采取"限制加重原则",同时以"吸收原则"和"相加原则"为补充。我国刑法适用数罪并罚有三种不同的情况:

(1)判决宣告前一人犯有数罪的并罚。我国《刑法》第 69 条规定:"判决宣告前一人犯数罪的,除判处死刑或者无期徒刑的以外,应当在总和刑期以下,数刑中最高刑以上,酌情决定执行的刑期,但是管制最高不能超过 3 年,拘役最高不能超过 1 年,有期徒刑最高不能超过 20 年。如果数罪中有判处附加刑的,附加刑仍须执行。"这就是说,①数罪中有一个判处死刑或者无期徒刑的,其他罪判处有期徒刑、拘役或者管制的,采用"吸收原则",即只执行死刑或无期徒刑,其他主刑被吸收而不执行。②数罪中判处数个有期徒刑、数个拘役或者数个管制的采用"限制加重原则",即在总和刑期以下,数刑中最高刑以上,酌情决定执行的刑期,但是管制最高不能超过 3 年,拘役最高不能超过 1 年,有期徒刑最高不能超过 20 年。③数罪中有判处附加刑的,附加刑与主刑采取"相加原则",即不论执行什么主刑,如有判处附加刑的,附加刑仍须执行。

(2)判决宣告后刑罚未执行完毕前发现"漏罪"的并罚。《刑法》第 70 条规定:"判决宣告以后,刑罚还没有执行完毕以前,发现被判刑的犯罪分子在判决宣告以前还有其他罪没有判决的,应当对新发现的罪作出判决,把前后两个判决所判处的刑罚,依照本法第 69 条的规定,决定执行的刑罚。已经执行的刑期,应当计算在新判决决定执行的刑期以内。"这种计算方法,称为"先并后减"。

(3)判决宣告后刑罚未执行完毕前又犯"新罪"的并罚。《刑法》第 71 条规定:"判决宣告以后,刑罚还没有执行完毕以前,发现被判刑的犯罪分子又犯罪的,应当对新犯的罪作出判决,把前罪没有执行的刑罚和后罪所判处的刑罚,依照本法第69条的规定,决定执行的刑罚。"这种计算方法,称为"先减后并"。显然这种处罚方法比上一种明显加重了,实际执行的刑期很可能超过20年。

七、缓刑、减刑

1.缓刑

一个人被判了刑后,是否一定要马上执行原判的刑罚,被关过监狱呢? 不一定。为什么? 我们来看一下我国刑法有关缓刑的规定。缓刑,是指判处一定刑罚的犯罪分子,具备法定条件,在一定期限内附条件地不执行原判刑罚的一种制度。我国刑法中的缓刑,是指人民法院对于被判处拘役、3年以下有期徒刑的犯罪分子,根据其犯罪情节和悔罪表现,认为暂缓执行原判刑罚确实不致再危害社会的,规定一定的考验期,在考验期内被判刑的犯罪分子不再犯新罪或没有发现"漏罪",也没有其他严重违法的情形,原判刑罚就不再执行的一种制度。缓刑不是一种独立的刑种,而是刑罚具体运用的一项制度。缓刑不同于免予刑事处分:免予刑事处分是人民法院对被告只作出有罪判决,但不判刑;而缓刑是人民法院不仅对被告定罪,而且判刑,但在一定时期内暂缓执行,同时又保持着执行的可能性。

适用缓刑必须具备下列条件:①犯罪分子被判处拘役或3年以下有期徒刑的刑罚。②根据犯罪分子的犯罪情节和悔罪表现,认为暂缓执行原判刑罚确实不致再危害社会;这是适用缓刑的根本条件。③犯罪分子不是累犯。上述三个条件必须同时具备,缺一不可。

缓刑有一定的考验期限。拘役的考验期限为原判刑期以上1年以下,但是不能少于2个月。有期徒刑的考验期限为原判刑期以上5年以下,但是不能少于1年。缓刑的考验期限,从判决确定之日起计算。

2.减刑

一个人被判了无期徒刑以后,是否意味着这一辈子都必须生活在监狱里了呢? 我们来看一下刑法关于减刑的规定。

减刑,是指对于被判处管制、拘役、有期徒刑、无期徒刑的犯罪分子,由于其在刑罚执行期间确有悔改或者立功表现,因而适当减轻其原判刑罚的一种刑罚执行制度。但适用减刑必须符合减刑条件。

适用减刑的条件为:①犯罪分子被判处的刑罚是管制、拘役、有期徒刑、无期徒刑。②犯罪分子在刑罚执行期间确有悔改或者立功表现。这是适用减刑的实质条件。③减刑必须有一定的限度。我国刑法规定,犯罪分子减刑以后实际执行的刑期,判处管制、拘役、有期徒刑的不能少于原判刑期的 1/2;判处无期徒刑的不能少于 10 年。无期徒刑减为有期徒刑的刑期从裁定减刑之日开始计算。

八、假释

我国刑法除了规定减刑制度以外,还规定了假释制度。假释,是指对于被判处有期徒刑的犯罪分子,执行原判刑期 1/2 以上,被判处无期徒刑的犯罪分子,实际执行 10 年以上,如果认真遵守监规,接受教育改造,确有悔改表现,释放后不致再危害社会,而附条件地将其提前释放的一种刑罚执行制度。假释须规定考验期限:有期徒刑的假释考验期限为没有执行完毕的刑期;无期徒刑的假释考验期限为 10 年。假释考验期限,从假释之日起计算。如果在考验期限内再犯新罪或发现"漏罪",或者有其他严重违法的情形,就应当撤销假释,实行数罪并罚,或者收监执行未执行完毕的刑罚。

我国刑法规定,对累犯以及因杀人、爆炸、抢劫、强奸、绑架等暴力性犯罪被判处 10 年以上有期徒刑、无期徒刑的犯罪分子,不得假释。

九、时效

我国刑法中的时效,又称追诉时效,是指司法机关对犯罪分子追究刑事责任的有效期限。

我国刑法规定,犯罪经过下列期限不再追诉:①法定最高刑为不满 5 年有期徒刑的,经过 5 年;②法定最高刑为 5 年以上不满 10 年有期徒刑的,经过 10 年;③法定最高刑为 10 年以上有期徒刑的,经过 15 年;④法定最高刑为无期徒刑、死刑的,经过 20 年。如果 20 年以后认为必须追诉的,须报请最高人民检察院核准。但是,在人民检察院、公安机关、国家安全机关立案侦查或者在人民法院受理案件以后,逃避侦查或者审判的,不受追诉期限的限制。被害人在追诉期限内提出控告,人民法院、人民检察院、公安机关应当立案而不予立案的,不受追诉期限的限制。追诉期限从犯罪终了之日起计算;犯罪行为有连续或者继续状态的,从犯罪行为终了之日起计算。在追诉期限以内又犯罪的,前罪追诉的期限从犯后罪之日起计算。

第六节　刑事诉讼程序

【案例】　刘涌案始末

刘涌,1960 年 11 月 30 日生于辽宁省沈阳市,原任沈阳嘉阳集团董事长。

2000年7月11日因涉黑被沈阳市公安局刑事拘留,同年8月10日经沈阳市人民检察院批准逮捕。

在刘涌案一审二审的过程中,法院认定刘涌及其犯罪团伙自1989年9月起实施多起故意伤害行为;自1995年起,刘涌组织、领导黑社会性质组织,实施大量犯罪行为,致人伤亡。据统计,刘涌黑社会性质组织从1995年末初步形成至2000年7月初被沈阳警方抓获的4年半时间里,刘涌亲自参与或指使授意他人的犯罪行为共27起。

2002年4月,刘涌被辽宁省铁岭市中级人民法院以组织、领导黑社会性质组织罪、故意伤害罪、非法经营罪、故意毁坏财物罪、行贿罪、妨碍公务罪、非法持有枪支罪等多项罪名一审判处死刑。

刘涌不服一审判决提起上诉。2003年8月,辽宁省高级人民法院改判刘涌死刑,缓期两年执行。

刘涌被改判死缓后,许多人对此提出了质疑。在舆论监督下,最高人民法院于2003年10月决定对刘涌案再审。

2003年10月22日,最高人民法院在辽宁省锦州市中级人民法院对刘涌组织、领导黑社会性质组织一案进行再审开庭,最高人民检察院指派检察员出庭支持公诉。最高人民法院审理后立即做出宣判,判处刘涌死刑。宣判后,辽宁省铁岭市中级人民法院遵照最高人民法院下达的执行死刑命令,当日对刘涌执行了死刑。

最高人民法院经再审开庭审理查明:原一、二审认定被告人刘涌组织、领导黑社会性质组织实施犯罪27起;在黑社会性质组织形成之前,实施犯罪4起,共计实施犯罪31起。其中,直接参与或者指使、授意他人持刀、持枪实施故意伤害罪13起,致1人死亡、5人重伤并造成4人严重残疾,8人轻伤;指使他人故意毁坏财物4起,毁坏财物价值共计人民币33090元;非法经营1起,经营额人民币7200万元;向国家工作人员行贿6起,行贿金额人民币41万元、港币5万元、美元95000元,行贿物品价值人民币25700元,共计折合人民币1275497元;指使他人妨害公务1起;非法持有枪支1支的犯罪事实,确凿无误,根据前述犯罪事实,原一、二审确认刘涌犯有组织、领导黑社会性质组织罪;故意伤害罪;故意毁坏财物罪;非法经营罪;行贿罪;妨害公务罪;非法持有枪支罪,定罪准确,原一审对各罪的量刑适当,二审除对伤害罪的量刑外,其余各罪维持一审的判决正确,对伤害罪的改判有误。

最高人民法院认为:刘涌系组织、领导黑社会性质组织的首要分子,应对该组织的全部罪行承担责任。其直接或者指使、授意他人持刀、持枪实施故意伤害犯罪,致1人死亡、5人重伤并造成4人严重残疾,8人轻伤,手段特别残忍,情节特别恶劣,罪行极其严重,社会危害极大,依法应当判处死刑,且不具有不必执行死刑的法定或者酌定情节,依法应当判处死刑,立即执行。原二审判决定罪准确,也确认刘涌罪行极其严重,应当判处死刑,但以"不能从根本上排除公安机关在侦查过程中存在刑讯逼供情况"和"鉴于其犯罪的事实、性质、情节和对于社会的危害程度以及本案的具体情况",对刘涌所犯故意伤害罪改判死缓的理由与再审庭审质证查明的事实不符,其不当判决应予纠正。遂做出上述判决。

刑法规定的犯罪行为,一旦发生了,要找哪些部门告状,怎样告状,需要什么样的证据,哪些案件当事人可以自己到司法机关告状,哪些案件则是由有关的司法机关直接调查办案,公安机关如何立案侦查,检察机关对侦查、审判如何进行法律监督,法院又如何对这些有关犯罪的案件进行审理以及公安机关、检察机关和人民法院这些司法机关之间在办理犯罪案件时如何进行分工,等等,这涉及从立案侦查、起诉、审判到执行刑罚等一系列诉讼程序如何具体操作。这一系列诉讼程序,就称为刑事诉讼程序。为了真正保障在刑事诉讼过程中依法办案,以达到确保刑法的施行,从而保证准确、及时地查明犯罪事实,惩治犯罪分子,保障无罪的人不受刑事追究,保护公民的人身权利、财产权利、民主权利和其他权利,保障社会主义建设事业的顺利进行的根本目的,就需要有一部专门的法律来作详细、明确的规定。刑事诉讼法就是这样一部确保刑法实施规定刑事诉讼程序的法律。有了刑事诉讼法的规定,受害当事人告状,犯罪嫌疑人,被告人及其所聘请的律师和辩护人如何行使诉讼权利,履行义务,司法机关办理案件就有了行为规范,整个刑事诉讼过程就有章可循。

我国的《刑事诉讼法》于 1979 年 7 月 1 日第五届全国人民代表大会第二次会议通过,1980 年 1 月 1 日起施行。1996 年 3 月 17 日第八届全国人民代表大会第四次会议作出修改并于 1997 年 1 月 1 日起施行。

一、公诉

我国刑事诉讼主要采取国家公诉的形式,由专门行使国家法律监督权的人民检察院(国家公诉机关)代表国家行使控告权,向人民法院提起公诉,指控被告人犯罪,要求对被告人定罪科刑。

法律把犯罪行为界定为是一种具有严重社会危害性的违法行为。任何一种刑事犯罪发生,都会严重侵害社会公共利益,国家作为社会公共利益的代表,当然要对犯罪进行追究。这是国家公诉的基础。

犯罪同时又往往会侵害到被害人的个人利益,被害人有权请求国家给予保护。被害人因个人诉讼能力有限,主观上需要国家支持起诉;同时,当被害人以私人利益得到补偿而淡化对公共利益的保护时,公诉机关更应当从维护社会公共利益的角度考虑主动承担保护的国家义务。因此,对于犯罪的追究,公诉制度已成为世界各国一项普遍原则。

二、刑事自诉案件的范围

追究犯罪,国家公诉是原则,所以,《刑法》中规定的犯罪行为一旦发生,大多数情况下都由人民检察院(国家公诉机关)代表国家公诉,但刑法中仍规定了一些轻微的刑事案件允许当事人自诉。

自诉存在的重要意义:①有利于保障被害人的诉讼权利;②有些犯罪的起诉权由被害人行使更有利于预防犯罪;③有些犯罪涉及被害人的名誉、隐私,如付诸诉讼,可能给被害人造成更大的损害。将起诉权交被害人行使更有利于维护被害人的利益。

自诉案件,是被害人及其法定代理人或近亲属,为追究被告人的刑事责任,自行向人民法院起诉,由人民法院直接受理的刑事案件。提起自诉的条件是自诉人是本案的被害人或者其法定代理人、近亲属;属于自诉的案件的范围;属于受诉人民法院管辖;有明确的被告人、具体的诉讼请求和证明被告人犯罪事实的证据。人民法院直接受理的自诉案件包括:

1.告诉才处理的案件:

(1)侮辱、诽谤案(《刑法》第246条规定的,但是严重危害社会秩序和国家利益的除外);

(2)暴力干涉婚姻自由案(《刑法》第257条第1款规定的);

(3)虐待案(《刑法》第260条第1款规定的);

(4)侵占案(《刑法》第270条规定的)。

2.人民检察院没有提起公诉,被害人有证据证明的轻微刑事案件:

(1)故意伤害案(《刑法》第234条第1款规定的);

(2)非法侵入住宅案(《刑法》第245条规定的);

(3)侵犯通信自由案(《刑法》第252条规定的);

(4)重婚案(《刑法》第258条规定的);

(5)遗弃案(《刑法》第261条规定的);

(6)生产、销售伪劣商品案(《刑法》分则第三章第一节规定的,但是严重危害社会秩序和国家利益的除外);

(7)侵犯知识产权案(《刑法》分则第三章第七节规定的,但是严重危害社会秩序和国家利益的除外);

(8)属于《刑法》分则第四章、第五章规定的,对被告人可能判处3年有期徒刑以下刑罚的案件。

对上列八项案件,被害人直接向人民法院起诉的,人民法院应当依法受理。对于其中证据不足、可由公安机关受理的,或者认为对被告人可能判处 3 年有期徒刑以上刑罚的,应当移送公安机关立案侦查。

3.被害人有证据证明对被告人侵犯自己人身、财产权利的行为应当依法追究刑事责任,而公安机关或者人民检察院已经作出不予追究的书面决定的案件。

人民法院对刑事自诉案件在开庭审理前,可以依据事实和法律,说服当事人双方和解。但调解不是自诉案件的必须程序,必须双方同意,不得强制。人民法院对于当庭调解成立的自诉案件,应当制作调解书,送达双方当事人。调解书与判决书具有同等法律效力。经调解不能达成协议的,人民法院应当依法开庭审判。调解自诉案件,主要是迅速结案、减少讼累的需要。自行和解是自诉人与被告人自愿协商的结果,必须是双方自愿,而不是由于外界压力或者害怕打击报复等原因违法地同意和解。同时,这样的和解人民法院才能同意,否则,人民法院应当进行调查后另行处理。

三、刑事诉讼的四个基本阶段

一个公诉的刑事犯罪案件在按刑事诉讼程序处理的过程中,一般要经过四个基本的阶段:立案、侦查、审查起诉、审判。自诉的刑事犯罪案件,只要经过两个基本的阶段:立案与审判。

(一)立 案

所谓立案,是指公安机关、人民检察院、人民法院对报案、举报、控告或者犯罪嫌疑人自首的材料进行审查,发现犯罪事实或者犯罪嫌疑人,决定是否将案件交付侦查或者审判的诉讼活动。一般刑事案件由公安机关和检察院受理立案,自诉案件由法院受理立案。

1.发生刑事案件应当如何报案

任何单位、社会组织和公民在发生或发现刑事犯罪案件后,都有权利和义务立即就地就近向公安机关、所在单位保卫部门或公安执勤人员报告。报告的方法在城市可拨打"110"向公安机关直接报警,也可向就近的公安派出所、治安岗亭、责任区的刑警中队、公安执勤人员报告。在农村除利用电话直接向公安机关报案外,还可通过村民委员会、治保会等组织或乡、镇派出所、责任区刑警中队报案。报案人要尽可能地讲清楚案件发生或发现的地点、时间,是什么案件,被害人和作案分子的重要情况,及自己的姓名、单位、职业、居住地址等。如果当场抓获犯罪分子,应当立即扭送到公安机关,并介绍自己所知道的情况。也可以直接到检察院和法院报案。

2.公安机关或者人民检察院发现犯罪事实或者犯罪嫌疑人,应当按照管辖

范围立案侦查

除由公安机关管辖外,人民检察院管辖贪污贿赂犯罪,国家工作人员的渎职犯罪,国家机关工作人员利用职权实施的非法拘禁、刑讯逼供、报复陷害、非法搜查的侵犯公民人身权利的犯罪以及侵犯公民民主权利的犯罪。

人民法院直接受理自诉刑事案件。

3.几种常见的刑事案件立案标准

(1)盗窃案:个人盗窃数额达到 1000 元的,立为刑事案件;撬门破窗入室盗窃的,扒窃的,使用刀刃等工具或携带凶器盗窃的,均立为刑事案件;惯犯作案或多次作案的,以及其他虽未达数额标准但情节或者后果比较严重的,也立为刑事案件。

(2)抢劫案:以暴力、胁迫或者其他方法抢劫公私财物的,均立为刑事案件。

(3)诈骗案:个人诈骗公私财物 2000 元以上的,立为刑事案件。

(4)敲诈勒索案:以恐吓、威胁的方法,敲诈勒索公私财物的,均立为刑事案件。

(5)侵占案:将代为保管的他人财物非法占为己有或将他人的遗忘物或者埋藏物非法占为己有,数额在 5000 元以上,拒不退还的,立为刑事案件。

(6)抢夺案:抢夺公私财物,数额在 500 元以上的。

(7)生产,销售伪劣商品案:生产者、销售者在产品中掺杂,掺假,以假充真,以次充好或者以不合格产品冒充合格产品,销售金额在 5 万元以上。

(8)伪造、贩运货币案:伪造货币总面值在 500 元以上或币量 50 张以上,贩运伪造的货币总面值在 1000 元以上的或币量在 100 张以上的。

(9)扰乱社会秩序案:扰乱社会秩序,严重影响工作、生产、营业和教学、科研正常进行的;聚众扰乱车站、码头、民用航空站、商场、公园、剧院、展览会、运动场或者其他公共场所秩序,聚众堵塞交通或者破坏交通秩序,以暴力抗拒、阻碍国家工作人员依法执行职务,情节严重的。

(10)强迫妇女卖淫案:以暴力、胁迫、恐吓等手段强迫妇女卖淫的。

(11)引诱、容留妇女卖淫案:以牟利为目的,引诱、容留妇女卖淫的。

(12)利用迷信骗财害人案:利用迷信手段,一次骗取他人钱财、物品(折款)200 元以上的,或猥亵妇女致人伤残的。

(13)走私制作贩卖传播淫秽物品案:以牟利为目的,制作、复制、出版、贩卖、传播淫秽物品的,为他人提供书号,出版淫秽书刊的;组织播放淫秽的电影、录像带等音像制品;向不满 18 岁的未成年人传播淫秽物品的;利用淫秽物品传播犯罪方法的;在社会上传播淫秽物品情节严重的。

(14)赌博案 :以牟利为目的,聚众赌博的,或一次赌博赌资在 1000 元以上的。

（15）伪造货币、有价证券犯罪案件：①伪造国家货币和国家财政金额债券犯罪案件；②伪造其他有价证券和票据总面值在 300 元（含本数在内，下同）以上的；③贩卖、运输、窝藏伪造的国家货币、国家财政金融债券的；④明知是伪造的国家货币、国家财政金融债券而使用、存储、夹寄，数额在 300 元或 10 张以上的；⑤故意使用、贩卖、窝藏伪造的其他有价证券和票据，非法获利 500 元以上的；⑥教唆他人伪造、贩卖、运输、窝藏、使用、存储、夹寄伪造的国家货币或有价证券和票据的；⑦走私伪造的国家货币的；⑧窝藏或出具伪证，包庇伪造国家货币或国家财政金融债券犯罪分子的；包庇贩运或大量投放假币犯罪分子的。

（16）毒品案件：①非法制造、贩卖、运输（含走私、下同）鸦片、海洛因、吗啡、大麻或其他毒品，不论数量多少，原则上均应立案；②提供场所和毒品，容留他人吸食，从中牟利的，以贩卖毒品罪立案；③制造、贩卖、运输假毒品，以制造、贩卖、运输毒品罪立案；④明知是毒品，非法携带、邮寄、托运的、以运输毒品罪立案；⑤私种罂粟等毒品原植物 250 株（相当于生鸦片 1 两）以上的，以非法种植毒品原植物罪立案。

（二）侦查

侦查是公诉案件的必经程序，是公诉案件立案之后提起公诉之前的一个独立诉讼程序。侦查阶段的诉讼任务，就是搜集证据，发现和揭露犯罪。所以，这是一个重要阶段，是提起公诉和审判的基础与前提。侦查行为是指侦查机关在办理案件过程中，依照法律规定进行的各种专门调查取证工作，包括：讯问犯罪嫌疑人、询问证人、被害人、勘验、检查、搜查、扣押物证、书证、鉴定、通缉等。侦查活动具有职务性、强制性、专门性、保密性和及时性等特征。

贪污贿赂犯罪，国家工作人员的渎职犯罪，国家机关工作人员利用职权实施的非法拘禁、刑讯逼供、报复陷害、非法搜查侵犯公民人身权利的犯罪以及侵犯公民民主权利的犯罪，由检察院侦查。一般的刑事犯罪案件，由公安机关侦查。

公安机关对于现行犯或者重大嫌疑分子可以刑事拘留。对于被拘留的人，应当在拘留后的 24 小时以内进行讯问。犯罪嫌疑人在被侦查机关第一次讯问后或者采取强制措施之日起，可以聘请律师为其提供法律咨询、代理申诉、控告。受委托的律师有权向侦查机关了解犯罪嫌疑人涉嫌的罪名，可以会见在押的犯罪嫌疑人，向犯罪嫌疑人了解有关的案件情况。

公安机关对被拘留的人，认为需要逮捕的，应当在拘留后的 3 日以内，提请人民检察院审查批准。在特殊情况下，提请审查批准的时间可以延长 1～4 日。对于流窜作案、多次作案、结伙作案的重大嫌疑分子，提请审查批准的时间可以延长至 30 日。人民检察院应当自接到公安机关提请批准逮捕书后的 7 日以内，作出批准逮捕或者不批准逮捕的决定。人民检察院不批准逮捕的,公安机关应当在接到通知后立即释放,并且将执行情况及时通知人民检察院。对于需要继续侦查,并且符合取保候审、监视居住条件的,依法取保候审或者监视居住。

犯罪嫌疑人被逮捕的,聘请的律师可以为其申请取保候审。

公安机关对犯罪嫌疑人逮捕后的侦查羁押期限不得超过 2 个月。案情复杂、期限届满不能终结的案件,可以经上一级人民检察院批准延长 1 个月。

公安机关侦查终结的案件,应当做到犯罪事实清楚,证据确凿、充分,并且写出起诉意见书,连同案卷材料、证据一并移送同级人民检察院审查决定。

(三)审查起诉

审查起诉是公诉案件的必经程序。公安机关侦查终结的案件或检察院自行侦查终结的案件,在提起公诉之前,应当进行审查。

1.审查的内容

人民检察院对于公安机关移送审查起诉的案件,应当在收到起诉意见书后,指定检察人员审查以下内容:

(1)案件是否属于本院管辖。

(2)起诉意见书以及案卷材料是否齐备;案卷装订、移送是否符合有关要求和规定,诉讼文书、技术性鉴定材料是否单独装订成卷等。

(3)对作为证据使用的实物是否随案移送,移送的实物与物品清单是否相符。

(4)犯罪嫌疑人是否在案以及采取强制措施的情况。

人民检察院审查移送起诉的案件,必须查明:

(1)犯罪嫌疑人身份状况是否清楚,包括姓名、性别、国籍、出生年月日、职业和单位等。

(2)犯罪事实、情节是否清楚,认定犯罪性质和罪名的意见是否正确;有无法定的从重、从轻、减轻或者免除处罚的情节;共同犯罪案件的犯罪嫌疑人在犯罪活动中的责任的认定是否恰当。

(3)证据材料是否随案移送,不宜移送的证据的清单、复制件、照片或者其他证明文件是否随案移送。

(4)证据是否确实、充分。

(5)有无遗漏罪行和其他应当追究刑事责任的人。

(6)是否属于不应当追究刑事责任的。

(7)有无附带民事诉讼;对于国家财产、集体财产遭受损失的,是否需要由人民检察院提起附带民事诉讼。

(8)采取的强制措施是否适当。

(9)侦查活动是否合法。

(10)与犯罪有关的财物及其孳息是否扣押、冻结并妥善保管,以供核查。对被害人合法财产的返还和对违禁品或者不宜长期保存的物品的处理是否妥当,移送的证明文件是否完备。

2.委托辩护人

公诉案件自案件移送审查起诉之日起,犯罪嫌疑人有权委托辩护人。人民检察院自收到移送审查起诉的案件材料之日起3日以内,应当告知犯罪嫌疑人有权委托辩护人。人民法院自受理自诉案件之日起3日以内,应当告知被告人有权委托辩护人。辩护律师自人民检察院对案件审查起诉之日起,可以查阅、摘抄、复制本案的诉讼文书、技术性鉴定材料,可以同在押的犯罪嫌疑人会见和通信。

3.审查的期限

人民检察院对于公安机关移送起诉的案件,应当在1个月以内作出决定;重大、复杂的案件,可以延长半个月。这里的审查起诉期限,是指犯罪嫌疑人已被羁押而言,对于犯罪嫌疑人未被羁押的法律未规定审查起诉期限,但检察机关应抓紧时间进行审查,不得拖延时间。法律规定办案期限,主要是根据司法机关的办案水平和实际需要进行考虑的,既要保证司法机关有足够的时间审查案件,如检察院在审查案件过程中要讯问犯罪嫌疑人,询问证人、被害人,要对各种证据进行核查,有的还要进行技术鉴定,对证据不够充分的,检察院可以自行进行侦查,以保证做到准确、不出差错;同时又要防止办案时间过分延长,使案件久拖不决,不利于保障犯罪嫌疑人的合法权益。刑事诉讼法规定的上述检察院审查案件的时间基本上是符合我们国家的情况的。

4.审查后的处理

(1)人民检察院审查起诉案件,认为犯罪嫌疑人的犯罪事实已经查清,证据确凿、充分,依法应当追究刑事责任的,应当作出起诉决定,按照法院审判管辖的规定,向人民法院提起公诉。

(2)认为不具备起诉条件的,应当作出不起诉决定。根据法律规定,人民检察院对案件作出不起诉决定,主要有以下几种情况:

①人民检察院经审查后认为没有犯罪事实或者依法不应追究刑事责任的,应当作出不起诉的决定。

②人民检察院对于退回补充侦查的案件,仍然认为证据不足,不符合起诉条件的,可以作出不起诉决定。

③犯罪嫌疑人有刑事诉讼法规定的情形之一的,人民检察院应当作出不起诉决定。刑事诉讼法第十五条规定了以下几种情形:第一,情节显著轻微、危害

不大,不认为是犯罪的。第二,犯罪已过追诉时效期限的。第三,经特赦令免除刑罚的。第四,犯罪嫌疑人、被告人死亡的。第五,其他法律规定免予追究刑事责任的。

④对于犯罪情节轻微,依照刑法规定不需要判处刑罚或者免除刑罚的,人民检察院可以作出不起诉决定。

人民检察院作出不起诉决定的,应当制作不起诉决定书,公开宣布,并且应将不起诉决定书送到被不起诉人和他所在的单位。如果被不起诉人在押的,应当立即释放。不起诉决定在法律后果上属于无罪。

对于公安机关移送检察院审查起诉的案件,人民检察院决定不起诉的,应当将不起诉决定书送达公安机关。

(四)审判

刑事案件的审判是指人民法院行使国家审判权,对人民检察院提起的公诉案件和当事人提起的自诉案件,经过开庭审理,根据证据与刑法的规定,对案件作出判决的过程。

人民法院对提起公诉的案件进行审查后,对于起诉书中有明确的指控犯罪事实并且附有证据目录、证人名单和主要证据复印件或者照片的,应当决定开庭审判。除涉及国家秘密或者个人隐私的案件外,人民法院审判第一审案件应当公开进行。

辩护律师自人民法院受理案件之日起,可以查阅、摘抄、复制本案所指控的犯罪事实的材料,可以同在押的被告人会见和通信。开庭审理时,辩护律师为被告人辩护。

法庭审理后,人民法院根据已经查明的事实、证据和有关的刑事法律规定,分别作出以下判决:

(1)案件事实清楚,证据确凿、充分,依据法律认定被告人有罪的,应当作出有罪判决;

(2)依据法律认定被告人无罪的,应当作出无罪判决;

(3)证据不足,不能认定被告人有罪的,应当作出证据不足、指控的犯罪不能成立的无罪判决。

被告人、自诉人和他们的法定代理人,不服地方各级人民法院第一审的判决、裁定,有权用书状或者口头向上一级人民法院上诉。被告人的辩护人和近亲属,经被告人同意,可以提出上诉。不服判决的上诉和抗诉的期限为 10 日。

第二审人民法院对上诉案件,应当组成合议庭,开庭审理。合议庭经过阅卷、讯问被告人、听取其他当事人、辩护人、诉讼代理人的意见,对事实清楚的,可以不开庭审理。

第二审人民法院对不服第一审判决的上诉、抗诉案件,经过审理后,应当按照下列情形分别处理:

(1)原判决认定事实和适用法律正确、量刑适当的,应当裁定驳回上诉或者抗诉,维持原判;

(2)原判决认定事实没有错误,但适用法律有错误,或者量刑不当的,应当改判;

(3)原判决事实不清楚或者证据不足的,可以在查清事实后改判;也可以裁定撤销原判,发回原审人民法院重新审判。

第二审的判决、裁定和最高人民法院的判决、裁定,都是终审的判决、裁定。被告人不能上诉。

四、刑事诉讼法的几个重要原则

(一)两审终审制

刑事案件的审判,实行两审终审制。两审终审制,是指一个案件经过两级人民法院审理即告终结的法律制度。其内容是:如果当事人对地方各级人民法院审理的第一审案件所作出的判决和裁定不服,可以依法向上一级人民法院提起上诉,要求上一级人民法院对案件进行第二次审判;经第二审人民法院对案件进行审理,所作出的判决和裁定是终审判决和裁定,当事人不服不得再提起上诉,人民法院也不得按照上诉审程序审理。

我国的两审终审制也称为"四级两审终审制"。我国法院分为四级:即最高人民法院、高级人民法院、中级人民法院和基层人民法院。下级人民法院的审判工作要受上级人民法院的监督,二者之间是一种审判监督的关系。两审终审制是人民法院体制内的一项监督制度。

根据两审终审制度的要求,地方各级人民法院审理第一审案件,在作出判决和裁定之后,还不能立即发生法律效力,只有在法定的期限内有上诉权的当事人没有上诉,人民检察院也没有提出抗诉的情况下,第一审判决、裁定才能发生法律效力。如果在法定期限内有上诉权的人提出上诉,或者人民检察院提出抗诉,上一级人民法院才能对案件进行审理。第一审法院的判决、裁定也就不发生法律效力。

两审终审制的意义在于:①可以使错误的第一审判决、裁定在尚未发生法律效力之前得到纠正,从而保证办案质量;②上一级人民法院通过对上诉案件和抗诉案件的审判,及时了解下级法院的审判工作情况,使上级法院对下级法院的审级监督作用得到发挥,改进审判工作;③可以防止诉讼拖延,节省人力、财力、物力,保证及时、准确打击犯罪,使处于不稳定状态的社会主体间的权利义务关系得以稳定和恢复。

对两审终审制不能绝对和机械地理解。两审终审制并不是说第二审法院的判决、裁定即使有错误也不得改变，如果确有错误，当然应予纠正，只不过不能适用上诉审程序来解决，只能通过审判监督程序。两审终审制也有特殊和例外情况：

（1）特殊情况。刑事诉讼中的死刑判决是一个特殊的判决。为保证办案质量，除二审外还要依法经过死刑复核这一特殊的诉讼程序，判决才能生效。最高人民法院对死刑案件复核，不是一个审级。死刑复核不是由有上诉权的人的上诉或有抗诉权的人民检察院的抗诉而引起的，而是由法律直接规定的一个必经程序。

（2）例外情况。最高人民法院审理的第一审案件是一审终审。因为最高人民法院是级别最高的法院，第一审判决、裁定作出后，不存在上诉和抗诉的问题，判决、裁定一旦作出，即发生法律效力，这是两审终审制的例外。

（二）无罪推定原则

1.无罪推定原则的含义

无罪推定，是指犯罪嫌疑人、被告人在未经法院依法作出确定判决认定为有罪的情况下，应推定其无罪。

无罪推定原则是专制擅断走向民主公正、愚昧落后走向科学进步、尊重人权、体现社会正义的一个标志。封建社会实行的是纠问式诉讼，采取有罪推定。被告人是诉讼客体，是被逼取口供的对象，罪从供定，刑讯拷问是取得口供的合法手段。资产阶级思想家在同封建专制斗争的过程中，提出了天赋人权、契约自由的理论主张，倡议对刑事诉讼进行理性主义、人道主义的改革，同时也提出了无罪推定的原则。意大利法学家贝卡利亚最早提出了无罪推定的理念。1764年他在《论犯罪与刑罚》一书中写道："在没有作出有罪判决以前，任何人都不能被称为罪犯。""因为任何人，当他的罪行没有得到证明的时候，根据法律地位应当被看做是无罪的人。"随着资产阶级革命的胜利，这一先进的理论主张被当权者接受，以法律的形式确定下来。1789 年法国的《人权宣言》第一次将无罪推定在立法中予以明确："任何人在未被宣告为犯罪以前应被推定为无罪。"其后越来越多的国家将无罪推定规定在他们的法律中，乃至一些国际性文件中也以不同的方式规定无罪推定原则。我国是 1948 年《世界人权宣言》的签字国，1998 年10 月又加入了《公民权利和政治权利国际公约》。《世界人权宣言》第 11 条明文规定"凡受刑事控告者，在未经依法公开审判证实有罪前应视为无罪，审判时并须予以答辩上所需之一切保障。"《公民权利和政治权利国际公约》第 14 条第 2款规定："受刑事控告之人，未经依法确定有罪以前，应假定其无罪。"我国对上述国际法律文件享有权利,承担义务,包括对其中的"无罪推定"原则也享有权利,承担义务。

根据贝卡利亚的思想和表述,无罪推定包含两个方面的基本内容:第一,任何人在未经法律规定的程序被判决有罪以前,不能认为是有罪的;第二,对被告人所控的罪行,在没有充分证据证明以前,一律推定被告人无罪。也就是说,不能证明被告人有罪,被告人就是无罪。因而犯罪嫌疑人、被告人在刑事诉讼中的地位是诉讼主体,与追诉者享有平等的法律地位。犯罪嫌疑人、被告人的诉讼权利受到法律保护,对司法人员侵犯其人身权利、诉讼权利的行为有权提出控告。在法院判决生效前,既不把犯罪嫌疑人、被告人当作罪犯对待,也不能称之为"罪犯"、"人犯"。犯罪嫌疑人、被告人由被纠问、被刑讯逼供的对象、诉讼客体跃升为享有充分权利保障的诉讼主体,是诉讼制度走向现代文明的标志,是刑事诉讼民主化、科学化的结果。

2.由无罪推定原则派生出的诉讼规则有:

(1)控方承担证明犯罪嫌疑人、被告人有罪的责任。这是无罪推定原则的必然结果,无此,无罪推定就失去了基本人权保障的意义。犯罪嫌疑人、被告人不能自证其罪,他们有反驳控诉,证明自己无罪的权利,但是没有证明自己无罪的义务。现代社会中公民的自由权利既是法律赋予的,又是受法律保护的。享有充分司法资源的控诉机关的责任,就是保护公民享受其应有的各项权利,另一方面揭露犯罪,惩罚犯罪,调查收集证明犯罪嫌疑人、被告人犯罪的证据,从而把他推到罪犯的地位上去。没有这样的过程,任何人都不能从无罪的法律地位转化为罪犯。这是无罪推定的最基本规则。

(2)沉默权。"你有权保持沉默。否则你所说的一切都将成为呈堂证据……"中国人早已从众多的好莱坞大片中熟知这段话,这就是美国著名的"米兰达警告"。

【案例】　美国米兰达案件

1963年,米兰达是一个23岁的青年,他在被亚利桑那凤凰城警方以绑架和强奸一个18岁少女罪名逮捕。他在警察局接受了两小时的讯问后,签下一份坦白文件。但是事后,他又说并不知道"美国宪法第五修正案"赋予了他沉默的权利,也不知道自己有取得律师帮助的权利,而警察也没有告诉过他。他的律师在法庭上抗议说,根据宪法,米兰达的坦白不可以作为对所犯罪行供认不讳的证据。当时美国司法的原则是:只要是嫌犯"自愿"作出的坦白,就可以递交法庭作为证据,并不强调警察必须告知嫌犯他有什么样的权利。所以,米兰达的坦白还是作为主要证据,在法庭上将他定了罪,他被判了20年监禁。之后,米兰达以自己"没有被告知权利"作为理由,一路上诉到联邦最高法院,接受最高法院的复审。1966年，沃伦首席大法官主持的最高法院作出裁决，指出公民在接受讯问以前有权知道自己的宪法第五修正案权利，警察有义务将它告诉嫌犯，告知权利之后，才能讯问。因此，米兰达一案被宣布无效，发回重审。从此以后，如果美国警察在抓人的时候忘了这几句关键的话，那么人犯所作的一切供词在审理时都将被判无效，而最终人犯也可能会被法庭放走，因为他的权利在逮捕时受到了侵犯。从此以后，美国所有的警察在讯问嫌犯以前，都必须将"米兰达警告"先告诉嫌犯，不管警察那时候是多么忙乱，多么匆忙，形势是多么紧张。这就是著名的"米兰达警告"的由来。你可能仍想知道米兰达一案发回重审的结果吧？后来，米兰达一案重新开庭，重新甄选陪审员，重新递审证据。米兰达本人原来的坦白当然是不能用了，幸好检方找到了新的证据。米兰达曾经跟以前的女朋友吹嘘过自己的犯罪经历，警察找到了这个女朋友，她在法庭上作了证。米兰达再次被判定有罪。1972年，米兰达获假释出狱。1976年，34岁的米兰达在酒吧里与人争执斗殴，被刺身亡。警察逮捕了一个刺杀他的嫌疑犯。在讯问开始前，警察向嫌犯宣读了"米兰达警告"，嫌犯选择保持沉默，但警察还是依法将其起诉。

闻名于世的"米兰达警告"，就是有关沉默权的规定，即在讯问或采取强制措施的开始，侦查人员应履行告知犯罪嫌疑人有权保持沉默，并告知其放弃该权利的法律后果。

沉默权规则与无罪推定的人权保障精神密不可分。任何人不应成为追诉自己的工具。这体现了对人性的尊重。赋予犯罪嫌疑人、被告人沉默权，由他们自己决定是否行使反驳控诉的权利，是否同司法机关合作，也体现了犯罪嫌疑人、被告人的意志主体和诉讼主体的地位。沉默权规则又与举证责任的归属密不可分。既然犯罪的证明责任在控方，犯罪嫌疑人、被告人没有证明自己无罪的责任。他们就不应被拷问、被逼供，也不会被拷问、被逼供。如果犯罪嫌疑人、被告人保持沉默，询问就必须停止。被告人拒绝提供陈述或者故意提供虚假陈述不负刑事责任；仅有被告人供述，没有其他证据的，不得认为被告人有罪。沉默权是消极意义上的辩护权，也是犯罪嫌疑人、被告人成为诉讼主体的重要体现。沉默权与辩护权一样是犯罪嫌疑人、被告人的一项基本诉讼权利。唯犯罪嫌疑人、被告人享有沉默权，他们的其他诉讼权利才会有保障，才能有效地抵御司法机关对其合法权益的侵害，才能体现他们的诉讼主体地位。

（3）有利于被告原则，亦称罪疑从无原则、疑案处理原则。这是与疑罪从有，有罪推定对立的。这一原则最早可以追溯到古罗马的"有疑，为被告人之利益"。这一原则要求证明有罪的证据必须达到充分的程度，如果控方的证据达不到认定犯罪事实所必需的程度，不能排除被告人无罪的合理怀疑，即使被告人的犯罪嫌疑仍未排除，被告仍应被宣告无罪。被告人在诉讼中与控方明显处于不对等的地位,被告方的人身自由被限制,处于被追究刑事责任的境地,控方却依仗着专门的职权和手段,如果不采取强化某些有利被告人的措施,无法达到控辩双方的合理平衡,不利于保护被告人的合法权益。有利被告原则,从根本上防止了冤假错案的发生。这是无罪推定原则的进步性、合理性所在。有利被告原则,从局部看它有利于个别被告人,有可能纵漏了有罪者,但从整体看,它保障无罪的人不受追究,降低和减少可能错判无罪的人而付出的社会成本,体现了诉讼的民主精神,保护了多数人。美国著名的辛普森案件,就是因为控方提供的证据不充分,导致案件疑而难决,最后导致陪审团作出辛普森案杀妻罪名不成立的认定,法官不得不判决有很大嫌疑的辛普森无罪而当庭释放。

　　我国在 1996 年修订《刑事诉讼法》时也确立了无罪推定原则。《刑事诉讼法》第 12 条规定:"未经人民法院依法判决,对任何人都不得确定有罪。"根据无罪推定原则,《刑事诉讼法》还明确了被告有罪的举证责任在控方,公安机关侦查终结移送审查起诉和检察机关向人民法院提起公诉,应当做到犯罪事实清楚、证据确凿、充分。但我国刑诉法没有赋予犯罪嫌疑人、被告人以沉默权,《刑事诉讼法》第 93 条 规定:"犯罪嫌疑人对侦查人员的提问应当如实回答。"把回答侦查人员的提问作为犯罪嫌疑人的法定义务。其一是必须回答问题,不得保持沉默;其二是不得隐瞒事实,不得作虚假陈述。犯罪嫌疑人如果违反这一义务,往往会被认定为"认罪态度不好"而被酌情从重处罚。而且,虽然《刑事诉讼法》没有像许多西方国家那样把口供当作最具证明力的证据加以规定,而是规定了"对一切案件的判处都要重证据,重调查研究,不轻信口供。只有被告人供述,没有其他证据,不能认定被告人有罪和判处刑罚;没有被告人供述,证据充分确定的,可以认定被告人有罪和判处刑罚。"但是重口供、轻证据的传统仍根深蒂固,口供是"证据之王"观念仍存在,许多案件中仍然"无供不录案"。佘祥林杀妻案件,就是忽视被告人沉默权,刑讯逼供、以供定案而造成的错案。所以,现在有学者提出,应该把无罪推定原则作为保障人权的宪法原则加以规定。

　　【案例】　佘祥林错案

　　佘祥林,男,1966 年 3 月 7 日生,湖北省京山县人。1994 年 1 月 20 日,佘祥林的妻子张在玉失踪后,娘家人怀疑张被佘杀害。同年 4 月 11 日,在村中一水塘发现一具女尸,经张在玉亲属辨认死者与张在玉特征相符,公安机关立案侦查。1994 年 4 月 12 日佘祥林因涉嫌犯故意杀人罪被京山县公安局监视居住,同年 4 月 22 日被刑事拘留,4 月 28 日经京山县检察院批准逮捕。1994 年 10 月 13 日原荆州地区中级法院一审判处佘祥林死刑,佘提出上诉。湖北省高级法院 1995 年 1 月 6 日作出裁定,以事实不清,证据不足发回重审。1995 年 5 月 15 日原荆州地区检察分院将此案退回补充侦查。1996 年 2 月 7 日,京山县检察院再次退回补充侦查。1997年因行政区划变更,京山县检察院于1997年11月23日将此案呈送荆门市检察院起诉。同年12月15日,荆门市检察院审查后认为佘祥林的行为不足以对其判处无期徒刑以上刑罚,将该案移交京山县检察院起诉。1998年3月31日,京山县检察院将此案起诉至京山县法院。1998年6月15日京山县法院以故意杀人罪判处佘祥林有期徒刑15年,附加剥夺政治权利5年。佘不服提出上诉,在材料中,佘祥林揭露办案民警采用刑讯逼供手法,"提示"交代自己的"犯罪经过"。同年9月22日,荆门市中级法院裁定驳回上诉,维持原判。之后,佘祥林被投入沙洋监狱服刑。2005年3月,失踪的张在玉突然生还。2005年04月13日,荆门市中级人民法院对案件再审,因"杀妻"在狱中度过了11个春秋的佘祥林,被当庭宣判无罪。法律终于还佘祥林清白。

（三）证据确凿充分原则

一个人实施了一个危害他人、危害社会的行为,这个行为是否构成犯罪、可能被定什么罪名、可能会被判处什么刑罚,我们去查一下刑法的规定就可以知道,因为有罪刑法定原则;一个人被公案机关或检察院立案侦查、或已经被拘留或逮捕,甚至已经被检察院起诉到法院,只要在法院还没有作出确定的有罪判决,我们就知道,这个人还不能叫作罪犯,他或她仍最多不过被称为犯罪嫌疑人或被告人而已,因为有无罪推定原则。但是,一个人被公案机关或检察院立案侦查了,最后是被起诉还是不起诉? 被起诉到法院后,法院会作出有罪判决还是作出无罪判决? 公案机关、检察院特别是法院以什么标准认定案件呢? 当然是证据,定人以罪必须依据足够的犯罪证据。《刑事诉讼法》规定了证据的七种法定形式:①物证、书证;②证人证言;③被害人陈述;④犯罪嫌疑人、被告人供述和辩解(即口供);⑤鉴定结论;⑥勘验、检查笔录;⑦视听资料。在刑事诉讼的侦查、起诉、审判各阶段,都必须以足够的符合法定形式证据来定案。

刑事诉讼中,侦查、起诉、审判各阶段有各阶段的任务,但定案标准是统一的,就是要求做到"证据确凿、充分"。《刑事诉讼法》规定,公安机关侦查终结的案件,应当做到犯罪事实清楚、证据确凿充分;第141条规定,人民检察院认为犯罪嫌疑人的犯罪事实已经查清,证据确凿、充分,依法应追究刑事责任的,应当做出起诉决定;第162条规定,人民法院对案件事实清楚、证据确凿、充分,依据法律认定被告人有罪的,应当做出有罪判决。

证据的确实,指证据的真实可靠性与确定性,是对证据质的要求。证据的充分,是指证据要达到证明对象和证明过程所需要的量。证据的量更多的是对全部证据的要求,确实是充分的前提,如果证据不实,分量再多,也不能形成充分,据以得出的结论必然是错误的。同样,没有一定的量,只有孤证而无佐证,或只有犯罪嫌疑人、被告人的供述没有其他证据互相印证,证据的确定就无从体现。

因而质和量对案件的处理,都具有重要的意义。

　　大陆法系国家采用内心确信的标准,要求法官或陪审官根据提交庭审辩论并经各方当事人自由争论的材料,依据明智的推理,并通过对证据结果完全、充分、无矛盾地运用,从而在内心形成对犯罪事实确信无疑的认识判断。在英美等国,对刑事案件证明要求的最低限度是控方必须将所指控的犯罪证明到排除一切合理怀疑的程度。1994 年美国前橄榄球运动员辛普森(O.J.Simpson)杀妻一案最具代表性。

　　【案例】　美国辛普森案件

　　1994 年 6 月 12 日深夜,辛普森的前妻及男友两人浑身血痕、被利器割断气管而死。死亡时间是晚上 10 点多。案发后凌晨,警察在辛普森住所门外发现其汽车上染有血迹,并在后园找到一只染有血迹的手套和其他证据。一名证人向警察提供证言说接近 11 点时,发现一高大黑人(与辛普森相似)匆匆从街外跑回辛普森屋内。第二天辛普森接受警察问话,警察发现辛普森手上有伤。警察经过调查后决定将辛普森列为主要疑犯准备逮捕,但 6 月 17 日辛普森已不知去向。随后美国全国观众在电视上看见了难忘的镜头:天上直升机队,地上巡逻车队全面出动,几小时后终于发现辛普森的白色小车。几十辆警车在洛杉矶公路上展开飞车追逐。最后辛普森被逮捕。

　　1995 年 1 月,辛普森案件由日裔法官依藤主审。整个案件九个月的审理过程非常有戏剧性。在审理中主控官突然要求辛普森在法庭上戴上手套,结果,辛普森在众目睽睽下竟然无法戴上手套。显然手套太小了。控诉律师找到辛普森穿戴类似同一手套的照片,并且有专家佐证说手套溅染血液后会收缩,但是辩护律师也请专家佐证说不会如此收缩。最后,辩护律师强力攻击控方证据的漏洞,特别针对被告手穿不进血手套,强调控方没有足够的证据,要求陪审团认定辛普森无罪。在所有人的震惊中,由十名黑人、一名白人、一名西班牙人后裔组成的陪审团裁决辛普森杀人罪名不成立。辛普森被当庭无罪释放。

　　根据无罪推定原则,证明被告人有罪的证据由控方提供;根据定案标准,控方提供的有罪证据必须确实、充分;所以,当控方完全不能提供有罪证据或者提供的有罪证据不确实、不充分时,就不能定被告人有罪,法院就不会作出有罪判决;法院不作出有罪判决,被告人当然就是无罪的;相对应,控方在这场刑事诉讼中就不能达到追究被告刑事责任的目的,当然就是败诉了。

　　根据无罪推定原则,被告人没有义务证明自己无罪。但在现实的刑事案件中,被告人与其辩护人也总想方设法向法庭提供无罪的证据,以此否定、动摇控方提供的有罪证据。因被告人无义务证明自己无罪,所以,法律不要求其提供的无罪证据达到"确实、充分"的标准,因此,也不产生无罪证据不确实、不充分而败诉的结果。

控方提供的有罪证据，必须合法，非法证据将被排除。非法证据排除规则，是世界各国通用的证据使用规则，即非法证据不能作为定案的依据，应当被排除。英美国家普遍认为证据是否合法取得直接涉及证据可采性的问题，不仅非法取得的证据应当排除，即使是根据非法证据的指引而取得的证据，也是"毒树之果"，也不能采信。非法证据排除规则根本目的在于制止那些野蛮、残忍、不人道的非法取证方式和手段。我国法律规定，搜集证据必须依照法定程序，严禁刑讯逼供和以威胁、引诱、欺骗以及其他非法的方法搜集证据。因为以非法的手段搜集证据追诉犯罪，必然使国家追诉行为的正当性产生疑问。所以，凡经查证确实属于采用刑讯逼供或者威胁、引诱、欺骗等非法的方法取得的证据，不能作为定案的根据。

第十讲 法律纠纷

第一节 社会纠纷存在的客观性

一、社会纠纷与法律纠纷

社会纠纷是指发生于不同社会主体之间妨害正常社会秩序的各种权益或权力冲突,它隐含着对现存秩序的破坏,具有反社会性。存在纠纷是社会发展的常态。社会纠纷与和谐社会并不具有天然的排斥性,并不是没有任何社会纠纷的社会才是和谐社会。社会学家认为,一个没有冲突的社会将是毫无生机、沉闷乏味的社会。低暴力、高频度的冲突可以提高社会单位的更新力和创造力水平,使仇恨在社会分裂之前得到宣泄和释放。冲突是社会怨气的"排气孔"。如果冲突和纠纷能够在程序中及时地化解,使积压的不满情绪汩汩地释放,则冲突对一个社会来说,起到一种"安全阀"作用。但是,非常规的、大规模无序的纠纷——如战争、暴乱,常伴随着人的死亡和社会秩序的彻底破坏,对社会的安定有序和谐具有明显的负面作用。所以,建立与完善社会纠纷的解决机制,是化解社会矛盾,维护正常的社会秩序,维护公民的合法权益,实现社会和谐的必然要求与重要手段。

在现代法制社会,社会纠纷内容主要是法律权利义务的争议,社会纠纷的解决主要依赖法律的解决机制,这种纳入法律框架的社会纠纷便是法律纠纷。

二、我国社会转型时期的法律纠纷

1.现阶段法律纠纷的主要类型

当前我国正处在社会转型时期,我国在取得经济快速增长的同时,各类犯罪案件、经济纠纷、民事纠纷、信访案件等快速增长。社会矛盾众多,各类纠纷频发。现阶段法律纠纷的具体类型主要有:①涉及城市居民和农村群众的优抚安置、社会救济、婚姻登记、婚姻中介、殡葬管理等方面的纠纷;②涉及养老保险、失业保险、医疗保险、劳务市场管理、劳动争议、工伤等方面的纠纷;③农村经济政策、经营和财务管理、土地承包等方面的纠纷;④有关土地的征用和划拨、土地利用总体规划、土地所有权和使用权的争议、土地有偿转让、农村宅基地的使用,以及滥占滥用耕地等方面的纠纷;⑤城乡建设规划、城镇管理,以及拆迁补偿和安置等方面的纠纷;⑥城乡环境保护方面的纠纷;⑦交通运输、公路、桥梁、航道建设和管理等方面的纠纷;⑧消费者权益、商品质量纠纷、经济合同纠纷、城乡市场监督和管理、查处违法经营、个体工商户的管理等方面的纠纷;⑨医疗事故等方面的纠纷;⑩计划生育方面的纠纷;⑪涉及企业改制、安全生产等方面的纠纷;⑫涉及群体性上访的纠纷;⑬涉及家庭、邻里、刑释解教人员的安置等方面的纠纷;⑭涉及其他有关部门的矛盾纠纷。这些类型,多数属于新型纠纷,其中,因企业改制、征地拆迁安置、干群关系、劳资关系、涉农问题等引发的纠纷尤为突出,这类新型纠纷较之于传统纠纷,起因复杂,涉及面广,一般呈群体性规模,处置难度大,对社会稳定产生的不良影响也更大。

2.我国现阶段社会纠纷多发的原因

第一,市场经济必然导致利益主体多元化,而多元化主体基于不同的观念或素质,有不同的利益追求和矛盾,必然产生不同的社会纠纷,使社会纠纷呈现多样性、复杂性的特征。

第二,社会发展与弱势人群的矛盾增多。经济体制的深刻变革,社会结构的深刻变动,利益格局的深刻调整,思想观念的深刻变化,使许多人难以适应。特别是下岗人员、待业失业人员、农村失地农民等收入减少,负担加重,成为社会的弱势群体,群体事件、上访事件、劳动纠纷等多与此群体的合法权益得不到保障相关。

第三,公权力过于膨胀,对公权力制约不足,对私权利保护不力,政府和司法机关超越职权、滥用职权、不作为也是导致各种纠纷的发生原因之一。

第四,社会纠纷解决机制不够完善,非诉讼纠纷解决渠道不畅,"诉讼爆炸"已成不争的事实,法院审判解决纠纷本是法律纠纷的最后一道防线,现在却成了直面矛盾冲突的"前沿"。司法的终极性和权威性没有得到充分维护,使纠纷解决不及时、不彻底,以至造成恶性循环。

三、我国目前的多元化纠纷解决途径

在对社会纠纷选择法律解决机制时,我们也常笼统地按社会纠纷的性质而划分其类型:刑事纠纷、行政纠纷和民事纠纷。刑事纠纷的解决机制相对而言比较单一,往往由刑事诉讼法规定,由国家司法机关处理,纳入刑事诉讼的程序框

架内,如何定罪、按什么条件定罪等都有明确的法律规定,必须严格按法律规定处理,不能有任何的变通,有关刑事诉讼程序的问题,我们已经在第九讲中做了介绍,在此就不再赘述。行政纠纷的处理方式已经有了较多元的选择,既有行政机关的内部处理方式(如行政复议),又有司法处理程序(如行政诉讼),我们将在《中级法学论谈》中介绍。下面我们主要对民事纠纷的解决机制作重点介绍。

我国目前阶段对民事纠纷的解决,已经初步形成了多元化的解决机制。概括起来就是三种:司法解决、行政解决和民间解决。民事纠纷解决方式除以法院判决和法院调解为主的司法诉讼解决方式外,还有诉讼外解决方式,包括仲裁解决机制、劳动争议解决机制、消费者纠纷解决机制、交通事故处理机制、医疗纠纷处理机制以及民间组织调解,还包括极富中国特色的信访制度,它们共同组成当代中国的民事纠纷解决体系。

民事纠纷的多元化解决机制中,赋予了当事人较多的选择权。一是纠纷解决方式的选择。当事人可以根据自己的意愿,选择一种合适的方式来解决民事纠纷。如当事人可以选择和解方式来化解矛盾,也可以在人民调解委员会调解员的主持下进行调解,通过调解解决双方的冲突。符合条件的,可以申请仲裁,由仲裁委员会来裁决而结束纠纷。也可以直接向人民法院起诉,通过诉讼的手段来解决纠纷。二是最优程序的选择。当事人在选定纠纷解决方式后,还可以在一定条件下选择最优的解决程序。如通过诉讼方式解决的,当事人可以对程序有一定的选择权,比如一些简单的民事案件,当事人可以选择适用简易程序解决。

民事纠纷的多元化解决机制中,维护司法的公正性和权威性是关键。社会纠纷产生的根源,在于人们对利益平衡、权利分配的不同理解,而公正的标准是唯一的,只有基于公正的准则来解决纠纷,才能使纠纷得以真正彻底解决。司法是社会正义的最后一道防线,司法公正是世界公认的现代法治的首要的和最高的价值目标,是司法的宗旨和灵魂。司法机关只有被动、中立、不偏不倚地解决纠纷,才能从实质上和形式上公平、彻底地解决社会纠纷,促进社会正义的实现。司法的权威性必须得到维护,如果司法缺乏应有的权威性,没有公信力,社会公正便无从保障,社会纠纷就陷入了循环往复,并有进一步恶化的可能。因此,必须积极推进司法改革,增进司法的独立性和公正性,保障司法的终极性和权威性。

第二节　民事纠纷解决机制

一、民事纠纷

民事纠纷,又称民事冲突、民事争议。从法律的角度而言,民事纠纷是私法纠纷(私权纠纷),即就私法关系发生的纠纷。所谓私法关系是指涉及法律上平等地位的人之间的法律关系,亦即双方当事人基于法律上的平等地位而形成的民事法律关系。因此,民事纠纷是指平等主体之间发生的以民事权益、义务或民事责任为内容的法律纠纷。

民事纠纷的主要特点是:①纠纷主体之间是平等的。②纠纷的内容主要是有关民事权益、义务或者民事责任的争议,从而有别于刑事纠纷和行政纠纷。③民事纠纷具有可处分性。这是因为民事纠纷是有关私权的争议,而私法的基本原则是当事人"自治",所以纠纷主体依法拥有对发生纠纷的民事权益的处分权。当然,这主要针对有关财产关系的民事纠纷而言的,有关人身关系的民事纠纷多不具有可处分性。

根据民事纠纷的内容,可将其分为:有关财产关系的民事纠纷和有关人身关系的民事纠纷。事实上,这两种纠纷往往是交相并存的:财产关系和人身关系的民事纠纷的发生往往互为前提;有些民事权利(如继承权、股东权等)兼有财产和人身的性质,由此而发生的民事纠纷也兼有财产和人身的性质。

二、民事纠纷解决方式比较

民事纠纷既然发生了,就得运用纠纷解决机制予以缓解、消除。所谓民事纠纷解决机制是指缓解、消除民事纠纷的方法或制度。纠纷解决机制的确定能够起到预防纠纷的效果。

一般将民事纠纷解决方式分为自力救济、社会救济和公力救济三类。自力救济,有时称私力救济,俗称"私了",是指纠纷主体依靠自己力量解决纠纷,没有第三者协助或主持解决纠纷,其最典型方式是和解等。依靠社会力量(第三者)来解决纠纷的方式,姑且称之为"社会救济",或称"民间救济",其最典型方式是人民调解和仲裁等。社会救济主要是基于纠纷主体的自愿合意,请求第三者协助或主持解决纠纷。在民事纠纷解决领域,所谓"公力救济",是指利用国家公权力(如行政权、审判权)解决民事纠纷,其最典型方式是民事诉讼。民事纠纷解决机制,经历了由自力救济到公力救济的发展过程,其中也伴随着社会救济的发展。即使在现代社会,这三种解决纠纷机制也是并存着的,从而构成了一个多元化的民事纠纷解决体系。

(一)自力救济

自力救济也称私力救济,即权利主体在其权利受到侵害或发生争执时直接向对方行使救济权或者商请对方解决纷争,如和解、自决。自力救济主要包括自决与和解。自决与和解是最为原始和最为简化的程序形式。二者的共同特征在于纠纷主体依靠自我力量或自觉的情感来消除民事冲突。自决起源于古代社会,以暴力强制为依托,同时受制于一定的规则或程序。在现代社会中,自决的基础不再是暴力强制,而是合法,自决必须合乎法律秩序的要求。一般说来,自决的范围限于那些对于政治秩序和社会秩序无直接危害的纠纷,是否采用自决方式取决于纠纷主体的意愿。与自决不同,和解不要求纠纷主体遵循一定的规则,只要双方意思表示一致,任何一方均可作出某些妥协和退让。和解典型地反映了纠纷主体自觉地消除自身冲突的过程,体现了社会主体的自我调节能力。和解能够"化干戈为玉帛",从根本上消除纠纷主体的心理对抗,所以,和解是民事冲突振荡最小的解决方式,和解应当得到社会的肯定和倡导。

"和解",往往又被称为"交涉",是指纠纷双方以平等协商、相互妥协的方式和平解决纠纷。如果纠纷主体一方以其优势强行解决纠纷的话,则是压制而不是和解。和解,是纠纷双方以相互说服、讨价还价等方法,相互妥协,以达成解决纠纷的协议。由于和解是纠纷主体自行解决纠纷,所以因和解而达成的解决纠纷的协议,其性质相当于契约,对于纠纷双方具有契约上的约束力。和解可以发生在其他解决程序开始前,也可以发生在其他解决程序开始后。如果发生在其他解决程序开始后,自愿和解达成解决纠纷的协议,纠纷的其他解决程序也就终止。

与调解、仲裁和诉讼相比,和解的主要特性有:①具有最高的自治性,即和解是依照纠纷主体自身力量解决纠纷,没有第三者协助或主持解决纠纷,和解的过程和结果均取决于当事人的意思自治。②非严格的规范性,即和解的过程和结果不受也无需规范(尤其是法律规范)的严格制约,也就是说,和解过程中,当事人既不需要严格依据程序法的规定进行和解,也不需要严格依据实体法的规定达成和解协议。当事人往往按自己的意愿、双方都能接受的方式和民间的习惯来进行和解。因此,以和解来解决纠纷,往往不伤害纠纷主体之间的感情,能够维持纠纷主体之间原有的关系。

但在现代法治社会,和解尤其是仲裁和诉讼进行中的和解必须遵守合法原则,即和解的过程和内容必须不违背禁止性法律规定和社会公共利益。其次,和解必须遵守最基本的公平与真实原则,即和解的过程和结果必须建立在民事纠纷主体平等和真实意志的基础上，其间不得存在强迫、欺诈、显失公平和重大误解等因素。

通常情况下，和解协议并不具有强制执行力。但是，根据我国《仲裁法》第49条的规定，当事人达成和解协议的，可以请求仲裁庭根据和解协议作出裁决书，也可以撤回仲裁申请。若仲裁庭根据和解协议作出裁决书，则和解协议被赋予仲裁裁决的性质和效力而具有强制执行力。至于诉讼和解，在英美法中，若法院以裁决把和解协议内容记录下来（称为合意判决），则与法院判决的效力相同；德国民事诉讼中，将和解内容在法院案卷上作为合同进行登记，则具有强制执行力；日本则规定法院书记官将和解记入笔录就具有同确定判决同等效力；我国与以上国家做法不同，当事人达成诉讼和解协议的则只得通过撤诉而终结诉讼，并不能获得强制执行力。所以，在我国，当事人在和解协议达成后，如有一方或双方当事人不履行和解协议，则纠纷又起，需要继续选择方式再来解决未彻底解决的纠纷，前面已经形成的和解协议对后面纠纷的解决有约束力。

（二）社会救济

社会救济主要方式有调解和仲裁，都属于非诉讼解决民事纠纷的机制。

1. 调解

调解是指第三者依据一定的社会规范（包括习惯、道德、法律规范等），在纠纷主体之间沟通信息，摆事实明道理，促成纠纷主体相互谅解和妥协，达成解决纠纷的协议。

调解的形式多样，在我国自古至今，调解的运用非常普遍。我国古代就有官府调解和民间调解，而民间调解又有乡保、族长、亲友、相邻、缙绅调解等。西方人称之为"东方经验"，并对之抱有极大的热情。

我国现有的调解形式中，属于社会救济范畴的，主要有：人民调解、其他社会团体组织的调解和行政调解等。人民调解是指村民委员会、居民委员会和乡镇、街道以及企业事业单位等设立的人民调解员对民事纠纷的调解。其他社会团体组织的调解，比如，用人单位的劳动争议调解委员会对劳动争议的调解，消费者保护协会对消费者争议的调解，仲裁中仲裁机构对民事纠纷的调解，等。行政调解是行政机关在行使行政职权时附带地解决民事纠纷，比如，对于因交通事故而产生的损害赔偿，当事人可以请求公安机关调解；对于违反《治安管理处罚法》给他人造成人身和财产损失所承担的赔偿责任，公安机关可进行调解；土地管理部门可以调解有关土地权属的争议，等等。一般说来，这类调解以自愿为前提，而并非仲裁或者诉讼的前置程序，民事纠纷主体可以接受调解，也可以不经调解而直接申请仲裁或者直接提起诉讼；接受调解后，调解不成的或者当事人对调解协议反悔的，也可以申请仲裁或者提起诉讼；并且，调解者（即便是行政机关）均以中立第三者身份解决纠纷,无权使用任何强制性手段要求当事人必须达成调解协议。

调解具有下列三个主要特性:其一,第三者的中立性。第三者(调解人)可以是国家机关、社会组织和个人,但是在调解中他们都是中立的第三方。这一点使调解与和解区别开来,和解没有第三者,完全是当事人自己进行的。其二,纠纷主体的合意性。对于是否运用调解、调解协议的内容等等,取决于纠纷主体的自愿。而调解人只是以沟通、说服、协调等方式促成纠纷主体达成解决纠纷的协议。其间,调解人的高洁人格、较强的说服能力、较高的社会地位等,均有助于当事人协议的形成,但这些并不构成一种外在的强制力。其三,非严格的规范性。与仲裁和诉讼相比,调解并非严格依据程序法规定和实体法规定来进行,而具有很大程度上的灵活性和随意性。调解的开始、步骤、结果常常伴随着纠纷主体的意志而变动、确定。因此,相对于诉讼和仲裁而言,调解所内含的制度、规范的因素较少。但是,与和解相比,调解的规范因素较多。这主要是因为在调解过程中,纠纷主体为了获得调解人的支持,往往有必要就自己的正当性对调解人进行说明,特别是调解人越具有中立性,纠纷主体所主张的正当性就越重要;并且调解人基于多种因素(比如体现自己的公正、有利于解决纠纷等)的考虑,常常依据正当的社会规范(包括法律规范)来协调纠纷双方的利益冲突。

调解协议一般不具有强制执行力,但是,一些国家的调解程序法规定,将调解书送交法院审核或进行公证,则产生强制执行力。我国最高人民法院《关于审理涉及人民调解协议的民事案件的若干规定》(2002 年 11 月 1 日施行)第 10 条规定:"具有债权内容的调解协议,公证机关赋予强制执行效力的,债权人可以向被执行人住所地或者被执行人的财产所在地人民法院申请执行。"

为了鼓励和解、调解中的当事人达成解决纠纷的协议,许多国家规定,当事人在调解与和解程序中使用过的证据在诉讼程序中仍然需要重新质证,在调解与和解中所作的陈述、自认等在诉讼中不产生法律拘束力、不应被采用,以免影响诉讼程序的公正。我国最高人民法院《关于民事诉讼证据的若干规定》第 67 条做出了类似的规定。

2. 仲裁

仲裁,又称公断,是指纠纷双方在纠纷发生前或者纠纷发生后达成仲裁协议,将纠纷交给中立的民间组织进行审理,并作出约束纠纷双方的裁决的一种纠纷解决机制。

仲裁起源于古希腊和古罗马。最初,仲裁是用来解决商人之间的商务纠纷。早期的仲裁在民间进行,由德高望重的个人或者社会团体(如商人组织、行会等)作为仲裁人,依据商业、行业惯例或道德规范来解决纠纷。此时的仲裁具有纯粹的民间性和纠纷主体的自治性,未渗入国家公权力和国家法律因素。这一时期仲裁与诉讼(或法院)几乎不存在任何联系。

仲裁和民事诉讼(或法院)的联系仅存在于仲裁成为法律制度之时。仲裁成为一种法律制度始于中世纪,形成于英国、瑞士。至 19 世纪末 20 世纪初,由于商品经济和国际经济贸易的发展,仲裁制度遂普及于整个世界,并出现了国际性的仲裁立法。不仅如此,仲裁的适用范围由原初的商务纠纷扩展到整个民商事纠纷以及劳动纠纷、消费者纠纷等。仲裁的法律化使得仲裁的性质由原初纯粹的民间性和自治性发展到民间性、自治性和法律性的交相融合。

仲裁的特征:

就现代仲裁而言,民间性和自治性仍然是其本质属性,法律性仅为附从属性。法律性使得仲裁更加正式化和制度化,从而有利于仲裁更有效地发挥其在解决纠纷所具有的特有优势。然而,法律性或国家公权力仅在一定程度上影响仲裁,并未动摇仲裁的根本。

第一,仲裁的民间性。仲裁中的第三者(仲裁机构)在现代仲裁制度中是仲裁机构,可为永久性的仲裁机构,也可以是专为某个纠纷的解决而设立的临时性仲裁机构,但是不管何种形式,仲裁机构均不是国家机关,而是民间组织或社团法人。仲裁员主要是由当事人选定或约定的专家,非国家工作人员。因此,仲裁机构和仲裁员无权以国家强制力解决纠纷。仲裁机构和仲裁员的纠纷仲裁权来源于当事人以仲裁协议形式作出的授权,所以,仲裁必须以当事人之间在仲裁之前达成的仲裁协议为前提。仲裁依其公正性、专业性、便捷性和低成本而赢得人们的青睐。

第二,仲裁的自治性。这一性质是当事人意思自治原则和主体有程序选择权在仲裁中的充分展现。与诉讼相比,仲裁体现出当事人的高度意思自治和充分程序选择权。具体说,是否采用仲裁解决纠纷取决于当事人的自由意愿;当事人自行商定值得信任并对纠纷处理较为便利的仲裁机构来处理他们之间的纠纷;当事人有权选定或约定仲裁员;当事人可以约定审理方式(开庭审理或书面审理)、开庭形式(公开或不公开)等;仲裁程序的继续进行以当事人自愿为前提,如当事人可撤回仲裁申请终结仲裁程序等;当事人在仲裁中可自愿达成和解或调解协议;在一定情形中,当事人可选择仲裁所依从的实体法律规范,也可选择适用程序性规范。

第三,仲裁的法律性。首先体现在,仲裁的民间性和自治性并不能完全排除仲裁应当遵守当事人选定或者法律规定必须适用的仲裁程序法和实体法,尤其不得排除适用强行法,仲裁必须以最低限度的合法性为原则。其次体现在,仲裁与诉讼(或法院)的联系方面,就我国而言,仲裁过程中的证据保全、财产保全以及仲裁裁决的执行,由于仲裁机构无权实施强制性措施,只能借助于法院根据法律依靠国家强制力来执行,这便是诉讼或法院对仲裁的支持;同时,法院以撤销而不是变更仲裁裁决的方式监督仲裁。

仲裁涉及的程序性内容,我们将在下一节中再讲。

3. 调解与仲裁的异同

调解与仲裁除法律性方面存在着很大的差别以及比调解内含更多的规范性因素(包括法律规范)以外,在仲裁过程中,当事人纵然没有达成合意,仲裁机构亦有权根据纠纷事实并适用法律或者根据公平正义原则作出裁决,而这些裁决在通常情况下是终局性的并具有强制执行力。而调解的成功与否一般取决于纠纷主体的合意,如果纠纷主体达不成合意,调解者却无权强制解决。

调解和仲裁的共同之处主要有:第一,民事纠纷的解决过程和结果,都蕴涵着纠纷主体的合意,与诉讼相比体现出较高的纠纷主体的意思自治,并且第三者的沟通、说服、协调往往是达成最终合意所必不可少的因素。第二,与和解相比,调解尤其是仲裁内含着较多的规范性因素(包括法律规范)。

必须意识到,调解、仲裁等非诉讼解决纠纷机制是在法制和法治的框架内建立和运作,不可能取代法制和法治,非诉讼解决纠纷机制只是为当事人提供选择纠纷解决方式的可能性并非取代诉讼。法治是我们社会的基础,而且其价值将会继续决定着社会纠纷解决的基本模式。

(三)公力救济

在民事纠纷解决领域,所谓的公力救济主要是指由司法介入的民事诉讼。当然,按照我国现行行政法的有关规定,对于一些民事纠纷也可由行政机关以职权解决。

1. 民事诉讼的概念

民事诉讼是指法院、当事人以及其他诉讼参与人,依据民事诉讼法和适用民事实体法等解决民事案件的过程中,所进行的各种诉讼活动(或诉讼行为)以及由此而产生的各种诉讼法律关系的总和。民事诉讼的主体是法院、当事人以及其他诉讼参与人。法院和当事人是基本的诉讼主体,缺少其中的任何一个都构不成民事诉讼。法院是当事人之间民事纠纷的中立裁判者,当事人则是相冲突或对立的民事纠纷主体。在民事诉讼中,法院和双方当事人保持着相等的"司法"距离,双方当事人则处于平等的对抗状态。在民事诉讼中,还有一种根据诉讼的需要协助法院和当事人进行诉讼的人,如证人、鉴定人、翻译人等,被称为其他诉讼参与人。根据我国现行法,检察院依法可以监督法院的审判活动,如提起抗诉等,从而也可以成为民事诉讼的主体。民事诉讼的内容是各民事诉讼主体的诉讼活动(或诉讼行为)以及由此产生的各种诉讼法律关系。在民事诉讼过程中,一方当事人通过法院对另一方当事人主张权利,要求法院制止其非法侵害行为,或要求从对方获得法定补偿;另一方当事人则根据民事诉讼法规定的程序通过法院对对方的请求进行抗辩;法院为了从法律上解决民事纠纷和利害冲突,在有利害关系的双方当事人参与下,进行审理和裁判,确定权利存在与否、权利如何归属、法律责任如何承担,以保护当事人的合法权益。各个诉讼行为并非是孤立的,而是相互作用形成一个完整的动态体系。在这个体系中,各个诉讼行为是其基本元素,联结这些基本元素的纽带是民事诉讼法律关系。诉讼活动或诉讼行为产生、变更、消灭民事诉讼法律关系,而民事诉讼法律关系又是通过诉讼活动或诉讼行为体现出来。

2.民事诉讼的特性

民事诉讼是国家利用公权力(审判权)解决私权纠纷,与其他民事纠纷解决机制相比,民事诉讼表现出国家强制性和严格规范性。

民事诉讼的国家强制性,具体表现为,法院利用审判权来确定或者宣告纠纷主体之间民事法律关系及民事法律责任的承担;又以国家强制执行权迫使法律责任承担者履行法院裁判。正因为如此,民事诉讼成为解决民事纠纷的最终方式。其他国家机关、社会团体和公民无权变更或撤销法院的民事判决。

民事诉讼的严格规范性,一方面表现为民事诉讼按照法定的程序规定有序进行,法院、当事人以及其他诉讼参与人必须严格按照程序的顺序和诉讼的阶段实施诉讼行为。另一方面表现为在诉讼中法官必须根据民事实体法律规范等对纠纷作出最终结论。虽然在民事诉讼的过程中法院事实上仍然保留着自由裁量的可能性,但法官必须在民事实体法律出现漏洞或者严重不合理的情况下才可进行自由裁量,并且不得背离宪法及法律的整体秩序和精神。

民事诉讼中,纵然当事人享有高度的意思自治,依法可以自由地处分其诉讼权利和实体权益,但是在国家强制性和严格规范性的制约下,与仲裁、调解、和解相比要弱得多。事实上,民事诉讼过程中也可以和解或调解,由于诉讼制度内在的局限性,因而需要通过当事人的自治合意来弥补法律秩序的正当化机制,但是,即使是当事人自愿的和解或调解,内容上也要求必须严格符合法律的规定,特别是调解协议以法院出具的调解书的形式出现时,必须严格覆行,否则将强制履行。

3.民事诉讼的优劣

与其他民事纠纷解决机制相比,民事诉讼的主要优点有:

首先,民事诉讼的严格规范性一方面限制法官的恣意,以防侵损当事人合法的程序性权益和实体性权益;另一方面审慎地维护当事人双方之间的平等。正当、合理的程序制度提供给当事人双方平等的诉讼权利和诉讼手段并让其承担平等的诉讼义务,禁止当事人双方在诉讼中有上下主从之别。限制恣意和维护平等,使得当事人能够自由平等地行使诉讼权利,提出诉讼请求或主张、提供证据、进行辩论,从而有助于案件事实的澄清和民事纠纷的公正解决。调解特别是和解在实体和程序两方面缺乏制度保障,以至于在当事人双方的地位不平等的情况下,其间的协商很可能是不平等的。

其次,民事诉讼的严格规范性,在保护民事实体权益方面,提高并保障纠纷解决结果的可预见性,满足了当事人明确的权益要求,同时也较充分地实现权利人的民事权益。和解与调解通常是以当事人妥协而解决纠纷,这种妥协使得权利不能全面实现,所以对于那些希望通过和解或调解得到与判决相同结果的当事人来说,和解或调解是难以做到的。

再次,民事诉讼的严格规范性,在很大程度上减少甚至消除了对社会统一规范(主要是法律规范)的背离,满足了国家和社会维护统一的法律秩序和社会秩序的要求。对此,和解、调解甚至仲裁都难以满足这一要求。

再次,民事诉讼的国家强制力使得民事纠纷能够得到最终解决,最终实现当事人的实体权益。这是其他民事纠纷解决机制所不及的。法律社会遵守"司法最终解决"原则,在解决民事纠纷领域中,民事诉讼是解决民事纠纷的最终方式,诉讼的结果是解决民事纠纷的最终结果。

但是,民事诉讼也具有一些固有的局限,主要有:

首先,诉讼是一种极具职业专门性的技术性活动,在认知方面不易为一般民众所理解和接受,并且对于那种"法律适用模式"的诉讼(即以法律规范为大前提,以案件事实为小前提,最后作出判决),当事人参加诉讼的程度受到一定的限制,从而在心理上与诉讼保持着一定的距离,妨碍了对诉讼的利用。与之相对的是,和解等非诉讼纠纷解决机制,其程序简单明了,强调当事人高度的意思自治,从而消除了程序给当事人带来的理解上的困难。

其次,与其他民事纠纷解决机制相比,民事诉讼的程序复杂繁琐、时间持久、成本高昂,常常让人望而却步。而和解等非诉讼纠纷解决机制,其程序简便,以简易的事实认定代替了严格的举证责任,使当事人可以不借助律师而自行解决纠纷(体现了当事人自我整合能力),并且解决纠纷的成本低廉、迅捷便利。

再次,民事诉讼的严格规范性和国家强制力,在很大程度上限制了当事人的意思自治,从而难以适应特殊个案所需的灵活性解决要求,也难以满足当事人之间不伤和气与维持原有关系的要求。和解、调解和仲裁等较为尊重具体纠纷当事人之间的理性协商和妥协而主张不以对抗的方式解决纠纷,从而比较容易获得符合个案和情理的解决结果,较可能得到两利或双赢的结果,也有利于维护当事人之间需要长久维系的商业关系和人际关系。

2.行政机关解决民事纠纷

现代社会,民事纠纷种类越来越多,有些还明显带有专业性,如果这些民事纠纷不能由当事人采用自力救济的方式解决,而完全靠法院来解决,则一方面法院的人力不够,另一方面职业的法官也不能对所有的专业性问题做出正确的判断,所以,现代国家都会把一部分民事纠纷,分流其他机构解决。分流给行政机关解决的民事纠纷一般明显带有专业性,往往与行政管理的专业性相关联。具体哪些民事纠纷归行政机关处理、归哪个行政机关处理,须根据具体的法律来确定。根据我国现行法律的有关规定,行政机关与人民法院在民事纠纷的主管方面,主要有以下几种情形:

(1)由当事人请求行政机关调解,调解不成立的则依法提起民事诉讼。比如,《专利法》第57条中规定:侵犯专利权引起纠纷的,由当事人协商解决;不愿协商或者协商不成的,专利权人或者利害关系人可以向人民法院起诉,也可以请求管理专利工作的部门处理。管理专利工作的部门应当事人的请求,可以就侵犯专利权的赔偿数额进行调解;调解不成的,当事人可以依照《民事诉讼法》向人民法院起诉。《商标法》第53条中也作出了相同的规定。

(2)由行政机关处理,对于处理决定不服的则可提起行政诉讼。比如,《土地管理法》第16条:"土地所有权和使用权争议,由当事人协商解决;协商不成的,由人民政府处理。单位之间的争议,由县级以上人民政府处理;个人之间、个人与单位之间的争议,由乡级人民政府或者县级人民政府处理。当事人对有关人民政府的处理决定不服的,可以自接到处理决定通知之日起30日内,向人民法院起诉。……"根据《商标法》第41条和第43条的规定:对已经注册的商标有争议的,可以自该商标经核准注册之日起5年内,向商标评审委员会申请裁定;当事人对商标评审委员会做出维持或者撤销注册商标的裁定不服的,可以向法院提起行政诉讼。

(3)由当事人选择向法院提起民事诉讼或是请求行政机关处理;若选择后者,当事人对处理决定不服的则可提起行政诉讼。比如,《专利法》第57条:"管理专利工作的部门认定侵权行为成立的,可以责令侵权人立即停止侵权行为,当事人不服的,可以自收到处理通知之日起15日内依照《行政诉讼法》向人民法院起诉;侵权人期满不起诉又不停止侵权行为的,管理专利工作的部门可以申请人民法院强制执行。……"《商标法》第53条中也作出了相同的规定。

在法律没有明确规定某类民事纠纷可由行政机关依职权解决时,当事人只能依法通过和解、调解、仲裁或者民事诉讼解决。

第三节　经济仲裁

一、经济仲裁的概念和特征

经济仲裁是指经济纠纷的当事人按照事先或事后达成的协议,自愿将有关争议提交仲裁机构,仲裁机构以第三者的身份对争议的事实和权利义务作出判断和裁决,以解决争议、维护当事人正当权益,当事人必须履行仲裁裁决的一种制度。因仲裁主要是对经济纠纷的仲裁,所以,为了表述的方便,在此直接用"经济仲裁"的提法。

仲裁属民间裁判行为,仲裁机构是民间组织,是由当事人以协议的方式自愿选定的并授予仲裁管辖权,但仲裁是一种法律制度,法律赋予仲裁机构的裁决具有强制执行的效力。我国的《仲裁法》,于 1994 年 8 月 31 日由八届全国人民常委会第九次会议通过并于 1995 年 9 月 1 日起施行。

经济仲裁是解决经济纠纷的特定方式,既不同于人民法院通过审判解决争议的方式,也不同于第三人调解解决争议的方式,它有自身的特征,主要表现在以下几个方面:

(1)仲裁是一种灵活、便利的解决争议的方式。仲裁与解决经济纠纷的其他方式相比,具有极大的灵活性和便利性。在现代社会尤其是市场经济的发展过程中,在经济领域活动的当事人一般都不愿在纠纷的解决上花费大量的时间和精力,都要求及时地、自由地解决纠纷,仲裁正好适应了这一要求。仲裁时间短、费用低,当事人有权选择仲裁员,有权选择仲裁程序和适用的法律,对仲裁具有一定的控制权,可以保证争议及时快速顺利地解决。

(2)仲裁以双方当事人自愿为前提。当事人对争议的事项是否选择仲裁方式解决,在什么地点仲裁均可以自愿选择,选择的方式是当事人双方在争议发生前或在争议发生后订立协议。如果没有这种事先或事后的选择仲裁的协议,一旦当事人之间发生经济纠纷,任何一方都无权申请仲裁机关仲裁,而只能采用其他方式解决纠纷。

(3)仲裁由具有相应专业知识的专家担任仲裁员,有利于纠纷的公正妥善处理。经济纠纷中很多方面都涉及某些特殊的专业知识,由专家来判断比由当事人自己或者法官来判断更为妥当,专家的意见更易为当事人接受,有利于当事人接受仲裁裁决,自觉履行裁决。

(4)仲裁可以防止泄露当事人不愿公开的商业秘密,因为仲裁一般采取不公开开庭的原则,有利于保护当事人的合法权益。

(5)仲裁为一裁终局,当事人选择了一定地点的仲裁机构来解决他们之间的纠纷,就必须服从仲裁机构的裁决,仲裁裁决一经作出,就发生法律效力,不能上诉,非依法定程序也不能改变或撤销,当事人必须履行,否则另一方当事人可以申请人民法院强制执行。因此仲裁既简便又有效。

二、仲裁的基本原则

1.自愿原则

仲裁解决经济纠纷必须出自双方当事人自愿。自愿原则体现了当事人意思自治,当事人意思自治使得当事人有充分的选择解决纠纷的方式、适用的法律、程序等方面的权利,有利于稳定当事人之间的权利义务关系,也有利于纠纷的顺利解决,所以自愿原则是仲裁制度赖以存在和发展的基础,是仲裁制度的生命力,也为多数国家普遍接受。自愿原则的主要内容包括以下方面:①当事人发生纠纷,是否通过仲裁方式予以解决,由当事人自愿决定并通过平等协商达成书面协议,任何一方不能将自己的意志强加于另一方。②仲裁机构、仲裁地点,由当事人协商选定;仲裁事项可由当事人双方自愿约定。③仲裁庭的组成人员可由当事人自主选定或者委托仲裁机构主任指定;当事人还可以约定仲裁庭开庭的形式。

2.依据事实与法律、公平合理解决纠纷的原则

这一原则,实际是"以事实为根据以法律为准绳"、"公民在法律面前一律平等"法制原则在仲裁制度中的具体体现。仲裁机构必须在查明案件事实的基础上,依照实体法和程序法来判断责任如何承担,确认双方当事人的权利义务关系,作出公正的裁决,公平合理地解决纠纷,平等地保护双方当事人的合法权益。

3.仲裁依法独立进行的原则

仲裁依法独立进行,不受行政机关、社会团体和个人的干涉。这一原则体现在:①仲裁机构本身是独立的,不隶属于行政机关。仲裁机构从性质上看是一种民间机构,是独立的以独立法人形式存在的民间裁判机构。根据《仲裁法》,我国的仲裁委员会是按地域分别设置的,各个仲裁委员会之间也不存在隶属关系,是完全独立的。各仲裁委员会组成自律性组织仲裁协会,仲裁协会是社团法人,依法制定统一的仲裁规则,根据章程对仲裁委员会及其仲裁员的违法行为进行监督,但仲裁协会与仲裁委员会之间也不存在领导与被领导的关系,仲裁协会也不得干预仲裁委员会的裁决。仲裁委员会受理仲裁案件后由当事人选定的仲裁员组成仲裁庭审理裁决案件,仲裁庭有独立的审理裁决权,仲裁委员会也不能干预。②仲裁机构仲裁案件只依照法律进行。仲裁机构独立进行仲裁,但仍需受

法律的约束,包括受实体法和程序法方面的约束,而不能任意地裁决。③仲裁不受行政机关、社会团体和个人的干预,以保证仲裁的公正性。

4.一裁终局的原则

仲裁实行一裁终局的制度。仲裁机构对仲裁案件作出裁决后即发生终局的法律效力,当事人之间的权利义务关系便依裁决确定,当事人之间的争议便得到了解决,非依法定程序,该当事人之间已确定的权利义务关系不得变更或撤销,当事人之间也不能就原来的权利义务再起争议。仲裁是当事人通过协议选择的解决纠纷的方式,双方达成协议,就意味着双方准备按裁决去履行义务。如果允许在仲裁机构作出裁决后再通过其他方式否决裁决,便会使仲裁裁决失去有效性、权威性。所以仲裁法规定仲裁实行一裁终局,使仲裁裁决作出后即发生法律效力,当事人即使不服也必须履行,而不得再申请仲裁或者提起诉讼。这有利于及时解决纠纷,及时稳定社会经济关系。

三、仲裁范围

从我国的《仲裁法》看,并非所有纠纷都可以由当事人协议选择仲裁。哪些纠纷允许当事人协议选择仲裁方式解决,《仲裁法》由明确规定,这就是仲裁的范围。

《仲裁法》明确规定可以仲裁的纠纷,有两种条件限制:一是仅限于平等主体之间的纠纷可以申请仲裁,二是仅限于合同纠纷和其他财产权益纠纷可以申请仲裁。这两个条件同时具备的纠纷,实际就是经济纠纷。

《仲裁法》还规定两类纠纷不可以用仲裁的方式解决:一类是婚姻、收养、监护、抚养继承纠纷;另一类是依法应当由行政机关处理的行政争议。这两类纠纷要么虽属平等主体之间的纠纷但涉及身份关系,要么是行政争议、不能由当事人自由处分相关权利,所以均不宜采用仲裁方式解决。

四、仲裁机构与仲裁员

仲裁委员会和仲裁庭,称为仲裁机构。仲裁委员会是对仲裁的日常事务、仲裁工作、仲裁人员进行管理、组织和协调的仲裁管理机构;仲裁庭是临时组成的对具体的当事人之间请求仲裁的争议进行审理和裁决的机构。

1.仲裁委员会

根据《仲裁法》的规定,仲裁委员会可以在直辖市、省、自治区人民政府所在地的市设立,也可以根据需要在其他设区的市设立,不按行政区划层层设立,也不搞上下对口。仲裁委员会的设立应由人民政府组织有关部门和商会统一组建并经省、自治区、直辖市司法行政部门登记,但仲裁委员会独立于行政机关,与行政机关没有隶属关系,仲裁委员会之间也没有隶属关系。

仲裁委员会作为独立的事业单位法人,理应具备法人成立的一般要求。根据《仲裁法》第11条的规定,仲裁委员会应当具备以下条件:①必须有自己的名称、住所和章程。②必须有必要的财产。③有该委员会的组成人员。根据《仲裁法》规定,仲裁委员会由主任1人、副主任2～4人和委员7～11人组成。仲裁委员会的主任、副主任和委员由法律、经济贸易专家和有实际工作经验的人员担任。仲裁委员会的组成人员中,法律、经济贸易专家不得少于2/3。④必须有聘任的仲裁员。

2.仲裁协会

中国仲裁协会是社会团体法人,仲裁委员会必须加入中国仲裁协会,成为其会员,接受其业务指导和管理。中国仲裁协会是仲裁委员会的自律性组织,根据会员大会制定的章程对仲裁委员会及其组成人员、仲裁员的违纪行为进行监督。中国仲裁协会根据《仲裁法》和《民事诉讼法》的有关规定制定仲裁规则。

3.仲裁庭

仲裁委员会受理仲裁申请后,并不直接审理和裁决案件,而是组成仲裁庭来行使审理和裁决权,仲裁庭的裁决权是基于当事人双方的授权。仲裁庭采用公开或不公开的方式进行审理,也是根据当事人双方的自愿选择决定,充分体现了当事人双方自愿的原则。仲裁庭可采用独任制或合议制两种组成形式。独任制是由一名仲裁员组成仲裁庭,合议制是由3名仲裁员组成仲裁庭。

4.仲裁员

仲裁员是直接组成仲裁庭的人员,直接参与仲裁案件的审理和裁决,所以仲裁员必须具备一定的业务素质和政治素质,以保证仲裁的质量。根据《仲裁法》规定,仲裁委员会应当从公道正派的人员中聘任仲裁员,并且应符合下列条件之一:①从事仲裁工作满8年的;②从事律师工作满8年的;③曾任审判员满八年的;④从事法律研究、教学工作并具有高级职称的;⑤具有法律知只、从事经济贸易等专业工作并具有高级职称或者具有同等专业水平的。

仲裁员应当保持公断人的中立地位,公正、独立地仲裁案件,不得私自会见当事人、代理人或者接受当事人、代理人的请客送礼,不得在仲裁该案对索贿受贿,徇私舞弊,枉法裁决。否则,应承担法律责任且不能再担任仲裁员,仲裁委员会应将其除名。

为了便于当事人选定仲裁员,增加仲裁委员会工作的透明度,仲裁委员会依法应当按照不同专业设置仲裁员名册。当事人可以在仲裁员名册中选定仲裁员。

五、仲裁协议

（一）仲裁协议的概念和种类

仲裁协议是指各方当事人根据意思自治的原则，表示愿意将他们之间已经发生或者可能发生的合同纠纷和其他财产权益纠纷提交仲裁机构以仲裁的方法予以解决的意思表示。根据《仲裁法》的规定，仲裁协议必须采取书面形式，口头的仲裁协议无效。

书面仲裁协议分两类：仲裁条款和仲裁协议书。仲裁条款是指当事人在合同中订立、表示愿将他们之间将可能发生的纠纷以仲裁方式解决的条款。其除指在合同中订立的仲裁条款外，还包括当事人之间在订立合同后通过互换信函、电传、电报或有记录的其他通信方式达成的同意提交仲裁的文字记录。仲裁协议书是指双方当事人在主合同之外单独签订的发生纠纷请求仲裁的法律文件。仲裁条款往往是在纠纷发生前就已经订立，仲裁协议书可以在纠纷发生前订立，也可以在纠纷发生后订立。

（二）仲裁协议的法律意义

（1）约束当事人各方的行为

仲裁协议依法订立后就约束双方当事人，当争议发生后，只能将争议提交给约定的仲裁机构裁决，协议的任何一方当事人不得将该争议向人民法院提起诉讼。

（2）授予仲裁机构管辖权

有了仲裁协议使原本对当事人之间的争议无管辖权民间组织性质的仲裁机构，有了受理争议案件的依据。

（3）排除了人民法院对该争议案件的管辖权

当事人订立了仲裁协议后，任何一方都不得就已经约定的仲裁事项向人民法院提起诉讼，人民法院也不受理这种起诉。当事人一方向法院提起诉讼、法院受理立案后，另一方当事人可依据仲裁协议予以抗辩并请求法院撤销该案。仲裁机构做出裁决后，当事人即使不服该裁决也不得向人民法院再行起诉。

（4）使仲裁裁决具有强制执行力

一项有效的仲裁协议是强制执行仲裁裁决的前提条件。当仲裁机构作出裁决后，当事人双方应当自觉履行，一方当事人不履行的，另一方当事人有权向人民法院申请强制执行该裁决，但申请人必须提供合法有效的仲裁协议，否则人民法院不予强制执行。

（三）仲裁协议的内容

一项完整、有效的仲裁协议必须具备三项内容：请求仲裁的意思表示；仲裁的事项;选定明确的仲裁委员会。仲裁协议对仲裁事项或者仲裁委员会没有约定或者约定不明确的,当事人可以补充协议;不能达成协议的,原仲裁协议无效。

(四)仲裁协议的有效条件

一项仲裁协议要合法有效,必须符合以下条件:①仲裁协议具有书面形式;②签订仲裁协议的当事人必须具有完全行为能力;意思表示必须真实、自愿;③提交仲裁的事项是属于法律规定的允许采用仲裁方式处理的事项,即属于仲裁范围的事项;④仲裁协议的内容完备。

(五)仲裁协议的无效

下列仲裁协议无效:①约定的仲裁事项超出仲裁范围;②无民事行为能力或限制民事行为能力人订立的仲裁协议;③一方采取胁迫手段,迫使对方订立的仲裁协议;④仲裁协议对仲裁事项或者仲裁委员会没有约定或约定不明确,当事人之间又达不成补充协议的;⑤仲裁协议没有采取书面形式。

仲裁协议无效,当事人可以根据具体情况决定重新订立有效的仲裁协议并依其申请仲裁;或者选择其他的方式解决纠纷。

确认仲裁协议无效的机构是仲裁机构和人民法院。当事人对仲裁协议有异议的,可以请求仲裁委员会作出决定,也可以请求人民法院作出裁定。一方请求仲裁委员会作出决定,另一方请求人民法院作出裁定的,由人民法院裁定。当事人对仲裁协议的效力有异议,应当并且只能在仲裁庭首次开庭前提出,否则即表示放弃提出异议的权利。

仲裁协议采用仲裁条款的方式规定在合同中,合同的变更、解除、终止或者无效,不影响仲裁协议的效力,这是仲裁协议独立性的体现。

【案例】　仲裁条款的效力

原告中国某市机械进出口公司与被告香港某贸易公司签订了一份购销饲料机器设备的合同,合同约定由卖方供给买方全新的饲料生产机器设备一套,价格为12万英镑,全套设备生产能力为每小时2吨以上,买方在收到货物后开出信用证,全套设备在收到货后一个月内安装完毕,如未发现缺陷,则正式交付使用,合同第18条规定:"如发生争议,则应进行仲裁,并应适用国际商会规则。"合同第19条规定:"本合同应受中国法律管辖。"在被告交货以后,原告立即进行安装。经试运行,发现设备生产能力达不到合同规定标准,原告提出退货,被告提出可以派人修理,但因合同未规定可以退货,因此原告不能退货。原告遂在当地法院提出诉讼,要求被告承担违约责任,被告提出,根据合同第18条规定,原告不能在法院提起诉讼,法院亦无管辖权。被告的主张是否成立?

分析:本案是关于仲裁协议而发生的争议。如果本案中的仲裁条款是有效的,那么,原告不得提起诉讼,法院也无权受理该诉讼。当然,如果仲裁条款被宣告无效,或被撤销,或自始不成立,则当事人一方可以在法院提起诉讼,法院亦可以受理该案。

从世界各国仲裁法包括我国仲裁法的规定来看,都明确要求当事人在仲裁协议中指明仲裁机构,如未作出约定,则认为这个仲裁协议是无效的。就本案中的仲裁条款来看,因其未规定仲裁委员会或仲裁机构,内容不完整和不明确,故仲裁条款无效,法院就当然有管辖权。所以,被告的主张不能成立。

六、仲裁程序

(一)仲裁的申请和受理

仲裁申请是指当事人根据仲裁协议,请求仲裁委员会进行裁决的行为。仲裁受理是指仲裁委员会对仲裁申请进行审查后,认为符合法定的条件,决定接受予以仲裁的行为。当事人提出仲裁申请,仲裁委员会受理了仲裁申请,仲裁程序才正式开始。

(1)申请仲裁的条件。当事人申请仲裁应符合四个方面的条件:①有仲裁协议;②有具体的仲裁请求和事实、理由;③属于仲裁委员会的受案范围;④提交仲裁申请书。

(2)仲裁申请书的内容。当事人申请仲裁应当向仲裁机构递交仲裁协议、仲裁申请书及副本。仲裁申请书应当包括以下内容:①仲裁当事人的基本情况,包括当事人的姓名或名称、住所、职业、法定代表人等基本情况。②仲裁请求和所根据的事实、理由。(3)证据和证据来源、证人姓名和住所。

(3)仲裁机构审查仲裁申请并作出受理或不受理决定。当事人递交了仲裁申请书后,仲裁委员会自收到仲裁申请书之日起5日内,应当作出是否受理的决定,并将有关决定通知当事人。经审查认为符合受理条件,仲裁委员会应当通知申请人,通知的方式可以是口头,也可以是书面的。如认为不符合法定条件,不予受理的,必须采用书面形式通知当事人,并说明不受理的理由。

(4)受理仲裁申请后的准备工作。仲裁机构在决定受理仲裁申请后,还要进行必要的准备工作,才能进行审理并作出裁决。这些准备工作主要有以下几项:①在仲裁规则规定的期限内,将仲裁规则和仲裁员名册送达申请人;②将仲裁申请书副本和仲裁规则、仲裁员名册送达被申请人;③被申请人向仲裁机构提交答辩书,答辩书应在仲裁规则规定的时间内提出,如不按期提交答辩书,不影响仲裁的进行;④仲裁机构收到答辩书后,在仲裁规则规定的期限内将答辩书副本送达申请人;⑤仲裁机构根据当事人的约定组成仲裁庭或者受当事人的委托指定仲裁员;(6)仲裁庭组成后,将仲裁庭的组成情况书面告知当事人,询问当事人对仲裁员是否提出回避申请;(7)仲裁员应回避等原因不能履行职责的,要重新选定或指定仲裁员。

（二）仲裁规则

仲裁规则是指在仲裁过程中应遵循和运用的程序规则，包括仲裁机构制定的仲裁规则和当事人自行拟定的仲裁规则。仲裁规则只有在当事人选定适用时，才产生相应的约束力。所以仲裁规则不同于《仲裁法》，仲裁法是国家为规范仲裁行为，调整仲裁中各方之间关系而制定的法律，具有强制性。仲裁规则不得违反仲裁法中对程序方面的强制性规定。我国国内的仲裁规则和涉外的仲裁规则按法律的规定，将分别由中国仲裁协会和中国国际商会制定。

（三）仲裁员的指定

仲裁机构受理了当事人的仲裁申请后，必须组成仲裁庭对案件进行审理。仲裁庭由当事人或仲裁机构指定的仲裁员组成。仲裁员的指定有两种形式：

（1）当事人指定：由3名仲裁员组成的仲裁庭，由当事人各方选定一名仲裁员，然后双方当事人共同选出第3名仲裁员，第3名仲裁员为首席仲裁员。独任仲裁员组成仲裁庭的，由当事人共同选定。由当事人指定的仲裁员，除了当事人同意外，还必须得到被选仲裁员的同意，因为当事人有选择仲裁员的权利，仲裁员也有是否接受的权利。

（2）仲裁机构指定：当事人之间往往对独任仲裁员的人选、第3名仲裁员的人选难以达成一致意见，这时就需要通过仲裁机构指定，具体地讲是由仲裁委员会的主任指定。一般有两种情况：一是当事人各方委托或共同委托仲裁委员会主任指定；另一种是当事人在仲裁规则规定的期限内没有指定仲裁员的，由仲裁委员会主任指定仲裁员。

（四）开庭审理

开庭是指当事人和其他仲裁参与人在仲裁庭的主持下，参加对案件进行仲裁的活动。仲裁，以开庭审理为主，书面审理为辅，采用哪一种方式，由当事人协商决定。

（1）开庭前的准备工作

开庭审理，首先由仲裁庭择定开庭的日期并在仲裁规则规定的期限内将开庭日期通知双方当事人。如当事人有正当理由不能到庭，可在仲裁规则规定的期限内请求延期，是否延期由仲裁庭决定。申请人经书面通知，无正当理由不到庭或未经许可中途退庭的，可视为撤回仲裁申请。被申请人经书面通知，无正当理由不到庭的，可以缺席裁决。

（2）开庭审理的一般顺序

一般来说，开庭审理的顺序是：①由首席仲裁员或独任仲裁员宣布开庭并宣读仲裁庭的组成情况；②由申请人陈述案情，讲明事实和理由；由被申请人答辩，陈述案情;③仲裁员对案情的主要事实情节向双方当事人提问;④当事人在庭上出示新的证据并对庭上出示的证据进行质证。⑤当事人双方对鉴定人、证人提问,须经仲裁庭许可。⑥双方当事人进行辩论;⑦双方当事人陈述最后意见。开庭审理的情况应当记录在案,开庭笔录在庭审后应交当事人双方以及其他仲裁参与人阅读,对记录有遗漏或差错的,当事人可以申请补正,然后签名或盖章。

(五)证据

仲裁中的证据有哪些种类,《仲裁法》中没有规定,参照《民事诉讼法》等法律规定,仲裁中的证据也应包括七类:①书证;②物证;③视听资料;④证人证言;⑤当事人的陈述;(6)鉴定结论;(7)勘验笔录。

根据《仲裁法》的规定,当事人应当对自己的主张提供证据,当事人对自己提出的主张负有举证责任。如对自己的主张不能证明,应当承担不利的后果。仲裁庭认为有必要收集的证据可以自行收集。当事人提供的证据,应当在开庭时出示,当事人可以质证。质证是指当事人及其代理人可以对某一证据进行质询和辩论,以确定证据的真伪和证明力的大小。为了防止证据灭失或以后难以取得,对证据可以采取保全。当事人提出证据保全申请,由仲裁庭转交人民法院决定是否采取保全措施,仲裁机构无权采取保全措施。

(六)和解与调解

在仲裁中,当事人可以自行和解,仲裁庭也可以进行调解。和解是指双方当事人通过协商就争议自行达成解决的协议。这是当事人自由处分自己民事权利的体现。当事人可以请求仲裁庭根据和解协议作出裁决书,也可以撤回仲裁申请。当事人在撤回仲裁申请后,任何一方对和解协议后悔的,都可根据原来的仲裁协议再次申请仲裁。

调解是指在仲裁庭的说服教育和劝导下,双方当事人就争议达成解决的协议。调解达成协议的,仲裁庭可以根据调解协议作出裁决书。调解不是仲裁的必经程序,调解必须在双方当事人自愿的基础上进行,而且必须在事实清楚的前提下进行。经过仲裁庭的调解,当事人不能达成解决争议的协议的,仲裁庭必须依仲裁程序进行裁决。

(七)裁决

作出裁决是仲裁审理的最后一个程序,标志着案件的终结。仲裁裁决是仲裁庭按照仲裁规则审理案件过程中或审理终结后,根据查明的事实和认定的证据,对当事人提交仲裁的有关争议的请求事项作出的予以支持或驳回的书面决定。

裁决一般以书面形式表现,称为裁决书。裁决书经仲裁员签名加盖仲裁委员会印章,才具有法律上的效力。裁决书应当载明如下内容:仲裁请求、争议事实、裁决理由、裁决结果、仲裁费用的负担和裁决日期。仲裁裁决书一经送达当事人,即发生法律效力,当事人不得表示不服而再次申请仲裁,也不得向人民法院起诉。

七、仲裁裁决的撤销

仲裁实行一裁终局的制度。仲裁裁决作出后,该裁决即具有终局的法律效力,它既不允许当事人就同一纠纷再向仲裁委员会申请仲裁,也不允许当事人就同一纠纷向人民法院起诉。为了保证一裁终局的裁决的正确性和合法性,法律规定了监督机制和救济途径。

根据《仲裁法》的规定,当事人可以对仲裁裁决申请人民法院予以撤销。有以下理由之一,当事人就可以申请法院撤销仲裁裁决:①没有仲裁协议,仲裁机构进行管辖而作出裁决的;②裁决的事项不属于仲裁协议的范围或者不属于仲裁委员会仲裁管辖范围的;③仲裁庭的组成或者仲裁的程序违反法定程序的;④裁决所根据的证据是伪造的;⑤对方当事人隐瞒了足以影响公正裁决的证据的;(6)仲裁员在仲裁该案时有索贿、受贿、徇私舞弊、枉法裁决行为的。法院对当事人提出证据证明裁决具有上述情形之一种进行审查,查证属实的即裁定撤销仲裁裁决。

当事人申请撤销仲裁裁决,有时间的限制,即必须在自收到仲裁裁决书之日起6个月内向仲裁委所在地的中级人民法院提出。

仲裁裁决被人民法院依法裁定撤销的,当事人就纠纷重新达成仲裁协议并依据其再申请仲裁;达不成新的仲裁协议,也可以向人民法院起诉。

八、仲裁裁决的执行

仲裁裁决一经作出即发生法律效力,从而对当事人及各个方面发生了约束力、确定力和执行力,并依法具有保证实现的强制力。当事人应当按裁定书的规定,自觉履行裁定书所确定的义务。如一方在一定期限内不履行裁决,另一方当事人可以到人民法院申请强制执行。仲裁机构是民间机构,无权对仲裁裁决进行强制执行,所以仲裁裁决的执行只能通过人民法院进行。人民法院对仲裁裁定进行强制执行,基于当事人的申请,没有当事人的申请人民法院不主动执行。

当事人申请执行仲裁裁决,应当向人民法院提交申请书并必须在法定的申请期限内提出申请。双方或一方当事人是公民的,申请执行期限为1年;双方当事人是法人或其他组织的,申请执行期限为6个月,从仲裁裁决书规定的履行期限届满之日起计算。

根据法律的规定,仲裁裁决有某些法定的情形,被申请人提出证据证明并经人民法院组成合议庭审查核实的,裁定该仲裁裁决不予执行。这些法定情形主要有:①当事人在合同中没有订立仲裁条款或者事后没有达成书面仲裁协议的;②裁决的事项不属于仲裁协议的范围或者仲裁委员会无权仲裁的;③仲裁庭的组成或者仲裁的程序违反法定程序的;④认定事实的主要证据不足的;⑤适用法律确有错误的;⑥仲裁员在仲裁该案时有贪污受贿、徇私舞弊、枉法裁决行为的。仲裁裁决被人民法院裁定不予执行,实际上已由法院确认仲裁裁决在合法性上发生问题,所以仲裁裁决被人民法院裁定不予执行,原仲裁裁决失效。当事人可以重新达成仲裁协议申请仲裁,也可以向人民法院起诉。

【案例】 杭州仲裁委员会裁决书

申请人(即被反申请人,以下仍称申请人):杭州长河广告印刷有限公司,住所地杭州市下城区朝晖路97号,法定代表人田××,总经理。

委托代理人许××,男,汉族,1980年9月20日出生,住杭州市拱墅区登云路8号,系该公司法务。特别授权代理。

被申请人(即反申请人,以下仍称被申请人):杭州富一广告设计有限公司,住所地杭州下城区××号,法定代表人王××,总经理。

委托代理人马××、应××,浙江××律师事务所律师。特别授权代理。

案由:加工合同纠纷

申请人杭州长河广告印刷有限公司与被申请人杭州富一广告设计有限公司加工合同纠纷一案,申请人于2006年7月30日向杭州仲裁委员会提交了仲裁申请书。杭州仲裁委员会根据申请人与被申请人签订的《加工合同》中的仲裁条款,受理了申请人与被申请人之间关于上述加工合同纠纷一案。本委主任依据仲裁规则指定陈小英为独任仲裁员组成仲裁庭。被申请人于2006年8月11日向杭州仲裁委员会提交了仲裁反申请书,杭州仲裁委员会经审查,认为反申请符合申请人与被申请人签订的《加工合同》中仲裁条款的约定,故受理了被申请人的反申请,并决定与本申请合并审理。仲裁庭于2006年10月9日适用简易程序开庭审理了本案。本案申请人的委托代理人许××、被申请人的委托代理人马××、应××到庭参加仲裁。本案现已审理终结。

申请人诉称:2005年8月9日申请人和被申请人签订了《加工合同》一份,合同第1条、第6条约定:被申请人委托申请人加工印刷一批名为《四季青服装特色街区商务大全》的书,数量为8000本,总价为256000元,送货地点为杭州四季青服装市场;合同第12条约定:被申请人向申请人预付定金70000元,余款交货后15天之内付清。合同签定后,申请人履行了自己的合同义务,而被申请人在申请人多次催款下,却迟迟不肯付清余款186000元。故申请人提出仲裁请求:裁决被申请人支付货款186000元并承担仲裁费用。

被申请人答辩称:2005年8月9日申请人和被申请人签订了《加工合同》一份、该合同是双方在平等自愿的基础上订立的、是双方真实意思表示、是合法有效的,被申请人对此无异议;申请人共印刷了《四季青服装特色街区商务大全》一书8000本,被申请人对该事实无异议。但被申请人对尚未支付的货款数额有异议,辩称(1)被申请人之所以迟迟不付清余款是因为申请人未按《加工合同》第三条的规定于2005年9月10日交货,违反了该合同第5条"承揽人对定作物质量负责的期限及条件:保质保量,按时交货"的约定,给被申请人造成了巨大的损失,故被申请人迟迟没有付清余款。(2)被申请人未付清的余款也并非申请人所说的186000元。申请人印刷的8000本书中有631本已退回申请人,此事实由杭州杭派精品服装市场、杭州四季青佳宝服装市场等可以证明,且申请人于2006年4月28日给被申请人法定代表人一函中也明确表明货款在减去定金7万元及退回书款按每本32元计书款20192元后尚余书款为人民币165808元。故申请人在仲裁申请书中所写的余款186000元未付清并非事实。故被申请人请求仲裁庭查清事实,依法公正裁决。

被申请人在仲裁反申请书中诉称:杭州四季青服装特色街区管理委员会四服管(2004)19号文件表明印刷《四季青服装特色街区商务大全》一书,经被申请人与杭州四季青服装特色街区管理委员会协议约定被申请人于2005年9月10日交付印刷的《四季青服装特色街区商务大全》一书8000本,并约定内部发行价格100元。事后,经被申请人多方筹备,于2005年8月9日与申请人签定了《加工合同》一份,约定了加工物、数量、金额、交货期限、送货地点、合同争议解决方式等内容。该合同约定印刷价格为每本32元,合同第3条、第5条明确约定申请人须保质保量于2005年9月10日交货,然申请人并未按约交货,而是延期至2005年9月24日全部交货完毕,严重违反了合同,实属违约。由于申请人的违约导致被申请人未能按期送货至杭州四季青服装特色街区管理委员会,以至于经与杭州四季青服装特色街区管理委员会协商将该书以处理价40元的价格出售。因此给被申请人造成直接经济损失达48万元之多。根据合同法的规定以及考虑到双方今后有继续合作的可能,故提出反请求,要求申请人赔偿违约直接经济损失24万元。

申请人对反请求当庭答辩称:(1)根据送货回单显示,书的交货日期确实迟延到2005年9月24日。(2)被申请人所说造成巨大损失不是事实,也没有相关的法律依据。被申请人所说的损失是按四季青服装特色街区管理委员会与被申请人协议约定内部发行价为100元,后又协商以该书每本40元的价格出售,损失额是100元与40元的差价乘以书本的数量而得到的。四季青服装特色街区管理委员会没有定价的职能,针对所印刷的《四季青服装特色街区商务大全》一书我们认为是内部资料性出版物,仅用于内部工作交流用。而且对方所说的损失也过于巨大,是申请人在订立加工合同时所不能预见的。

　　双方当事人为支持自己的仲裁主张,向本庭提交了相关证据,本庭对证据认证如下:(略)。

　　经审理查明:2005 年 8 月 9 日申请人和被申请人签定了《加工合同》一份,合同约定:被申请人委托申请人加工印刷《四季青服装特色街区商务大全》8000本,单价每本 32 元,总书价为 256000 元;9 月 10 日交货;承揽人对定作物质量负责的期限及条件:保质保量,按时交货;纸箱包装,免费送货到四季青服装市场;定作人在 2005 年 8 月 12 日前预付定金 70000 元,余款交货后 15 天之内付清;违约责任:如发现质量问题双方协商解决,承揽人对定作人因质量问题造成损失,由承揽人全权负责;合同还对纠纷的解决方式作出了提交杭州市仲裁委员会仲裁的约定。《加工合同》订立后,被申请人预付了定金 70000 元;申请人分别于 9 月 10 日送货 2140 本,9 月 16 日送货 200 本,9 月 21 日送货 280 本,9 月 23日送货 2020 本,9 月 24 日送货 3420 本,共计送货 8060 本(申请人说明按送货8000 本计算)。后被申请人退回 631 本,被申请人实际收货 7369 本。被申请人收货后将《四季青服装特色街区商务大全》销售给他人。

　　本庭认为:申请人与被申请人之间的《加工合同》,系双方真实意思表示,且不违反法律规定,故合法有效。双方当事人应当依《加工合同》约定履行义务。申请人应当按约定于 2005 年 9 月 10 日将符合约定的定作物《四季青服装特色街区商务大全》8000 本依约交付给被申请人。但是申请人在 2005 年 9 月 10 日仅仅交付《四季青服装特色街区商务大全》2140 本,其余 5860 本未能按期交付,已构成逾期交付之违约。虽然申请人与被申请人在《加工合同》中未对逾期交付之违约约定违约责任,但违约方的相对一方即被申请人仍可依据法律规定要求违约方即申请人承担责任。但是,被申请人不能提供切实证据证明其与第三人即杭州四季青服装特色街区管理委员会之间存在怎样的权利义务关系,故不能证明其确实存在因申请人的违约而造成的损失。所以,本庭不支持被申请人的反申请请求。申请人逾期交付了剩余货物 5860 本《四季青服装特色街区商务大全》,但被退回 631 本,实际未能交足合同约定的数量,故货款收取应当按实际交付的货物数量计算,即应当按 7369 本计算货款,货款总额为 235808 元。

　　据以上事实与理由,依据《中华人民共和国合同法》第 109 条、第 251 条和第261 条,《中华人民共和国仲裁法》第 51 条第 1 款、第 57 条之规定,本庭裁决如下:

一、被申请人应当向申请人支付货款 165808 元人民币；

二、驳回被申请人的反申请请求。

三、本案本请求的仲裁费 1240 元（申请人已预缴），由申请人承担 200 元，被申请人承担 1040 元。反请求的仲裁费 1800 元（被申请人已预缴），由被申请人承担。

上述款项被申请人应在本裁决书送达之日起十日内支付给申请人

本裁决为终局裁决，自裁决作出之日起发生法律效力。

独任仲裁员　陈小英

书　记　员　马向山

2006 年 11 月 15 日

第四节　民事诉讼

【案例】　医疗事故民事赔偿诉讼案件

2005 年 7 月 6 日 18 时许，某市丹阳镇丹阳村常某的妻子李某入住市一医院观察待产，当日 22 时 20 分李某分娩了一名男婴，医院按常规给予其缩宫术等处置。然而，医院在进行相关处置后，李某仍然感觉下身不适。22 时 40 分，医院发现李某阴道流血较多，随后又予以对症处置，但一直到次日凌晨李某的症状未得到控制，7 月 7 日零时 50 分，李某被转入市妇女儿童医院，入院后经抢救无效，李某于 2005 年 7 月 7 日 2 时 20 分死亡。

4 个小时前，刚刚喜获儿子的常某全家还在欢喜，4 个小时后，常某全家却因失去亲人而陷入了深深的悲恸之中。悲痛过后，常某决定要给死去的妻子讨个说法，遂将市一医院起诉至市人民法院。

那么，市一医院对李某的医疗行为是否构成医疗事故？2005 年 8 月 25 日，市医学会作出医疗事故技术鉴定书，该鉴定书认为医院在对患者产后出血的诊断及治疗过程中存在医疗过失，违反产科的基本治疗护理常规，医疗过失行为与患者因失血而导致的死亡存在因果关系，根据现有的资料综合分析，患者产后出血的原因为产后宫缩乏力，患者子宫血管位置变异，因此市一医院的医疗过失行为在本例医疗事故损害后果中承担主要责任，本病例属于一级甲等医疗事故。

原告常某和被告市一医院双方对医疗事故技术鉴定均没有异议。市人民法院认定，李某因分娩在医院发生医疗费 1282.86 元，在市妇女儿童医院抢救发生医疗费 6205 元，以上合计 7487.86 元均应由被告支付。李某因死亡形成下列合理损失:丧葬费、精神损害抚慰金、被抚养人生活费等合计为 65154 元。

然而,被告市一医院在诉讼中辩称,根据医疗事故鉴定结论,医院在此次医疗事故纠纷中对李某的死亡承担的是主要责任,原告常某请求医院承担全部责任缺乏有效依据。常某请求赔偿的项目和标准均应当根据《医疗事故处理条例》的规定进行确定。综上,应根据《医疗事故处理条例》规定的赔偿项目确定原告的合理损失,并根据鉴定结论确定被告应承担的责任比例。另外,被告为李某分娩而发生的医疗费 1282.86 元应从赔偿款中扣除。

市人民法院经审理认为,按已查明的事实,医院的医疗行为构成一级甲等医疗事故,按医疗事故鉴定结论医方承担主要责任,故医院应对李某死亡的后果承担主要赔偿责任,原告方也应承担相应责任,具体责任比例法院确定原被告按 9:1 的比例承担。原告所主张的死亡赔偿金因不属《医疗事故处理条例》所规定的赔偿内容,故原告的该部分主张法院不予支持,原告的合理损失以法院审理查明确认的数额为准。被告市一医院为李某分娩所发生的医疗费 1282.86 元不属医疗事故对患者造成的人身损害进行治疗所发生的费用,故该部分医疗费应从赔偿款中予以扣除。

最后,市人民法院判决市一医院赔偿常某损失 57355.74 元。

分析:这是一起典型的民事诉讼案件。本案李某的死亡经有关部门鉴定为一级甲等医疗事故,由于事故性质不同,导致赔偿所依据的法律不同,赔偿的结果当然也就不同。在医疗服务过程中因过失致患者人身损害所引起的赔偿纠纷,本质上属于民事侵权损害赔偿纠纷,原则上应适用《民法通则》和相关的司法解释处理。但国务院于 2002 年公布了专门处理医疗事故的行政法规《医疗事故处理条例》,因此,法院处理医疗事故引起的人身损害赔偿纠纷时,应以《医疗事故处理条例》为依据。但对不构成医疗事故的其他医疗侵权纠纷,则应当按照《民法通则》和最高法院《关于审理人身损害赔偿案件适用法律若干问题的解释》的规定处理。上述法律、法规和司法解释所规定的赔偿范围大致相同,但仍存在差异:《医疗事故处理条例》中没有规定死亡赔偿金,而《民法通则》和司法解释对此却有明确规定。因此,对李某的死亡,法院按《医疗事故处理条例》没有判决某医院承担死亡赔偿金,是有事实和法律依据的。这既保护了弱势群体——患者的合法权益,又兼顾了司法的公平与公正。

一、民事诉讼的概念与特征

诉讼,俗称"打官司",是指在人民法院主持下,当事人为解决纠纷,在其他诉讼参与人的参加下,依法进行的全部活动。民事诉讼,是指民事纠纷的当事人将争议提交人民法院,请求人民法院审理并作出判决,人民法院行使审判权,以判决形式解决当事人之间的争议的一种制度。提起民事诉讼应遵循《民事诉讼法》所规定的程序,人民法院审理民事诉讼案件也依《民事诉讼法》的规定进行。

民事诉讼的特点在于:第一,民事诉讼是当事人的诉讼活动与法院审判活动的结合;第三,当事人的诉讼活动对诉讼的发生、变更和消灭有很大影响,但人民法院的审判活动在诉讼中始终起着主导作用,对诉讼的发生、变更和消灭有决定性的意义;第三,民事诉讼必须按法定的程序进行。

二、民事诉讼的基本原则和基本制度

1.当事人诉讼权利平等原则

民事诉讼中双方当事人的诉讼权利完全平等,原告和被告享有对等的诉讼权利,人民法院在审理民事纠纷案件时必须切实保障当事人平等地行使诉讼权利。

2.当事人自由处分原则

处分原则是指当事人在诉讼过程中,对自己享有的民事权利和诉讼权利在法律规定的范围内有权自由决定行使或不行使。从处分的内容上看,既可以处分实体权利又可以处分诉讼权利;从处分的限制来看,当事人在自由处分时必须依法进行,不得超过法定范围,不能危害国家、集体和他人的合法权益。当事人自由处分是与国家干预相结合的,人民法院代表国家对当事人的自由处分实行监督,对当事人超出法定范围的违法自由处分行为进行干预。

3.调解原则

在民事诉讼过程中,当事人有权申请人民法院对争议进行调解,在法院的主持下当事人双方自愿达成调解协议以解决纠纷。人民法院也可以主动根据当事人的意愿进行调解工作,对能达成调解协议的案件采用调解方式结案,但调解不成的应及时判决,不能久调不决。

4.合议制度

当事人将争议提交人民法院审判后,人民法院一般由3人以上9人以下的单数审判员组成合议庭,对案件进行审理和判决。但简单的第一审民事诉讼案件可以适用简易程序,由一名审判员独任审判。

5.回避制度

回避制度,是指与案件或案件当事人有利害关系或其他关系的审判人员、书记员、翻译人员、鉴定人、勘验人,不得参与该案件的审判和诉讼活动。根据《民事诉讼法》第45条的规定,以下人员应当回避:一是本案的当事人或当事人、诉讼代理人的近亲属;二是与本案的处理结果有利害关系;三是与本案当事人有其他关系,可能影响案件的公正审理。存在回避的原因,应当回避的人员应当自行回避,当事人及其法定代理人也有权要求他们回避。当事人申请回避应当在案件开始审理时提出并说明申请回避的理由,如回避的事由在开始审理后知道或发生的,也可以在法庭辩论终结前提出。

6.公开审判制度

人民法院审理民事案件和宣告判决应该公开进行,法律另有规定的除外。涉及国家秘密或个人隐私的案件,不公开审理;涉及商业秘密的案件,当事人申请不公开审理的,也可以不公开审理;对于不公开审理的案件,应当当庭宣布不公开审理的理由,并且宣告判决一律公开进行。

7.两审终审制度

地方各级人民法院按照第一审程序审理的案件,判决宣告后并不立即生效,当事人可在法定期限内向上一级人民法院提起上诉,上一级人民法院必须依照第二审程序对案件再次进行审理并作出判决。一个民事案件经过两级人民法院的审理即告终结,二审人民法院的判决是发生法律效力的判决,即应交付执行。人民法院对该案件的审判活动到此终结,即两审终审。

三、民事诉讼的管辖

民事诉讼的管辖,实质是人民法院之间受理第一审民事诉讼案件的分工和权限。它是确立各级人民法院之间、同级人民法院之间受理民事案件的分工和权限。根据我国诉讼法的规定,民事案件的管辖可分为级别管辖和地域管辖。

(一)级别管辖

级别管辖是人民法院内部上下级法院之间受理第一审民事诉讼案件的分工和权限。划分级别管辖的标准是案件的性质和影响的大小。根据《民事诉讼法》规定:①基层人民法院管辖一般的第一审案件;②中级人民法院管辖重大的涉外案件、在本辖区内有重大影响的案件、最高人民法院确定由中级人民法院管辖的案件如专利案件、海事案件;③高级人民法院管辖本辖区内有重大影响的第一审案件;④最高人民法院管辖全国范围内有重大影响和最高人民法院认为应由自己审理的案件。

(二)地域管辖

地域管辖是指同级人民法院之间在受理第一审民事诉讼案件上的分工和权限。

1.一般地域管辖

一般地域管辖是指根据当事人住所地确定案件的管辖法院。通常实行"原告就被告"的原则,即原告起诉,由被告住所地的人民法院管辖。所谓被告住所地,是指公民的户籍所在地或经常居住地。经常居住地是指公民连续居住满一年以上的地方。法人或其他组织的户籍所在地是指主要营业地或主要办事机构所在地。

2. 特殊地域管辖

特殊地域管辖是指根据特定标准确定案件管辖的人民法院。根据《民事诉讼法》规定,民事诉讼的特殊管辖有以下种类:

(1)因合同纠纷提起的诉讼,由被告住所地或者合同履行地人民法院管辖。合同的履行地一般是指合同中约定的合同履行的具体地点,但在实践中,合同履行地并不一定在合同中约定,要确定履行地和管辖法院,需根据最高人民法院有关司法解释:

第一,合同没有实际履行,当事人双方住所地又都不在合同约定的履行地的,应由被告住所地人民法院管辖;

第二,购销合同的双方当事人在合同中对交货地点有约定的,以约定的交货地点为合同履行地;没有约定的,以被告所在地为标准确定管辖。购销合同的实际履行地点与合同中约定的交货地点不一致的,以实际履行地点为合同履行地。

第三,加工承揽合同,以加工行为地为合同履行地,但合同中对履行地另有约定的除外。

第四,财产租赁合同、融资租赁合同以租赁物使用地为合同履行地,但合同中对履行地另有约定的除外。

第五,补偿贸易合同,以接受投资一方主要义务履行地为合同履行地。

第六,在借贷案件中债权人起诉时,债务人下落不明的,由债务人原住所地或者其财产所在地人民法院管辖。

(2)因保险合同纠纷提起的诉讼,由被告住所地或者保险标的物所在地人民法院管辖。如果保险标的物是运输工具或者运输中的货物,由被告住所地或者运输工具登记注册地、运输目的地、保险事故发生地的人民法院管辖。

(3)因票据纠纷提起的诉讼,由票据支付地或者被告住所地人民法院管辖。

(4)因铁路、公路、水上、航空运输和联合运输合同纠纷提起的诉讼,由运输始发地、目的地或者被告住所地人民法院管辖。水上运输或水陆联合运输合同纠纷发生在我国海事法院辖区的,由海事法院管辖;与铁路运输有关的合同纠纷,由铁路运输法院管辖。

(5)因侵权行为提起的诉讼,由侵权行为地或者被告住所地人民法院管辖。因产品质量不合格造成他人财产、人身损害提起的诉讼,产品制造地、产品销售地、侵权行为地和被告人住所地人民法院均有权管辖。

(6)因铁路、公路、水上和航空事故请求损害赔偿提起的诉讼,由事故发生地或者车辆、船舶最先到达地、航空器最先降落地或者被告住所地人民法院管辖。

(7)因船舶碰撞或者其他海事损害事故请求损害赔偿提起的诉讼,由碰撞发生地、碰撞船舶最先到达地、加害船舶被扣留地或者被告住所地人民法院管辖。

(8)因海难救助费用提起的诉讼,由救助地或者被救助船舶最先到达地人民法院管辖。

(9)因共同海损提起的诉讼,由船舶最先到达地、共同海损理算地或者航程终止地人民法院管辖。

3.专属管辖

专属管辖是指法律规定某些民事诉讼案件必须由特定的人民法院管辖,其他法院无权管辖,也不允许当事人协议变更管辖。专属管辖的民事诉讼案件有:一是因不动产纠纷提起的诉讼,由不动产所地在人民法院管辖;二是因港口作业中发生纠纷提起的诉讼,由港口所在地人民法院管辖。三是因继承遗产纠纷提起的诉讼,由被继承人死亡时住所地或者主要遗产所在地人民法院管辖。

4.协议管辖

协议管辖是指民事诉讼案件的当事人在民事纠纷发生前或者发生后,以书面协议的方式来选择处理争议的管辖法院。协议管辖只适用于第一审的合同纠纷案件,而且不得变更级别管辖和专属管辖。协议管辖仅限于在被告住所地、合同履行地、合同签订地、原告住所地和标的物所在地的人民法院中选择。当事人之间发生纠纷,只能向约定的管辖法院起诉,不能向其他法院起诉。

5.管辖权的选择与转移

两个以上的人民法院对同一个民事诉讼案件都有管辖权的案件,原告可以在几个有管辖权的法院中选择一个法院作为具体的管辖法院,这叫做选择管辖。原告向两个以上有管辖权的人民法院起诉的,由最先立案的人民法院管辖。

人民法院发现受理的民事诉讼案件不属于自己管辖的,或者人民法院立案后,相关当事人认为受理的法院无管辖权,依法向受理法院提出管辖权异议,经人民法院审查认为异议成立的,应当移送有管辖权的人民法院,受移送的人民法院应当受理;受移送的人民法院认为受移送的案件依照规定不属于自己管辖的,应当报请上级人民法院指定管辖,不得再自行移送。

有管辖权的人民法院由于特殊原因,如因回避等,不能行使管辖权的,由上级人民法院指定管辖。人民法院之间因管辖权发生争议,协商不成的,报请共同上级人民法院指定管辖。

四、民事诉讼参加人

民事诉讼参加人是指依法参加民事诉讼活动,享有诉讼权利、承担诉讼义务的人。根据我国民事诉讼法的规定,民事诉讼参加人包括当事人和诉讼代理人。

（一）当事人

民事诉讼中的当事人，是指因权利义务关系发生纠纷，以自己的名义进行诉讼，并受人民法院判决、裁判或调解协议约束的利害关系人（可以是公民、法人，也可以是其他组织）。具体包括：

（1）原告。原告是因民事纠纷，向人民法院起诉要求保护其合法权益的公民、法人或其他组织。

（2）被告。被告是指与原告发生民事纠纷，并被人民法院通知应诉的公民、法人或其他组织。

（3）共同诉讼人。共同诉讼人是指当事人一方或双方为两人以上，两人以上的一方共同起诉或共同应诉的人。两人以上共同起诉的，称为共同原告；两人以上共同应诉的，称为共同被告。

当事人一方或双方为两人以上，其诉讼标的是共同的，人民法院认为必须合并审理，是必要的共同诉讼。其中一人的诉讼行为，经其他的共同诉讼人承认，对全体共同诉讼人发生法律效力。当事人一方或双方为二人以上，其诉讼标的是同一种类，人民法院认为可以合并审理，并经当事人同意合并审理的诉讼，是一般的共同诉讼。其中一人的诉讼行为，对其他共同诉讼人不发生法律效力。

（4）第三人。第三人是指对他人之间的诉讼标的有独立的请求权，或者虽没有独立的请求权，但与诉讼结果有法律上的利害关系，因而参加到已经开始的民事诉讼中来，以维护自身合法权益的人。

第三人可分为有独立请求权的第三人和无独立请求权的第三人。有独立请求权的第三人与本诉的原被告双方对立，处于原告地位，享有原告的诉讼权利，承担原告的诉讼义务。无独立请求权的第三人则依附或支持某一方当事人而参加诉讼，在诉讼中享有一定的诉讼权利，人民法院判决其承担民事责任的，还享有提起上诉的权利，以及在二审程序中承认和变更诉讼请求、进行和解、请求执行等权利。

（二）诉讼代理人

诉讼代理人是指为了被代理人的利益，在法定的或者委托的权限范围内，以被代理人的名义进行诉讼活动的人。诉讼代理人可分为法定代理人和委托代理人。

（1）法定代理人。是指依据法律的规定直接行使代理权的人。如未成年人以其父母为法定代理人；精神病人以其父母、配偶、成年子女为其法定代理人等。法定代理人之间互相推诿代理责任的，由人民法院指定其中一人代为诉讼。

（2）委托代理人。是指依据被代理人或其法定代理人的委托行使代理权的人。当事人或其法定代理人，可以委托一至两人代为诉讼。委托代理人必须在委托权限内实施诉讼行为。

五、民事诉讼的证据

(一)诉讼证据的概念和特征

诉讼证据,是指能够在诉讼中证明案件真实情况的客观事实。它有三个基本特征:

(1)客观性。证据必须是客观存在的事实,任何主观臆测和虚假材料都不能成为诉讼证据。

(2)关联性。证据必须与特定的案件有内在的必然联系,与该案件没有关联的事实不能成为诉讼证据。

(3)合法性。证据必须符合法律要求的形式,并按法定程序收集、提供和运用,不符合法定形式要求,违反法定程序取得的材料,不能作为诉讼证据。

(二)民事诉讼证据的种类

根据《民事诉讼法》第 63 条的规定,证据有下列 7 种:

(1)书证。书证是指用文字、符号、图形记载或表示的能够证明案件真实情况的书面材料。书证以其记载的内容证明案件事实。如:同样是一个本子,里面记载的内容、符号为书证(如日记),本子上沾的血迹、留下的指纹等则为物证。

(2)物证。物证是能证明案件真实情况的物品和痕迹。它的特点是以外部特征和所处的位置反映一定的案情。如:血迹、精斑、刀具、指纹等。

(3)视听资料。视听资料是指以录音或录像磁带所反映的声音或图像,或电子计算机储存的信息资料来源来证明案件事实的证据。

(4)证人证言。证人是指了解案情的人。证人就自己知道的案情事实向人民法院所作的口头或书面的陈述是证人证言。除不能正确表达意思的人以外,凡是知道案情的人都有作证的法律义务。

(5)当事人陈述。当事人陈述是指当事人就案件的事实向人民法院所作的陈述。

(6)鉴定结论。鉴定结论是指经司法机关指派或聘请的有专门知识的人,对诉讼中需要解决的专门性问题经过科学鉴定后所作出的结论。如:笔迹鉴定(也称书法鉴定)、会计鉴定等,鉴定结论在诉讼中是非常重要的证据。

(7)勘验笔录。勘验笔录是指勘验人员在现场勘验时所制作的笔录。勘验物证或者现场,勘验人必须出示人民法院的证件,并邀请当地基层组织或当事人所在单位派人参加。

（三）诉讼证据的提供与收集

1.举证责任的概念

举证责任是指在诉讼中由谁来提供、收集和运用证据证明案件事实的责任，它意味着负有举证义务的一方如果收集不到或提供不出相应的证据对案件的事实加以证明时，要承担败诉的风险。

《民事诉讼法》第64条第1款规定："当事人对自己提出的主张，有责任提供证据。"即民事诉讼中一般的举证规则为"谁主张，谁举证。"原告应负责提供证据来证明自己的诉讼请求；被告应负责提供反驳原告诉讼请求的证据以及证明自己反诉主张的证据；第三人也对自己的主张负有提供证据加以证明的责任。最高人民法院公布的《关于民事诉讼证据的若干规定》于2002年4月1日生效，对民事诉讼中的举证责任分配和举证倒置作了规定。举证责任倒置是指对一方当事人提出的权利主张由否定其主张成立或否定其部分事实构成要件的对方当事人承担举证责任的一种证明责任的分配方式。它是对"谁主张，谁举证"原则的补充，是司法精神中的正义和公平的体现。

2.证明对象

证明对象是指需要用证据加以证实的案件事实。

当事人应当举证证明的案件事实有：①案件实体事实；②案件程序事实；③证据事实。

当事人无需举证证明的事实：①众所周知的事实；②自然规律及定理；③根据法律规定或者已知事实和日常生活经验法则，能推定出的另一事实；④已为人民法院发生法律效力的裁判所确认的事实；⑤已为仲裁机构的生效裁决所确认的事实；⑥已为有效公证文书所证明的事实。无需举证证明的事实中第①、②、④、⑤、⑥项，对方当事人有相反证据足以推翻的，负有举证责任的一方当事人仍须提供证据加以证明。

另外，自认也导致免除对方的举证责任，但涉及身份关系的案件除外。自认，是指诉讼过程中，一方当事人对另一方当事人陈述的案件事实明确表示承认的，或者对一方当事人陈述的事实，另一方当事人既未表示承认也未否认，经审判人员充分说明并询问后，其仍不明确表示肯定或者否定的，视为对该项事实的承认。当事人委托代理人参加诉讼的，代理人的承认视为当事人的承认。但未经特别授权的代理人对事实的承认直接导致承认对方诉讼请求的除外；当事人在场但对其代理人的承认不作否认表示的，视为当事人的承认。当事人在法庭辩论终结前撤回承认并经对方当事人同意，或者有充分证据证明其承认行为是在受胁迫或者重大误解情况下作出且与事实不符的，不能免除对方当事人的举证责任。

3.侵权诉讼案件中的举证责任

侵权诉讼案件中的举证责任,法律作出了规定,但有关法律对侵权诉讼的举证责任有特殊规定的,从其规定:

(1)因新产品制造方法发明专利引起的专利侵权诉讼,由制造同样产品的单位或者个人对其产品制造方法不同于专利方法承担举证责任;

(2)高度危险作业致人损害的侵权诉讼,由加害人就受害人故意造成损害的事实承担举证责任;

(3)因环境污染引起的损害赔偿诉讼,由加害人就法律规定的免责事由及其行为与损害结果之间不存在因果关系承担举证责任;

(4)建筑物或者其他设施以及建筑物上的搁置物、悬挂物发生倒塌、脱落、坠落致人损害的侵权诉讼,由所有人或者管理人对其无过错承担举证责任;

(5)饲养动物致人损害的侵权诉讼,由动物饲养人或者管理人就受害人有过错或者第三人有过错承担举证责任;

(6)因缺陷产品致人损害的侵权诉讼,由产品的生产者就法律规定的免责事由承担举证责任;

(7)因共同危险行为致人损害的侵权诉讼,由实施危险行为的人就其行为与损害结果之间不存在因果关系承担举证责任;

(8)因医疗行为引起的侵权诉讼,由医疗机构就医疗行为与损害结果之间不存在因果关系及不存在医疗过错承担举证责任。

4.合同纠纷中的举证责任

合同纠纷中的举证责任分配:

(1)在合同纠纷案件中,主张合同关系成立并生效的一方当事人对合同订立和生效的事实承担举证责任;主张合同关系变更、解除、终止、撤销的一方当事人对引起合同关系变动的事实承担举证责任。

(2)对合同是否履行发生争议的,由负有履行义务的当事人承担举证责任。

(3)对代理权发生争议的,由主张有代理权一方当事人承担举证责任。

(4)在劳动争议纠纷案件中,因用人单位作出开除、除名、辞退、解除劳动合同、减少劳动报酬、计算劳动者工作年限等决定而发生劳动争议的,由用人单位负举证责任。

在法律没有具体规定、根据司法解释也无法确定举证责任承担时,人民法院可以根据公平原则和诚实信用原则,综合当事人举证能力等因素确定举证责任的承担。

5.举证时限

当事人举证必须在一定期限内完成。举证期限可以由当事人协商一致,并经人民法院认可。由人民法院指定举证期限的,指定的期限不得少于 30 日,自当事人收到案件受理通知书和应诉通知书的次日起计算。当事人应当在举证期限内向人民法院提交证据材料,当事人在举证期限内不提交的,视为放弃举证权利。

当事人在举证期限内提交证据材料确有困难的,应当在举证期限内向人民法院申请延期举证,经人民法院准许,可以适当延长举证期限。当事人在延长的举证期限内提交证据材料仍有困难的,可以再次提出延期申请,是否准许由人民法院决定。

当事人举证期限届满后提供的证据不是新的证据的,人民法院不予采纳。《民事诉讼法》第 125 条第一款规定的"新的证据",是指以下情形:①一审程序中的新的证据包括:当事人在一审举证期限届满后新发现的证据;当事人确因客观原因无法在举证期限内提供,经人民法院准许,在延长的期限内仍无法提供的证据;②二审程序中的新的证据包括:一审庭审结束后新发现的证据;当事人在一审举证期限届满前申请人民法院调查取证未获准许,二审法院经审查认为应当准许并依当事人申请调取的证据。当事人经人民法院准许延期举证,但因客观原因未能在准许的期限内提供,且不审理该证据可能导致裁判明显不公的,其提供的证据可视为新的证据。

当事人在一审程序中提供新的证据的,应当在一审开庭前或者开庭审理时提出。当事人在二审程序中提供新的证据的,应当在二审开庭前或者开庭审理时提出;二审不需要开庭审理的,应当在人民法院指定的期限内提出。

由于当事人的原因未能在指定期限内举证,致使案件在二审或者再审期间因提出新的证据被人民法院发回重审或者改判的,原审裁判不属于错误裁判案件。一方当事人请求提出新的证据的另一方当事人负担由此增加的差旅、误工、证人出庭作证、诉讼等合理费用以及由此扩大的直接损失,人民法院应予支持。

6.诉讼证据的收集

人民法院在职权范围内,依照法定程序,采取有效方法,广泛收集证据,是诉讼活动的主要内容。

《民事诉讼法》第 64 条第 2 款规定,当事人及其诉讼代理人因客观原因不能自行收集的证据,或者人民法院认为审理案件需要的证据,人民法院应当收集。人民法院有权向有关单位和个人调取证据,任何单位和个人都不得拒绝。

《民事诉讼法》第 64 条规定的"人民法院认为审理案件需要的证据",是指以下情形:①涉及可能有损国家利益、社会公共利益或者他人合法权益的事实;②涉及依职权追加当事人、中止诉讼、终结诉讼、回避等与实体争议无关的程序事项。

人民法院调查搜集证据,应当依当事人的申请进行。符合下列条件之一的,当事人及其诉讼代理人可以申请人民法院调查搜集证据:①申请调查收集的证据属于国家有关部门保存并须人民法院依职权调取的档案材料;②涉及国家秘密、商业秘密、个人隐私的材料;(3)当事人及其诉讼代理人确因客观原因不能自行收集的其他材料。

六、民事案件的诉讼程序

民事案件的程序有:第一审程序、第二审程序、督促程序、公示催告程序、破产还债程序等。

（一）第一审程序

第一审程序是一审人民法院审理民事诉讼案件所适用的程序,分为普通程序和简易程序。普通程序是法院审理第一审民事诉讼案件通常适用的程序;简易程序是基层人民法院和它派出法庭审理简单民事案件所适用的一种简单易行的程序。我们主要讲第一审普通程序的内容。

1.起诉

起诉是指原告向人民法院提起诉讼请求司法保护的诉讼行为。起诉必须具备四个条件:①原告是与本案有直接利害关系的公民、法人和其他经济组织;②有明确的被告;③有具体的诉讼请求和事实、理由;④属于人民法院受理的范围和受诉人民法院管辖。

起诉时原告应当向人民法院递交起诉状并按照被告人数提出副本。书写起诉状确有困难的可以口头起诉。起诉状的内容应记明下列事项:当事人的基本情况,特别是名称和住所地;诉讼请求和所根据的事实和理由;证据和证据来源、证人姓名和住所。

2.对起诉的审查

人民法院收到起诉状或口头起诉后,经过对起诉的审查,认为符合法定起诉条件的,应当在7日内立案,并及时通知当事人;如果认为不符法定起诉条件的,则应在7日内裁定不予受理,并及时通知原告。原告对不予受理的裁定不服的,可以在法定期限内上诉。

3.审理前的准备

审理前的准备是指人民法院在受理案件后至开庭审理前应做好必要的准备工作。受理起诉后5日内应当将起诉状副本发送给被告,并告知被告可以在收到起诉状副本之日起15日提出答辩状;审阅诉讼材料、调查搜集证据等。

4.开庭审理

开庭审理是指人民法院在当事人和其他诉讼参与人参与下,在法庭上依法对案件进行实体审理的诉讼活动。开庭审理应在三日前通知当事人和其他诉讼参与人,公开审理的案件,应告公告案由和开庭的时间、地点等情况。

开庭审理的程序主要有以下几个步骤:

(1)宣布开庭。

(2)法庭调查。法庭调查是开庭审理的中心环节,主要任务是查明案件的事实。在民事诉讼中,当事人对自己提出的主张有义务提供证据加以证明。在法庭调查阶段,法庭要对当事人双方提供的证据进行审查核实,在查实证据的基础上查明案件事实。

(3)法庭辩论。双方当事人及其诉讼代理人根据法庭调查阶段查明的事实,就如何认定事实和适用法律进行辩论。

(4)法庭调解。当事人可以申请、人民法院也可主动征询当事人是否同意对纠纷进行调解,经法院调解当事人双方可以达成协议,法院根据协议的内容制作调解书从而终结诉讼,调解书经双方当事人签字后生效。当事人不愿意调解或者经法院调解,当事人达不成协议的,应当及时判决。

(5)合议庭评议与宣判

合议庭评议完毕,应制作判决书。开庭审理可以公开,也可以因某种法定事由不公开,但宣告判决一律公开。当庭审判的,应当在 10 日内发送判决书;定期宣判的,宣判后立即发给判决书。

一审判决作出后并不马上发生法律效力,当事人不服一审判决,可以在收到判决书之日起 15 天内向上级人民法院提起上诉。

5.反诉与第三人之诉

被告在原告起诉后,可以对原告提起反诉,以抵消或吞并原告提起的诉讼。原告、被告以外的第三人,对原告提起的诉讼之诉讼标的有独立请求权,可以将原告和被告作为共同被告提起第三人之诉以实现保护自身利益的目的。对原告提起的诉讼无独立请求权的第三人,认为原被告之间的诉讼结果与自己有法律上的利害关系也可以申请参加诉讼,原被告也可以要求法院通知其参加诉讼。被告的反诉与第三人之诉,均可以与原告提起的诉讼合并审理。

6.撤诉和缺席判决

撤诉是指在诉讼过程中,原告取消向人民法院提出的诉讼。撤诉是原告的权利,但原告必须向受诉的人民法院提出申请,而且必须在法院对案件作出宣判之前提出,是否准许由人民法院裁定。原告起诉后,经法院传票传唤,无正当理由拒不到庭的或者未经法庭许可中途退庭的,可以按撤诉处理。原告撤诉之后,在法定诉讼时效期限内,可对同一诉讼请求再次起诉。

缺席判决是指人民法院在当事人一方不出庭的情况下作出判决。被告经传票传唤无正当理由不到庭的或者未经法庭许可中途退庭的,法院可以作出缺席判决;原告申请撤诉未得到法院准许,原告经传票传唤无正当理由不到庭的,法院可以作出缺席判决。

7.延期审理与诉讼中止和终结

延期审理,是指人民法院开庭审理后,由于发生某种特殊情况使开庭审理无法进行而推迟审理。延期审理的法定情形有:①必须到庭的当事人和其他诉讼参与人有正当理由没有到庭的;②当事人临时提出回避申请的;③需要通知新的证人到庭、调取新的证据,进行重新鉴定、勘验或者需要补充调查的;④其他应当延期的情形。

诉讼中止是指诉讼进行过程中,因发生法定的原因,法院裁定暂时停止诉讼程序。诉讼中止的法定原因有:①一方当事人死亡,需要等待继承人表明是否参加诉讼的;②一方当事人丧失诉讼行为能力,尚未确定法定代理人的;③作为一方当事人的法人或者其他经济组织终止,尚未确定权利义务承受人的;④一方当事人因不可抗力的事由,不能参加诉讼的;⑤本案必须以另一案的审理结果为依据,而另一案尚未审结的;⑥其他应当中止诉讼的情形。

诉讼终结,是指在诉讼过程中因发生某种不以法院和当事人意志为转移的情况,使诉讼程序继续进行已没有必要或者不可能,从而结束诉讼程序。例如原告死亡或者被告死亡,没有诉讼权利义务的承担者等。

(二)第二审程序

第二审程序是民事纠纷案件的当事人不服一审人民法院作出的一审判决和裁定,在法定期限内向上一级人民法院提起上诉,上一级人民法院对案件进行审理时所适用的程序。我国的民事审判依《民事诉讼法》的规定实行两审终审判,目的是让当事人通过行使上诉权更好地维护自己的合法权益,上级法院通过二审程序对下级法院的审判活动进行监督。

1.上诉的提起和受理

根据《民事诉讼法》的规定,必须是第一审程序中的原告、被告、共同诉讼人、诉讼代表人、有独立请求的第三人和判决其承担民事责任的无独立请求权的第三人,才有权依法提起上诉。

上诉的期限,不服一审判决上诉期为15天,不服一审裁定上诉期为10天。

上诉必须提交上诉状,未在法定上诉期内递交上诉状的,视为未提起上诉。上诉状的内容应写明当事人的基本情况、原审法院名称、案件的编号和案由,还有上诉的请求与理由。上诉状应当通过原审人民法院提出并按对方当事人的人数提出副本,当事人直接向第二审人民法院上诉的,第二审法院应当在5日内将上诉状移交原审人民法院。原审人民法院收到上诉状应在5日内将上诉状副本送达给对方当事人,对方当事人有 15 天的辩答期,人民法院收到答辩状后 5 日内送达给上诉人。原审人民法院收到上诉状、答辩状后应在 5 日内连同全案卷宗材料和证据报送第二审人民法院。

第二审人民法院判决宣告前,上诉人有权申请撤回上诉,是否准许由第二审人民法院裁定。裁定准予上诉人撤回上诉的,上诉人不能反悔,即便上诉期未满,也不能再行上诉。

2. 上诉案件的审理和处理

上诉案件的审理,以开庭审理为原则,迳行判决为例外。可以不开庭审理迳行判决的案件有:①一审就不予受理、驳回起诉和管辖权异议作出裁定的案件;②当事人提出的上诉请求明显不能成立的案件;③原审裁判认定事实清楚,但适用法律错误的案件;④原判决违反法定程序,可能影响案件正确判决,需要发回重审的案件。

第二审人民法院应对上诉请求的有关事实和适用法律进行审理,如果发现在上诉请求以外裁判确有错误的,也应予以纠正。第二审人民法院审理上诉民事诉讼案件,也可以进行调解,当事人双方在法院主持调解下能达成调解协议的、人民法院制作调解书,调解书送达生效后一审的判决即视为撤销。当事人不愿调解或调解不成的,二审人民法院应当及时判决。

第二审人民法院对上诉案件经过审理,可作出如下处理:

(1)原判决认定事实清楚,适用法律正确的,判决驳回上诉,维持原判决;

(2)原判决适用法律错误的,依法改判;

(3)原判决认定事实错误或者原判决认定事实不清、证据不足的,裁定撤销原判决,发回原审人民法院重审,或者查清事实后改判。

(4)原判决违反法定程序,可能影响案件正确判决的,裁定撤销原判决,发回原审人民法院重审。原判决违反法定程序的情形主要有:审判人员、书记员等应当回避而未回避;未经开庭审理而作出判决;适用普通程序审理的案件当事人未经传票传唤而缺席判决;还有其他严重违反法定程序的情形。

第二审人民法院作出的裁定和判决具有法律效力,是终局的裁判,不允许当事人再上诉。一方当事人不履行二审判决或裁定的,另一方当事人有权申请强制执行。当事人不服二审终局裁判,可以依法定理由申请对案件进行再审,但不影响二审裁判的效力,二审裁判仍可强制执行。

(三)民事案件的几种特殊程序

1. 督促程序

督促程序,是指对于以给付一定金钱或有价证券为内容的责务,人民法院根据债权人的申请,向债务人发布支付令;如债务人在法定期间内不提出异议,债权人可以支付令为根据申请人民法院予以强制执行的程序。

督促程序不解决当事人之间的民事纠纷,只是依债权人的申请发布支付令,督促债务人履行债务,目的在于以简单快捷的程序使债权人迅速取得执行根据,尽快实现其债权。

债权人按督促程序申请支付令,必须符合下列条件:①请求给付金钱或有价证券;②请求给付的金钱或者有价证券的债务已到期且数额确定;③债权人与债务人之间债权债务关系明确,没有其他债务纠纷;④债务人下落明确,支付令能够送达到债务人。符合上述条件,债权人才可以向债务人住所地的基层人民法院以书面形式申请支付令。

人民法院收到债权人的申请后,应在5天内通知申请人是否受理,受理后经审查认为申请符合条件的,应在受理之日起15天内向债务人发出支付令。

债务人收到法院的支付令之日起15天内,有权以书面形式提出异议,即对人民法院的支付令声明不服,只要债务人提出异议,即表明债务人与债权人之间的权利义务关系有争议,人民法院就应当直接裁定终结督促程序,支付令即告失效,当事人可以依诉讼程序起诉以解决他们之间的争议。债务人收到支付令后,不在法定期间提出书面异议,直接向人民法院起诉或者对债务本身无异议而仅表示无清偿能力的,不影响支付令的效力。债务人在法定期间不提出异议又不履行支付令的,债权人可以向人民法院申请强制执行。

2.公示催告程序

公示催告程序是指人民法院根据当事人的申请,以公示的方式催告不明的利害关系人,在法定期间内申报权利,逾期无人申报,作出宣告票据无效判决的程序。公示催告程序适用于票据丧失之后恢复票据原持有人的权利,在这种程序中也不存在民事纠纷。

经济活动的主体因种种原因丧失可以背书转让的票据,为保护自己的合法权益可以依《民事诉讼法》的规定向人民法院申请公示催告。根据公示催告程序,申请人应是票据丧失之前的最后持有人,申请的条件应是票据丧失之后利害关系人处于不明状态,即票据的现持有人不明。申请人可以向票据支付地的人民法院提出书面申请。

人民法院受理公示催告的申请后,应当立即审查,符合条件的立即在立案同时通知票据支付人停止支付。支付人收到止付通知后拒不止付的,在判决后支付人仍应承担支付义务。

人民法院受理公示催告申请后,应在3日内发出公告,催促利害关系人到法院申报权利并出示持有报失的票据。公告的期间不得少于60日。

在公告期内利害关系人,即票据的现持有人来申报权利并出示了票据,就出现了票据上的权利归原持有人享有还是归现持有人享有的争议,故人民法院应当裁定终结公示催告程序。申请人或利害关系人可以依普通程序提起诉讼解决他们之间的争议。

在公告期间无人申报权利或者申报人不能出示相关的票据,公告期满,公示催告申请人应自申报权利期间届满的次日起1个月内申请人民法院作出判决,该判决称为除权判决,除去已丧失的票据上的权利,恢复原持有人原依票据可享有的权利。除权判决作出后,应当公告并通知支付人,申请人有权依除权判决要求支付人付款,申请人也有权申请补发票据。

3. 企业法人破产还债程序

企业法人破产还债程序是指债务人不能清偿到期债务,法院根据债权人或债务人的申请,将债务人的破产财产依法分配给债权人的程序。全民所有制企业法人破产适用《中华人民共和国企业破产》的规定,其他企业法人的破产适用《民事诉讼法》中的规定。个人不能申请破产,我国还没有个人破产制度。

企业法人只有因严重亏损、无力清偿到期债务,即到了资不抵债时才可申请企业破产还债,这是申请破产还债的条件。申请人既可以是债权人,也可以是债务人自己,都必须向破产企业法人所在地的人民法院提出书面申请。

人民法院收到破产还债申请书后应作实质性审查,即审查债务人是否达到资不抵债的破产界限。符合条件的立案受理,不符合条件的裁定不予受理或驳回申请。申请人对驳回申请的裁定不服可以上诉。

人民法院受理申请,裁定宣告进入破产还债程序后,应在10日内通知债务人和已知的债权人,并发出公告,让债权人来申报债权,公告的期间不得少于3个月。逾期不申报债权的,视为放弃债权。

债权人可以组成债权人会议,第一次债权人会议由人民法院召集,应当于债权申报期届满后15天内召开,债权人会议的主要职权是审查有关债权的证明材料,确认有无财产担保及数额,讨论通过破产财产的处理和分配方案或者和解协议。

债权人会议与债务人达成和解协议经法院审查认为合法即作出认可的裁定并发布公告,从而中止破产程序。一旦和解协议中确定的债务清偿期到债务人仍不能清偿的,破产还债程序就恢复。

债务人企业达到破产界限,又与债权人达不成和解协议或和解协议的清偿期到仍不能清偿债务的,进入实质性破产还债程序,由法院裁定宣告破产,同时发出公告。

首先把有担保的债权从中剔除,优先受偿;企业法人剩余的财产称为破产财产,先行拨付破产费用后,按法定的顺序清偿:第一,破产企业所欠职工工资和劳动保险费用;第二,破产企业所欠税款;第三,破产债权。破产财产不足清偿同一顺序的清偿要求的,按照比例分配。

企业法人与债权人会议达成和解协议后,如期履行和解协议,或者因财产很少,不足以支付 破产费用,或者因破产财产分配完毕,均可引起破产还债程序的终结。破产程序终结后,未得到清偿的债权人不再清偿。破产程序终结后,由破产清算组织向破产企业法人原登记机关办理法人注销登记。

【案例】 雪米饼生产机转让合同

原告 A 厂与被告 B 于 2003 年签订《雪米饼生产机转让合同》,合同约定,A 厂以 26000 元的价格将雪米饼生产机转让给 B,B 应在 2003 年底付、2004 年底分别支付 1 万元,2005 年底付清。如 2005 年底 B 有特殊情况未付清款,则按月息 10% 付利息给 A 厂。2007 年 10 月,A 厂与 B 因转让合同的履行发生纠纷,当地司法所进行调解未果,原告遂诉至法院。

原告认为,合同即是债务凭证,B 提供不出已付清款的依据,他就应当还款。因此,B 应当偿付 26000 元转让款。原告提供了起草合同的证人,并提供了在场人证言,证明当时没有写欠条。

被告认为,转让合同是实。但当时签订合同时,被告还出具了 26000 元欠条给原告。签订合同时的部分在场人可证实当时写过欠条,原告在司法所调解时也承认写过欠条。被告的欠款已还清,欠条已收回。原告提供不出欠条,说明被告已不欠原告的款。

法院审理后认为,原、被告之间签订的雪米饼生产机转让合同是双方真实意思表示,应受法律保护。原告提供的证据确凿充分,被告没有按期付清转让款,属违约行为。被告应当支付转让款及利息。考虑到双方约定的利息月息 10% 过高,依公平原则适当调整利息标准,以每日万分之二为宜。被告辩称已付清了转让款,收回了欠条,双方的债务已经结清。因被告提供的证据不足,法院不予支持。据此,依照《中华人民共和国民法通则》第 108 条之规定,判决由被告 B 给付原告 A 厂转让费 26000 元,并自 2006 年元旦起按每日万分之二计息付给原告。

分析:本案涉及举证责任转移的问题。民事诉讼中,在举证责任分配上实行"谁主张,谁举证"的原则,在具体运用中,会发生举证责任转移的问题。按照谁主张,谁举证原则,除举证责任倒置的例外情形,一般是原告负举证责任,如果原告完成了他的举证责任,被告要推翻原告所主张的事实,那么举证责任则转移给被告。反之亦然。本案的争执焦点是 B 是否已经还款。A 厂认为转让合同即是债务凭证,B 提供不出已还款的证据就应当还款;而 B 认为,除了合同以外,他还出具过欠条给 A 厂,欠款已还清,欠条已收回销毁,A 厂提供不出欠条,表明欠款已还清。双方各执一词。认定本案事实,应当按照民事诉讼证据的举证责任分配的有关规则。本案中,A 厂提供了双方认可的转让合同,该合同足以证明原、被告之间存在着 26000 元的债务关系,A 厂已完成了他的举证责任。B 主张款已经还,则举证责任转移到 B,但 B 无证据证明自己的主张。所以,本案中 B 没有完成自己的举证责任,应当承担举证不利的法律后果,应由 B 偿还欠款本息。

附录　案例索引

图书在版编目（CIP）数据

初级法学论谈／陈小英主编. —杭州:浙江大学出版
社，2008.7（2020.2 重印）
 ISBN 978-7-308-05883-4

Ⅰ.初… Ⅱ.陈… Ⅲ.法学—研究 Ⅳ.D90

中国版本图书馆 CIP 数据核字（2008）第 047333 号

初级法学论谈

陈小英　　主编

责任编辑	葛　娟	
封面设计	刘依群	
出版发行	浙江大学出版社	
	（杭州市天目山路 148 号　邮政编码 310007）	
	（网址:http://www.zjupress.com）	
排　　版	杭州中大图文设计有限公司	
印　　刷	临安市曙光印务有限公司	
开　　本	787mm×1092mm　1/16	
印　　张	23.75	
字　　数	435 千	
版 印 次	2008 年 7 月第 1 版　2020 年 2 月第 5 次印刷	
书　　号	ISBN 978-7-308-05883-4	
定　　价	59.00 元